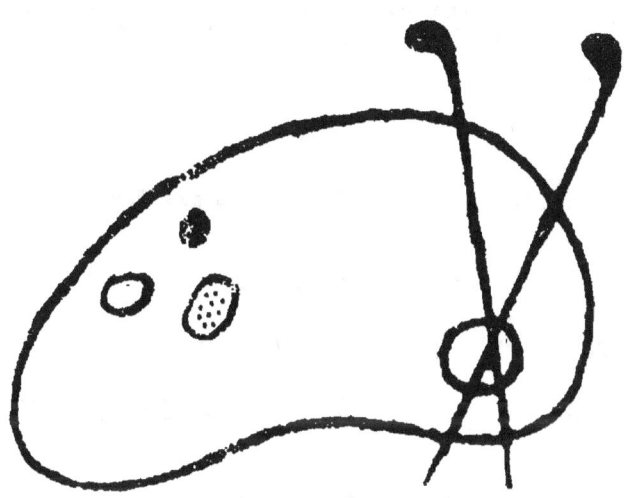

Début d'une série de documents
en couleur

COLLECTION SAINT-MICHEL

IVAN LE TERRIBLE

OU

LA RUSSIE AU XVIᵉ SIÈCLE

PAR

Le Comte ALEXIS TOLSTOY

ROMAN HISTORIQUE

TRADUIT DU RUSSE AVEC UNE INTRODUCTION
PAR LE PRINCE AUGUSTIN GALITZIN

PARIS

TEQUI, LIBRAIRE-ÉDITEUR

DE L'ŒUVRE SAINT-MICHEL
85, RUE DE RENNES, 85

—

1889

ON TROUVE A LA LIBRAIRIE St-MICHEL

Le dernier des Sablonin, par Camille Fillyères (auteur du roman d'une année), 1 vol. in-12.. 2

Histoire de sainte Clotilde, par Roussel St-Georges, 1 volume in-12................. 1 50

Moines et brigands, par E. de Margerie, 1 volume in-12.................................. 2 »

Dommartin (le général) en Italie et en Egypte, ordres de services et correspondances, 1766-1799, par A. de Besancenet, 1 vol. in-12....................................... 2 »

Cailloux rouges (les), par M. H. Langlois, ouvrage dédié à l'amiral de Montagnac, 1 vol. in-12... 2 »

Jenny-les-Bas rouges, le Moulin de la Follette, un Notaire qui politique, par A. de Besancenet, in-12................................ 2 »

Adrien Doizy, par Mme Th. Duclos et B. d'Ellmac, dédié à la fondatrice des *Annales des Enfants de Marie*, in-12............ 2 »

Paris. — Imprimerie Téqui, rue de Vaugirard, 52.

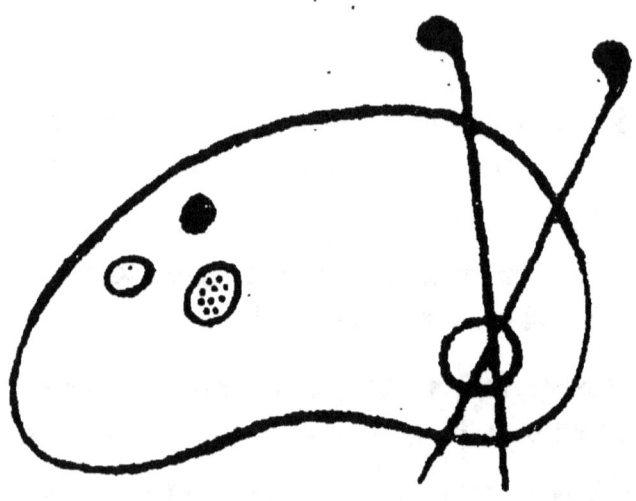

Fin d'une série de documents
en couleur

Rien aux Doubles

IVAN LE TERRIBLE

OU LA RUSSIE AU XVIᵉ SIÈCLE

Paris. — Imprimerie Téqui, rue de Vaugirard, 92.

COLLECTION SAINT-MICHEL

IVAN LE TERRIBLE

OU

LA RUSSIE AU XVIᵉ SIÈCLE

PAR

Le Comte ALEXIS TOLSTOY

ROMAN HISTORIQUE

TRADUIT DU RUSSE AVEC UNE INTRODUCTION

PAR LE PRINCE AUGUSTIN GALITZIN

PARIS
TÉQUI, LIBRAIRE-ÉDITEUR
DE L'ŒUVRE SAINT-MICHEL
85, RUE DE RENNES, 85

1889

INTRODUCTION.

Jusqu'au règne actuel, la parole a été singulièrement enchaînée en Russie. La critique, les plus légitimes aspirations ne pouvaient y apparaître de loin en loin que sous la forme de la poésie et de la métaphore. Cette situation a donné au roman une grande importance : il n'est pas seulement devenu en Russie une œuvre littéraire, mais encore l'enveloppe de tout un programme politique. Ce double caractère est remarquablement réussi dans le travail que nous présentons ici. Naguère, un épais rideau était abaissé sur l'époque à laquelle le comte Alexis Tolstoy a consacré ses recherches; il l'a déchiré et a donné une impulsion nouvelle aux études historiques. Expert à recueillir les faits, à les grouper, à les animer, à transformer le récit en drame et à semer à travers les scènes et les acteurs du drame les observations et les jugements du spectateur, il a su répandre sur nos plus tristes jours des flots de lumière et de couleur.

Ivan IV, surnommé *Groznoi*, ce qui veut dire littéralement *le Menaçant*, est le prince qui a le plus longtemps et le plus tyranniquement gouverné la Russie. Agé de quatre ans, à la mort de son père, Vasili III, à peine de huit à celle de sa mère, livré pendant dix ans à des tuteurs qui trouvaient l'intérêt de leur oligarchie à exciter ses instincts cruels, le malheur de son éducation explique sa conduite sans, bien entendu, l'excuser. Sacré *Tzar* le 16 janvier 1547 (1), sa première et sa plus belle action fut la conquête de Kazan (1552), suivie de celle d'Astrakhan (1554), qui força les Tatares à se retirer en Crimée. Au lieu de leur

---

(1) Voltaire a dit, avec sa légèreté habituelle, que le titre de Tzar vient des Tchars du royaume de Kazan et qu'Ivan *Basilides* se l'attribua quand il conquit ce royaume. La date du sacre d'Ivan suffit pour renverser cette assertion, que la plupart des écrivains étrangers ont répétée. Voyez pour l'étymologie du mot *Tzar*, l'érudite dissertation que M. Schnitzler a placé dans le 1er tome de son *Histoire intime de la Russie*, publiée avant que la guerre de Crimée n'ait produit une masse de libelles incorrects.

enlever ce dernier refuge, Ivan, rêvant de briser la barrière qui le séparait de l'Occident, détruisit l'Ordre teutonique. Le grand-maître de cet Ordre célèbre, refoulé en Courlande, se vengea de sa défaite en ne cédant ses droits sur la Livonie qu'au grand prince de Lithuanie. L'Esthonie échappa aussi à Ivan en se mettant sous la protection du roi de Suède; l'évêché d'Oesel se livra au roi de Danemark et de ce partage funeste, dont le jeune tzar ne se dédommagea que faiblement en s'emparant de Polotsk (1563), surgit le long débat que l'épée de Pierre Ier parvint seule à trancher par le traité de Nystadt (10 septembre 1721), qui donna définitivement à la Russie la Livonie, l'Esthonie, l'Ingrie et une partie de la Finlande et de la Corélie.

Héros sur le champ de bataille, Ivan fut également, au début de son règne un législateur habile. Guidé par d'intègres conseillers, le prêtre Sylvestre et Adachef, il réforma les lois du pays et les rassembla en un Code intitulé Soudebnik (1550). Porté par tradition et par goût à s'ingérer dans les affaires de l'Église, il convoqua un concile (1551), dont les cent délibérations présentent un tableau curieux des mœurs de cette époque. Le dernier, article de ce précieux document est ainsi conçu : « De toutes les coutumes hérétiques, il n'y en a pas de plus condamnable que celle de se raser la barbe. *L'effusion de tout le sang d'un martyr ne saurait racheter cette faute.* Raser sa barbe pour plaire aux hommes, c'est violer toutes les lois et se déclarer l'ennemi de Dieu, qui nous a créés à son image. »

Comme son aïeul, Ivan attira auprès de lui un grand nombre d'artistes. Il est le premier souverain russe qui ait admis à sa cour des médecins étrangers, qui ait ouvert ses ports aux marchandises anglaises et qui, bien mieux que cela, ait doté son pays d'une imprimerie. Les *Actes des Apôtres* sont le premier livre qui ait paru en Russie, en 1564, par les soins du diacre Ivan Féodorof et Pierre Mstislavtz : expulsés ensuite de Moscou, ces deux typographes, dont les bibliophiles doivent enregistrer les noms, ont publié en Pologne, en 1582, une bible splendide, connue sous le nom de *Bible d'Ostrog*.

Mais le succès et surtout l'absolutisme transformèrent ce monarque, d'abord d'une conduite exemplaire, en un monstre dont le délire fit promptement oublier ses premières treize années d'administration féconde et glorieuse. Soupçonneux comme tous les despotes, s'imaginant n'être entouré que de traîtres, Ivan n'eut bientôt plus qu'une pensée : mettre la main sur des ennemis fictifs, — et n'eut plus qu'une occupation favorite : les supplicier lui-même, en enveloppant toutes leurs familles dans un châtiment raffiné, sans épargner les jeunes filles, les vieillards, les femmes enceintes ni les petits enfants (1) ! Difficilement résignée à la perte de son antique liberté, Novgorod fut, en 1570, la première victime de ses fureurs. Il s'y transporta avec ses *oprichniks*, espèce de prétoriens, comme il s'en rencontre au service de toutes les iniquités et, durant cinq semaines, il y a égorgé, chaque jour, sans rémission et sans relâche, cinq à six cents de ses habitants. Rentré à Moscou, il en trouva les rues désertes ; il les parcourut en criant que personne n'avait rien à redouter. La foule ajoute foi à la parole du Tzar, le suit sur la place Rouge et là, elle découvre trois cents infortunés étendus et liés par dizaines, que ce nouveau Caligula la force, non à décapiter, cela aurait été trop doux, mais à déchi-

(1) V. Erschrickliche, grealiche und ein erhörte tyranney'n Johannis Basilidis ; 1592, in-4°, s. l.

queter. Et ces exécutions, impossibles à énumérer et à détailler, se succédèrent sans interruption pendant un quart de siècle ! Ces atrocités, dont le souvenir fait frissonner, eurent pour résultat de détacher davantage la Livonie de la Russie et de rendre celle-ci moins apte à repousser ses constants ennemis; les Tatares en profitèrent, en 1571, pour incendier Moscou; les Polonais, peu agressifs sous Henry III, ranimés par Étienne Batory, reprirent Polotsk en 1579 et menacèrent le Kremlin. Alors, aussi pusillanime qu'il était entreprenant au commencement de son règne, Ivan semblait n'avoir plus d'autre ressource que d'accepter l'hospitalité que lui avait offerte la reine Élizabeth (1), lorsqu'il s'avisa d'implorer le médiation

---

(1) Cette proposition de la sanguinaire princesse est ainsi conçue dans une lettre-missive conservée aux archives de l'Empire :

« Au cher et très-grand, très-puissant prince, notre Frère, Empereur et Grand-Duc Ivan Vasili, souverain de toute la Russie.

« Si à une époque il arrive que vous soyez, par quelque circonstance fortuite, ou par quelque conspiration secrète, ou par quelque hostilité étrangère, obligé de changer de pays, et que vous désiriez venir dans notre royaume, ainsi que la noble Impératrice, votre épouse, et vos enfants chéris, avec tout honneur et courtoisie nous recevrons et nous traiterons

de Grégoire XIII, en lui promettant de reconnaître sa juridiction toute spirituelle. Fidèle aux traditions du Saint-Siége, qui ne laissait échapper aucune occasion de se ménager des relations avec la Russie, détournée de ses voies premières, le Pape s'empressa de charger Antoine Possevin d'arrêter Batory et de donner suite aux intentions apparentes du Tzar humilié. Autant le célèbre jésuite, professeur de saint François de Sales, réussit dans la première partie de sa mission, autant il échoua dans la seconde. Abattu sans être touché, Ivan eut encore à son déclin une fortune inattendue : un

Votre Altesse et sa suite comme il convient à un si grand prince, vous laissant mener une vie libre et tranquille avec tous ceux que vous amènerez à votre suite, et il vous sera oisible de pratiquer votre religion chrétienne en la manière que vous aimerez le mieux, car nous n'avons pas la pensée d'essayer de rien faire pour offenser Votre Altesse ou quelqu'un de vos sujets, ni de nous mêler en aucune façon de la conscience et de la religion de Votre Altesse, ni de lui arracher sa foi par violence. Et nous désignerons un endroit dans notre royaume que vous habiterez à vos propres frais, aussi longtemps que vous voudrez bien rester chez nous. Nous promettons ceci par notre lettre et par la parole d'un souverain chrétien. En foi de quoi, nous, la reine Élizabeth, nous souscrivons cette lettre de notre propre main en présence de notre noblesse et conseil. A notre palais de Hampton-Court, le 18 mai, 12ᵉ année de notre règne en l'an de N.-S. 1570. »

kosaque vint lui apprendre qu'il était maître de la Sibérie.

« Ce prince, dit Karamzin, grand, bien fait, avait les épaules hautes, les bras musculeux, la poitrine large, de beaux cheveux, de longues moustaches, le nez aquilin, de petits yeux gris mais brillants, pleins de feu, et au total une physionomie qui ne manquait pas d'agrément. Mais le crime le changea tellement qu'à peine pouvait-on le reconnaître. Une sombre férocité déforma tous ses traits. L'œil éteint, presque chauve, il ne lui resta plus bientôt que quelques poils à la barbe, inexplicable effet de la fureur qui dévorait son âme! »

Voici comment ce célèbre historien, irrécusable en cette matière, nous peint le genre de vie de ce prince : « A 3 heures du matin, le Tzar accompagné de ses enfants, allait au clocher pour sonner les matines; aussitôt, tous les courtisans couraient à l'église; celui qui manquait à ce devoir était puni par 8 jours de prison. Pendant le service, qui durait jusqu'à 6 ou 7 heures, le Tzar chantait, lisait, priait avec tant de ferveur que toujours il lui restait sur le front des marques de ses prosternations. A 8 heures, on se réunissait de nouveau pour entendre la messe, et à 10 heures tout le monde se mettait à table, excepté Ivan qui lisait, debout et à haute voix, de salutaires instructions.

« L'abondance régnait dans le repas : on y prodiguait le vin, l'hydromel et chaque jour paraissait un jour de fête. Les restes du festin étaient portés sur la place publique pour être distribués aux pauvres. Le Tzar dînait après les autres ; il s'entretenait avec ses favoris des choses de la religion, sommeillait ensuite ou bien allait dans les prisons pour faire appliquer quelques malheureux à la torture. Ce spectacle horrible semblait l'amuser; il en revenait chaque fois avec une physionomie rayonnante de contentement. Il plaisantait, il causait avec plus de gaieté que d'ordinaire. A 8 heures, on allait à vêpres ; enfin à 10, Ivan se retirait dans sa chambre à coucher, où trois aveugles, l'un après l'autre, lui faisaient des contes qui l'endormaient pour quelques heures. A minuit il se levait et commençait sa journée par la prière. Quelquefois on lui faisait à l'église des rapports sur les affaires du gouvernement; quelquefois les ordres les plus sanguinaires étaient donnés au chant des matines ou pendant la messe. Pour rompre l'uniformité de cette vie, Ivan faisait ce qu'il appelait des tournées.

Il visitait alors les monastères lointains, ou il allait poursuivre les bêtes fauves dans les forêts, préférant à tout la chasse de l'ours. »

Sept fois marié, au mépris des canons de l'Église russe, qui interdisent les quatrièmes noces, Ivan ne se contenta pas, à l'instar de Henri VIII, de répudier ou d'exterminer ses femmes; il alla, dans un accès de rage, jusqu'à assommer son propre fils avec le bâton ferré qui ne le quittait pas, puis il fit semblant de le pleurer, crime dont il fut puni par la rapide extinction de sa race, évidente punition pour qui seulement veut voir. Usé par les débauches, qu'il alliait à de minutieuses pratiques de dévotion qui rappellent Louis XI, dévoré de remords qui furent peut-être pour lui un plus affreux tourment que tous ceux qu'il a fait subir à un si grand nombre de ses sujets, car on ne devine pas ce qu'endurent les criminels, — Ivan, en voyant approcher la mort, se revêtit d'une robe de bure, prit le nom de frère Jonas et finit ses jours, le 19 mars 1584, après avoir fourni, dans ses dernières vingt-quatre années, une page de l'histoire de Russie que l'on voudrait déchirer, qu'on ne saurait toutefois soustraire aux méditations des esprits sérieux que les excès de l'absolutisme n'entraînent jamais à justifier les excès contraires, mais stimulent uniquement à mieux apprécier les bienfaits d'une liberté que tant de sang répandu devrait avoir conquise à l'humanité haletante.

En rappelant ces faits, sous une forme légère en apparence, le comte Alexis Tolstoy a fait une œuvre sérieuse et patriotique ; il a montré combien on en était éloigné aujourd'hui et combien il serait impossible d'y revenir. L'histoire de tous les peuples renferme des crimes ; l'abaissement des peuples ne consiste que dans le peu d'indignation que ces crimes soulèvent. Avouer Ivan IV, c'est déclarer ne pas vouloir le recommencer. Mon patriotisme ne souffre donc pas de mettre un moment la torche sous la sinistre figure du *Terrible*, car cette torche éclaire en même temps davantage les vraies et rares qualités du Souverain heureusement régnant.

A SA MAJESTÉ

L'IMPÉRATRICE DE TOUTES LES RUSSIES.

Le nom de Votre Majesté, que Vous m'avez autorisé à mettre en tête de ce récit du temps d'Ivan le Terrible, est la meilleure preuve qu'un abîme infranchissable sépare les sombres visions de notre passé de l'atmosphère sereine de l'époque présente.

C'est avec cette consolante conviction, avec un profond sentiment de gratitude et de confiance que j'offre mon travail à Votre Majesté Impériale.

Comte ALEXIS TOLSTOY.

PRÉFACE DE L'AUTEUR.

> « At nunc patientia servilis tantumque sanguinis domi perditum fatigant animum et mœstitia restringunt, neque aliam defensionem ab iis, quibus ista noscentur, exegerim, quam ne oderim segniter pereuntes.
> Tac. Ann. Lib. xvi.

Ce récit ne vise pas seulement à faire revivre certains événements, mais surtout à caractériser une époque, à se rendre compte des croyances, des mœurs, du degré de civilisation de la société russe dans la seconde moitié du seizième siècle.

En restant fidèle à l'histoire dans ses traits principaux, l'auteur s'est permis quelques écarts dans des détails sans importance. Ainsi le fil du récit l'a amené à avancer de cinq ans le supplice de Viazemski et celui de Basmanof. Il s'est cru autorisé à commettre cet anachronisme, parce que, si les innombrables supplices qui ont suivi la chute de Silvestre et d'Adachef caractérisent parfaitement Ivan, ils sont cependant sans corrélation avec ses autres actes

Par rapport aux horreurs de ce temps, l'auteur est demeuré constamment au-dessous de l'histoire. Par respect pour le lecteur, il les a laissées dans l'ombre et ne les a rapprochées de lui que le moins possible. Malgré cela, il avoue qu'en parcourant les sources qui l'ont aidé à composer ce récit, le livre lui est souvent tombé des mains et sa plume a été souvent jetée avec dépit, moins à la pensée qu'il a pu exister un Ivan IV, qu'à celle qu'il s'est trouvé une société qui ait pu le supporter ; ce sentiment pénible a fait languir son travail pendant dix ans.

A l'égard d'événements d'une importance secondaire, l'auteur a cru pouvoir s'accorder quelques licences, mais il n'en a été que plus scrupuleux dans la description des caractères, de tout ce qui touchait aux coutumes populaires et à l'archéologie. S'il est parvenu à ressusciter un moment la physionomie de l'époque, il ne regrettera pas son labeur et espérera avoir atteint le but qu'il s'était proposé.

IVAN LE TERRIBLE

OU LA RUSSIE AU XVIe SIÈCLE

CHAPITRE PREMIER

LES OPRITCHNIKS.

L'année de la création 1013 et de la rédemption 1565, par une accablante journée d'été, le 28 juin, le jeune prince Nikita Sérébrany arrivait au village de Medvedevka à trente verstes de Moscou. Il était suivi d'une troupe de guerriers et de vassaux.

Le prince venait de passer cinq années entières en Lithuanie. Le tzar Ivan l'avait envoyé chez le roi Sigismond pour signer une paix durable. Dans cette circonstance le choix du tzar avait été malheureux. Le prince Nikita soutint sans doute avec énergie les intérêts de son pays et, sous ce rapport, aucun autre ambassadeur n'eût mieux rempli sa mission, mais Sérébrany n'était pas né pour les négociations. Rejetant les finesses de la science diplomatique, il voulut conduire l'affaire simplement et, au grand chagrin des secrétaires qui l'accompagnaient, il ne leur permit aucun détour. Les conseillers du roi, déjà prêts à faire des concessions, profitèrent promptement de la franchise du prince; ils surent lui arracher le secret de son côté faible et augmentèrent d'autant leurs prétentions. Alors il perdit patience : en pleine diète, il frappa du poing sur la table et déchira le traité qui n'attendait que sa signature. « Vous et votre roi, s'écria-t-il, êtes des gens à double face ! Je vous parle selon ma conscience et vous ne pensez qu'à me tromper par vos ruses ! » Cette violente apostrophe anéantit en un instant tous les résultats obtenus dans les précédentes conférences et Sérébrany n'eût pas échappé au courroux de son maître si, par bonheur pour lui, ne fût arrivé le même jour, de Moscou, l'ordre de ne pas conclure la paix et de poursuivre les hostilités. Ce fut avec joie que Sérébrany quitta Vilna et changea son habit de velours contre une brillante cotte de mailles. Il montra qu'il était plus brave soldat qu'habile diplomate et sa valeur lui acquit une grande renommée aussi bien chez les Russes que chez les Lithuaniens.

L'extérieur du prince correspondait à son caractère. Les traits distinctifs de son visage, plutôt agréable que beau, étaient la simplicité et la franchise. Dans ses yeux d'un gris foncé, ombragés de cils noirs, un observateur aurait lu une décision extraordinaire et pour ainsi dire inconsciente, qui ne lui permettait pas de réfléchir une seconde au moment de l'action. Des sourcils hérissés, réunis l'un à l'autre, indiquaient un certain désordre et un manque de suite dans les idées ; mais la bouche, bien dessinée et légèrement arquée, exprimait une inébranlable fermeté et le sourire une bonté sans prétention, presqu'enfantine, qui eût pu quelquefois faire douter de son intelligence, si la noblesse qui respirait dans chacun de ses traits n'eût garanti que le cœur sentait ce que l'esprit avait peut-être de la peine à comprendre. L'impression générale était en sa faveur et faisait naître la certitude qu'on pouvait hardiment se confier à lui dans toutes circonstances réclamant de la résolution et du dévouement.

Sérébrany avait vingt-cinq ans. Il était de stature moyenne, large d'épaules et mince de taille. Ses épais cheveux blonds, plus clairs que son visage brûlé, formaient un contraste avec ses sourcils et ses cils noirs. Une barbe courte, un peu plus foncée que ses cheveux, ombrageait légèrement les lèvres et le menton.

Le prince était joyeux en ce moment, il retournait dans son pays. Le temps était splendide, le soleil radieux ; c'était un de ces jours où la nature semble en fête, où les fleurs paraissent plus brillantes, le ciel plus bleu, l'air plus transparent, où l'homme se sent léger, comme si son âme, ayant passé dans la nature, palpite sur chaque feuille ou se balance sur chaque brin d'herbe.

C'était une belle journée de juin ; après un séjour de cinq ans en Lithuanie, le prince la trouvait plus belle encore. Dans les champs, dans les bois, il aspirait l'air de la Russie. Sérébrany s'était rallié au jeune Tzar Ivan. Sans hésitation comme sans arrière-pensée, il gardait avec loyauté son serment et nul n'eût pu ébranler son énergique dévouement à son prince. Quoique son cœur et ses pensées fussent tournés depuis longtemps vers son pays, si, à l'instant même, il eût reçu l'ordre de retourner en Lithuanie sans avoir vu ni Moscou ni ses parents, aussitôt il eût tourné bride sans murmure et se fût lancé avec son ardeur accoutumée dans de nouveaux combats. D'ailleurs, il n'était pas le seul à penser ainsi. Sur toute la terre russe, Ivan était aimé. On eût dit qu'avec son règne fortuné un nouvel âge d'or approchait pour la Russie ; les moines, en relisant les annales, n'y trouvaient aucun prince comparable à celui-ci.

Un peu avant d'arriver au village, le boyard et ses gens

entendirent de joyeuses chansons et, quand ils eurent atteint la palissade, ils virent qu'on y était en liesse. Aux deux bouts de la rue, les jeunes garçons et les jeunes filles formaient des rondes autour d'un bouleau orné de morceaux d'étoffes de différentes couleurs. Les danseurs, garçons et filles, portaient des guirlandes de verdure. Les rondes chantaient tantôt ensemble, tantôt tour à tour, simulant parfois une querelle. Le rire des jeunes filles retentissait bruyamment au milieu des chants, et les chemises bigarrées des garçons ressortaient gaiement au milieu de la foule. Des volées de pigeons voltigeaient d'un toit à l'autre. Tout était en mouvement, le bon peuple russe s'amusait.

Près de la palissade, le vieil écuyer du prince s'approcha de son maître.

— Regarde! lui dit-il, regarde, prince, comme ils fêtent sainte Agrippine! Ne nous reposerons-nous pas ici? Les chevaux sont épuisés et nous-mêmes, après nous être restaurés, nous achèverons mieux notre route. Tu le sais bien, petit père, ventre vide n'est pas bon à grand'chose.

— Mais ne sommes-nous pas tout près de Moscou? dit le prince visiblement désireux de ne pas s'arrêter.

— Ah! petit père, tu as déjà fait aujourd'hui cinq fois la même question. Les bonnes gens t'ont répondu que d'ici nous avions encore quarante verstes. Ordonne, prince, qu'on se repose; en vérité les chevaux sont fatigués.

— C'est bien! dit le prince, reposez-vous.

— Holà, vous! cria Michée en se tournant vers les cavaliers. Pied à terre, détachez les marmites et allumez le feu!

Les cavaliers et les vassaux étaient sous les ordres de Michée; ils se hâtèrent d'obéir et se mirent à décharger les bagages. Le prince lui-même descendit de cheval et se débarrassa de son armure. Reconnaissant un homme de haut rang les jeunes gens arrêtèrent leurs chants, les vieillards se découvrirent et tous s'arrêtèrent, se demandant s'ils devaient continuer leurs jeux.

— Ne vous dérangez pas, braves gens, dit avec bienveillance Sérébrany, le gerfaut ne peut être à charge aux faucons.

— Merci, Boyard, répondit un vieux paysan. Puisque ta seigneurie n'éprouve pas de dégoût à se trouver parmi nous, assieds-toi sur le fossé et nous apporterons, si tu le permets, un pot d'hydromel; fais-nous, Boyard, cet honneur! — Sottes! continua-t-il en s'adressant aux jeunes filles, de quoi vous êtes-vous effrayées? Ne voyez-vous pas que c'est un Boyard avec sa suite et non des Opritchniks. C'est que, vois-tu, Boyard, depuis que l'Opritchna a envahi la Russie, notre frère a peur de tout; la vie est dure pour le pauvre monde. Et, à la fête, bois si tu veux, mais ne t'endors pas, chante, mais aie l'œil ouvert. Parfois ils tombent tout d'un coup on ne sait d'où, comme la neige du ciel.

— Quelle Opritchna? que sont ces Opritchniks? demanda le prince.

— Qui diantre le sait? Ils s'appellent gens du Tzar. Nous sommes gens du Tzar! des Opritchniks! et vous? des Serfs! A nous de vous piller et de vous rançonner; à vous de souffrir en silence et de vous incliner! — C'est la volonté du Tzar.

Le prince Sérébrany ne put se contenir.

— Le Tzar a ordonné d'outrager son peuple! Oh! ce sont des misérables. Mais qui sont-ils? Pourquoi ne garottez-vous pas ces brigands?

— Garotter des Opritchniks! Ah! Boyard, on voit que tu viens de loin, puisque tu ne les connais pas. Essaie de leur résister! Je me rappelle qu'un jour dix d'entre eux arrivèrent dans la cour d'Étienne Mikhaïlof. Étienne était aux champs, ils s'adressèrent à sa femme: donne ceci, donne cela. La vieille fournit ce qu'on lui demande et salue humblement. Mais encore : donne de l'argent, bonne femme ! la vieille gémissait, que faire ? elle ouvre le coffre, sort d'un chiffon deux pièces d'or et les leur donne en pleurant : prenez, seulement laissez-moi la vie. C'est peu ! dirent-ils, et l'un des Opritchniks la frappe si fort à la tempe qu'elle expire. Étienne arrive des champs, et voit sa femme avec le crâne brisé ; il ne peut se retenir, il accable de reproches les gens du Tzar : Vous ne craignez donc pas Dieu, scélérats ! Je vous souhaite de ne trouver en l'autre monde aucun refuge ! Pour toute réponse ils lancent un nœud coulant au cou du cher homme et le pendent à sa porte.

Nikita Romanovitch tremblait de colère.

— Comment ! sur la route du Tzar, à deux pas de Moscou, des brigands pillent et égorgent les paysans ! Mais que font donc vos sotski et vos starostes ? Comment souffrent-ils que des aventuriers osent s'appeler gens du Tzar ?

— Oui, affirma le paysan, — nous sommes gens du Tzar, tout nous est permis ; vous, vous êtes des serfs ! Et ils ont des chefs ; ils portent des insignes : un balai de crin et une tête de chien. Ce sont donc réellement des gens du Tzar.

— Brute ! s'écria le prince, n'aie pas l'audace de supposer que des assassins sont gens du tzar ! Je n'en reviens pas, se dit-il à lui-même, des insignes ? des opritchniks ? Que signifie ce mot ? Que sont ces gens ? Quand j'arriverai à Moscou j'informerai de tout cela le Tzar. Qu'il me donne l'ordre de les poursuivre ! Je ne les épargnerai pas, aussi vrai que Dieu est saint, je ne les épargnerai pas.

Pendant ce temps, la ronde avait repris sa marche.

Un jeune garçon représentait le futur, une jeune fille la fiancée ; le garçon allait saluer les parents de la fiancée représentés également par des femmes, gens de la ronde.

— Monsieur mon beau-père, chantait le futur accompagné par le chœur, prépare-moi de la bière.

— Madame ma belle-mère, fais cuire des pâtés.

— Monsieur mon beau-frère, selle-moi un cheval. Puis se tenant par les mains, filles et garçons tournaient autour du futur et de sa fiancée, d'abord d'un côté, ensuite de l'autre. Le futur a bu la bière, mangé le pâté, a rendu le cheval fourbu et il chasse sa nouvelle parenté.

— Au diable le beau-père.

— Au diable la belle-mère.

— Au diable le beau-frère.

A chaque apostrophe, il pousse en dehors de la ronde tantôt un garçon, tantôt une fille.

Les paysans riaient aux éclats.

Tout-à-coup on entendit un cri perçant. Un enfant d'une douzaine d'années, tout couvert de sang, se jeta dans la ronde.

— Sauvez-moi ! cachez-moi, criait-il en s'attachant aux habits des paysans.

— Qu'as-tu, Vania ? qui t'a blessé ? Ne sont-ce pas encore les opritchniks ?

En un instant les deux rondes se réunirent en un seul groupe qui entoura l'enfant, mais celui-ci, muet de terreur, pouvait à peine ouvrir la bouche.

— Là, là, disait-il d'une voix entrecoupée, derrière les potagers, je faisais paître mon veau... Ils ont fondu, se sont mis à tailler le veau avec leurs sabres ; Dounka est venue : elle s'est mise à les supplier. Ils ont pris Dounka, l'ont entraînée avec eux et moi...

De nouveaux cris interrompirent l'enfant. Des femmes accouraient de l'autre extrémité du village.

— Malheur, malheur ! criaient-elles, les opritchniks ! fuyez, jeunes filles, cachez-vous dans les seigles ! ils ont enlevé Dounka et Alenka et ont tué Serguévna.

En ce moment apparurent environ cinquante cavaliers le sabre au poing. En avant galopait un jeune homme à la barbe noire, revêtu d'un caftan rouge portant une casquette de peau de loup ornée d'un galon d'or. A la selle de son cheval était attachés un balai de crin et une tête de chien.

— Goida ! Goida ! hurlait-il, tuez le bétail, sabrez les moujiks, attrapez les filles, brûlez le village ! suivez-moi, enfants, n'ayez compassion de personne !

Les paysans s'enfuyaient où ils pouvaient.

— Petit père boyard ! s'écriaient ceux qui se trouvaient près du prince, n'abandonne pas des orphelins, protége des infortunés.

Mais le prince n'était plus là.

— Où est donc le boyard ? demanda le vieux paysan en regardant de tous côtés. L'endroit où il était assis est froid ! on ne voit plus ses gens ! ils sont partis, les braves ! oh malheur ! nous sommes tous perdus !

Le jeune homme au caftan rouge arrêta son cheval.

— A moi, vieux barbon ! il y avait ici une ronde, où sont cachées les filles ?

Le paysan s'inclina en silence.

Au bouleau ! cria la barbe noire. Il n'aime pas parler, qu'il garde le silence sur le bouleau.

Quelques cavaliers descendirent de cheval et passèrent un lacet autour du cou du paysan.

— Pères, bienfaiteurs ! ne faites pas périr un vieillard lâchez-le, seigneur, ne le tuez pas.

— Ah ! ta langue s'est déliée, vieux sorcier ! mais il est trop tard, frère, ne plaisante pas une autre fois ; au bouleau !

Les opritchniks entraînèrent le paysan vers l'arbre de mort. En ce moment on entendit derrière les izbas quelques coups de fusil. Une dizaine d'hommes à pied se jetèrent, le sabre nu, sur les égorgeurs et en même temps les cavaliers de Sérébrany, débouchant par un angle de la rue, s'élancèrent, en poussant des cris, sur les oprichniks. Les gens du prince étaient deux fois moins nombreux, mais leur attaque fut si brusque et si inattendue que les oprichniks furent culbutés en un instant. Le prince lui-même désarçonna leur chef d'un coup de plat de sabre. Sans lui donner le temps de se remettre, il sauta de cheval, lui mit le genou sur la poitrine et le saisit à la gorge.

— Qui es-tu, coquin ? demanda le prince.

— Et toi-même, qui es-tu ? répondit l'oprichnik d'une voix étranglée et les yeux étincelants.

Le prince lui mit sur le front le canon de son pistolet.

— Réponds, misérable, ou je te tue comme un chien !

— Je ne suis pas à tes ordres, brigand, répondit l'homme à la barbe noire, sans montrer aucune crainte, tu seras pendu pour avoir osé porter la main sur les gens du Tzar !

Le chien du pistolet s'abattit, mais la pierre ne donna pas d'étincelle et l'homme terrassé resta vivant.

Le prince regarda autour de lui. Quelques oprichniks étaient étendus morts, les gens en garrottaient d'autres, le reste avait disparu.

— Attachez aussi celui-ci ! dit le boyard et, regardant cette figure farouche mais intrépide, il ne put retenir un mouvement d'admiration. Quel beau gaillard ! pensa-t-il, il est malheureux que ce soit un coquin.

L'écuyer Michée s'approcha du prince.

— Regarde, petit père, lui dit-il, en lui montrant un paquet de cordes terminées par des nœuds coulants. Regarde quels outils ils portent avec eux ! On voit bien que ce n'est pas la première fois qu'ils font le métier d'étrangleurs et que ce sont des neveux de sorcières.

Les soldats amenèrent en ce moment au prince deux chevaux sur lesquels deux hommes étaient attachés. L'un d'eux était un vieillard dont la tête grise était couverte de cheveux crépus et le menton orné d'une longue barbe blanche; son camarade, jeune homme aux yeux noirs, paraissait avoir trente ans.

— Quels sont ces gens ? demanda le prince. Pourquoi les avez-vous attachés à leurs selles ?

— Ce n'est pas nous, boyard, mais les bandits qui les ont liés. Nous les avons trouvés derrière les potagers où ils étaient gardés à vue.

— Alors déliez-les et laissez-les aller !

Délivrés de leurs liens, les prisonniers étendirent leurs membres engourdis, mais, ne s'empressant pas de faire usage de leur liberté, ils restèrent à regarder ce qu'allaient devenir les vaincus.

— Écoutez, brigands, dit le prince aux opritchniks qu'on avait garrottés, dites, comment avez-vous osé prendre le nom de gens du Tzar ? qui êtes-vous ?

— As-tu les yeux crevés ? répondit l'un d'eux, ne vois-tu pas qui nous sommes ? c'est assez clair ! Les opritchniks ne relèvent que du Tzar.

— Morbleu ! cria Sérébrany : si vous faites cas de votre vie, répondez la vérité.

— Mais toi, tu tombes donc du ciel, dit avec un sourire railleur le jeune homme à la barbe noire. Tu n'as jamais vu d'opritchniks ? d'où viens-tu donc ? en tous cas, mieux eût valu pour toi de rester sous terre.

L'entêtement des brigands fit perdre patience à Nikita Romanovitch. — Écoute, jeune homme, dit-il, — ton courage m'a séduit, j'aurais voulu t'épargner ; mais, si tu ne me dis pas à l'instant même qui tu es, aussi vrai que Dieu est saint, je vais donner l'ordre qu'on te pende.

Le brigand se redressa fièrement. — Je suis Mathieu Khomiak, répondit-il, écuyer de Grégoire Skouratof; je sers avec fidélité mon maître et le Tzar dans l'opritchna. Le balai que nous portons à notre selle, signifie que nous balayons la trahison de la terre russe, et cette tête de chien, que nous dévorons ses ennemis. Tu vois qui je suis ; dis-moi maintenant à ton tour comment il faut t'appeler ? de quel nom il faudra se souvenir quand on t'aura tranché la tête ?

Le prince eût pardonné à l'oprichnik son audacieux langage, — l'impassibilité de cet homme en présence de la mort lui plaisait ; mais Mathieu Khomiak calomniait le Tzar et Nikita Romanovitch ne pouvait souffrir cela. Il fit un signe à ses soldats. Accoutumés à obéir, émus eux-mêmes de l'audace des brigands, ceux-ci leur passèrent les nœuds coulants autour du cou et se disposèrent à exécuter sur eux la sentence qui peu auparavant avait menacé le pauvre paysan, lorsque le plus jeune des deux hommes que le prince avait fait détacher, s'approcha de lui.

— Permets-moi, boyard, de te dire un mot.

— Parle.

— Tu as fait aujourd'hui, boyard, une bonne œuvre, tu nous as délivrés des mains de ces fils de chien. Nous voulons payer ton bienfait par un bon conseil. Il est évident que tu n'as pas vécu à Moscou depuis longtemps. Nous, nous savons ce qui s'y passe maintenant. Écoute. Si tu tiens à la vie, ne fais pas pendre ces bandits, laisse-les aller. Mets aussi en liberté ce démon de Khomiak. Ce n'est pas dans leur intérêt, mais dans le tien, boyard. Si jamais ils nous tombent dans les mains, j'en jure par le Christ, je les pendrai moi-même. Ils n'échapperont pas à la corde, seulement ce n'est pas à toi à les envoyer au diable, mais à nos frères.

Le prince examinait l'inconnu avec étonnement. Ses yeux noirs exprimaient l'énergie et la pénétration, une barbe foncée couvrait toute la partie inférieure de son visage, qu'éclairaient des dents fortes, d'une blancheur éclatante. A en juger par son vêtement, on pouvait le prendre pour un marchand ou un riche paysan, mais il parlait avec une telle assurance et paraissait si sincère en voulant mettre le boyard sur ses gardes, que celui-ci se mit à le considérer plus attentivement. Alors le prince reconnut que les traits de cet homme portaient l'empreinte d'une intelligence et d'une audace peu ordinaires. Son regard dévoilait un chef habitué à commander.

— Qui es-tu, jeune homme? demanda Sérébrany; et pourquoi plaides-tu la cause de gens qui t'avaient garrottés?

— Oui, boyard, si tu n'étais pas intervenu, c'est moi qui aurais été pendu; et cependant suis mon conseil, laisse-les aller; tu n'auras pas à t'en repentir quand tu arriveras à Moscou. Les temps sont bien changés, boyard. Si encore on avait pu les saisir tous! ceux-là de moins, il en restera toujours assez sur la terre russe; mais il y en a dix qui se sont sauvés; alors, si ce diable incarné de Khomiak ne retourne pas à Moscou, c'est toi qu'ils dénonceront, sois-en sûr!

Ces paroles peu intelligibles de l'inconnu n'eussent point persuadé le prince si sa colère ne se fût apaisée. Il réfléchit qu'une exécution sommaire de ces malfaiteurs n'aurait pas une grande utilité, tandis qu'en les livrant à la justice on pourrait peut-être découvrir leur bande entière. Après s'être enquis avec détail de la demeure du juge criminel le plus voisin, il donna l'ordre au chef des cavaliers de son escorte d'y conduire les prisonniers et déclara qu'il continuerait sa route seul avec Michée.

— Tu peux certainement envoyer ces chiens au juge criminel, dit l'inconnu, — seulement, crois-moi, le juge donnera l'ordre de les délivrer immédiatement. Il vaudrait mieux que ce fût toi qui leur donnât la clef des champs. Du reste, que ta volonté soit faite!

Michée avait tout écouté en silence et se grattait l'oreille. Quand l'inconnu eut terminé, le vieil écuyer s'approcha du

prince et, après un profond salut, s'exprima ainsi :
— Petit père, — ce jeune homme dit peut-être la vérité : le juge peut mettre en liberté ces brigands. Puisque, dans ta bonté, tu leur fais grâce de la corde, pour ne pas les laisser sans quelques souvenirs, permets qu'avant de les mettre en liberté on leur applique à chacun un demi-cent de coups de fouet afin de dégoûter ces neveux de sorcières du métier d'étrangleurs.

Et, prenant pour une approbation le silence du prince, il fit immédiatement conduire les prisonniers dans un lieu écarté où la punition leur fut appliquée avec autant d'exactitude que de rapidité (malgré les menaces et la rage de Khomiak).

— C'est une affaire très-bien entendue, dit Michée en revenant avec un air satisfait vers le prince ; d'une part, la punition est légère, et de l'autre le souvenir sera durable.

L'inconnu lui-même parut approuver l'heureuse pensée de Michée. Il sourit en caressant sa barbe, mais bientôt son visage reprit son expression habituelle.

— Boyard, dit-il — si tu veux voyager avec ton seul écuyer, permets-nous, à mon camarade et à moi, de nous joindre à vous ; la route est solitaire, il sera plus gai de voyager ensemble ; d'un autre côté l'heure peut venir où nous aurons encore à travailler des mains et huit bras font plus de besogne que quatre.

Le prince n'avait aucun motif pour soupçonner ses nouveaux compagnons ; il les autorisa à se joindre à lui et, après un moment de repos, les quatre cavaliers se mirent en route.

CHAPITRE II

LES NOUVEAUX COMPAGNONS.

En chemin, Michée essaya plusieurs fois de découvrir ce qu'étaient ces inconnus, mais ceux-ci ou répondaient par des plaisanteries ou lui échappaient par un détour au moment où il croyait réussir. — Peuh ! quelles gens ! se dit-il à la fin, on dirait des anguilles ! on croit les saisir par la queue et ils vous glissent entre les doigts.

Il commençait à faire sombre : Michée s'approcha du prince. — Boyard, dit-il, avons-nous bien fait de prendre avec nous ces gaillards ? ils me paraissent bien rusés ; on a beau causer avec eux, on ne peut rien en obtenir. Ils sont aussi vigoureux que Khomiak, et ne seraient-ce pas de mauvais drôles ?

— Peut-être, dit le prince avec insouciance ; en tout cas ils nous soutiendront si nous rencontrons encore ces opritchniks.

— C'est ce qui reste à savoir, petit père, le corbeau ne crève pas les yeux au corbeau, et je les ai entendus parler entre eux le diable sait dans quel langage, dont je ne comprenais pas un mot et qui pourtant paraissait du russe ! tiens-toi sur tes gardes, boyard, le loup n'atteint pas le cheval en éveil.

L'obscurité augmentait. Michée se tut, le prince gardait pareillement le silence. On n'entendit plus que le bruit des sabots des chevaux sur la route.

On traversait une forêt. Un des inconnus entonna une chanson, dont le second disait le refrain.

Cette chanson, retentissant dans la nuit, au milieu des

bois, après tous les événements de la journée, agit étrangement sur le prince : il devint triste. Il songeait au passé, à son départ de Moscou qu'il avait quitté cinq ans auparavant, et son imagination le transportait de nouveau dans cette église où, avant son départ, il avait entendu la messe et où, au milieu des chants solennels, des murmures de la foule, il fut frappé par une voix tendre et sonore que n'avaient fait oublier ni le choc des épées ni le tonnerre des arquebuses lithuaniennes. « Adieu, prince, lui avait dit cette voix à la dérobée, je prierai pour toi. » Cependant les inconnus chantaient toujours, mais leurs paroles n'étaient pas en rapport avec les pensées du prince. Dans leur chanson il était question de la vie aventureuse des grands steppes et du Volga qui les traverse. Les voix tantôt se réunissaient, ou se séparaient, tantôt figuraient le cours lent d'une rivière, ou bien encore s'élevaient et s'abaissaient comme les vagues en fureur et enfin, montant de plus en plus, planaient dans les cieux comme l'aigle aux ailes déployées.

On éprouve une impression à la fois pénible et douce en entendant, au milieu des bois silencieux, par une calme nuit d'été, la poésie d'une chanson russe. On y sent une singulière tristesse, comme le sceau fatal du sort et de l'inflexible destin, un des principes fondamentaux de notre nationalité, par lequel on parvient à pénétrer beaucoup de faits qui paraissent incompréhensibles dans la vie russe ; et que n'entend-on pas encore dans une longue chanson, au milieu d'une nuit d'été, dans une forêt silencieuse !

Un coup de sifflet interrompit la rêverie du boyard. Deux hommes bondirent derrière les arbres et saisirent la bride de son cheval, deux autres lui prirent les mains; toute résistance était impossible.

— Ah ! scélérats ! cria Michée, entouré également par des gens inconnus, ah ! les neveux de sorcières ! Ils nous ont trahis, les gredins !

— Qui va là? demanda une voix rude.

— Le fuseau de la grand'mère, répondit le plus jeune des nouveaux compagnons du prince.

— Dans le soulier du grand père? dit la voix rude.

— Ne secouez pas les pommiers, laissez les épis pousser, c'est nous qui ferons la récolte, continua le compagnon du prince.

Les mains qui retenaient le boyard lâchèrent aussitôt prise et le cheval, rendu à la liberté, se remit à marcher au milieu des arbres.

— Tu vois, boyard, dit l'inconnu en s'approchant du prince, je t'avais bien dit qu'il était plus agréable de voyager à quatre qu'à deux. Maintenant nous allons seulement t'accompagner jusqu'au moulin; là nous te dirons adieu, tu y trouveras un gîte pour la nuit et de la nourriture pour les chevaux. Dotoudof est à deux verstes tout au plus et de là on est bientôt à Moscou.

— Merci, camarade; si nous nous rencontrons une autre fois, je n'oublierai pas ce que je te dois.

— Ce n'est pas à toi, boyard, à te souvenir mais à nous. Il n'est pas probable que nous nous rencontrions jamais, mais si Dieu le permettait, n'oublie pas que l'homme russe se rappelle le bien qu'on lui a fait et que nous serons toujours tes fidèles serviteurs.

— Merci, enfant, mais ton nom, ne le diras-tu pas?

— J'ai plus d'un nom, répondit le plus jeune des inconnus. Pour le moment, je m'appelle Vanioukha Persten.

Bientôt les voyageurs atteignirent le moulin. Malgré la nuit, la roue tournait. A un coup de sifflet de Persten, le meunier apparut. On ne pouvait apercevoir sa figure dans l'obscurité, mais, à en juger par sa voix, c'était un vieillard.

— Oh! c'est toi, mon bienfaiteur, dit-il à Persten, je ne t'attendais pas aujourd'hui et surtout en compagnie. Pourquoi ne pourrais-tu pas suivre ta route jusqu'à Moscou? chez moi il n'y a ni avoine, ni pain, ni souper.

Persten dit quelque chose au meunier dans une sorte d'argot incompréhensible, le vieillard répondit dans le même langage et ajouta à demi-voix : Je serais enchanté, mais j'attends un hôte, et quel hôte ! il n'y a pas à badiner avec lui.

— Et le magasin à farine ?

— Il est encombré de sacs.

— Et la grange ? écoute, frère, il faut trouver de la place, de l'avoine pour les chevaux et un souper pour le boyard ; nous nous connaissons de vieille date, tu sais qu'il ne faut pas essayer de me tromper.

Le meunier conduisit, en grognant, les voyageurs dans le magasin à farine situé à une dizaine de pas du moulin et où, malgré les sacs, il y avait encore de l'espace.

Pendant qu'il allait prendre de la lumière, Persten et son compagnon prirent congé du boyard.

— Mais dites donc, camarades, demanda Michée, où vous trouver si pour l'affaire d'aujourd'hui on a besoin de votre témoignage ?

— Demande au vent d'où il vient? répondit Persten. Demande à la vague qui roule quelle est sa demeure ? nous sommes semblables à la flèche lancée par l'archer : là où elle s'enfonce, là est sa maison. Quant à notre témoignage, continua-t-il en souriant, il ne vaudrait rien pour Son Excellence. Mais si nous pouvons lui être utile pour quelqu'autre chose, tu viendras trouver le meunier ; il te dira où l'on rencontre Vanioukha Persten.

— Vois-tu, le neveu d'une sorcière ! murmura entre ses dents Michée : quels discours entortillés il nous fait là !

— Boyard, dit Persten en s'éloignant, suis mon conseil, quand tu seras à Moscou, ne te vante pas d'avoir voulu pendre l'écuyer de Maliouta Skouratof et d'avoir écorché sa peau.

— Voyez comme il le soutient, murmura de nouveau Michée ! — laisse aller le coquin, ne le prends pas et maintenant ne te vante pas d'avoir voulu le pendre ; comme on voit bien que ce sont des fruits du même arbre ! sois tranquille, frère, ajouta-t-il à haute voix, notre prince n'a peur de personne ; il n'a rien à craindre de ton Skouratof, il n'a à rendre compte de sa conduite qu'au Tzar seul.

Le meunier apporta une branche de pin allumée et la ficha dans la muraille : ensuite il alla chercher du tchi (1), du pain et un cruchon de bière. Il y avait dans ses traits un mélange étrange de bonté et d'avarice ; ses cheveux et sa barbe étaient tout blancs, ses yeux d'un gris clair ; les rides labouraient son visage dans tous les sens.

Après avoir soupé et récité leur prière, le prince et Michée s'étendirent sur des sacs ; le meunier leur souhaita une bonne nuit, salua jusqu'à terre, éteignit la lumière et sortit.

— Boyard, dit Michée, quand ils furent seuls, il me vient à l'idée que nous avons eu tort de rester ici, il eût mieux valu continuer jusqu'à Moscou.

— Pour alarmer tout le monde au milieu de la nuit ! descendre de cheval pour ouvrir les barrières à chaque entrée de rue !

— Mieux vaut être obligé d'ouvrir les barrières que de dormir dans un moulin du diable. Ce sont les brigands qui nous ont amenés dans ce moulin ; dans quel abîme sommes-nous là tombés encore, le jour de Saint-Jean !

— Tu te trouves donc bien mal ici ?

— Non, on est même assez bien couché, le tchi était bon et les chevaux ont de l'avoine à volonté ; mais ce qui ne vaut rien c'est que le propriétaire est un meunier.

1. Soupe nationale aux choux.

— Et qu'est-ce que cela fait qu'il soit meunier !

— Comment, dit Michée avec chaleur — ne sais-tu donc pas, prince, qu'il n'y a pas de meunier qui ne soit voué au diable depuis sa naissance ? Crois-tu qu'il eût pu sans l'aide du malin maintenir sa chaussée ? Oui, le diable est son aide, et sa tante est une sorcière.

— J'ai entendu parler de cela, on dit tant de choses. Mais ce n'est plus le moment de choisir, prenons ce que Dieu nous a envoyé.

Michée resta un moment silencieux, puis il bailla, se tut encore un instant, puis demanda d'une voix déjà endormie :

— Et que penses-tu, boyard, de ce Mathieu Khomiak que tu as renversé de son cheval ?

— Je pense que c'est un brigand.

— Et moi aussi, et que penses-tu, boyard, de ce Vanioukha Persten ?

— Je pense que c'est aussi un coquin.

— Oui, seulement il y a un peu de différence entre les deux. Lequel te paraît le moins coquin de Khomiak ou de Persten ?

Et, sans attendre de réponse, Michée commença à ronfler. Bientôt le prince s'endormit également.

CHAPITRE III

SORCELLERIE.

La lune s'élevait dans le ciel, les étoiles scintillaient, le moulin à demi-ruiné et la roue en mouvement semblaient argentés. Tout-à-coup, retentit le galop d'un cheval et bientôt une voix impérieuse se fit entendre : — Holà, sorcier !

Le nouvel arrivant n'était pas accoutumé, paraît-il, à

attendre; car, n'entendant pas de réponse, il cria encore plus fort : — Holà, sorcier ! sors ou je te coupe en morceaux !

Le meunier répondit : — Plus bas, prince, plus bas, petit père, nous ne sommes pas seuls, des voyageurs se sont arrêtés chez moi ; je descends à l'instant, donne-moi seulement le temps de fermer mon coffre.

— Je t'apprendrai à fermer ton coffre, tison d'enfer ! répartit celui que le meunier appelait prince, — ne savais-tu pas que je devais venir aujourd'hui ? Comment as-tu osé recevoir des voyageurs ? qu'ils détalent !

— Petit père, ne crie pas, pour l'amour de Dieu, ne crie pas, tu gâteras tout ! je te l'ai déjà dit, notre affaire craint le bruit et je n'ai pas le pouvoir de renvoyer les voyageurs. D'ailleurs ils ne nous gênent pas ; ils dorment maintenant, ne les éveille pas !

— Allons, soit, vieillard, mais prends garde de me tromper, il vaudrait mieux pour toi n'être pas né. Jamais on n'a imaginé un châtiment pareil à celui que je trouverais pour toi.

— Petit père, calme-toi ! que veux-tu que fasse un vieillard ? Ce que je verrai, je te le dirai, ce qui arrivera ensuite est au pouvoir de Dieu seul. Si ton altesse se dispose à me châtier mieux vaut ne pas entamer l'affaire.

— Allons, allons, vieillard, n'aie pas peur, je plaisantais.

Le cavalier attacha son cheval à un arbre. Il était de haute taille et paraissait jeune. La lune jouait sur les boutons de son pourpoint ; des cordons et des glands d'or s'agitaient sur ses épaules.

— Eh bien ! prince, dit le meunier — as-tu appris les mots ?

— J'ai appris les mots, et je porte un cœur d'hirondelle à mon cou.

— Et cela n'a rien fait ?

— Non, répondit le prince avec chagrin — rien n'y fait. Il y a quelques jours, je l'ai vue dans le jardin, dès qu'elle m'a reconnu, elle est devenue pâle, m'a tourné le dos et s'est enfuie.

— Ne te fâche pas, boyard, ne tranche pas inutilement des têtes innocentes et permets-moi de te dire une parole.

— Parle.

— Écoute donc..., mais j'ai peur...

— Parle, répéta le prince en frappant du pied.

— Eh bien ! petit père, n'en aime-t-elle pas un autre ?

— Un autre ? quel autre ? son mari ? un vieillard ?

— Et si... continua le meunier en hésitant — si ce n'était pas son mari ?...

— Ah, sorcier ! hurla le prince — comment cela t'est-il venu à l'esprit ? Ah ! si je soupçonnais quelqu'un, je leur arracherais le cœur à tous deux de mes propres mains.

Le meunier recula avec terreur.

— Sorcier, continua le prince en adoucissant sa voix, aide-moi, l'amour m'a terrassé, le cruel serpent ! que n'ai-je pas fait ! J'ai passé des nuits entières à prier devant les saintes images, la prière ne m'a pas donné le repos. J'ai galopé nuit et jour par monts et par vaux, j'ai tué ainsi plus d'un bon cheval, mais je n'ai pas tué mon chagrin. J'ai couru les tavernes, j'ai bu des cruches entières du vin le plus capiteux, je n'ai pas trouvé la paix dans l'ivresse. J'ai bravé la honte, je suis entré dans les opritchniks. J'ai pris ma place aux banquets du Tzar parmi les bourreaux, les Griazny et les Basmanof ! J'ai fait pis qu'eux, j'ai détruit des bourgs et des villages, enlevé des jeunes filles, mais le sang que j'ai versé n'a pas noyé ma peine. Les opritchniks eux-mêmes me craignent, le Tzar me ménage à cause de ma vaillance, le peuple me maudit. Le nom du prince Viazemski est aussi exécré que celui de Maliouta Skouratof. Voilà où m'a conduit ma passion, j'ai perdu mon âme. Eh !

que m'importe! Au fond de l'enfer je ne serai pas pis qu'ici. Eh bien! vieillard, pourquoi me regardes-tu dans les yeux? Crois-tu que je sois fou? Viazemski n'est pas fou ; sa tête est forte, son corps est vigoureux. Ma souffrance n'en est que plus terrible, elle ne peut m'accabler.

Le meunier écoutait le prince avec épouvante, il avait peur, il craignait pour sa vie.

— Pourquoi restes-tu silencieux, vieillard? N'as-tu pas quelque poison, quelque racine qui puisse la faire changer? Parle, dis-moi quelles sont tes herbes magiques? eh bien! parle donc, sorcier.

— Petit père, prince Athanase Ivanovitch, que te dirai-je? Il y a différentes herbes, il y a l'herbe koliouka qui se cueille le jour de la Saint-Pierre. Si tu frottes ton arme avec elle, tu ne manqueras jamais ton coup. Il y a l'herbe tirlich qui croît sur la montagne de Lissa près de Kief. Le Tzar ne sera jamais mécontent de celui qui en porte sur sa personne. Il y a encore de la salicaire ; prends une de ces racines en forme de croix, pends-la à ton cou, tout le monde te craindra comme le feu.

Viazemski sourit amèrement : — On a déjà assez peur de moi, je n'ai pas besoin de ta salicaire, continue.

— Il y a la tête d'Adam qui se récolte dans les marais ; elle amène les cadeaux. Il y a l'herbe bleue des marais ; quand tu vas à la chasse, bois-en une décoction et aucun ours ne te touchera. Il y a la rhubarbe; quand on la tire de terre, elle gémit comme un enfant; en la portant à son cou, on ne se noie jamais.

— Et c'est tout?

— Il y a encore la fougère ; celui qui a le bonheur d'en cueillir la fleur, deviendra le maître de tous les trésors, — la Jean et Marie ; celui qui l'a trouvée peut monter la première rosse venue et battre le meilleur cheval.

— Et une herbe qui fasse aimer, n'en connais-tu pas?

Le meunier resta un moment silencieux.

— Je n'en connais pas, petit père, ne te fâche pas, Dieu m'est témoin que je n'en connais pas.

— Et une herbe qui fasse cesser d'aimer, en connais-tu?

— Je n'en connais pas non plus, prince, mais il y a 'herbe qui brise ; quand on la met en contact avec des murailles ou une porte de fer, elle fait tout éclater.

— Finis avec tes herbes! dit avec impatience Viazemki, et il fixa son regard sombre sur le meunier.

Le meunier baissa la tête et se tut.

— Vieillard! reprit tout à coup Viazemski en le saisissant à la gorge, donne-la moi! tu entends? donne-la moi, donne-la moi, maudit! donne-la à l'instant!

Et il secouait violemment le vieillard qui crut sa dernière heure venue.

Tout à coup Viazemski le lâcha et tomba à ses genoux.

— Prends pitié de moi! dit-il en sanglotant : guéris-moi! je te donnerai ce que tu voudras, je te couvrirai d'or, je me lierai à toi; prends pitié de moi, vieillard.

Le meunier s'épouvanta encore davantage.

— Prince, Boyard! que fais tu donc? reviens à toi! c'est moi, David, le meunier! reviens à toi, prince!

— Je ne me relèverai pas que tu ne m'aies guéri.

— Prince! prince! disait d'une voix tremblante le meunier, il est l'heure, le temps passe, relève-toi! il fait nuit, je ne te vois plus, je ne sais pas où tu es; vite, vite à l'œuvre.

Le prince se leva.

— Commence, dit-il, je suis prêt.

Tous deux restèrent un moment silencieux. Tout était calme; la roue seule, éclairée par la lune, continuait à tourner. Quelque part, dans un marais, on entendait le cri du râle, et parfois la note plaintive du hibou arrivait des profondeurs de la forêt.

Le vieillard et le prince s'approchèrent du moulin.

— Regarde, prince, sous la roue et je vais prononcer le charme.

Le vieillard se coucha sur la terre et, encore tremblant de frayeur, il se mit à murmurer certains mots. Le prince regardait l'eau. Quelques minutes s'écoulèrent ainsi.

— Que vois-tu, prince?

— Je vois comme des perles qui tombent et des ducats d'or qui pétillent.

— Tu seras riche, plus riche qu'aucun autre en Russie.

Viazemski soupira.

— Regarde encore, prince, que vois-tu?

— Je vois comme des sabres se heurter et entre eux une espèce de collier d'or.

— Tu auras des succès à la guerre, boyard, tu seras heureux au service du Tzar; mais regarde, regarde, que vois-tu encore?

— L'obscurité est venue et l'eau s'est troublée. Ah! voilà que l'eau rougit, on dirait du sang. Qu'est-ce que cela veut dire?

Le meunier se tut.

— Qu'est-ce que cela veut dire, vieillard?

— Assez, prince. Il ne faut pas regarder trop longtemps, allons-nous-en.

— Voilà de longs filets rouges comme des veines ensanglantées; je vois deux pinces qui s'ouvrent et se ferment, je vois...

— Allons-nous-en, prince, allons-nous-en.

— Arrête, dit Viazemski en interrompant le meunier, je vois une sorte de scie à grandes dents qui va et vient et sous cette scie on dirait du sang qui jaillit!

Le meunier voulut entraîner le prince.

— Arrête, vieillard. Oh! j'ai le corps brisé...

Le prince se recula. On eût dit qu'il comprenait la vision.

Ils restèrent longtemps silencieux. Enfin Viazemski dit :
— Je veux savoir si elle en aime un autre.
— As-tu, Boyard, quelque chose qui lui ait appartenu ?
— Voilà ce que j'ai trouvé à sa porte. Le prince lui montra un ruban bleu.
— Jette-le sous la roue.
Le prince jeta le ruban. Le meunier sortit de sa poitrine une fiole de terre.
— Bois, dit-il en la donnant au prince.
Le prince but. La tête parut lui tourner un moment et ses yeux se troublèrent.
— Regarde, maintenant ; que vois-tu ?
— Elle ! elle !
— Seule ?
— Non, pas seule, ils sont deux : avec elle il y a un jeune homme blond, vêtu d'un caftan cramoisi, mais je ne vois pas son visage.
Attends ! ils se rapprochent.... plus près.... toujours plus près..... anathème ! ils se donnent la main ! anathème ! sois maudit, sorcier, sois maudit ! maudit !
Le prince jeta au meunier une poignée d'or, arracha de l'arbre la bride de son cheval, sauta en selle et s'élança à travers la forêt. Puis, peu à peu, le galop du cheval s'affaiblit et l'on n'entendit plus dans le calme de la nuit que le bruit de la roue qui continuait à tourner.

CHAPITRE IV

DROUJINA MOROZOF ET SA FEMME.

Si le lecteur pouvait se reporter trois cents ans en arrière et regarder, du haut d'un clocher, la ville de Moscou de ce temps-là, il trouverait peu de ressemblance avec la ville actuelle. Les bords de la Moskva, de l'Iaouza et de la Neglinna étaient couverts d'une multitude de maisons en bois avec des toits en planches ou en paille, la plupart noircis par le temps. Au milieu de ces toits sombres, ressortaient vivement les murailles blanches et rouges du Kremlin, du Kitaï-gorod et des autres forteresses bâties dans le courant des deux derniers siècles. Un grand nombre de clochers élevaient leurs flèches dorées vers le ciel. On voyait, entre les maisons, de grandes taches vertes et jaunes ; c'étaient des bois épais et des champs ensemencés. La Moskva était coupée par des ponts flottants, couverts d'eau dès qu'une charrette ou une troupe de cavaliers les traversait. Sur l'Iaouza et la Neglinna tournaient des multitudes de roues de moulin se suivant sans interruption.

Ces bois, ces champs, ces moulins au cœur de la ville même, rendaient la vue très-pittoresque. Les monastères surtout faisaient plaisir à voir : leurs murailles blanches, leurs groupes de coupoles peintes ou dorées leur donnaient l'aspect de villes séparées.

Au dessus de ce fouillis de parcs, d'églises, de maisons et de monastères, s'élevaient orgueilleusement les sanctuaires du Kremlin et la basilique de la Vierge Protectrice qu'Ivan avait bâtie quelques années auparavant en mémoire de la prise de Kazan et que nous appelons maintenant Saint-Bazile. La joie des Moscovites fut grande quand tomba le rideau d'échafaudages qui masquait cette église, lorsqu'elle apparut dans tout son éclat, étincelante de peintures, de dorures, étonnant le regard par la multitude et la variété de ses ornements. Longtemps le peuple ne cessa d'admirer l'habileté de l'architecte, de remercier Dieu t d'exalter le Tzar qui avait donné au peuple orthodoxe un monument jusqu'alors unique. Les autres églises étaient aussi fort belles ; les Moscovites n'épargnaient ni roubles ni travail pour rendre magnifique la maison de Dieu. Partout on voyait de riches couleurs, des dorures et des images de grandeur naturelle. Mais si les habitants de Moscou s'appliquaient à embellir leurs temples, ils se préoccupaient peu de l'intérieur de leurs maisons ; presque toutes leurs demeures étaient construites solidement et simplement de madriers de sapin ou de chêne qui n'étaient pas toujours recouverts de planches, suivant en cela le vieux proverbe russe : ce ne sont pas les murs qui font la belle maison, mais la chère qu'on y fait.

Seule l'habitation du boyard Droujina Morozof, sur le bord de la Moskva, se distinguait par son élégance. Les madriers de chêne étaient équarris, tous les angles étaient soigneusement ajustés, la maison avait trois étages, sans compter le rez-de-chaussée. Un toit spécial s'avançait sur un perron élevé, supporté par des colonnes torses sculptées et orné d'une frise élégante. Les volets étaient couverts de fleurs et d'oiseaux peints avec art et les fenêtres donnaient accès à la lumière de Dieu, non au moyen de ternes vessies de bœuf comme dans la plupart des maisons de Moscou, mais à travers des carreaux de mica transparent. Autour d'une large cour s'élevaient les logis des serviteurs, les magasins, la buanderie, le pigeonnier et la salle de repos d'été de la boyarine. Attenants à cette cour, se trouvaient, d'un côté, une chapelle en pierre et, de l'autre, un vaste jardin entouré d'une palissade de chêne au-dessus de laquelle on apercevait d'élégantes escarpolettes également peintes en couleurs vives et ornées de dessins. En un mot, c'était une splendide demeure pour l'époque, digne de ceux qui l'habitaient.

Corpulent de sa personne, altier de caractère, le boyard Droujina Morozof, malgré son âge déjà avancé, s'était marié depuis peu avec la plus belle jeune fille de Moscou. Tout le monde fut surpris quand il obtint la main d'Hélène, fille de l'okolnitch (1) Pléchéef-Oguina, tué sous les murs de Kazan. Ce n'était pas un pareil époux que les marieuses de Moscou auraient osé proposer. Mais Hélène était en âge, elle n'avait ni père ni mère ; et la beauté d'une jeune fille, avec les mœurs débauchées des nouveaux favoris du Tzar, pouvait causer sa perte. Morozof, en épousant Hélène, devint son protecteur et tous savaient à Moscou qu'il n'eût pas été prudent d'offenser celle que protégeait le boyard Droujina.

Avant le mariage d'Hélène, plusieurs, parmi les favoris du Tzar, avaient essayé de lui plaire, mais personne n'avait déployé autant de persévérance que le prince Viazemski. Il lui avait envoyé les cadeaux les plus riches; dans les églises, il était toujours près d'elle, ou, devant sa porte caracolait sur un coursier fougueux. Viazemski ne réussit pas ; les marieuses lui rapportèrent ses présents et, quand elle le rencontrait, Hélène détournait la tête. Était-ce parce que le prince ne lui plaisait pas qu'elle détournait la tête, ou bien un autre occupait-il déjà ses pensées ? Quoiqu'il en soit, Viazemski fut refusé. Enflammé de dépit il alla se jeter aux pieds du Tzar et lui demander son appui. Le tzar promit d'envoyer ses propres marieuses à Hélène.

En apprenant cette nouvelle la jeune fille fondit en larmes. Elle alla avec sa nourrice dans une église, se mit à genoux devant la Mère de Dieu, pleura et heurta son front sur les dalles humides.

Dans cette église il n'y avait d'abord personne; mais quand la jeune fille se releva, elle aperçut derrière elle le boyard Morozof en caftan de velours vert et en pourpoint de brocart.

— Pourquoi pleures-tu, Hélène ? demanda Morozof.

Hélène se réjouit en reconnaissant la voix du boyard.

---

1. Second rang des grands de l'État dans l'ancienne Russie.

Il avait été autrefois l'ami de ses parents et, depuis qu'elle était orpheline, il la voyait souvent et l'aimait comme un père. Elle avait pour lui un respect filial, elle lui confiait toutes ses pensées sauf une seule, et cette restriction causa son malheur comme la perte du boyard.

Et en cet instant même, elle ne lui découvrit pas cette pensée secrète, elle lui dit seulement : je pleure parce que les envoyées du Tzar vont venir me contraindre à accepter la main de Viazemski.

— Hélène, dit le boyard, est-il bien vrai que tu ne puisses aimer Viazemski? Réfléchis. Je sais que jusqu'ici il n'a pas su trouver le chemin de ton affection; mais tu n'as encore aucune expérience de la vie, ton cœur de jeune fille est comme de la cire; tu finiras par avoir de l'affection pour lui.

— Jamais! répondit Hélène, — jamais! je descendrai plutôt au tombeau.

Le boyard la considéra avec sympathie. — Hélène, dit-il, après une pose, il y a un moyen de te sauver. Écoute : je suis vieux, j'ai les cheveux blancs, mais je t'aime comme ma fille. Réfléchis-y, veux-tu unir ton sort à celui d'un vieillard.

— J'y consens, s'écria la jeune fille avec joie, et elle se jeta aux pieds de Morozof.

Le boyard fut ému de cette réponse inattendue, il fut fier de l'élan d'Hélène. Il ne devinait pas que c'était l'exaltation du noyé se cramponnant à un buisson d'épine. Il releva tendrement la jeune fille et la baisa au front. — Enfant, dit-il, jure-moi sur la croix que tu ne déshonoreras pas ma tête blanche. Jure-le ici devant l'image du Sauveur.

— Je le jure, je le jure! murmura Hélène.

Le boyard ordonna d'appeler le prêtre et la cérémonie des fiançailles s'accomplit aussitôt; quand les marieuses du Tzar arrivèrent, Hélène était déjà la fiancée de Droujina Andréevitch Morozof.

Ce ne fut pas la sympathie qui la détermina à cet acte; mais elle avait juré sur la croix d'être fidèle à Morozof et elle était résolue à tenir son serment, à n'y pas manquer ni en parole ni en pensée. Et pourquoi n'eût-elle pas été attachée à Droujina ? Sans doute le boyard n'était plus jeune; mais Dieu lui avait donné la santé, la gloire militaire, une grande énergie. Il possédait des villages et des biens considérables au delà de la Moskva ; ses coffres étaient pleins d'or, d'habits magnifiques et de fourrures. Il y avait une chose, toutefois, dont Dieu ne l'avait pas gratifié, c'était la faveur du Tzar. Quand Ivan Vasiliévitch apprit que ses envoyées étaient arrivées trop tard, il s'emporta contre Morozof et résolut de le punir ; il le fit inviter à sa table et lui assigna une place non-seulement au-dessous de celle de Viazemski, mais encore plus bas que Boris Goudonof, qui n'était pas encore dans les honneurs et n'occupait aucune charge.

Le boyard ne put supporter un tel outrage : il se leva de table. Un Morozof ne pouvait être assis au-dessous d'un Godounof. Le Tzar se fâcha : il ordonna à Morozof d'aller faire ses excuses à Boris Feodorovitch. Il y alla, mais pour l'insulter et le traiter de chien.

En apprenant cette audace, le Tzar, au comble de la fureur, ordonna à Morozof de ne plus paraître en sa présence et de laisser croître ses cheveux tant qu'il serait en disgrâce.

Le boyard quitta la cour, et depuis lors il ne sortait plus que vêtu d'un costume grossier, ne rasait plus sa barbe et ses cheveux blancs pendaient sur son front altier. Il était douloureux pour le boyard de ne plus voir les yeux de son prince, mais il n'avait pas déshonoré sa race. Il n'avait pas cédé le pas à un Godounof.

La demeure de Morozof était pleine comme un œuf. Les serviteurs craignaient et aimaient leur maître. Tous ceux qui venaient vers lui étaient reçus avec cordialité. Il n'y avait qu'une voix sur sa bonté ; il ne refusait à personne un gracieux accueil, d'abondants secours ou de sages conseils. Mais il chérissait par dessus tout et ne faisait à personne autant de cadeaux qu'à sa jeune épouse.

Hélène n'était pas ingrate ; chaque matin et chaque soir, elle restait longtemps à genoux dans son oratoire à prier pour lui.

Était-elle coupable, parce que, au milieu des discours de son époux, au milieu de ses plus ferventes prières, l'image d'un jeune héros lui apparaissait soudainement l'épée levée et poursuivant les bataillons lithuaniens en déroute ? Était-elle coupable parce que cette image la suivait partout, chez elle et dans les églises, le jour et la nuit, lui disant avec un accent de reproche : « Hélène ! tu n'as pas tenu ta promesse, tu n'as pas attendu mon retour, tu m'as trompé ? »

Le 24 juin de l'année 1565, le jour de saint Jean, toutes les cloches de Moscou étaient en branle depuis le matin et sonnaient sans interruption ; les églises étaient pleines. Après l'office divin le peuple se répandit dans les rues. Vieux et jeunes, riches et pauvres portaient des rameaux verts, des fleurs et des branches de bouleau ornées de rubans. Tout était vie et mouvement. Cependant vers midi les rues devinrent désertes. Peu à peu le peuple se dispersa et bientôt dans tout Moscou on eût eu peine à rencontrer quelqu'un. Un silence de mort avait envahi la ville. Le peuple faisait sa sieste et personne n'eût voulu s'attirer la colère céleste en courant par les rues à cette heure ; car Dieu a permis et à l'homme et à toutes les créatures de se reposer au milieu du jour. Or, c'eût été un péché d'aller contre la volonté divine, à moins d'y être forcé par quelque impérieuse nécessité.

Donc, tous dormaient ; Moscou semblait une ville inhabitée. Il n'y avait qu'à la Balchouga, dans une taverne nouvellement construite, qu'on entendait des chants, des cris et des disputes. Là, malgré l'heure du repos, banquetaient des gens de guerre, presque tous jeunes et vêtus de riches uniformes; ils remplissaient la maison et la cour. Tous étaient ivres; l'un, couché à terre, répandait sur son habit la coupe de vin qu'il voulait boire; un autre, d'une voix enrouée, s'efforçait d'entraîner ses camarades, mais il ne parvenait à faire sortir de son gosier que des sons inarticulés. Des chevaux tout sellés étaient attachés près de la porte. A chaque selle on voyait suspendus le balai de crin et la tête de chien.

En ce moment deux cavaliers apparurent dans la rue. L'un d'eux, en caftan cramoisi à boutons d'or et chapeau blanc galonné, sous lequel ressortaient d'épaisses boucles blondes, s'adressa à son compagnon. — Michée, dit-il, — vois-tu ces gens ivres ?

— Oui, ce sont ces damnés neveux de sorcières !

— Et vois-tu ce qui pend aux selles de leurs chevaux ?

— Je le vois : un balai et une gueule de chien, comme à la selle de notre brigand. Ce sont donc réellement des gens du Tzar puisqu'ils s'amusent ainsi dans Moscou ! nous avons fait une jolie besogne en nous y frottant !

Sérébrany fronça le sourcil.

— Va, demande-leur où demeure le boyard Morozof.

— Eh ! bonnes gens, honorables seigneurs ! cria Michée en s'approchant d'un groupe, — où réside le boyard Droujina Morozof ?

— Et pourquoi veux-tu savoir où niche ce chien ?

— Mon maître, le prince Sérébrany, a une lettre à lui remettre du voïévode (1) Pronski, de la grande armée.

— Donne ta lettre.

— Que dis-tu, que dis-tu là, neveu d'une..? Es-tu fou ?

---

(1) Gouverneur de province.

comment veux-tu qu'on te donne une lettre du prince ?

— Donne ta lettre, vieux chat-huant, donne-la ! Nous verrons si par hasard ce Morozof n'est pas un traître.

— Comment, coquin ! s'écria Michée, oubliant la prudence avec laquelle il avait entamé la conversation, te figures-tu que mon maître puisse être en relation avec des traîtres ?

— Ah, tu dis des injures ! camarades, jetons-le à bas de cheval et donnons-lui le fouet.

En ce moment Sérébrany s'avança vers les opritchniks.

— Arrière ! cria-t-il d'une voix si menaçante qu'ils reculèrent involontairement.

— Si l'un de vous touche à cet homme, quand ce ne serait que du bout du doigt, je lui fais sauter la cervelle et les autres répondront au Tzar.

Les opritchniks se troublèrent ; mais, de nouveaux camarades étant arrivés des rues voisines, ils entourèrent le prince. Des paroles insolentes sortirent de la foule ; quelques-uns tirèrent leurs sabres et Sérébrany allait se trouver dans une position difficile lorsqu'on entendit dans le voisinage une voix chantant un psaume. Les opritchniks s'arrêtèrent comme s'ils eussent été ensorcelés. Tous tournaient leurs regards vers le lieu d'où venait la voix. Un homme d'environ quarante ans, vêtu d'une robe de toile blanche, s'avançait de leur côté. Sur sa poitrine étaient suspendues des croix et des chaînes de fer, il tenait à la main un gros chapelet de bois. Son visage pâle exprimait une bonté ineffable, sur ses lèvres, ombragées d'une barbe rare, rayonnait un sourire, mais son regard était troublé et incertain.

En voyant Sérébrany, il interrompit son chant, s'approcha vivement de lui et le regarda fixement. — C'est toi, toi ! dit-il, comme s'il eût été surpris, pourquoi es-tu ici, parmi ces gens ?

Et, sans attendre de réponse, il se mit à chanter : « Homme juste n'entre pas dans le conseil des impurs. »

Les Opritchniks s'écartèrent avec respect ; sans faire attention à eux, il regarda de nouveau Sérébrany.

— Nikita, Nikita ! dit-il en branlant la tête, — où vas-tu te perdre ?

Sérébrany n'avait jamais vu cet homme, il fut surpris de l'entendre prononcer son nom.

— Tu me connais donc ? lui demanda-t-il.

L'extatique sourit. — Tu es mon frère, répondit-il — je t'ai reconnu immédiatement. Tu es un simple comme moi, car, si tu avais plus de jugement que moi, tu ne serais pas venu ici. Je vois dans ton cœur, il est pur, pur comme l'eau de roche. Tous deux nous sommes des insensés. Ah ! ceux-ci, continua t-il en montrant les opritchniks, ceux-ci ne sont pas de notre famille.

— Vasia (1), dit un des opritchniks ? as-tu besoin de quelque chose ? veux-tu de l'argent.

— Non, non, non ! répondit l'extatique : de toi je ne veux rien. Vasia ne prendra rien de toi, mais donne à Nikitka ce qu'il demande.

— Saint homme, dit Sérébrany, je demandais la demeure du boyard Morozof.

— De Droujina ? c'est un des nôtres, c'est un juste ; seulement sa tête est inflexible, oh ! inflexible : bientôt elle se penchera, elle se penchera, mais pour ne plus se relever.

Où demeure-t-il ? répéta d'un ton suppliant Sérébrany.

— Je ne te le dirai pas, répondit le saint d'une voix presque irritée. Non ! que d'autres le fassent. Je ne veux pas t'envoyer vers le mal.

Et il s'éloigna à la hâte en continuant le psaume interrompu.

(1) Diminutif de Vasili, Basile.

Ne comprenant rien à ces paroles et ne voulant pas perdre de temps à en chercher le sens, Sérébany s'adressa de nouveau aux Opritchniks.

— Eh bien ! ne me direz-vous pas enfin comment trouver la demeure de Morozof ?

— Va tout droit, répondit brutalement l'un d'eux, au point où la rue tourne à gauche. C'est là qu'est le nid du vieux corbeau.

Pendant que le prince s'éloignait, les Opritchniks, apaisés par l'apparition du saint, recommencèrent leurs propos insolents.

— Eh ! cria l'un, salue de notre part Morozof, et dis lui de se préparer à la potence : il a assez vécu.

— Et pour toi aussi, ajouta un autre, la corde est prête.

Mais le prince ne faisait pas attention à leurs injures. Que signifient les paroles de l'idiot ? pensait-il. Pourquoi n'a-t-il pas voulu m'indiquer la maison de Morozof, et a-t-il ajouté qu'il ne voulait pas m'envoyer vers le mal ?

En continuant leur route, le prince et Michée rencontrèrent encore beaucoup d'Opritchniks. Les uns étaient déjà ivres, d'autres ne faisaient qu'arriver dans les tavernes, tous avaient l'air audacieux et insolents et quelques-uns même firent à haute voix des remarques si grossières sur le compte des cavaliers qu'il était facile de voir qu'ils étaient habitués à l'impunité.

CHAPITRE V

LA RENCONTRE.

En suivant à cheval le bord de la Moskva, on pouvait voir par dessus la palissade tout le jardin de Morozof.

Des tilleuls en fleurs ombrageaient un étang limpide qui fournissait au boyard, pour les jours maigres, une pêche abondante. Au delà on voyait des pommiers, des cerisiers, des pruniers. Dans l'herbe, que la faux n'avait pas encore abattue, serpentaient d'étroits sentiers. La journée était brûlante. Au-dessus des fleurs rouges de l'églantier odoriférant tourbillonnaient des scarabées d'or ; dans les tilleuls bourdonnaient les abeilles ; les grillons chantaient dans l'herbe ; derrière des buissons de groseillers rouges, de grands tournesols élevaient leurs larges têtes et paraissaient savourer la chaleur du soleil de midi.

Le boyard Morozof reposait depuis déjà une heure dans son appartement. Hélène était assise avec ses suivantes sur un banc de gazon au pied même de la palissade. Elle portait un vêtement d'été en velours bleu avec des boutons d'améthiste. De larges manches de mousseline, formant des plis légers, étaient attachées au-dessus du coude par des bracelets de diamants. Des boucles d'oreille, également en diamant, descendaient jusque sur ses épaules. Sa tête était ornée d'un kakochnik (1) de perles, et ses bottines de maroquin étaient cousues d'or.

Hélène paraissait gaie. Elle riait et badinait avec ses filles d'atour.

— Boyarine, disait l'une d'elles, essayez encore ces pendants d'oreille, ils sont plus éclatants.

— Je suis fatiguée d'essayer, mesdemoiselles, répondit d'une voix bienveillante Hélène ; voilà plus d'une heure que vous me tenez là, cela suffit.

— Il ne reste plus que le collier à essayer ! Quand tu l'auras mis, en vérité, tu ressembleras à une sainte image dans sa niche.

— Finis donc, Pacha (2), c'est un péché de parler ainsi.

— Eh bien ! puisque tu ne veux pas te parer, boyarine,

---

(1) Coiffure nationale des femmes mariées.
(2) Diminutif de Pélagie.

jouons à la course. Veux-tu lancer des miettes de pain aux poissons ou te balancer sur une escarpolette? ou bien veux-tu que nous te chantions quelque chose?

— Oui, Pacha, cette chanson que tu chantais l'autre jour, en cueillant des fraises.

— Oh! boyarine de mon cœur, qu'y a-t-il de gai dans cette chanson? Elle est mélancolique.

— C'est égal, je désire l'entendre; chante-la moi, Pacha!

— J'obéis, boyarine; seulement ne me reproche pas ensuite de t'avoir rendue triste. Et vous, mesdemoiselles, donnez-moi le refrain.

Les jeunes filles s'assirent en rond et Pacha commença d'une voix plaintive :

> Ah ! sans le froid qui les menace
> Les fleurs s'épanouiraient en hiver.
> Ah ! sans la douleur qui m'accable,
> Je vivrais dans l'insouciance
> Je ne serais pas, la tête dans la main,
> Regardant vaguement la campagne déserte...
> . . . .
> J'allais à travers les foins nouveaux,
> Je relevais ma pelisse de martre
> Pour que ma pelisse ne fît aucun bruit,
> Pour que mes boutons ne retentissent pas.
> Le boyard beau-père n'avait pas entendu,
> Il n'avait rien dit à son fils,
> A son fils, mon époux.

Pacha regarda sa maîtresse. Deux grosses larmes coulaient de ses yeux.

— Ah! quelle sotte je suis! dit Pacha : qu'ai-je fait? Je n'ai pas su résister à la boyarine. Mais aussi comment pouvez-vous, boyarine, vous laisser impressionner de la sorte par de pareilles chansons?

— Et toi, pourquoi les as-tu apprises! repartit Dounia,

jeune fille à l'œil vif et aux sourcils noirs. Je vais chanter, moi, et tu vas voir si la boyarine ne reprend pas sa bonne humeur.

Et, bondissant sur ses pieds, Dounia appuya une main à sa hanche, leva l'autre en l'air, et, s'inclinant un peu, se mit à marcher légèrement en chantant :

> Le seigneur Pantalei s'avance dans la cour,
> Kouzmich se promène au loin,
> Sa pelisse de renard tombe jusqu'à terre,
> Son chapeau est revêtu de martre jusqu'au sommet.
> La faveur du ciel le suit toujours.
> Soujena le regarde derrière les rideaux du lit,
> Les boyards le regardent de la ville,
> Les boyarines le regardent de leurs belvédères,
> Les boyards disent quel est cet homme?
> Les boyarines disent quel est ce seigneur?
> Mais Soujena dit : c'est mon meilleur ami !

Dounia s'arrêta et se mit à rire. Mais Hélène était encore plus triste. Son cœur se serra ; elle couvrit son visage de ses mains et sanglota.

— Voilà le résultat de ta chanson! dit Pacha. Qu'allons-nous faire maintenant? Droujina Andréevitch verra les yeux rougis de la boyarine et se mettra en colère contre nous : ne pouvez-vous la distraire, sottes créatures?

— Mes chères filles! mes petites âmes ! dit tout à coup Hélène en se jetant au cou de Pacha, aidez-moi à sangloter, à verser des larmes.

— Mais qu'as-tu, boyarine? qui est-ce qui t'a si subitement frappée?

— Pas si subitement, mes filles! Depuis ce matin je suis triste. Quand les offices ont commencé à sonner et que la foule s'en est allée gaiement à l'église, j'ai senti mon cœur se gonfler... et maintenant encore il est prêt à éclater. . La lumière est si vive, le soleil si éclatant, et toutes ces parures dont vous m'avez ornée... Enlevez-moi ces boucles d'oreilles, enlevez-moi le kakochnik, faites-moi une tresse comme les vôtres, une tresse de jeune fille.

— Comment, boyarine, y songes-tu ? te faire une coiffure de jeune fille ! Dieu nous en préserve ! Et si Droujina Andréevitch l'apprenait ?

— Il ne le saura pas. Je remettrai plus tard le kakochnik.

— Non, boyarine, ce serait un péché. Fais comme tu voudras, mais nous ne pouvons prendre cela sur nous.

Est-ce possible, pensa Hélène, c'est péché de se souvenir même du passé ?

— Eh bien ! dit-elle, je n'enlèverai pas mon kakochnik, seulement viens ici, ma Pacha, je te ferai une tresse comme celle que je portais autrefois.

Rougissante de plaisir, Pacha vint s'agenouiller devant sa maîtresse. Hélène lui délia les cheveux, les sépara en touffes égales et commença à tresser une de ces énormes tresses à la russe, composées de quatre-vingt dix fils. Il fallait pour cela une grande science. D'abord la tresse devait être très-lâche, afin qu'elle cachât toute la nuque, ensuite elle descendait sur le dos en se resserrant imperceptiblement. Hélène y mit beaucoup de talent ; en entrelaçant les touffes de cheveux, elle y mêlait artistement des chapelets de perles.

Enfin la tresse fut terminée. La boyarine attacha à son extrémité un nœud de rubans à trois branches et y assujettit de riches bagues.

— C'est fini, Pacha, dit-elle, joyeuse de son travail ; lève-toi et marche devant moi. Regardez, mesdemoiselles, cette tresse n'est-elle pas plus jolie qu'un kakochnik ?

— Chaque chose a son temps, boyarine, répondirent-elles en riant. Voilà Dounia, par exemple, qui ne serait pas fâchée de porter un kakochnik.

— Finissez, moqueuses ! répondit Dounia. Je consentirai peut-être à ne jamais défaire ma tresse ; mais le sommelier du boyard pourrait en nommer **plus d'une** qui s'y résignerait moins aisément que moi.

Les jeunes filles éclatèrent de rire, quelques-unes se troublèrent et rougirent.

— Baisse-toi, Pacha, dit la boyarine, je vais encore ajouter un ruban... Mesdemoiselles, vous savez que c'est aujourd'hui la Saint-Jean, c'est aujourd'hui que les naïades font leurs tresses !

— Ce n'est pas aujourd'hui, boyarine, mais le jour de la Pentecôte, que les naïades font leurs tresses. Le jour de la Saint-Jean, elles courent les cheveux épars et trompent les gens qui veulent cueillir la fleur de la fougère

— Que Dieu nous en préserve ! dit Pacha.

— Tu as donc peur des naïades, Pacha?

— Et comment ne pas en avoir peur! aujourd'hui il est aussi dangereux d'aller dans les bois que le jour de la Pentecôte ou pendant la semaine des naïades. On dit qu'elles torturent les jeunes filles, ou font perdre la mémoire aux jeunes gens..

— Tu parles de ce que tu ne connais pas, interrompit une autre jeune fille. Quelles naïades y a-t-il à Moscou ? Il n'y en a pas. Mais en Ukraine, là c'est une autre affaire ; qui les voit est perdu. On raconte que plus d'un bon jeune homme y a laissé la raison. Il suffit de les avoir vues une seule fois pour mourir de chagrin ; si l'homme est marié il abandonne sa femme et ses enfants ; s'il est garçon, il oublie celle qu'il devait épouser.

Hélène devint pensive.

— Mesdemoiselles, dit-elle après un moment de silence, y a-t-il des naïades en Lithuanie ?

— C'est précisément leur pays ; en Ukraine, en Lithuanie, c'est tout un.

Hélène soupira. En cet instant, on entendit le pas d'un cheval, et le chapeau blanc de Sérébrany apparut au-dessus de la palissade.

En voyant un homme, Hélène voulut se cacher ; mais ayant jeté un regard sur le cavalier, elle resta aussitôt comme pétrifiée. Le prince, de son côté, arrêta son cheval. Il ne pouvait en croire ses yeux. Mille pensées contradictoires se pressaient en un instant dans sa tête. Il voyait devant lui Hélène, la fille de Pléchéef, celle qui lui avait donné sa foi cinq ans auparavant. Mais par quel hasard se trouvait-elle dans le jardin du boyard Morozof ? Ce fut seulement alors que Sérébrany remarqua le kakochnik de perles d'Hélène, et il devint pâle. Elle était mariée !

Est-ce que je rêve ? dit-il, en ne pouvant détacher d'elle un regard fixe, presque insensé, — est-ce un songe ?

— Jeunes filles ! dit Hélène d'une voix suppliante : — retirez-vous un peu, je vous appellerai, laissez-moi seule ! Mon Dieu ? mon Dieu ! Sainte Vierge, que faire ? que lui dire ?

Sérébrany, pendant ce temps, était revenu à lui.

— Hélène, — dit-il résolument, — réponds-moi d'un seul mot : es-tu mariée ? est-ce une erreur ? une plaisanterie ? es-tu réellement mariée ?

Hélène au désespoir cherchait une réponse et ne la trouvait pas.

— Réponds-moi, Hélène. Ne me torture pas plus longtemps.

— Écoutez-moi, Nikita ! murmura Hélène.

Le prince frissonna.

— Je n'ai rien à entendre, dit-il, — j'ai tout compris. Ne parle pas inutilement. — Adieu boyarine ! et il fit tourner son cheval.

— Nikita ! s'écria Hélène, je t'en conjure, par le nom du Christ et de sa Mère Immaculée, écoute-moi : tu me tueras ensuite, mais d'abord écoute-moi !

Elle n'eut pas la force de continuer : sa **voix s'éteignit**, ses genoux fléchirent sur le banc de gazon ; elle tendit ses mains suppliantes vers Sérébrany. Le prince frémit de tout son corps, eut compassion et resta.

Hélène, d'une voix entrecoupée par ses larmes, raconta comment Viazemski la persécutait, comment le Tzar se mit en tête de la livrer à son favori, comment, le désespoir dans l'âme, elle se confia au vieux Morozof. Interrompant son récit par des sanglots, elle s'accusa de sa trahison involontaire, reconnut qu'elle aurait dû plutôt attenter elle-même à sa vie que d'en épouser un autre, et elle maudit sa faiblesse.

— Tu ne peux plus m'aimer, prince, dit-elle, le sort ne l'a pas permis ! mais promets-moi que tu ne me maudiras pas ; dis-moi que tu pardonnes ma faute énorme.

Le prince écoutait, les sourcils froncés, mais ne répondait rien.

Nikita Romanovitch, murmura Hélène d'une voix craintive, pour l'amour de Dieu, dis-moi un seul mot !

Et elle fixait sur lui des yeux pleins de terreur et d'attente ; toute son âme s'était réfugiée dans son regard suppliant.

Une lutte terrible avait lieu dans l'âme de Sérébrany.

— Boyarine, dit-il à la fin et sa voix tremblait, la volonté de Dieu est visible dans tout ceci.... tu n'es pas aussi coupable.... non tu n'es pas coupable.... je n'ai rien à te pardonner, Hélène, je ne te maudis pas — Dieu m'en est témoin. Non ! j'ai pour toi le même sentiment qu'autrefois.

Ces mots échappèrent au prince, pour ainsi dire, malgré lui.

Hélène poussa un cri, sanglota et s'élança derrière la haie.

Au même instant le prince se dressa sur ses étriers et se cramponna au faîte de la clôture. Hélène, de son côté, était déjà montée sur un banc. Sans réflexion, sans s'en rendre compte, ils furent si près l'un de l'autre, que leurs mains se touchèrent....

Maintenant, comment Hélène paraîtra-t-elle devant Morozof? Il devinera son trouble en voyant son regard. Et ce n'est pas un homme à lui pardonner ; ce n'est pas la vie qui est chère au boyard, c'est son honneur. Il se tuera, le vieillard, il tuera sa femme, il tuera Nikita.

CHAPITRE VI

LA RÉCEPTION.

Morozof avait connu le prince lorsqu'il était encore enfant, mais ils s'étaient depuis longtemps perdus de vue. Quand Sérébrany partit pour la Lithuanie, le boyard commandait dans une contrée lointaine; ils ne s'étaient pas revus depuis au moins dix ans, cependant Droujina avait peu changé, il était vigoureux comme par le passé, et le prince, du premier coup d'œil, l'eût reconnu partout, car le vieux boyard appartenait à cette catégorie de gens dont la personnalité se grave profondément dans la mémoire. Sa haute taille et sa corpulence attiraient déjà l'attention. Il avait la tête entière de plus que Sérébrany. Ses cheveux autrefois d'un blond foncé mais presque tous blancs actuellement, tombaient en désordre sur son front sévère, sillonné par plusieurs balafres. Une barbe touffue, entièrement blanche, lui couvrait la moitié de la poitrine. Sous ses sourcils épais et sombres brillait un regard perçant et autour de sa bouche se jouait un bon sourire, qui faisait dire qu'il avait le cœur sur les lèvres. Dans son accueil, dans sa noble démarche, il y avait quelque chose de léonin, une sorte de gravité, de calme dignité et de confiance en soi-même. En le regardant chacun eût dit : heureux celui qui possède l'amitié d'un tel homme ! et la réflexion eût fait ajouter : malheur à celui dont il est l'ennemi ! Effectivement, en examinant avec attention les traits de Morozof, il était facile de deviner que ce tranquille visage pouvait, au moment de la colère, devenir terrible. Mais le sourire ouvert et aimable, l'expression de franche bonté effaçaient promptement cette impression.

— Salut, prince, salut, mon cher hôte ! soyez le bienvenu ! dit Morozof en introduisant le prince dans une grande salle boisée au milieu de laquelle on voyait un poêle recouvert de carreaux de fayence et entouré de longs bois de chêne. Une multitude d'armes précieuses étaient suspendues aux murs : des vases d'or et d'argent avaient été élégamment disposés sur des étagères.

— Bonjour, prince, bonjour ! Dieu soit loué de m'avoir envoyé un pareil hôte ! je me rappelle bien de toi, Nikita, tout jeune, tu étais déjà un vaillant garçon. Quand tu jouais avec les autres enfants dans le jardin de la ville, la victoire était toujours de ton côté ; quand ton jeune sang s'échauffait, tu devenais mauvais comme un ourson, pardonne-moi le mot, Nikita ! tu commençais à frapper à droite, à gauche. Mais l'enfant est devenu un homme ferme. J'ai entendu parler de tes actions dans la terre de Lithuanie ; tu les as battus, les ennemis, comme tu battais autrefois tes camarades.

Et Morozof souriait gaiement, son visage de lion brillait de cordialité.

— Et te rappelles-tu, Nikita, continua-t-il en plaçant une main sur l'épaule du prince, comme tu ne pouvais souffrir aucune tromperie dans les jeux ? — Je veux bien lutter avec qui voudra, ou me battre à coups de poing, mais je ne permettrai ni contre moi ni contre un autre aucune espèce de ruse.

Le prince n'était pas à son aise en présence de Morozof.

— Boyard, dit-il, voici une missive de la part du prince Pronski.

— Merci, prince. Je la lirai plus tard ; nous avons le temps ; maintenant, que je m'occupe de toi ! Mais où est Hélène ? holà ! quelqu'un ! dites à ma femme qu'il nous est arrivé un hôte bien-aimé, le prince Nikita Sérébrany, et qu'elle vienne lui faire honneur.

Hélène entra lentement et sans bruit avec un plateau dans les mains. Sur le plateau il y avait des verres avec différentes sortes de vins. Elle s'inclina profondément devant Sérébrany, comme si elle le voyait pour la première fois ; elle était pâle comme la mort.

— Prince, dit Morozof, voilà la maîtresse de maison, Hélène Dmitrievna, donne-lui ton amitié. Nous sommes presque parents : Nikita, son père et moi nous étions comme deux frères, ainsi ma femme ne peut être pour toi une étrangère. A ta santé ! Hélène, offre au boyard. Mange, prince, ne méprise pas le pain et le sel d'un ami. Tout ce que nous avons est à ta disposition. Voilà du Romanée et voici du vin de Hongrie, voilà de l'hydromel framboisé que ma femme a préparé de ses propres mains.

Morozof s'inclina profondément.

Le prince répondit avec deux saluts et vida son gobelet. Hélène n'avait pas levé les yeux sur Sérébrany, ses longs cils étaient baissés. Elle tremblait et les verres sur le plateau se choquaient entre eux.

— Qu'as-tu, Hélène ? dit tout à coup Morozof. Serais-tu malade ? ton visage est blanc comme neige, ma chérie, ajouta-t-il tout bas, Viarsemski aurait-il encore passé ? C'est cela, le maudit est encore venu du côté du jardin ! N'aie pas de chagrin, Hélène, ce n'est pas de ta faute, ne sors plus sans moi ; et console toi, mon enfant, tâche de sourire, sois gaie, sinon notre hôte remarquera ton trouble.

— Pardon, Nikita, pardon, je m'occupais de toi, je disais à ma femme qu'elle te fît préparer un repas, le plus tôt possible ; tu n'as pas dîné, prince ?

— Je te remercie, boyard, j'ai dîné.

— Cela ne fait rien, Nikita, tu dîneras encore une fois. Va, Hélène, dépêche-toi, et toi, boyard, accepte ce que Dieu nous a envoyé, et n'offense pas un vieillard en disgrâce ; j'ai bien assez de chagrins sans cela!

Morozof lui montra ses longs cheveux.

— Je vois, boyard, je vois et je ne puis en croire mes yeux. Toi, en disgrâce ! Pourquoi ? Pardonne à ma surprise une question indiscrète.

Morozof soupira.

— C'est que je conserve les anciennes coutumes, j'ai soin de mon honneur et je ne m'incline pas devant les parvenus.

En disant ces mots, son visage s'assombrit et ses yeux prirent une expression sévère. Il raconta sa querelle avec Godounof et se plaignit amèrement de l'injustice du Tzar.

— Il y a beaucoup de changement à Moscou, prince, depuis que le Tzar a établi en Russie l'opritchna.

— Qu'est-ce donc que cette opritchna, boyard ? J'ai rencontré des opritchniks, mais je n'y ai rien compris.

— Il est évident que Dieu s'est courroucé contre nous, Nikita ; il a obscurci les yeux du Tzar. Depuis l'époque où des calomniateurs réussirent à perdre dans son esprit Silvestre et Adachef, depuis que ceux-ci furent chassés de sa présence, nos jours heureux sont passés. Tout à coup Ivan Vasiliévitch a commencé à nous soupçonner, nous, ses plus fidèles serviteurs. Il a commencé à parler de trahison, de complots, de choses qui n'étaient dans la pensée de personne. Les hommes nouveaux se réjouirent et murmurèrent des accusations contre les boyards, les uns par haine, les autres pour gagner sa faveur ; et à tous il prêta l'oreille. Si quelqu'un avait une vengeance, il allait dénoncer son ennemi, en l'accusant d'avoir parlé contre le Tzar, et, pour arriver à leurs fins, les maudits! sans crainte de la colère divine, ils juraient sur la croix et forgeaient des lettres fausses ; beaucoup de personnes innocentes furent plongées dans les cachots, Nikita, et subirent la torture. Autrefois, quand quelqu'un dénonçait, il devait lui-même fournir la preuve ; maintenant, il n'en est plus ainsi : sur la première dénonciation venue, quelqu'invraisemblable qu'elle soit, on nous arrête. Les temps sont difficiles, Nikita! jamais une pareille terreur n'a régné à aucune époque ; après les arrestations sont venues les exécutions, et quels sont ceux qui ont été mis à mort!... Mais tu as sans doute déjà appris tout cela.

— J'en ai entendu parler, boyard, mais vaguement. Les nouvelles n'arrivent pas vite en Lithuanie. Cependant le Tzar a le droit de frapper les méchants.

— Qui dit le contraire? C'est pour cela qu'il est Tzar, pour punir et pour récompenser. Mais ce ne sont pas les méchants qu'il frappe, ce sont ses meilleurs et ses plus fidèles serviteurs. Le grand Okolnitchi, Adachef (le frère d'Alexis) avec son fils encore enfant; les trois Satine; Ivan Chichkin, sa femme et ses enfants ; et beaucoup d'autres innocents.

L'indignation se peignit sur le visage de Sérébrany.

— Boyard, ce n'est pas le Tzar qu'il faut accuser de tout cela, mais ses conseillers.

— Oh ! prince, en parler est amer, y penser est terrible. Ce n'est pas seulement sur les dénonciations de ses conseillers que le Tzar a versé le sang innocent. Voilà, par exemple, Basmanof, le nouveau grand échanson, un jour le prince Obolenski lui dit une parole dure. Que fit le Tzar? après le dîner, de sa propre main, il enfonça un couteau dans le cœur du prince.

— Boyard ! s'écria Sérébrany en se levant d'un bond,

si tout autre que toi eût dit cela, je l'aurais appelé calomniateur, j'aurais moi-même porté la main sur lui.

— Prince, je suis bien vieux pour calomnier, et qui encore ? mon souverain !

— Pardon, boyard, mais comment expliquer un pareil changement ? le Tzar a été circonvenu.

— Peut-être, prince. Cependant, assieds-toi, écoute encore. Une autre fois, Ivan Vasiliévitch, après s'être enivré, se mit (et la pensée en est horrible), à danser avec ses mignons, le visage recouvert d'un masque. Le boyard prince Michel Repnin se trouvait là. Il pleurait de honte. Le Tzar lui donna l'ordre de se masquer aussi. Non, dit Repnin, je ne le ferai pas, je ne déshonorerai pas ma dignité de boyard ; et il foula aux pieds le masque qu'on lui avait apporté. Cinq jours après, il était assassiné par ordre du Tzar dans la maison de Dieu.

— Boyard ! Dieu veut donc nous punir ?

— Que sa sainte volonté soit faite ! prince, mais écoute encore. Les exécutions ne discontinuaient pas ; chaque jour, le sang coulait sur les places publiques, dans les prisons, dans les monastères ; chaque jour, on arrêtait les vassaux des boyards et on les mettait à la torture. Beaucoup succombèrent dans les souffrances, s'avouèrent coupables et accusèrent leurs maîtres. Ceux qui, pour sauver leur âme des peines de l'enfer, justifiaient les boyards, ceux-là étaient livrés au bourreau. Beaucoup endurèrent la souffrance pour la vérité ; beaucoup gagnèrent la couronne du martyre. Nikita Sérébrany ! parfois on eût dit que le Tzar allait revenir à lui ; alors il se repentait, il pleurait et s'appelait lui-même un meurtrier et un buveur de sang. Il envoyait des présents aux monastères et ordonnait des services pour ceux qu'il avait fait mourir. Mais le repentir d'Ivan Vasiliévitch ne durait pas. Un jour, qu'imagina-t-il ? écoute, prince. En m'éveillant, je vois une grande agitation, le peuple se répandait dans les rues, les uns couraient au Kremlin, les autres en arrivaient. Tous criaient : « Le Tzar s'en va! » J'eus froid au cœur. Je m'habille et monte à cheval ; de tous côtés les boyards accourent vers le Kremlin, qui à cheval, qui à pied, comme le premier venu, oubliant, dans sa précipitation, le soin de sa dignité. Nous arrivons à la porte ; des soldats sortaient, écartant la foule ; derrière les soldats un traîneau où sont assis le Tzar, la Tzarine et le Tzarévitch, après le traîneau impérial une multitude d'autres, chargés de bagages, de trésors et de mobilier. Nous voulûmes nous élancer vers Ivan, mais les soldats nous arrêtèrent : le Tzar a défendu de vous laisser approcher. Et l'immense convoi s'étendit sur le bord de la Moskva et disparut dans les faubourgs.

Nous retournâmes dans nos demeures et nous attendîmes. Peut-être le Tzar réfléchirait-il et reviendrait-il. Une semaine s'écoule, le métropolite reçoit une lettre ; le Tzar lui écrit : « Je suis profondément affligé dans mon cœur, mais ne voulant pas supporter plus longtemps toutes vos trahisons, j'abandonne mon royaume et je vais suivre la route que Dieu m'enseignera! » Dès que cette nouvelle se répandit, les lamentations remplirent Moscou. Le Tzar nous abandonne! Qui maintenant nous gouvernera? — Pourquoi ne pas l'avouer, Ivan Vasiliévitch était terrible, mais Dieu lui-même nous l'a envoyé et c'est par sa volonté divine qu'il nous châtie afin de nous purifier de nos péchés. Nous nous réunîmes en assemblée et nous résolûmes d'aller tous offrir nos têtes au souverain et pleurer à ses pieds. Nous apprîmes que le Tzar s'était arrêté dans la Sloboda (1) d'Alexandra et que cette Sloboda était à environ quatre-vingts verstes de Moscou. Après avoir prié Dieu, nous partîmes. Quand nous aperçûmes de loin la Sloboda,

1. Grand bourg.

nous fîmes halte, et de nouveau nous nous mîmes en prières : l'angoisse était terrible, non dans l'incertitude du sort qui nous attendait, mais nous craignions que le Tzar ne nous admît pas en sa présence. Cependant rien ne survint. Le Tzar nous reçut. Quand nous entrâmes, le croirais-tu, boyard ? nous ne reconnûmes pas Ivan Vasiliévitch. Ce n'était plus son visage ; ses cheveux, sa barbe avaient disparu. Qu'était-il donc arrivé ? était-ce le Tzar ou n'était-ce pas lui ? Il parla longtemps, nous énumérant les trahisons imaginaires qu'il avait à nous reprocher et termina en disant : je ne reprendrai le gouvernement de mon empire qu'à la demande de mes évêques et encore à une condition. Puis il nous congédia du geste et se retira.

— Et quelle fut cette condition ? demanda Sérébrany.

— Tu le verras, prince ; prends patience : trois semaines plus tard, Ivan Vasiliévitch revint. Ce fut une grande joie dans Moscou, une joie si grande que celle du jour de la résurrection du Christ peut seule lui être comparée. Bientôt il convoqua les assemblées nous et le clergé, et quand nous fûmes réunis, il parla ainsi : « Je ne reprendrai le pouvoir que je me choisisse mes ennemis, mettre au ban tous les traîtres, et confisquer leurs biens. Le métropolite et les boyards ne m'adresseront aucune remontrance importune. J'aurai une garde à laquelle je donnerai différentes villes et domaines et à Moscou même plusieurs rues. Ces villes et ces rues je les appellerai Opritchna ; tout le reste de l'empire sera désigné sous le nom de Zemchina. Ni les boyards, ni le métropolite, ni aucun pouvoir de l'État n'auront droit d'intervenir dans les affaires de ma garde. A cette condition, ajouta-t-il, je reprends mon sceptre. Et à partir de ce jour, il choisit des hommes nouveaux, tous de basse extraction, auxquels il faisait jurer sur la croix de n'avoir aucun lien avec les boyards. Il leur donna tous les domaines, toutes les maisons qu'il avait réclamés pour sa garde et en chassa les anciens possesseurs, au nombre de plus de vingt mille, comme un vil troupeau. Même quand on voit ces choses, on a peine à y croire, Nikita. La sainte Russie est maintenant parcourue par ces hordes diaboliques et sanguinaires. Ils ont leurs insignes : un balai et une tête de chien; ils foulent aux pieds la vertu ; ils balaient non la trahison, mais l'honneur ; ils mordent non les ennemis du Tzar mais ses meilleurs serviteurs ; et pour eux il n'y a ni juges ni châtiments.

— Et pourquoi avez-vous accepté cette condition ? demanda Sérébrany.

— Comment, prince ? Refuser au Tzar ! Ne vient-il pas de Dieu ?

— Certainement, de Dieu. Mais puisqu'au lieu d'ordonner lui-même, il demandait, pourquoi ne pas lui dire que vous ne vouliez pas de l'Opritchna ?

— Et s'il était reparti, que serait-il arrivé ? pouvions-nous rester sans Tzar ? et le peuple, qu'aurait-il dit ?

Sérébrany réfléchit un moment.

— Oui, dit-il enfin, on ne pouvait rester sans souverain. Mais maintenant, qu'attendez-vous ? Pourquoi ne pas lui dire que l'Opritchna opprime le pays ? Pourquoi, voyant ce qui se passe, restez-vous silencieux ?

— Moi, prince, je ne me tais pas, répondit avec dignité Morozof. — Jamais je n'ai caché mes pensées; c'est pour cela qu'aujourd'hui je suis en disgrâce. Que le Tzar m'appelle, et j'oserai lui parler, mais il ne m'appellera pas. Maintenant personne des nôtres ne l'approche. Regarde par qui il est entouré. Combien d'anciens noms a-t-il autour de lui ? Pas un seul. Tous, de misérables aventuriers dont les pères n'auraient pas été acceptés comme vassaux par les nôtres. Prends n'importe lesquels : les Basmanof père et fils ! je ne connais rien de plus abject ; Maliouta Skouratof ! moitié boucher, moitié bête fauve, éternellement dans le sang ; Vaska Griazni ! aucune action honteuse ne l'arrête ; Boris Godounof ! il a vendu son père et sa mère, il vendra ses enfants, s'il est nécessaire, pour arriver plus haut ; le sourire sur les lèvres, il t'enfoncera le couteau dans la gorge. Un seul est de haute lignée, le prince Athanase Viazemski ; il s'est déshonoré et nous avec lui, le misérable ! Mais laissons-le.

Morozof fit un geste et resta silencieux, d'autres pensées l'occupèrent. Sérébrany, de son côté, s'abandonna à ses réflexions : il pensait à l'étrange changement qui s'était accompli dans le Tzar, et oubliait momentanément les circonstances dans lesquelles le hasard l'avait placé à l'égard de Morozof. Pendant ce temps, les serviteurs avaient mis le couvert.

Droujina Morozof força son hôte, malgré toutes ses excuses, à goûter d'une multitude de plats : des mets froids de diverses sortes, des rôtis, des ragouts, des pâtés de poisson et du porc au vinaigre. Quand les vins arrivèrent, Morozof versa au prince et se versa à lui-même une coupe de Malvoisie, se leva et rejetant en arrière sa chevelure de banni, il dit en élevant sa coupe : A la santé de notre souverain, du Tzar Ivan Vasiliévitch !

— Que Dieu l'éclaire ! qu'il lui ouvre les yeux ! répondit Sérébrany, après avoir vidé la sienne, et tous deux se signèrent.

Hélène n'avait pas paru lorsqu'ils étaient à table; elle était également absente pendant le récit du boyard.

Morozof raconta encore beaucoup d'autres choses concernant les affaires de la patrie, l'incursion des peuplades de Crimée dans la province de Rézan, il interrogea Sérébrany sur la guerre de Lithuanie et jugea sévèrement la fuite de Kourbski auprès du roi. Le prince répondait à toutes ses questions et finit par raconter son aventure avec les opritchniks dans le village de Medveyka, comment il les avait rencontrés à Moscou, et l'intervention de l'idiot, sans toutefois pouvoir se résoudre à répéter les paroles mystérieuses de ce dernier.

Morozof l'écoutait avec une attention profonde.

— Tout cela est malheureux, prince, dit-il en passant la main sur son front sévère, très-malheureux. Qu'ils fussent occupés à piller ce village, il n'y a là rien d'extraordinaire : ce village est à moi : toutes les propriétés d'un boyard mis au ban sont à leur discrétion, ce qu'ils peuvent prendre ils s'en emparent, ce qu'ils ne peuvent emporter ils le brûlent, les troupeaux ils les égorgent; c'est maintenant leur usage. Quant à cet insensé, je le connais, c'est en effet un homme de Dieu. Tu n'es pas le seul qu'il ait appelé par son nom en le rencontrant pour la première fois, on dirait qu'il voit dans le cœur humain. Le Tzar même le craint. Combien de fois ne lui a-t-il pas fait des reproches sanglants! s'il y avait eu un plus grand nombre d'hommes comme lui, cette opritchna n'aurait pas existé.

Dis-moi, prince, continua Morozof, quand as tu l'intention d'aller saluer le Tzar ?

— Demain matin au lever de Sa Majesté.

— Que dis-tu, prince? Il est maintenant déjà nuit et tu as près de cent verstes à faire.

— Comment! le Tzar n'est donc plus au Kremlin ?

— Non, prince, il n'est pas au Kremlin. Nous avons irrité le ciel, et notre souverain nous a abandonnés. Il est retourné à la Sloboda d'Alexandra où il réside avec ses favoris.

— S'il en est ainsi, adieu, Boyard, je dois me hâter, je n'ai pas encore paru dans ma demeure, je vais y jeter un coup d'œil et demain au point du jour je partirai.

— N'y va pas, prince!

— Pourquoi, boyard ?

— Pour conserver ta tête, Nikita.

— Quant à cela, à la volonté de Dieu, arrive que pourra!

— Écoute, Nikita. Tu m'as oublié, mais moi je t'ai suivi depuis ton enfance. Ton père et moi nous étions frères. Il est mort, que Dieu ait son âme ! personne n'est là pour t'avertir, personne pour te donner conseil, et ta position est critique, Dieu le sait. Si tu vas à la Sloboda, tu périras, prince, ta tête tombera.

— Que veux-tu, boyard, si c'est ma destinée.

— Nikita, mon enfant, je te cacherai, personne ne viendra te chercher ici, mes serviteurs ne te trahiront pas, tu seras chez moi comme mon propre fils.

— Boyard, rappelle-toi ce que tu as dit toi-même au sujet de Kourbski. Il est déshonorant pour un boyard russe de fuir son souverain.

— Kourbski était un traître, Nikita. Il a passé chez les ennemis de la Russie ; tandis que moi, suis-je un ennemi de mon pays ?

— Pardonne, boyard, pardonne une parole irréfléchie, mais ce ne serait que retarder et non éviter mon sort.

— Si tu restais chez moi, Nikita, peut-être la colère du Tzar aurait-elle le temps de se calmer, peut-être pourrions-nous avec l'aide du métropolite arranger ton affaire, mais maintenant tu vas tomber comme de la poix sur un charbon.

— Notre vie est dans les mains de Dieu, boyard. Il est impie de chercher par la ruse à la prolonger au delà du terme marqué par lui. Merci pour ton hospitalité, ajouta Sérébrany en se levant; — merci pour ton amitié (en disant ces derniers mots il se troubla), mais j'irai. Adieu Droujina Morozof.

Morozof regardait le jeune homme avec une triste sympathie; il était évident qu'au fond de son âme il l'approuvait, et qu'il n'eût pas agi autrement s'il eût été à sa place. —

Eh bien! que la bénédiction du ciel soit sur toi, Nikita, dit-il en se levant de son siége et en pressant le prince contre sa poitrine. — Que Dieu adoucisse le cœur du Tzar! reviens intact de la Sloboda comme l'enfant de la fournaise et que je puisse t'embrasser alors comme je le fais maintenant de tout mon cœur et de toute mon âme.

Il y a un proverbe qui dit : on accompagne le piéton jusqu'à la porte, le cavalier jusqu'à son cheval. Le prince et le boyard se séparèrent à l'entrée de la rue. Il faisait déjà obscur. En passant le long de la palissade, Sérébrany aperçut dans le jardin un vêtement blanc. Son cœur battit, il arrêta son cheval. Hélène s'avança vers lui.

— Prince, dit-elle à voix basse, — j'ai entendu ta conversation avec Droujina, tu vas à la Sloboda... Que Dieu te vienne en aide! tu vas à la mort:

— Hélène! si c'est la volonté de Dieu, j'y suis résigné. Ce n'est pas pour mon bonheur que je suis revenu dans mon pays, je n'ai pu t'obtenir. Que mon sort s'accomplisse !

— Prince, ils te tortureront, j'en frissonne! mon Dieu, la vie t'est-elle donc si indifférente?

— Je n'y tiens plus, dit Sérébrany.

— Sainte Vierge! Si tu n'as pas pitié de toi, aie pitié des autres! aie pitié de moi, Nikita! Souviens-toi du passé.

La lune, cachée derrière un nuage, se dégagea. Le visage d'Hélène, son kakochnik de perles, ses colliers et ses boucles d'oreille de diamants, ses yeux pleins de larmes brillaient d'un éclat merveilleux. Elle pleurait, mais elle était déjà prête à sourire à travers ses larmes. Un seul mot du prince eût changé son chagrin en une joie ineffable. Elle oubliait sa situation, elle oubliait toute précaution, Sérébrany lut dans ses yeux tant d'angoisses, qu'involontairement il balança. Pour lui, le bonheur était perdu à jamais. Hélène appartenait à un autre ; mais elle lui conservait de l'intérêt.

Pourquoi ne resterait-il pas, ne retarderait-il pas son départ pour la Sloboda ? Morozof lui-même ne le lui avait-il pas demandé ?

Ainsi pensait le prince et son imagination lui peignait des tableaux enchanteurs, mais le sentiment de l'honneur, endormi une seconde, se réveilla soudainement.

Non, pensa-t-il. — Ce serait une honte pour moi, si, même par la pensée, je portais atteinte à l'honneur de l'ami de mon père ; l'infâme seul peut payer l'hospitalité par la trahison ; le poltron seul fuit la mort.

— Il faut partir, dit-il résolument ; — je ne puis songer à fuir quand de meilleurs que moi périssent. Adieu, Hélène !

Ces mots pénétrèrent comme un poignard dans le cœur de la boyarine. Dans son désespoir elle tomba sur le sol.

— Ouvre-toi, terre humide, ma mère, soupira-t-elle.... je suis morte à la lumière du jour ; je mettrai fin à mes jours ; je ne te survivrai pas, Nikita !

Le cœur de Sérébrany se serra. Il voulut la consoler mais ses sanglots redoublaient. Quelqu'un pouvait l'entendre, apercevoir le prince, et avertir le boyard. Sérébrany le comprit et, pour sauver Hélène, il s'arracha de ce lieu.

— Adieu ! dit-il. — Adieu ! Sèche tes larmes, Dieu est miséricordieux, peut-être nous reverrons-nous !

Les nuages couvrirent la lune ; le vent secoua les tilleuls et leurs fleurs tombèrent en pluie odorante sur la jeune femme et sur le prince. Les vieilles branches se balancèrent comme si elles eussent voulu dire : pourquoi verdir ? pourquoi produire des fleurs ? Le beau jeune homme va périr ; celle qu'il aime périra aussi.

En jetant un dernier regard sur Hélène, Sérébrany aperçut derrière elle dans le fond du jardin une forme humaine. Était-ce quelque serviteur, passant là par hasard, ou le boyard Droujina lui-même ?

CHAPITRE VII

LA SLOBODÁ D'ALEXANDRA.

La route de Moscou à Troitza et à la Sloboda d'Alexandra présentait un tableau très-animé. Sans cesse galopaient les courriers du Tzar; des groupes de gens de toutes conditions suivaient à pied, allant en pèlerinage. Des détachements d'opritchniks passaient rapidement dans deux sens différents; des fauconniers, venus de la Sloboda, parcouraient les villages à la recherche de pigeons vivants; des marchands accompagnaient leurs marchandises, les uns assis sur les charrettes, les autres à cheval, surveillant les longs convois. Des troupes d'histrions s'en allaient portant sur leur dos des gouboks, des cornemuses et des balalaikas (1). Ils étaient couverts de haillons bigarrés et conduisaient avec eux des ours apprivoisés; ils chantaient et dansaient en demandant l'aumône aux riches voyageurs.

— Soyez compatissants, seigneurs, criaient-ils de toutes leurs forces. Dieu vous a confié les biens et les richesses, et à nous il nous ordonne de vivre de vos dons. N'abandonnez donc pas de pauvres malheureux, nos seigneurs !

— Nos pères, nos bienfaiteurs ! criaient d'une voix traînante d'autres mendiants assis sur le bord de la route; que Dieu vous accorde une bonne santé ! qu'il vous conduise en paix jusqu'à Troitza !

D'autres ajoutaient à ces paroles quelque grosse plaisanterie et souvent le voyageur, pour récompenser un propos comique, jetait une poignée de monnaie.

Fréquemment, les saltimbanques en venaient aux mains

(1) Instrument musical national.

avec des bandes de misérables qui, des villes et des monastères environnants, s'en allaient à la Sloboda prendre part aux aumônes du Tzar. Des musiciens aveugles, conduits par des diseurs de bonne aventure, suivaient aussi la foule. C'était un tapage continuel. Les chevaux, les gens, les ours, hennissaient, criaient, grognaient. La route traversait une épaisse forêt ; malgré la multitude de voyageurs, il n'était pas rare d'y rencontrer des voleurs armés qui tombaient brusquement sur les marchands et les dépouillaient complétement. Le brigandage dans les environs de Moscou s'était beaucoup multiplié depuis que les opritchniks avaient saccagé des villages entiers de laboureurs et détruit les fermes des bourgeois. Privés de pain et d'habitation, ces pauvres gens s'étaient joints à des bandes de malfaiteurs qui avaient leurs postes fortifiés dans les bois et qui, par leur nombre, étaient devenues réellement dangereuses. Quand les opritchniks saisissaient les brigands, ils les pendaient sans miséricorde ; mais ceux-ci le leur rendaient avec usure. Du reste, les voleurs n'étaient pas les seuls à piller sur les routes : les saltimbanques et les mendiants, quand ils trouvaient, vers le soir, quelque convoi attardé, leur épargnaient cette besogne. C'étaient les marchands qui avaient le pire lot. Ils étaient dépouillés à la fois par les brigands, les histrions, les mendiants et les opritchniks ; mais ils se consolaient avec ce proverbe : « La perte et le gain demeurent côte à côte » et ils continuaient leur voyage vers la Sloboda en disant : « Dieu est miséricordieux, nous finirons par arriver. » Et on l'expliquera comme on pourra, mais en fin de compte les marchands se retiraient toujours avec des bénéfices.

A Troitza, Sérébrany se confessa et reçut la communion. Ses gens en firent autant.

L'archimandrite, quand Sérébrany le quitta, lui donna sa bénédiction comme à quelqu'un qui va à la mort.

A trois verstes de la Sloboda, on rencontrait un cordon de gardiens qui arrêtaient les voyageurs et les interrogeaient sur leurs noms et sur les motifs qui les amenaient. Sérébrany et ses gens furent soumis à un interrogatoire minutieux sur le but de leur voyage ; puis le chef de la troupe leur enleva leurs armes et quatre opritchniks montèrent à cheval pour les escorter. Bientôt on aperçut les façades peintes et les coupoles dorées du palais du Tzar.

Voici ce que dit au sujet de ce palais notre historien national (1), d'après le témoignage des étrangers contemporains :

« Dans ce château menaçant, environné de sombres forêts, le Tzar consacrait au service divin la plus grande partie de son temps, cherchant à calmer le trouble de son âme par de continuels exercices de dévotion : il imagina même de transformer son palais en monastère et ses favoris en moines. Il donna le nom de *frères* à 300 légionnaires choisis parmi les plus dépravés, prit le titre d'*abbé*, puis institua le prince Athanase Viazemski *trésorier* et Maliouta Skouratof *sacristain*. Après leur avoir distribué des calottes et des soutanes noires, sous lesquelles ils portaient des habits éclatants d'or, garnis de fourrures de martre, il composa la règle du couvent et prêcha l'exemple dans sa stricte observance. Voici la description de cette singulière vie monastique: A trois heures du matin, le Tzar, accompagné de ses enfants et de Skouratof, allait au clocher pour sonner matines : aussitôt tous les frères se rendaient à l'église : celui qui manquait à ce devoir était puni de huit jours de prison. Pendant le service, qui durait jusqu'à six ou sept heures, le Tzar chantait, lisait, priait avec tant de ferveur, que toujours il lui restait sur le front des marques de ses prosternations. A huit heures, on se réunissait de nouveau

---

1 Karamzin, t. IX, ch. m.

pour entendre la messe, et à dix, tout le monde se mettait à table excepté Ivan qui, debout et à haute voix, lisait de salutaires instructions. L'abondance régnait dans les repas : on y prodiguait le vin, l'hydromel et chaque jour paraissait un jour de fête. Les restes du festin étaient portés sur la place publique pour être distribués aux pauvres. L'abbé, c'est-à-dire le Tzar, dînait après les autres (1) ; il s'entretenait avec ses favoris des choses de la religion, sommeillait ensuite, ou bien allait dans les prisons pour faire appliquer quelques malheureux à la torture. Ce spectacle horrible semblait l'amuser ; il en revenait chaque fois avec une physionomie rayonnante de contentement. Il plaisantait, il causait avec plus de gaîté que d'ordinaire. A huit heures on allait à vêpres ; enfin, à dix, Ivan se retirait dans sa chambre à coucher où, l'un après l'autre, trois aveugles lui faisaient des contes qui l'endormaient pour quelques heures. A minuit, il se levait et commençait sa journée par la prière. Quelquefois, on lui faisait à l'église des rapports sur les affaires du gouvernement ; quelquefois, les ordres les plus sanguinaires étaient donnés au chant des matines ou pendant la messe. Pour rompre l'uniformité de cette vie, Ivan faisait ce qu'il appelait des *tournées*. Il visitait alors les monastères éloignés, allait inspecter les forteresses sur les frontières ou poursuivre les bêtes sauvages dans les forêts et les déserts, préférant, de toutes, la chasse à l'ours ; mais dans tous les lieux, dans tous les instants, il s'occupait d'affaires ; car, malgré leurs prétendus pouvoirs dans l'administration de l'État, les boyards de la commune

---

(1) Faube rapporte (*Geschichte des Deutschen Ordens in Livland*) qu'il ne se mettait jamais à table qu'après avoir récité le *Pater noster* et béni le repas ; c'est alors qu'il avait l'habitude de parler des lois de la confession grecque et autres. Il avait une pénétration d'esprit peu commune et un grand fonds de mémoire pour l'Écriture-Sainte.

n'auraient pas osé prendre la moindre décision sans sa volonté. »

En entrant dans la Sloboda, Sérébany s'aperçut que le palais ou monastère impérial était séparé des autres édifices par un fossé profond et un rempart. Il serait difficile de donner une idée de l'originalité et de la magnificence de cette demeure. Pas une fenêtre ne ressemblait à l'autre, pas une colonne n'était faite et ornée comme les suivantes ; une multitude de coupoles couronnaient l'édifice. Elles se pressaient les unes sur les autres, s'amoncelaient et se pénétraient réciproquement. L'or, l'argent, les faïences peintes, semblables à de brillantes écailles, couvraient le palais du haut jusqu'au bas. Quand le soleil l'éclairait, de loin on ne savait si c'était un palais, un bouquet de fleurs géantes ou des oiseaux de paradis volant en troupes immenses et étendant au soleil leur plumage de feu !

Près du palais, s'élevaient l'imprimerie et la fonderie de caractères y attenant, l'habitation du directeur de cet établissement et le logis des ouvriers étrangers, appelés par Ivan d'Angleterre et d'Allemagne. Plus loin s'étendaient à perte de vue des dépendances où logeaient les tonneliers, les maîtres d'hôtel, les cuisiniers, les pannetiers, les palefreniers, les piqueurs, les fauconniers et toutes sortes de serviteurs, chacun dans un logement spécial.

Les églises de la Sloboda brillaient également par leurs richesses. La célèbre basilique de la Mère de Dieu était couverte à l'extérieur de peintures éclatantes. Sur chaque tuile brillait une croix et l'église entière semblait couverte d'un filet d'or.

Cette vision ravissante chassa pour un moment les idées noires qui n'avaient pas quitté Sérébrany pendant tout son voyage. Mais bientôt un spectacle désagréable rappela au prince sa position. Ils passèrent à côté de plusieurs potences placées les unes près des autres. Il y avait aussi des billots surmontés de haches toutes prêtes. Billots et potences étaient peints en noir et établis solidement non pour un jour, mais pour de longues années.

Quelque brave que soit un homme, il ne peut jamais rester indifférent à la pensée qu'une mort certaine l'attend, non une mort glorieuse au milieu du choc des épées et du tonnerre des canons, mais une mort obscure, honteuse, de la main d'un méprisable bourreau. Sérébrany, en passant près du lieu des exécutions, ne put réprimer une émotion qui, malgré lui, se refléta sur son visage. Ceux qui l'accompagnaient s'en aperçurent et se mirent à rire.

— Ce sont nos escarpolettes, boyard, dit l'un d'eux en montrant les potences ; elles te plaisent donc beaucoup que tu ne les quittes pas des yeux !

Michée qui venait en arrière ne souffla mot, mais il se mit à siffler en secouant la tête.

Quand on eut atteint l'enceinte, le prince et ses compagnons mirent pied à terre et attachèrent leurs chevaux à des poteaux auxquels étaient vissés des anneaux pour cet usage. Les voyageurs entrèrent ensuite dans une cour immense remplie de mendiants. Ces mendiants priaient à haute voix, chantaient des psaumes et étalaient leurs plaies repoussantes.

L'intendant du Tzar, debout sur les marches du perron d'honneur, leur donnait au nom de son maître des aliments et de l'argent. Çà et là des opritchniks se promenaient dans la cour ; d'autres, assis sur des bancs, jouaient aux échecs ou aux dés. Le costume des opritchniks présentait un contraste frappant avec les haillons des mendiants : les gardes du Tzar étaient couverts d'or. Chacun d'eux portait une calotte tatare de velours galonné, garnie de perles et de pierres précieuses ; tous ressemblaient à des ornements vivants du palais enchanté avec lequel on eût dit qu'ils faisaient corps.

Un des opritchniks attira surtout l'attention de Sérébrany. C'était un jeune homme de vingt ans, d'une beauté extraordinaire, mais dont le visage avait une expression insolente et antipathique. Il était vêtu encore plus richement que les autres, il portait contre l'usage les cheveux longs ; son visage était complétement imberbe et sa démarche trahissait une certaine négligence féminine. Les manières de ses compagnons avec lui étaient assez étranges. Ils lui parlaient comme à un égal et ne lui montraient aucune déférence particulière. Mais quand il s'approchait d'un groupe, ce groupe se dispersait incontinent et ceux qui étaient assis sur les bancs s'en allaient quand il venait s'y placer. On eût dit qu'ils voulaient l'éviter, ou que peut être ils le craignaient. En voyant Sérébrany et Michée, il les considéra d'un regard hautain, appela ceux qui les avaient amenés et parut s'enquérir du nom des arrivants. Ensuite il fit un geste en regardant le prince, sourit et dit à voix basse quelque chose à ses camarades. Ceux-ci rirent également et se dispersèrent de divers côtés. Pour lui, il remonta le perron et, appuyant le coude sur la rampe, il continua à fixer sur Sérébrany un regard moqueur. Tout à coup une grande agitation se fit parmi les mendiants. Une masse d'entre eux se rejeta du côté du prince et faillit le renverser. Les mendiants fuyaient en poussant des cris ; la terreur se montrait sur leurs visages. Le prince, d'abord étonné, comprit bientôt la cause de l'épouvante générale. Un ours monstrueux accourait en bondissant. En un instant, la cour fut déserte et Sérébrany resta seul en présence de l'animal. La pensée de fuir ne lui vint même pas à l'esprit. Plus d'une fois il s'était trouvé tête à tête avec pareil ennemi. Cette chasse était son amusement favori. Il s'arrêta : l'ours, les oreilles collées, s'élança sur lui pour le serrer entre ses pattes ; le prince fit le mouvement de saisir son sabre, mais il n'avait pas de sabre ; il ne songeait plus qu'il l'avait remis aux opritchniks avant d'entrer dans la Sloboda. En ce moment, le jeune homme qui regardait du perron, se mit à rire aux éclats Oui, oui, dit-il, cherche ton sabre !

Un coup de patte de l'ours étendit le prince sur le sol, un second coup allait lui briser le crâne, mais à sa stupéfaction il ne reçut pas ce second coup, il se sentit au contraire arrosé d'un flot de sang.

— Lève-toi, boyard, dit quelqu'un en lui prenant la main.

Le prince se leva et vit un opritchnik qu'il n'avait pas remarqué auparavant ; il paraissait avoir dix-sept ans et portait à la main un sabre ensanglanté. L'ours, la tête fendue, était étendu sur le dos à ses pieds.

L'opritchnik ne paraissait pas s'enorgueillir de sa victoire. Son doux visage portait l'empreinte d'une profonde tristesse. Après avoir constaté que l'ours n'avait pas blessé le prince et sans attendre de remerciements, il voulut se retirer.

— Brave jeune homme ! lui dit Sérébrany, dis-moi ton nom, que je sache pour qui je dois prier Dieu.

— Qu'as-tu besoin de savoir mon nom, boyard ? je ne l'aime pas ce nom, que Dieu m'en délivre !

Une réponse si étrange surprit Sérébrany, mais son sauveur s'éloignait déjà.

— Allons, prince, dit Michée en essuyant avec sa manche le sang de l'ours répandu sur le caftan de son maître, j'ai eu une belle peur ! je commençais à crier Hou ! Hou ! afin que l'ours te lâchât pour se jeter sur moi, quand ce jeune homme, que Dieu le conserve ! lui a ouvert le crâne. Vois-tu, c'est cette figure de fille aux yeux huileux qui nous regarde du perron qui a manigancé tout cela, le neveu d'une sorcière ! mais où sommes-nous, ajouta Michée plus bas ? a-t-on jamais vu pareille chose, les ours qui courent déchaînés dans la cour du Tzar !

La remarque de Michée était fondée, mais la Sloboda avait ses usages et rien ne s'y passait comme ailleurs.

Le Tzar aimait les combats d'ours. Quelques-uns de ces animaux étaient toujours gardés dans des cages pour sa distraction. De temps en temps, Ivan ou ses opritchniks ouvraient la cage de ces animaux quand la cour était pleine de monde, et s'amusaient de la terreur produite par cette apparition. Si l'ours estropiait quelqu'un, le Tzar donnait une gratification pécuniaire au blessé. Si la mort s'en suivait, l'argent était distribué aux parents, et le nom du malheureux était inscrit dans le nécrologe, afin qu'il fût prié pour son âme dans les monastères, comme pour celles des autres victimes des plaisirs ou de la colère du Tzar.

Bientôt sortirent du palais deux serviteurs qui vinrent dire à Sérébrany que le Tzar l'avait aperçu de sa fenêtre et qu'il voulait savoir qui il était. Après avoir transmis le nom du prince, les deux serviteurs revinrent et lui dirent : « le Tzar te souhaite une bonne santé et t'ordonne de venir t'asseoir à sa table tzarienne aujourd'hui même. »

Cette politesse ne fit aucun plaisir à Sérébrany. Ivan ne savait peut-être rien de l'affaire de ses opritchniks dans le village de Medvejka. Peut-être aussi (et cela arrivait assez souvent) cachait-il sa colère pour un temps, sous un masque de bienveillance, afin que la punition soudaine, au milieu du banquet et de la joie, parût plus terrible au coupable. Quoi qu'il en fût, Sérébrany se prépara à tout et répéta mentalement une prière.

Ce jour était exceptionnel à la Sloboda d'Alexandra. Le Tzar, se préparant à partir pour un pèlerinage à Souzdal, avait annoncé qu'il dînerait avec les frères et ordonné d'inviter à sa table, en outre des trois cents opritchniks qui formaient sa société habituelle, quatre cents autres personnes, de sorte qu'il devait y avoir en tout sept cents convives.

CHAPITRE VIII

LE BANQUET.

Dans une salle immense, éclairée par les deux côtés, entre des colonnes ornées de dessins et de fleurs, s'élevaient trois rangs de longues tables. Chaque rang comprenait dix tables; chaque table portait vingt couverts. Pour le Tzar le Tzarévitch et les favoris une table à part avait été dressée au fond de la salle. On avait préparé pour les hôtes de longues banquettes recouvertes de brocart et de velours, pour le Tzar un grand fauteuil sculpté, orné de glands de perles et incrusté de pierres précieuses. Deux lions figuraient les pieds du fauteuil; le dossier doré et colorié était formé par un aigle à deux têtes, les ailes déployées. Au milieu de la salle, on voyait une énorme table carrée surmontée d'une étagère en chêne. Les épaisses planches qui la formaient étaient solides, les pieds massifs qui la portaient, inébranlables; une véritable montagne de vases d'or et d'argent s'y amoncelait. Il y avait là des bassins que quatre hommes avaient de la peine à soulever par leur anses ouvragées, de lourdes aiguières, des coupes incrustées de perles et des plats de diverses grandeurs avec des dessins ciselés. Il y avait des gobelets de cornaline, des cruchons fabriqués avec des œufs d'autruches, des cornes d'aurochs enchassées dans de l'or. Entre les plats et les aiguières on voyait des vases d'or de formes bizarres, représentant des ours, des lions, des coqs, des paons, des grues, des unicornes et des autruches; et tous ces énormes plats, ces cornes, ces cruches ces puisoirs, ces animaux et ces oiseaux étaient entassés et formaient un édifice en forme de triangle dont le sommet atteignait presque le plafond.

La foule brillante des courtisans entra gravement dans la salle et se plaça autour des banquettes. Il n'y avait en ce moment sur les tables que les salières, les poivrières, les saucières, des plats de viande froide accommodés à l'huile de chènevis, des concombres salés, des prunes et du lait aigre dans des terrines de bois.

Les opritchniks s'assirent, mais ils ne commencèrent à manger qu'après l'arrivée du Tzar. Bientôt les stolniki entrèrent dans la salle deux à deux et se rangèrent autour du fauteuil, derrière eux venaient le majordome et le grand échanson. Enfin les trompettes résonnèrent, les cloches du palais sonnèrent, le Tzar Ivan Vasiliévitch entra d'un pas lent.

Il était grand, bien fait, large d'épaules. Son long vêtement de brocart bigarré de dessins était brodé de perles et de pierres précieuses le long des coutures et sur les pans. A son collier de perles étaient attachées des médailles émaillées, représentant le Sauveur, la Mère de Dieu, les apôtres et les prophètes. Une grande croix ciselée suspendue à une chaîne d'or lui descendait sur la poitrine. Les hauts talons de ses bottes de maroquin rouge étaient garnis de fers argentés. Sérébrany fut frappé du grand changement qui s'était opéré dans l'extérieur d'Ivan. Son visage régulier était encore beau, mais ses traits étaient plus accentués, son nez busqué semblait plus proéminent, ses yeux brûlaient d'un feu sombre et sur son front on voyait des rides qui n'existaient pas auparavant. Ce qui frappa le plus le prince fut la disparition complète de la barbe et des cils. Ivan avait trente-cinq ans; il paraissait beaucoup plus âgé, l'expression de son visage n'était plus la même. C'est ainsi qu'un édifice change d'aspect après un incendie; les murs restent mais les ornements ont disparu, les fenêtres noircies ont un air inhospitalier, et les salles désertes servent d'asile aux esprits malins.

Toutefois, lorsqu'Ivan voulait plaire, son regard avait encore de l'attrait. Son sourire charmait même ceux qui le connaissaient et abhorraient ses cruautés. A ces dons heureux, Ivan réunissait une facilité extraordinaire d'élocution et il arrivait que des gens vertueux, en entendant le Tzar, étaient persuadés, pendant qu'il parlait, de la nécessité de ses terribles mesures et croyaient à la justice de ses châtiments.

A l'apparition d'Ivan tous se levèrent et s'inclinèrent profondément. Le Tzar traversa la salle lentement entre les rangées de tables, s'arrêta à sa place et, ayant parcouru du regard l'assemblée, il la salua dans toutes les directions. Il lut ensuite à haute voix une longue prière, se signa, dit le *benedicite* et s'assit dans son fauteuil : tous, sauf le majordome et six chambellans, suivirent son exemple.

Une multitude de serviteurs, en caftans de velours de couleur violette, brodés d'or, se rangèrent devant le souverain, s'inclinèrent profondément et défilèrent deux à deux pour aller chercher les mets. Ils revinrent bientôt portant sur des plats d'or deux cents cygnes rôtis.

Ce fut le commencement du repas.

La place occupée par Sérébrany était voisine de la table tzarienne ; il était là avec les Boyards de province, c'est-à-dire ceux qui n'appartenaient pas à l'opritchna, mais que leur rang élevé avait fait appeler ce jour-là à la table du souverain. Sérébrany avait connu quelques-uns d'entre eux avant son départ pour la Lithuanie. De sa place il pouvait voir et le Tzar lui-même et tous ceux qui étaient à sa table. Il s'attrista en comparant l'Ivan qu'il avait quitté cinq ans auparavant avec celui qu'il retrouvait aujourd'hui assis au milieu de nouveaux favoris.

Le prince s'adressa à un de ses voisins, un boyard qu'il avait autrefois rencontré. — Quel est ce jeune homme assis à la droite du Tzar, si pâle et si morne ?

— C'est le Tzarevitch Ivan Ivanovitch, répondit le boyard et, après avoir jeté un coup d'œil autour de lui, il ajouta tout bas : — Que Dieu ait pitié de nous ! Il tient de son père et, malgré sa jeunesse, son cœur est déjà rempli de méchanceté ; son règne ne nous consolera pas de celui-ci.

— Et ce jeune homme aux yeux noirs, au bout de la table qui a une figure si affable ? ses traits ne me sont pas inconnus, mais je ne me rappelle pas où je l'ai vu.

— Tu l'as vu, prince, il y a cinq ans, écuyer seulement ; c'est Boris Goudounof, le conseiller favori du Tzar, et il ira loin. Vois-tu, continua le boyard en baissant de plus en plus la voix, vois-tu à côté de lui cet homme à cheveux roux, aux larges épaules, qui ne regarde personne et qui fronce le sourcil en servant du cygne ? sais-tu qui il est ? C'est Grégoire Skouratof surnommé Maliouta ; il est l'ami, le bras droit et le bourreau du Tzar. Ici, dans la confrérie c'est à lui, que Dieu nous pardonne ! que le Tzar a confié le soin des vases sacrés. Il ne fait pas un pas sans lui : il n'y a que Boris dont l'influence rivalise avec la sienne ; — et là, cet autre beau jeune homme au visage efféminé qui verse du vin pour le Tzar, c'est Théodore Basmanof.

— Celui-là ? demanda Sérébrany en reconnaissant l'opritchnik dont la démarche l'avait frappé dans la cour du palais et dont la plaisanterie cruelle avait failli lui coûter la vie.

— Lui-même. Le tzar l'aime beaucoup, dit-on, et ne peut s'en passer. Mais s'il y a quelqu'affaire grave, à qui demande-t-il conseil ? ce n'est pas à lui, mais à Boris.

— C'est bien lui, dit Sérébrany, qui regardait Goudounof, maintenant je me le rappelle, n'était-il pas chargé du carquois du Tzar ?

— C'est cela, prince. C'était en apparence une fonction insignifiante, il a su cependant s'y mettre en évidence. Il arriva, un jour, qu'étant à la chasse il prit envie au Tzar de tirer de l'arc. Il y avait avec lui l'envoyé du khan Devlet-Mourza. C'était à qui planterait sa flèche dans un chapeau tatar élevé sur une perche à cent pas de la tente souveraine. On venait de terminer le repas, et les coupes avaient souvent fait le tour de la table. Ivan Vasiliévitch se lève et dit : — Donnez-moi mon arc, je ne tirerai pas plus mal que le tatar ! — Celui-ci tout joyeux s'écrie : Allons, c'est dit. Tzar, mon enjeu est un troupeau de mille chevaux, et toi, quel est le tien ? — La ville de Rézan, dit le Tzar, et il répéta : donnez-moi mon arc ! Boris s'élança vers les piquets où était attaché le cheval qui portait le carquois ; il sauta en selle, mais on vit le cheval ruer, se mâter, puis tout-à-coup prendre le mors aux dents et enfin tomber avec son cavalier. Au bout d'un quart d'heure, Boris revint, le carquois était brisé, l'arc cassé en deux, les flèches dispersées, Boris lui-même avait la tête fendue. Il descendit de cheval et se jetant aux pieds du Tzar : — Pardonne, Majesté, je n'ai pu me rendre maître du cheval, ton carquois est brisé ! — Pendant ce temps, l'ivresse avait un peu passé. Allons, dit le Tzar, dorénavant, maladroit, tu n'auras plus la garde de mon carquois, mais je ne tirerai pas avec un autre arc que le mien. — Depuis cette époque, Boris monte toujours, et tu verras, prince, jusqu'où il ira. Quel homme ! continua le boyard, en regardant Goudounof; jamais il ne s'empresse, mais il est toujours là ; jamais il ne redresse ni ne contrarie le Tzar, il suit sa route particulière, il n'a jamais été mêlé dans aucune affaire de sang, il n'a pris part à aucune exécution. Autour de lui le sang ruisselle et il est pur et blanc comme l'enfant à la mamelle, il n'est pas même inscrit dans l'Opritchna. Celui-là, continua-t-il, en montrant un homme au mauvais sourire, c'est Alexis Basmanof, le père de Théodore, et là plus loin, Vasili Grazny et là-bas le père Levski archimandrite de Choudovo ; que Dieu lui pardonne ses péchés ! ce n'est pas un pasteur de l'église, mais un complaisant des passions mondaines.

Sérébrany écoutait avec curiosité et tristesse tout à la fois.

— Dis-moi, boyard, demanda-t-il, quel est ce grand blond, d'environ trente ans, avec des yeux noirs? Voilà déjà la quatrième coupe qu'il vide presque coup sur coup, et quelle coupe encore! Si cela lui fait du bien, il n'y a rien à dire, mais il ne paraît pas avoir le vin gai. Regarde comme il a les sourcils froncés, et ses yeux brillent comme l'éclair. Est-il fou! vois comme il hache la nappe avec son couteau!

— Celui-là, prince, tu dois le connaître, c'est un des nôtres. A la vérité, il est bien changé depuis que, pour sa honte et celle des siens, il est entré dans les Opritchniks, c'est le prince Athanase Viazemski. C'est le plus brave d'entre eux, mais il n'a pas la tête à lui. — Depuis que la passion s'est emparée de son cœur, il n'est plus reconnaissable, il ne voit rien, il n'entend rien, se parle à lui-même comme un insensé et tient devant le Tzar de tels discours qu'on en est épouvanté. Jusqu'à ce moment tout a bien marché pour lui, le Tzar le plaint. On dit que c'est l'amour qui l'a fait entrer dans les opritchniks.

Et le boyard se pencha vers Sérébrany, voulant vraisemblablement lui raconter plus en détail l'histoire de Viazemski, mais dans ce moment un maître d'hôtel s'approcha d'eux et dit en plaçant devant Sérébrany un plat de rôti:

— Nikita, lève-toi! Sa Majesté te fait l'honneur de t'envoyer ce plat de sa table.

Le prince se leva et, suivant la coutume, s'inclina profondément.

Alors tous ceux qui étaient à la même table que le prince se levèrent pareillement et saluèrent Sérébrany, en signe de félicitation pour la faveur que le Tzar lui avait faite. Le prince rendit à chacun un salut particulier.

Pendant ce temps, le maître d'hôtel retournait vers le Tzar et lui disait après un salut profond :

— Grand souverain ! Nikita, s'étant levé, a reçu le plat et te rend hommage.

Quand les cygnes furent mangés, les serviteurs sortirent deux à deux de la salle et revinrent avec trois cents paons rôtis dont les queues déployées se balançaient au-dessus des plats en forme d'éventails. Après les paons vinrent les pâtés de poisson, les pâtés de volailles, des pâtés de viande, cuite et crue, des beignets de toutes sortes et différents gâteaux. Pendant que les convives mangeaient, les serviteurs remplissaient les coupes d'hydromel, de vin de cerises, de jus de groseilles, ou de genièvre. D'autres versaient des vins étrangers : du Romanée, du vin du Rhin, du Muscatelle. Des maîtres d'hôtel circulaient entre les tables, surveillant de tous côtés le service.

En face de Sérébrany était assis un vieux boyard contre lequel, disait-on, le Tzar avait une rancune. Le boyard savait qu'il avait déplu, mais il ne savait pas comment, et il attendait tranquillement son sort. Au grand étonnement de tous, le grand échanson Théodore Basmanof lui apporta, de ses propres mains, une coupe de vin.

— Vasili — lève-toi ! dit Basmanof. — Sa Majesté te fait l'honneur de t'envoyer cette coupe.

Le vieillard se leva, s'inclina vers Ivan et but. Basmanof en retournant auprès du Tzar, lui dit : — Vasili, s'étant levé, a bu la coupe, il te baise les mains.

Tous se levèrent et saluèrent le vieillard ; chacun s'attendait à lui voir rendre les saluts, mais le boyard resta immobile, sa respiration était difficile, il tremblait de tous ses membres. Tout à coup ses yeux se remplirent de sang, son visage devint bleu et il roula à terre.

— Le boyard est ivre, dit Ivan Vasiliévitch, qu'on l'emporte! — Un murmure parcourut l'assemblée, les boyards des provinces s'entre regardèrent, puis baissèrent les yeux sur leurs assiettes sans oser proférer une parole.

Sérébrany frissonna. Il n'avait pu croire aux récits des cruautés d'Ivan ; maintenant il avait lui-même été témoin de ses effroyables vengeances.

Un sort semblable m'attend peut-être, pensait-il. Cependant on emportait le vieillard et le repas continua comme si rien n'était arrivé. Les psaltérions résonnaient, les cloches bourdonnaient, les courtisans parlaient à haute voix et riaient à gorge déployée. Les serviteurs, jusqu'ici en livrée de velours, parurent maintenant en dolmans de brocart. Ce changement de tenue était un des luxes des festins du Tzar. Ils placèrent d'abord sur les tables diverses gelées, puis des grues posées sur des herbes aromatiques, des coqs en saumure avec du gingembre, des poules désossées et des canards aux concombres. Ensuite ils apportèrent diverses soupes au pain et trois sortes de soupes au poisson : bouillon blanc, bouillon noir et bouillon safrané. Après les soupes, on servit des gelinottes aux prunes, des oies au millet et des coqs de bruyère au safran.

Il y eut alors un temps d'arrêt dans le repas, pendant lequel on servit aux convives du miel, des confitures, et comme vins : de l'Alicante, du Bastre et du Malvoisie.

Les conversations étaient bruyantes, les éclats de rire retentissaient fréquemment, les têtes s'échauffaient. En examinant les figures des Oprichtniks, Sérébrany aperçut, à une table écartée, le jeune homme qui, quelques heures auparavant, l'avait sauvé des étreintes de l'ours. Le prince interrogea ses voisins à son sujet, mais aucun des boyards ne le connaissait. Le jeune Opritchnik, le coude appuyé sur la table et la tête dans sa main, avait un air songeur et ne partageait pas la gaieté générale. Sérébrany allait questionner un des serviteurs qui passait, lorsque tout à coup il entendit derrière lui :

— Nikita, lève-toi ! Sa Majesté te fait l'honneur de t'envoyer cette coupe.

Sérébrany frissonna ; Théodore Basmanof, avec un sourire railleur, lui offrait une coupe.

Sans balancer une minute, le prince salua le Tzar et vida la coupe jusqu'à la dernière goutte. Tout le monde le regardait avec curiosité, lui-même attendait une mort inévitable et s'étonnait de ne point ressentir les effets du poison. Au lieu de froid et de tremblement, une chaleur bienfaisante parcourut ses veines et chassa de son visage la pâleur involontaire. La liqueur envoyée par le Tzar était un vieux et excellent Bastre. Le prince comprit alors clairement, ou que Ivan lui pardonnait sa faute, ou qu'il ne savait encore rien de l'injure faite à l'Opritchna.

Il y avait déjà plus de quatre heures que durait le festin et pourtant il n'était encore qu'à moitié. Ce jour-là les cuisiniers du Tzar s'étaient distingués. Jamais leur soupe au limon, leurs rognons à la broche, leurs goujons au mourlon, n'avaient aussi bien réussi. Ce qui surtout provoqua l'admiration générale, ce furent d'immenses poissons pêchés dans la mer Blanche et envoyés du monastère de Solovetz. On les avait transportés vivants dans de grands tonneaux ; le voyage avait duré plusieurs semaines. Ces poissons pouvaient difficilement tenir sur des plateaux d'or et d'argent, que plusieurs hommes avaient peine à porter. L'art ingénieux des cuisiniers apparaissait ici dans tout son éclat. Les esturgeons étaient coupés et arrangés de telle sorte qu'ils représentaient des coqs, les ailes déployées, ou des serpents volants, la gueule ouverte. Les lièvres au vermicelle furent trouvés excellents, et les convives, quelque chargé déjà que fût leur estomac, ne laissaient passer ni les cailles avec une sauce à l'ail, ni les alouettes à l'oignon et au safran. Mais à un signe des maîtres-d'hôtel, on enleva le sel, le poivre, les saucières et tous les mets déjà servis. Les serviteurs sortirent deux à deux et reparurent dans une nouvelle tenue. Ils avaient remplacé leurs dolmans de brocart par des polonaises d'été en velours blanc, brodées d'argent et bordées de martre. Ce vêtement était encore plus riche et plus beau que les deux précédents. Revêtus de ce costume, ils transportèrent dans la salle un kremlin en sucre, pesant cinq pouds, et le placèrent sur la table du Tzar. Ce kremlin était orné avec beaucoup d'art. Les créneaux et les tours, les cavaliers et les piétons étaient très-bien rendus. Des kremlins semblables, mais moindres de trois pouds, furent placés sur les autres tables. Après les kremlins vinrent une centaine d'arbres dorés et coloriés, qui portaient, au lieu de fruits, des dragées, des pains d'épices et des petits pâtés sucrés. En même temps on servait des lions, des aigles et toutes sortes d'animaux en sucre fondu. Entre les kremlins et les autres pièces, s'élevaient des pyramides de pommes, de fraises et de noix du Volga. Mais personne ne toucha aux fruits; tous étaient rassasiés. Quelques uns buvaient encore du Romanée, plutôt par habitude que par goût, d'autres sommeillaient, les coudes appuyés sur la table; beaucoup étaient couchés par terre, tous sans exception avaient ôté leurs ceintures et déboutonné leurs caftans. Le caractère de chacun était nettement à découvert.

Le Tzar n'avait presque pas mangé. Pendant la durée du repas, il avait beaucoup discuté, plaisanté avec ceux qui l'avoisinaient. Son visage conservait une expression bienveillante. On pouvait en dire autant de celui de Godounof. Boris avait goûté à tous les bons plats et ne s'était pas épargné les gobelets de vin fort; il était gai, amusait le Tzar et ses favoris par sa conversation spirituelle, mais on voyait qu'il se possédait parfaitement. Ses traits avaient la même expression en ce moment qu'au commencement du repas : un mélange de pénétration, d'humilité feinte et de confiance en soi-même. Après avoir embrassé d'un regard rapide la foule des courtisans ivres et endormis, Godounof sourit imperceptiblement et son visage exprima un instant le mépris.

Si le Tzarevicth avait peu mangé, il avait beaucoup bu ; il restait silencieux et écoutait. Tout à coup, il interrompait celui qui avait la parole par une plaisanterie déplacée et offensante. C'était surtout Maliouta Skouratof qu'il prenait à partie, quoique celui-ci ne parût nullement goûter la plaisanterie. Son aspect inspirait l'effroi aux plus fermes. Son front était bas et comprimé, ses cheveux descendaient presque jusqu'aux sourcils. Les pommettes de ses joues et ses mâchoires, au contraire, étaient extrêmement développées, le crâne, étroit par devant, devenait, sans aucune gradation, énorme vers la nuque, et derrière les oreilles il y avait de telles protubérances que celles-ci disparaissaient. Ses yeux d'une couleur indécise, ne fixaient jamais directement quelqu'un, mais celui qui par hasard rencontrait leur regard terne en avait le frisson. Il semblait qu'aucun sentiment généreux, aucune pensée sortant du cercle des instincts animaux ne pouvait pénétrer dans cette étroite cervelle, couverte d'un crâne épais et de ces cheveux touffus pareils à des soies de sanglier. Dans l'expression de ce visage il y avait quelque chose d'inflexible et de désespéré. En regardant Maliouta, on sentait que tout effort pour chercher en lui un sentiment humain serait superflu. Et, en effet, il s'était isolé moralement de tout le monde, il vivait à part, n'avait aucun ami, évitait toute relation affectueuse. Il avait cessé d'être un homme et s'était fait le chien du Tzar, prêt à déchirer sans aucun examen celui sur lequel Ivan le lançait.

Le seul côté par lequel Maliouta se rattachait à l'humanité, était son amour pour son jeune fils, Maxime Skouratof ; et encore c'était là un amour de bête fauve, un amour inconscient, quoiqu'il pût atteindre jusqu'à l'abnégation. Cet amour doublait l'ambition de Maliouta. D'une extraction basse, l'envie le dévorait. L'éclat et la grandeur qui régnaient autour de lui, il les voulait sinon pour lui, du moins pour son fils et sa postérité. La pensée que Maxime, qu'il chérissait d'autant plus qu'il était son seul enfant, serait toujours aux yeux de la foule au-dessous de ces orgueilleux boyards, que lui Maliouta mettait à mort par douzaine, cette pensée le rendait fou. Il s'efforçait d'obtenir par l'or des distinctions auxquelles sa naissance ne lui permettait pas d'atteindre, et se livrait au meurtre avec une double volupté. Il se vengeait des orgueilleux boyards, s'enrichissait de leurs dépouilles et, s'élevant dans la faveur du Tzar, il pensait élever ainsi son fils bien-aimé. Cependant, indépendamment de ces calculs, le sang pour lui était un besoin et une jouissance. Beaucoup de personnes furent étranglées de ses propres mains et les légendes racontent que souvent, après les exécutions, il dépeçait les cadavres à coups de hache, de sa propre main, et en jetait les morceaux aux chiens. Pour achever le portrait de cet homme, il faut ajouter que, malgré son intelligence bornée, de même que les animaux carnassiers, il était extrêmement rusé, que dans les combats il se faisait remarquer par un courage extraordinaire, qu'il était soupçonneux comme tout misérable arrivé à un honneur immérité, enfin que personne ne savait se souvenir d'une offense comme Maliouta Skouratof-Belski.

Tel était l'homme aux dépens duquel le Tzarévitch riait si imprudemment.

Une circonstance particulière donna beau jeu aux plaisanteries du Tzarévitch. Maliouta, tourmenté par l'envie et la vanité, avait depuis longtemps sollicité le bonnet de boyard ; mais le Tzar, respectant quelquefois les usages, n'avait pas voulu abaisser la plus haute dignité de l'empire dans la personne de son favori de bas étage et avait laissé le solliciteur sans réponse. Skouratof avait rappelé sa demande au souvenir d'Ivan. Ce jour même, au moment où le Tzar sortait de sa chambre à coucher, il avait de nouveau exposé tous ses services et réclamé sa récompense. Ivan, après l'avoir écouté avec patience, s'était mis à rire et l'avait appelé chien. Le Tzarévitch faisait allusion à cet incident. S'il eût mieux connu Skouratof, il n'eût pas agi ainsi, l'imprudent !

Maliouta resta silencieux, mais il pâlit. Le Tzar remarqua avec déplaisir les rapports désagréables de son fils avec Skouratof. Afin de détourner la conversation, il s'adressa à Viazemski. — Athanase, dit-il d'un ton moitié plaisant, moitié sympathique, seras-tu encore longtemps dans le chagrin ? Je ne reconnais plus mon bon Opritchnik, tant la passion l'a complétement changé.

— Viazemski n'est pas un Opritchnik, remarqua le Tzarevitch. Il soupire comme une jeune beauté. Tu devrais, mon seigneur et père, lui faire revêtir un sarafan et, rasé comme Théodore Basmanof, lui ordonner de chanter. Un luth lui conviendrait mieux qu'un sabre.

— Tzarevitch ! s'écria Viazemski, si tu avais cinq années de plus et si tu n'étais pas le fils du Tzar, pour venger cette injure, je t'appellerais sur la place de Troïtza à Moscou et Dieu lui-même déciderait qui des deux doit porter le sabre ou jouer du luth.

— Athanase ! dit sévèrement le Tzar, n'oublie pas devant qui tu parles.

— Tzar Ivan Vasiliévitch, répondit audacieusement Viazemski, si je suis coupable, fais tomber ma tête, mais je ne permettrai pas au Tzarévitch de m'insulter.

— Non, dit d'une voix plus douce Ivan Vasiliévitch qui, à cause de sa jeunesse, tolérait les sorties de Viazemski, il est encore trop tôt de couper la tête d'Athanase ; qu'il continue à servir son souverain. Ecoute plutôt le conte que m'a raconté la nuit passée l'aveugle Filka : « Dans Rostof la célèbre, dans cette ville superbe, vivait un bon jeune homme, Alexis Popovitch. Il aimait plus que la vie une jeune princesse dont je ne me rappelle pas le nom. Mais la princesse était mariée au vieux Tougarin Zmiévitch et, quoi que fît Alexis, il ne recevait que des refus. — Je ne t'aime pas, bon jeune homme ; je n'aime que mon mari mon cher vieux Zmiévitch. — Bon, dit Alexis, tu m'aimeras aussi, ma colombe ! — Il prit avec lui douze bons serviteurs, s'introduisit dans la demeure de Zmiévitch et enleva la jeune femme. — Je vois, bon jeune homme, que tu sais aimer, dit la princesse ; tu as su m'obtenir par la force, et pour cela, je t'aime plus que la vie, plus que le jour, plus que mon vieux mari Zmiévitch ! »

— Eh bien ! Athanase, ajouta le Tzar en regardant fixement Viazemski, comment trouves-tu le conte de l'aveugle Filka ?

Viazemski écoutait avidement les paroles du Tzar. Elles tombaient dans son âme comme des étincelles sur des gerbes de paille sèche, la passion brûlait dans son sein, ses yeux lançaient des flammes.

— Athanase, continua le Tzar, je vais ces jours-ci, en pèlerinage à Souzdal ; tu iras, pendant mon absence, à Moscou trouver le boyard Droujina Morozof ; demande-lui des nouvelles de sa santé et dis-lui que je t'ai envoyé le relever du ban dont je l'avais frappé... prends, ajouta-t-il d'un ton significatif, prends avec toi quelques opritchniks pour lui faire plus d'honneur !

Sérébrany vit de sa place le visage de Viazemski s'enflammer, une joie sauvage se répandre sur ses traits, mais il n'entendit pas les paroles échangées entre le prince et Ivan Vasiliévitch.

S'il eût deviné ce qui causait la joie de Viazemski, il eût

oublié la présence du Tzar et, arrachant des murs un sabre tranchant, il eût fendu la tête du prince. Nikita eût péri à son tour. Mais il fut sauvé, cette fois encore, par le bruit des timbales, le bourdonnement des cloches et le murmure des conversations. Il ne sut pas ce qui rendait Viazemski si joyeux.

Enfin Ivan se leva. Tous les courtisans bourdonnèrent comme des abeilles regagnant leur ruche, et ceux qui pouvaient se tenir sur leurs jambes, s'approchèrent du Tzar pour recevoir des prunes sèches qu'il distribuait aux frères de sa propre main.

En ce moment, un opritchnik, dans un costume qui n'était pas celui des convives, pénétra à travers la foule et murmura quelque chose à l'oreille de Maliouta Skouratof.

Maliouta bondit et la rage se peignit sur son visage. Son mouvement n'échappa pas au regard perçant du Tzar qui demanda ce dont il s'agissait.

— Majesté ! s'écria Maliouta, une chose incroyable ! Une trahison, une révolte ouverte contre ta personne souveraine !

Au mot de trahison, le Tzar pâlit et ses yeux étincelèrent.

— Majesté, continua Maliouta, il y a quelques jours, j'ai envoyé dans les environs de Moscou un détachement pour observer comment les Moscovites observent les usages impériaux. Un boyard inconnu, suivi de ses vassaux, est tout à coup tombé sur les hommes du détachement. Beaucoup ont été tués et mon écuyer a été grièvement blessé. Il est ici, aux portes du palais, fais-le appeler.

Ivan jeta un regard sur les opritchniks et lut sur tous les visages la colère et l'indignation. Alors ses traits prirent une étrange expression de plaisir et il dit d'une voix tranquille : — Qu'on l'appelle !

Aussitôt la foule se sépara et Mathieu Khomiak, la tête enveloppée, entra dans la salle.

CHAPITRE IX

LE JUGEMENT.

Khomiak n'avait pas lavé le sang de son visage ; au contraire il en avait ensanglanté à dessein le bandage qui recouvrait sa blessure afin que le Tzar vit comment on avait traité son fidèle serviteur.

En approchant d'Ivan il se jeta à ses pieds et attendit à genoux la permission de parler.

Tous les regards étaient fixés avec curiosité sur Khomiak. Le Tzar rompit le premier le silence.

— Contre qui portes-tu plainte ? Comment a eu lieu l'affaire ? Raconte avec ordre.

— Contre qui je porte plainte, je ne le sais pas moi-même, Tzar très-orthodoxe ! Il ne m'a pas dit son nom, le fils de chien. Mais je viens demander justice à ta Majesté contre un inconnu qui traîtreusement nous a attaqués et écrasés.

L'attention générale redoubla. Chacun retint sa respiration. Khomiak continua :

— Nous arrivions au village de Medvejka, quand tout à coup les maudits, sortant on ne sait d'où, se sont jetés sur nous, nous ont accablés d'une grêle de coups de sabre ; dix hommes ont été tués, les autres ont été garrottés et leur boyard, le coquin ! voulait tous nous pendre. Il a fait mettre en liberté deux brigands que nous avions arrêtés.

Khomiak se tut et rétablit sur sa tête son bandage ensanglanté. Un murmure d'incrédulité s'éleva parmi les opritchniks. Le récit paraissait invraisemblable. Le Tzar semblait douter.

— Es-tu bien sûr de ce que tu racontes-là, mon garçon,

dit-il en fixant son regard perçant sur Khomiak ? — n'as-tu pas quelque chose de dérangé dans la tête ? n'est-ce pas la cervelle que tu as malade?

— Je suis prêt à jurer sur la croix la vérité de ce que j'avance, sire, ma tête répond de mes paroles.

— Mais pourquoi le boyard inconnu ne t'a-t-il pas fait pendre ?

— Il a réfléchi sans doute, personne n'a été pendu ; mais il nous a tous fait fouetter.

Un murmure courut de nouveau dans l'assemblée.

— Et combien étiez-vous dans ce détachement?

— Cinquante hommes et moi cinquante et un.

— Et eux étaient-ils nombreux ?

— A dire la vérité, ils l'étaient moins que nous, vingt ou trente approximativement.

— Et vous vous êtes laissé garrotter et fouetter comme des femmes! Quelle frayeur vous a saisis ? vos mains se sont-elles subitement paralysées, ou vos cœurs sont-ils descendus dans vos talons ? Vraiment, c'est risible! et ce boyard qui, au milieu du jour, s'est jeté sur des opritchniks ! cela ne peut pas être. Oui, ils voudraient bien détruire l'oprichna, mais cela brûle ! et moi, ils voudraient bien me dévorer, mais les dents leur manquent. Ecoute, si tu veux que je te croie, nomme ce boyard, sinon confesse ton mensonge. Si tu ne le fais pas, tu t'en repentiras, mon garçon.

— Seigneur ! répondit l'écuyer d'une voix ferme, Dieu sait que je dis la vérité. Si tu me condamnes, que ta volonté soit faite ; je n'ai pas peur de la mort. — Il tourna les yeux vers les opritchniks comme pour en appeler à leur témoignage. Tout à coup son regard rencontra celui de Sérébrany.

Il serait difficile de décrire ce qui se passa dans l'âme de Khomiak. La surprise, le doute et enfin une joie satanique se peignirent tour à tour sur ses traits.

— Seigneur, dit-il, en se redressant, si tu veux savoir celui qui nous a attaqués, celui qui a tué mes camarades, celui qui a donné l'ordre de nous fouetter, ordonne à ce boyard que voilà, de dire son nom.

Tous les yeux se tournèrent vers Sérébrany. Le Tzar fronça le sourcil et le regarda fixement mais ne dit pas une parole. Le prince Nikita ne fit pas un mouvement, son visage était calme, mais pâle.

— Nikita! dit enfin le Tzar, prononçant lentement chaque mot, viens ici. Réponds! connais-tu cet homme?

— Je le connais, sire!

— L'as-tu attaqué lui et ses compagnons?

— Sire, cet homme et ses camarades attaquaient eux-mêmes un village...

Khomiak interrompit le prince. Afin de perdre son ennemi, il résolut de ne pas s'épargner lui-même.

— Sire, dit il, n'écoute pas le boyard. Parce que je suis d'une condition humble, il va déverser le mépris sur moi et tu ne sauras pas la vérité, mais donne l'ordre d'interroger mes compagnons, ou, si tu le veux, permets que nous nous rencontrions en champ clos et alors tu verras qui a raison.

Sérébrany jeta sur Khomiak un regard dédaigneux.

— Sire, dit-il, je ne désavoue pas ce que j'ai fait. J'ai attaqué cet homme, je l'ai fait fouetter, lui et ses compagnons, parce qu'il voulait tuer...

— Assez! dit sévèrement Ivan Vasiliévitch. Réponds à mes questions. Quand tu les as attaqués, savais-tu que c'étaient mes opritchniks?

— Je ne le savais pas.

— Et quand tu as voulu les pendre, ne te l'ont-ils pas dit?

— Ils l'ont dit, sire.

— Et pourquoi as-tu changé d'avis?

— Afin que, sire, tes juges les interrogeassent.

— Pourquoi donc ne les as tu pas livrés à mes juges tout d'abord ?

Sérébrany ne trouva pas de réponse à cette question.

Le Tzar dirigea sur lui un regard scrutateur, et s'efforça de pénétrer au plus profond de son âme.

Ce n'est pas, dit-il, ce n'est pas pour les livrer aux juges que tu as voulu les faire pendre, mais parce qu'ils t'ont déclaré qu'ils étaient gens du Tzar. Et toi, continua le Tzar avec une colère croissante, toi, en voyant que c'étaient mes serviteurs, tu les as fait fouetter.

— Sire...

— Assez, cria Ivan d'une voix retentissante, l'interrogatoire est terminé. Frères, continua-t-il en s'adressant à ses favoris, parlez, quel châtiment a mérité le prince Nikita? Parlez suivant votre conscience, je veux savoir l'avis de chacun.

La voix d'Ivan était calme, mais son regard disait que déjà, dans son cœur, le sort du prince était décidé et que la disgrâce attendait celui dont l'arrêt serait moins sévère que le sien.

— Parlez donc, répéta-t-il en élevant la voix, quelle peine a mérité Nikita ?

— La mort ! répondit le Tzarévitch.

— La mort! répétèrent Skouratof, Grazny, le bon père Levski et les deux Basmanof.

— Alors qu'on le mette à mort ! dit froidement Ivan. Il est écrit : celui qui lève l'épée périra par l'épée. Gardes, qu'on l'emmène !

Sérébrany, silencieux, s'inclina devant Ivan. Quelques soldats l'entourèrent immédiatement et le conduisirent hors de la salle.

Quand l'émotion produite par cette scène fut calmée, le Tzar s'adressa aux opritchniks, l'expression de son visage était solennelle.

— Frères, dit il, mon arrêt est-il juste?

— Juste, juste! dirent les opritchniks les plus voisins.

— Juste, juste! répétèrent ceux qui étaient plus éloignés.

— Injuste, dit une voix!

Les opritchniks s'indignèrent.

— Qui a dit cela? qui a prononcé ce mot? qui dit que le jugement du Tzar est injuste? entendit-on de tous côtés.

Sur tous les visages se peignait la stupéfaction, tous les yeux étincelaient de haine. Un seul, le plus cruel, ne montrait pas de colère. Maliouta était pâle comme la mort.

— Qui trouve que mon jugement est injuste? demanda Ivan, en s'efforçant de donner à ses traits une expression calme. Que celui qui a parlé se présente devant moi!

— Sire, murmura Maliouta avec une violente émotion, parmi tes fidèles serviteurs il y en a maintenant beaucoup d'ivres, beaucoup qui parlent sans savoir ce qu'ils disent! Ne cherche pas à connaître le nom de l'ivrogne, sire! quand il sera dégrisé, il ne croira pas lui même aux paroles qu'il a prononcées dans l'ivresse!

Le Tzar regarda Maliouta avec défiance.

— Pèt sacristain! dit-il avec un rire ironique, depuis quand ton cœur est-t-il devenu si tendre?

— Sire! continua Maliouta, laisse-le...

Mais il était déjà trop tard.

Le fils de Maliouta s'avançait et s'arrêtait respectueusement devant Ivan. Maxime Skouratof était ce même opritchnik qui avait sauvé Sérébrany des griffes de l'ours.

— Ainsi c'est toi, petit Maxime, qui critique ma sentence, dit Ivan, en regardant tour à tour avec un mauvais sourire le père et le fils. Mais dis-moi, petit Maxime, pourquoi mon arrêt ne te plaît-il pas?

— Parce que, sire, tu n'as pas entendu Sérébrany, tu ne lui as pas permis de se disculper devant toi, tu ne lui as même pas demandé pourquoi il voulait pendre Khomiak!

— Ne l'écoute pas, sire, suppliait Maliouta. Il est ivre, tu vois, il est ivre ! Ne l'écoute pas ! Va-t-en ivrogne, voyez dans quel état il est ! Va-t-en, sauve ta tête.

— Maxime n'a bu ni vin, ni hydromel, remarqua méchamment le Tzarévitch. Je l'ai observé pendant tout le temps du repas : il n'a pas mouillé ses moustaches.

Maliouta jeta sur le Tzarévitch un regard dont tout autre eût frémi. Mais celui-ci se regardait comme hors de l'atteinte de Skouratof. Le second fils du Terrible réunissait presque tous les vices de son père, et les mauvais exemples étouffaient de plus en plus ce qu'il avait de bon. Il ne connaissait déjà plus la pitié.

— Oui, ajouta-t-il en riant, Maxime n'a ni bu ni mangé au dîner. Il n'aime pas notre genre de vie. Il a en horreur l'opritchna !

Pendant le cours de cette conversation, Boris Godounof n'avait pas détourné les yeux d'Ivan. Il paraissait étudier l'expression de son visage et doucement, sans que personne en fît la remarque, il quitta la table.

Maliouta se jeta aux genoux du Tzar.

— Père, Tzar, disait-il, s'attachant aux basques du vêtement impérial, ce matin, moi, pauvre sot, rustre grossier, je t'ai demandé de me faire boyard. Où était ma raison ? Où va s'égarer la pensée de l'homme ? à moi, esclave infect, le chapeau de boyard ! Oublie, sire, mes stupides paroles, ordonne qu'on m'enlève le caftan doré, qu'on me revête d'une natte de paille. Mais pardonne la faute de Maxime. Il est jeune, Seigneur, il est sot, il ne sait pas ce qu'il dit. Si tu veux punir quelqu'un, punis-moi ! laisse-moi porter sur l'échafaud ma tête stupide ! Ordonne, et à l'instant je me tue devant toi.

Les traits altérés de Maliouta, le désespoir sur cette figure qui n'exprimait ordinairement qu'une cruauté farouche, faisaient pitié à voir.

Le Tzar se mit à rire.

— Pourquoi vous punir, toi ou ton fils? dit-il, Maxime a raison.

— Que dis-tu, Sire? s'écria Maliouta, — comment, Maxime a raison? — et son étonnement joyeux s'exprimait déjà par un sourire stupide qui disparut subitement, car il pensa aussitôt que le Tzar se moquait de lui. Ces brusques changements sur la figure de Maliouta étaient si extraordinaires que le Tzar, en le regardant, se mit de nouveau à rire.

— Maxime a raison, répéta-t-il enfin, reprenant son air sérieux, — je me suis trop hâté. Il est impossible que Sérébrany, de sa propre volonté, ait comploté quelque chose contre moi. J'ai suivi Nikita jusqu'à son départ pour l'armée de Lithuanie. Je l'ai toujours aimé. C'était un fidèle serviteur. C'est vous, damnés! continua le Tzar en s'adressant à Grazny et aux Basmanof, — c'est vous qui me poussez toujours à verser le sang; il vous fallait la perte de mon fidèle boyard. Qui vous retient, brutes! courez, arrêtez l'exécution! Mais non, il est trop tard! sa tête a déjà volé sous la hache du bourreau! vous tous, vous me paierez ce sang-là!

— Il n'est pas trop tard, sire, dit Godounof qui rentrait dans la salle. J'ai ordonné de retarder un moment l'exécution. Je sais que tu es miséricordieux, que tu pardonnes quelquefois au criminel que tu as condamné. Sérébrany, la tête sur le billot, attend ta volonté souveraine.

Le visage d'Ivan s'éclaira.

— Boris, dit-il, — viens ici, mon bon serviteur, toi seul connais mon cœur. Toi seul sais que ce n'est pas à plaisir que je verse le sang, mais pour extirper la trahison. Tu ne me regardes pas comme un être sanguinaire. Viens ici que je t'embrasse.

Godounof s'inclina, le Tzar le baisa au front.

— Viens aussi, toi, Maxime, je te permets de baiser ma main. Tu dis la vérité à celui dont tu manges le pain et le sel, sers-moi toujours ainsi. Qu'on lui donne une pelisse de martre.

— Quelle est ta solde? demanda Ivan.

— Celle des simples opritchniks, sire.

— Je te donne le rang de capitaine. Tu recevras les vivres et auras tous les autres avantages du commandement. Mais je vois que tu as sur la langue quelque chose que tu n'oses dire, parle sans honte, demande ce que tu voudras!

— Sire! je n'ai pas mérité ta faveur souveraine, je ne suis pas digne de ce riche vêtement, je suis trop jeune. Je ne te demande qu'une seule chose : Envoie-moi à l'armée de Lithuanie, ou bien dans la terre de Rézan combattre les Tatares !

Quelque chose comme du mépris apparut dans les yeux d'Ivan. — Qui t'a donné un si vif désir d'aller combattre, jeune homme ? La vie que nous menons ici, t'est-elle donc à charge ?

— Elle m'est à charge, sire.

— Pourquoi cela? demanda Ivan en regardant fixement Maxime.

Maliouta ne donna pas à son fils le temps de répondre.

— Sire, dit-il, Maxime voudrait servir son souverain. Il voudrait obtenir le collier d'or de tes mains. Voilà pourquoi il demande à combattre les Tatars ou les Allemands.

— Ce n'est pas pour cela, interrompit le Tzarévitch, mais parce qu'il veut faire à sa tête : je ne veux pas être opritchnik et je ne le serai pas ! que ma volonté soit faite et non celle du Tzar !

— C'est cela ! dit Ivan avec un rire moqueur : — ainsi toi, petit Maxime, tu veux l'emporter sur moi ? Voyez donc quel héros ! allons, qu'il en soit comme tu le désires ! puisque tu ne veux pas être opritchnik, ordonne qu'on t'inscrive dans les guides !

— Oh, sire ! s'empressa de dire Maliouta, partout où tu mettras Maxime, il sera toujours prêt à obéir à ta volonté souveraine ! Mais rentre, Maxime, il est tard ; dis à ta mère de ne pas m'attendre ; j'ai de l'occupation dans la prison : c'est aujourd'hui qu'on torture les Kolichef. Va, Maxime, va !

Maxime s'éloigna. Le Tzar rappela Sérébrany.

Les opritchniks l'amenèrent, les mains liées, sans caftan, le col de sa chemise rabattu. Derrière lui venait le premier bourreau, Terechka, les manches relevées, une hache étincelante dans les mains.

— Viens ici, prince ! dit Ivan. Mes jeunes gens se sont un peu pressés avec toi. Ne leur en veux pas. Ils ont l'habitude, sans regarder le calendrier, de mettre les cloches en branle. Ils oublient qu'on peut toujours trancher la tête d'un homme, mais qu'il est impossible de la lui remettre sur les épaules. Rends grâces à Boris. Sans lui, tu serais déjà dans l'autre monde et tout recours contre Khomiak serait impossible. Allons, dis-moi, pourquoi l'as-tu attaqué ?

— Parce que lui-même il attaquait des gens paisibles au milieu de leur village. Je ne savais pas alors que c'était ton serviteur, je n'avais pas encore entendu parler de l'opritchna. Je revenais de Lithuanie et j'allais à Moscou, quand je rencontrai Khomiak et ses compagnons, et que je les vis tomber dans un village et égorger des paysans tranquilles.

— Et si tu avais su qu'ils fussent mes serviteurs, les aurais-tu attaqués ?

Le Tzar regarda fixement Sérébrany. Le prince resta une minute silencieux.

— Je les aurais attaqués, sire, dit-il avec simplicité, — je n'aurais pu croire que par ton ordre ils étranglassent des paysans innocents.

Ivan lança au prince un regard sombre et resta longtemps sans répondre. A la fin il rompit le silence. — Ta réponse est juste, Nikita! dit-il en hochant la tête d'une façon approbative. — Ce n'est pas pour que mes serviteurs mettent à mort des innocents que j'ai établi l'opritchna. Leur devoir est de protéger, comme de bons chiens, mes brebis contre les loups dévorants, afin que, selon la parole du prophète, je puisse dire au jugement de Dieu : Voilà, Seigneur, le troupeau que tu m'as confié. Ta éponse est juste. Je le dis devant tous : toi et Boris, vous seuls me connaissez. Les autres ne pensent pas ainsi : ils m'appellent homme sanguinaire, mais ils ne voient pas qu'en versant le sang, je répands des larmes; ils ne voient que ce sang rouge qui saute aux yeux de tous ; mais les pleurs de mon cœur, personne ne les aperçoit; ces pleurs incolores tombent sur mon âme et, comme de la poix enflammée, la brûlent et la rongent chaque jour ; et le Tzar, en prononçant ces paroles, leva les yeux vers le ciel avec l'apparence d'un profond chagrin. Comme jadis Rachel, continua-t-il, et les prunelles de ses yeux disparurent presque entièrement sous son front, — comme jadis Rachel pleurant sur ses enfants, moi pécheur, je pleure sur les traîtres et les méchants. Ta réponse est juste, Nikita. Je te pardonne. Déliez-lui les mains. Va-t-en, Terechka, nous n'avons plus besoin de toi..... ou bien non, attends un peu !

Ivan se tourna vers Khomiak.

— Réponds, dit-il d'une voix menaçante, — qu'alliez-vous faire au village de Medvedka ?

Khomiak jeta un regard furtif d'abord sur Terechka, ensuite sur Sérébrany, puis il se gratta la nuque.

— Rançonner un peu les moujiks, répondit-il d'un ton à

la fois craintif et effronté ; — je ne puis le nier ; nous sommes coupables, sire, d'avoir maraudé chez ceux que tu as mis à ton ban. Ce village, Seigneur, appartient au boyard Morozof !

L'expression sévère du visage d'Ivan disparut. Il sourit.

— Allons, dit-il, — tu en as eu assez avec les coups de fouet du prince. Je te pardonne. Va-t-en, Terechka.

Le changement bienveillant d'Ivan à l'égard de Sérébrany causa un murmure de satisfaction parmi les boyards. L'oreille subtile du Tzar l'entendit et son esprit soupçonneux se l'expliqua à sa manière. Quand Khomiak et Terechka furent sortis de la salle, Ivan dirigea son regard perçant de leur côté.

— Vous ! dit-il sévèrement, — ne pensez pas, en voyant mon arrêt, que je change à votre égard ! — Et en ce même instant, dans son âme inquiète, entra la pensée que peut-être Sérébrany allait attribuer sa clémence à de la faiblesse. Alors il regretta d'avoir pardonné et voulut réparer son erreur.

— Écoute ! dit-il en regardant le prince, — je t'ai pardonné aujourd'hui à cause de ta franchise et je ne retire pas mon pardon. Mais sache que si tu commets quelque autre faute, l'ancienne te sera comptée. Et alors, en voyant tes torts, ne cherche pas, comme d'autres l'ont fait, à te sauver en Lithuanie ou auprès du Khan, mais jure moi qu'en quelque lieu où tu sois, tu attendras la punition qu'il m'aura plu de t'infliger.

— Sire ! répondit Sérébrany, — ma vie est dans ta main. Me cacher de toi n'est point dans ma coutume. — Je te promets, si quelque accusation pèse sur moi, d'attendre ton jugement et de ne pas chercher à éviter ton arrêt.

— Jure-le sur cette croix ! dit Ivan avec emphase et, élevant la croix qui pendait sur sa poitrine, il la donna à Sérébrany en jetant un regard de côté aux boyards.

Au milieu du silence général on entendit le bruissement de la chaîne d'or, lorsque Ivan laissa tomber de ses mains l'image du Sauveur que Sérébrany, après avoir fait le signe de la croix, venait de baiser.

— Maintenant, va ! dit Ivan, et prie la très-sainte Trinité et tous les bienheureux de te préserver de toute nouvelle faute, quelque légère qu'elle soit !

— Va donc, ajouta-t-il, en regardant les boyards : — vous qui avez entendu ceci, n'attendez pas un nouveau pardon pour Nikita et n'espérez pas m'apitoyer sur lui, s'il encourt une autre fois ma colère.

Après s'être ainsi assuré, par un serment sacré, d'atteindre Sérébrany quand il le voudrait, le visage d'Ivan exprima la satisfaction. — Allez, dit-il, que chacun retourne à ses devoirs ! que les boyards surveillent l'exécution des lois comme par le passé, que les opritchniks, mes fidèles serviteurs d'élite se rappellent leur serment et ne s'émeuvent pas si aujourd'hui j'ai pardonné à Nikita : il n'y a de partialité dans mon cœur ni pour les proches ni pour les éloignés.

Les convives se dispersèrent. Chacun retourna à son logis, emportant avec soi, les uns l'épouvante, les autres la tristesse, qui la haine, qui l'espoir, qui simplement un violent mal de tête. La Sloboda s'ensevelit dans l'obscurité, puis la lune se leva lentement au dessus des bois. Terrible était l'aspect du sombre palais, avec ses dômes et ses tourelles. De loin on eût dit un monstre ramassé sur lui-même et prêt à bondir. Une seule fenêtre éclairée semblait son œil. C'était celle de la chambre à coucher du Tzar qui y priait avec ferveur.

Il priait pour le repos de la sainte Russie, et demandait à Dieu de terrasser la trahison et la révolte afin qu'il pût terminer l'œuvre de ses sueurs, courber les forts au niveau des faibles pour qu'il n'y eût sur la terre russe que des hommes égaux et que lui s'élevât au dessus d'eux comme un chêne au milieu d'un champ labouré.

Le Tzar prie, il incline son front jusqu'à terre. Les étoiles le regardent par la fenêtre grillée ; elles sont brillantes, puis pâlissent, pâlissent comme si elles pensaient : ah ! tzar Ivan Vasiliévitch, tu as entrepris une œuvre impossible, tu l'as entreprise sans nous interroger ; les épis ne sont pas tous de la même taille ; tu n'égaleras pas les montagnes avec les collines : sur la terre il y aura toujours des boyards.

CHAPITRE X

LE PÈRE ET LE FILS.

Il faisait déjà nuit quand Maliouta, après l'interrogatoire des Kolichef, parents et amis du métropolite destitué, sortit de la prison. Semblables à des montagnes noires, de gros nuages s'élevaient au dessus de la Sloboda et menaçaient d'un orage. Tous dormaient dans la maison de Maliouta. Maxime seul était encore debout. Il sortit à la rencontre de son père.

— Père, dit Maxime, je t'attendais ; j'ai à te parler.

— De quoi ? demanda Maliouta. Et involontairement il détourna les yeux: Grégoire Skouratof ne tremblait jamais devant l'ennemi, mais en présence de Maxime il était mal à l'aise.

— Je pars demain, continua Maxime, adieu, père.

— Où vas-tu ? demanda Maliouta, et cette fois il dirigea son regard terne sur Maxime.

— Je vais à l'aventure ; la terre est grande, il y a de la place pour tout le monde.

— Comment, as-tu perdu la raison ? qu'as-tu fait aujourd'hui au banquet? comment as-tu osé contredire le Tzar? ignores-tu ce qu'il est et qui tu es?

— Je le sais, père; je sais qu'il m'a dit assez, mais je ne puis plus rester ici.

— Tu es fou! mais d'où te vient cette idée? qu'as-tu donc aujourd'hui? Pourquoi veux-tu t'en aller quand le Tzar t'a élevé au rang de capitaine? Pourquoi juste en ce moment?

— Il y a longtemps que je suis malheureux au milieu de vous, tu le sais bien, père; mais je n'avais pas confiance en moi; depuis mon enfance j'avais entendu toujours dire que la volonté du Tzar était celle de Dieu, qu'aucun péché ne surpassait celui de penser autrement que le Tzar. Le père Levski et tous les popes de la Sloboda me faisaient un grand crime de ne pas avoir les mêmes idées que vous. Malgré moi, le doute était entré dans mon esprit : avais-je seul raison contre vous tous? et cependant je ne pensais toujours qu'à partir. Mais aujourd'hui, continua Maxime, et son visage s'anima tout à coup, aujourd'hui j'ai compris que j'avais raison. Lorsque j'ai entendu le prince Sérébrany, quand j'ai appris qu'il avait attaqué et battu ton détachement d'étrangleurs et quand j'ai vu qu'il ne se cachait pas de sa juste action devant le Tzar, mais qu'au contraire, il allait comme un martyr à la mort sans murmure, mon cœur a battu pour lui comme il n'avait jamais battu pour personne jusqu'ici; le doute a quitté ma pensée et j'ai vu clair comme le jour que la justice n'est pas de votre côté.

— Ainsi c'est lui qui t'a tourné la tête! s'écria Maliouta, déjà furieux contre Sérébrany; qu'il me tombe jamais dans les mains! je le ferai mourir à petit feu, le chien!

— Dieu le préservera de tes mains, dit Maxime en faisant le signe de la croix; il ne permettra pas qu'elles fassent périr tout ce qu'il y a de bon en Russie. Oui, poursuivit en s'animant le fils de Maliouta, à peine ai-je vu Nikita Sérébrany, que j'ai senti le désir de le suivre et de le servir, et je voulais lui en faire la demande, mais j'ai eu honte : mes yeux n'oseront jamais se lever vers les siens tant que je porterai cet habit.

Maliouta écoutait et deux sentiments contraires se combattaient en lui : il aurait voulu battre Maxime, le fouler aux pieds et par ses menaces l'obliger à obéir, mais un respect involontaire enchaînait sa méchanceté. Il comprenait d'instinct que désormais la menace n'aurait plus d'action et il commençait, dans son âme basse, à chercher d'autres moyens pour arrêter son fils.

— Mon enfant! dit-il en essayant de donner à son visage de bête fauve une expression caressante, ce n'est pas le moment de penser à partir ; tes paroles ont plu au Tzar. Et quoique tu m'aies grandement fait peur, il est visible que nos saints anges gardiens ont tourné vers nous le cœur de Sa Majesté. Au lieu de te punir, il t'a félicité ; il augmente ta solde et te fait présent d'une pelisse de martre. Vois, maintenant, jusqu'où tu pourras monter ! et en attendant, n'es-tu pas bien ici ?

Maxime se jeta aux pieds de Maliouta.

— Je ne puis rester, père, je ne le puis pas, c'est au dessus de mes forces. Je n'ai pas la force de n'entendre tous les jours que pleurs et lamentations, de voir en mon père...

Maxime s'arrêta.

— Continue, dit Maliouta.

— De voir en mon père un bourreau ! — Et Maxime baissa les yeux comme épouvanté d'avoir pu prononcer un pareil mot.

Mais Maliouta ne s'émut pas.

— Il y a bourreau et bourreau ! dit-il, en jetant un regard de côté dans la salle : l'un est un manœuvre, l'autre, un homme puissant; l'un tranche la tête au pauvre diable, l'autre torture les boyards, ceux qui sapent le trône du Tzar et veulent bouleverser l'État. Je n'ai rien à faire avec les voleurs; ma hache ne touche que les grands criminels!

— Tais-toi, père! dit Maxime en se levant, ne me brise pas le cœur en me parlant ainsi! lequel de ceux que tu as fait périr, trahissait le Tzar? lequel songeait à bouleverser l'Empire? Ce n'est pas leurs fautes, mais ta méchanceté qui fait tomber la tête des boyards. Si tu n'étais pas là, le Tzar serait plus miséricordieux, mais vous inventez la trahison; au moyen des tortures, vous arrachez de faux aveux; vous aurez à répondre de tout ce sang versé. Non! père, n'outrage pas le ciel, ne calomnie pas les boyards, dis plutôt qu'homme de rien, tu espères ainsi faire toi-même souche de boyards.

— Mais toi, d'où vient que tu les soutiens? dit Maliouta, avec un méchant sourire. Es-tu satisfait de voir que plus beau et plus vaillant qu'eux, tu marches cependant toujours derrière eux? Et quel est celui qui peut être comparé à toi? D'où vient leur orgueil insensé? Dieu les a-t-il pétris d'une autre argile? Est-ce leur richesse qui les rend si fiers? attendez un peu, messeigneurs! Le Tzar n'oubliera pas ses fidèles serviteurs, et quand les Kolichef seront mis à mort, c'est à nous que reviendront leurs dépouilles et pas à d'autres. J'ai assez de mal avec eux dans la salle des tortures; ils sont vigoureux, les chiens! on ne peut pas le nier.

La haine débordait dans le cœur de Maliouta, pourtant il espérait encore persuader Maxime et il força sa bouche à feindre un sourire. Ce sourire sur cette figure était si effrayant que son fils en fût épouvanté.

Mais Maliouta ne s'en aperçut pas.

— Mon enfant, continua-t-il, pour qui amassé-je cet

argent, pour qui est-ce que je m'épuise ? Ne t'en va pas, reste avec moi. Tu es jeune, tu entres à peine dans la vie, ne me quitte pas ; souviens-toi que je suis ton père ! Quand je te vois, je suis heureux, comme lorsque le Tzar m'adresse des louanges ou me donne sa main à baiser ; si quelqu'un t'offensait, je crois que je le dévorerais vivant.

Maxime restait silencieux. Maliouta s'efforça de donner à son visage l'expression la plus tendre.

— Ne m'aimes-tu pas un peu, mon petit Maxime ? Rien dans ton cœur ne parle-t-il pour moi ?

— Rien, père.

Maliouta refoula sa fureur.

— Et le Tzar, que dira-t-il, quand il apprendra ton départ, quand il croira que tu le fuis ?

— Je le fuis aussi, père. L'épouvante s'empare de moi, je sais que Dieu ordonne de l'aimer et pourtant, quand j'examine parfois quelques-uns de ses actes, tout en moi se révolte. Je voudrais l'aimer, mais je ne le puis. Lorsque j'aurai quitté la Sloboda, je n'aurai plus devant les yeux le sang innocent ; alors, si Dieu le permet, je pourrai de nouveau l'aimer et, si je ne puis l'aimer, je saurai du moins le servir, mais les opritchniks, jamais !

— Et que deviendra ta mère ? dit Maliouta, ayant recours à ce dernier moyen, —elle ne supportera pas un pareil chagrin ; tu la tueras. Pense à l'état maladif où elle se trouve, la pauvre colombe !

— Dieu miséricordieux n'abandonnera pas ma mère, répondit Maxime en soupirant. Elle me pardonnera.

Maliouta se mit à arpenter la salle à grands pas.

Quand il s'arrêta devant Maxime, l'expression caressante qu'il avait forcé ses traits à exprimer, avait complètement disparu. Sur son visage n'apparaissait plus qu'une volonté inflexible.

— Écoute, blanc-bec, dit-il, en changeant sa voix comme

ses manières, jusqu'ici je t'ai prié, maintenant je te dis ceci : tu n'auras pas mon consentement. Je ne te laisserai pas partir. Et je ne m'en tiens pas là, demain je te forcerai, de tes propres mains, à frapper les ennemis du Tzar. Nous verrons après, quand tu auras versé le sang, quand tu auras partagé la besogne, si tu cesseras de haïr ton père.

Maxime devint pâle en entendant ces paroles, mais il ne répondit rien. Il savait combien était inébranlable la volonté de Grégoire Skouratof et qu'il ne parviendrait pas à la changer.

— Allons, continua Maliouta, j'ai trop causé avec toi, il est tard, je dois aller remettre au Tzar les clefs de la prison. Voilà la pluie, donne-moi mon manteau et dépêche-toi ! Partir ! je veux partir ! je veux partir ! je ne puis pas vivre ici ! Laissez-le faire et c'est moi qui lui obéirai. Non, mon garçon, tu as ouvert tes ailes un peu tôt. Ce ne sont pas tes pareils qui m'arrêteront ; je t'apprendrai à obéir. Mais il est temps, il est temps ! donne-moi mon chapeau. Quels éclairs ! on dirait que le ciel va s'ouvrir : toute la Sloboda est en feu ; ferme les fenêtres et va te coucher ; demain matin nous verrons si ta folie persiste. Quant à ton Sérébrany, je finirai bien par mettre la main dessus et je me rappellerai ceci.

Maliouta sortit. Resté seul, Maxime se mit à réfléchir. Tout était tranquille dans la maison. Au dehors la tempête était déchaînée : le vent, en s'engouffrant dans la fenêtre, ébranlait les chaînes qui formaient le grillage et causait un bruit sinistre. Maxime s'avança au pied de l'escalier qui donnait accès à l'étage supérieur où demeurait sa mère. Il se pencha et prêta l'oreille. Tout y était silencieux. Maxime monta doucement les degrés et s'arrêta devant la porte derrière laquelle sa mère reposait.

— Mon Dieu ! dit-il mentalement, tu vois mon cœur, tu

lis dans ma pensée ; tu sais, Seigneur, que ce n'est pas par orgueil ni par esprit de rébellion que je désobéis à mon père. Pardonne-moi, mon Dieu, si je ne suis pas ton commandement ! et toi, ma mère, pardonne aussi ! Je m'éloigne sans t'avoir vue, sans avoir reçu ta bénédiction ; je sais que je vais te déchirer le cœur, mais tu ne me laisserais pas partir. Pardonne-moi, mère chérie, tu ne me verras plus !

Maxime se courba sur le seuil de la porte, le toucha de son front. Puis il fit plusieurs fois le signe de la croix, descendit l'escalier et sortit dans la cour. La pluie tombait à torrents comme si Dieu eût voulu punir les humains. Il n'y avait personne dans la cour. Maxime entra dans l'écurie : les palefreniers dormaient. Il sortit lui-même de sa stalle son cheval favori et le sella. Un grand chien enchaîné sortit de sa niche et se mit à hurler comme s'il eût deviné une séparation. C'était un chien de berger. Ses longs poils de couleur sombre tombaient en désordre sur son museau noir et cachaient ses yeux intelligents. Maxime le caressa. Le chien posa les pattes sur ses épaules et lui lécha le visage.

— Adieu, Bouian, garde notre maison, sers fidèlement ma mère ! puis il sauta en selle, traversa le portail et s'éloigna du toit paternel.

Il n'était pas rendu au fossé quand il entendit un aboiement et vit Bouian qui bondissait autour de son cheval, joyeux d'avoir brisé sa chaîne et de pouvoir accompagner son maître.

CHAPITRE XI

PROCESSION NOCTURNE.

Pendant l'entretien que Maliouta avait avec son fils, le Tzar continuait à prier. La sueur coulait sur son visage, les marques rouges, imprimées sur son front par les prosternations anciennes, apparaissaient plus rouges après les prosternations nouvelles; tout à coup un frôlement dans la chambre le fit se retourner. Il aperçut sa nourrice Onoufrevna.

Elle était vieille sa nourrice. Le grand prince Vasili, de bienheureuse mémoire, l'avait amenée de Verkh; elle avait servi Hélène Glinski. Ivan était venu au monde dans ses mains; dans ses mains, son père mourant lui avait donné sa bénédiction. On disait qu'Onoufrevna savait beaucoup de choses que personne ne soupçonnait. Pendant la jeunesse du Tzar les Glinski la craignaient: les Chouiski et les Belski s'efforçaient de lui plaire. Elle connaissait beaucoup de secrets et fit plusieurs prédictions qui toutes se vérifièrent. Au faîte de son élévation, elle prédit au prince Telepnef qu'il mourrait de faim. Ivan avait alors quatre ans. La prophétie se réalisa. Beaucoup d'années s'étaient écoulées depuis ce temps et les vieillards avaient encore ses paroles dans la mémoire. Maintenant Onoufrevna devait avoir près de cent ans. Elle était courbée en deux; la peau de son visage était si ridée qu'elle ressemblait à une écorce d'arbre et, de même que la mousse envahit les vieilles écorces, le menton d'Onoufrevna était couvert de touffes de poils gris. Il y avait longtemps qu'elle n'avait plus de dents, ses yeux paraissaient sans vie, sa tête remuait convulsivement.

Onoufrevna appuyait sa main osseuse sur une béquille. Longtemps elle regarda Ivan, en remuant ses lèvres jaunies comme si elle mâchait quelque chose.

— Quoi? dit-elle enfin d'une voix sourde et entrecoupée, tu pries? prie, prie, Ivan Vasiliévitch! tu dois beaucoup prier. Si encore tu n'avais que de vieux péchés sur la conscience, Dieu est miséricordieux, il pourrait te pardonner; mais il ne se passe pas de jour que tu n'en commettes un nouveau et quelquefois deux ou trois.

— Allons, Onoufrevna, dit le Tzar en se levant, tu ne sais pas ce que tu dis.

— Je ne sais pas ce que je dis ! penses-tu que je sois folle ?

Et les yeux ternes de la vieille brillèrent soudainement.

— Qu'as-tu fait aujourd'hui à table ? Pourquoi as-tu empoisonné ce boyard ? Tu croyais que je ne le savais pas ? Pourquoi fronces-tu le sourcil ? Mais attends que ta dernière heure vienne, attends ! tes péchés, liés à ton corps, pèseront comme des milliers de mille pouds et t'entraineront jusqu'au fond de l'enfer ; alors les diables bondiront à ta rencontre et te saisiront avec leurs fourches.

La vieille recommença de nouveau à mâchonner avec colère.

Une fervente prière avait préparé le Tzar aux pensées religieuses. Son imagination irritable lui avait déjà présenté plus d'une fois le tableau de la rémunération future, mais la force de sa volonté surmontait la terreur des tourments de l'autre vie. Ivan se persuadait que cette terreur et les remords de sa conscience étaient excités en lui par l'ennemi du genre humain, afin de détourner l'oint du Seigneur de ses hautes destinées. Le Tzar opposait la prière aux ruses du diable ; mais il succombait souvent. Alors le désespoir l'étreignait dans ses griffes de fer. L'injustice de ses actes lui apparaissait dans toute sa nudité et les abimes infernaux s'ouvraient devant lui. Cela ne durait pas longtemps. Bientôt Ivan reniait sa faiblesse. Furieux contre lui-même et contre l'esprit des ténèbres, il reprenait, pour braver l'enfer et pour dompter sa conscience, son œuvre de sang et jamais sa cruauté n'était si grande qu'après ces faiblesses involontaires.

En ce moment la pensée de l'enfer, excitée par la tempête et la voix prophétique d'Onoufrevna, s'empara de lui et le fit frissonner. Il s'assit sur son lit ; ses dents claquaient.

— Allons, Ivan, dit Onoufrevna d'une voix plus douce, qu'as-tu ? es-tu malade ? oui, tu es malade, je t'ai fait peur. Reviens à toi, console-toi, mon enfant, quelque grands que soient tes péchés, la miséricorde de Dieu est plus grande encore ; mais fais pénitence et ne pèche plus à l'avenir. Je prie pour toi jour et nuit, je vais prier avec encore plus de ferveur. Que te dire de plus ? je donnerais ma place dans le paradis pour te voir sauvé.

Ivan regarda sa nourrice, elle semblait sourire, mais le sourire n'était pas attrayant sur ce visage rébarbatif.

— Merci, Onoufrevna, merci ; je suis mieux, va-t-en !

— Oui, oui, mieux ! tu te rassures aussi vite que tu t'épouvantais tout à l'heure ! et aussitôt tu penses à me chasser : va-t-en ! Ne compte pas trop sur la longanimité du ciel. Dieu commence à se lasser. Il te repousse déjà, Satan se réjouit et va s'emparer de toi. Mais, tu trembles encore ; une gorgée de sbitten (1) te ferait du bien, bois-en ! ton père, que Dieu le reçoive dans son paradis ! buvait du sbitten la nuit, et ta mère, que le Seigneur donne la paix à son âme ! ta mère aimait le sbitten. Ce furent les maudits Chouiski qui lui en versèrent la dernière fois.

La vieille s'arrêta et parut oublier où elle était. Ses yeux s'éteignirent ; elle recommença à mâcher ses lèvres, branlant la tête sans interruption.

Tout à coup on frappa à la fenêtre. Ivan Vasiliévitch frissonna.

La vieille se signa d'une main tremblante.

— Vois, dit-elle, la pluie tombe à torrents et les éclairs commencent à briller ; voilà le tonnerre ! Que Dieu ait pitié de nous

L'orage augmentait de violence et bientôt les roule-

---

(1) Boisson composée d'eau chaude, de miel et d'autres ingrédients.

ments de la foudre et les éclairs se succédèrent sans interruption dans le ciel embrasé.

A chaque coup de tonnerre Ivan frissonnait.

— Comme tu trembles, mon enfant ! attends un moment, je vais aller te chercher du sbitten.

— C'est inutile, Onoufrevna, je suis bien.

— Bien ! mais ton visage est pâle. Tu devrais te coucher et bien te couvrir. Mais quel lit as-tu là ! des planches nues. Quelle idée ! c'est bon pour un moine et tu ne l'es d'aucune façon.

Ivan ne répondit pas. Il paraissait écouter quelque chose.

— Onoufrevna, dit-il tout à coup avec épouvante, qui marche dans le corridor ? j'entends des pas !

— Que Jésus te garde ! qui peut marcher ici maintenant ? tu te trompes.

— On marche, on marche ! on vient ici ! regarde, Onoufrevna !

La vieille ouvrit la porte. Un vent froid traversa la chambre. Derrière la porte apparut Maliouta.

— Qui est là ? demanda le Tzar en bondissant.

— Ton chien roux, Ivan, répondit la nourrice en regardant avec colère Maliouta, Grégoire Skouratof. Comme il t'a fait peur, le maudit !

— Grégoire ! dit le Tzar, rassuré par l'arrivée de son favori, sois le bienvenu, d'où viens-tu ?

— De la prison, sire, nous avons continué les interrogatoires ; j'apporte les clefs. Maliouta salua profondément le Tzar et regarda de travers la vieille nourrice.

— Les clefs ! dit la vieille en grommelant : puisses-tu être torturé en ce monde avec des clefs brûlantes, Satan que tu es ! oui, Satan ! visage diabolique ! certes, toi, tu n'éviteras pas le feu éternel. Grégoire, tu lécheras le fer rouge pour toutes tes calomnies ; maudit, tu seras plongé dans la poix bouillante, souviens-toi de mes paroles.

Un éclair illumina la vieille en ce moment : elle était terrible avec sa béquille levée et ses yeux étincelants.

Maliouta lui-même se troubla un peu ; mais l'arrivée du favori avait ranimé Ivan.

— Ne l'écoute pas, Grégoire, dit-il, tu la connais, ne fais pas attention à des contes de vieille femme. Et toi, va-t-en, vieille folle, laisse nous.

Les yeux d'Onoufrevna étincelèrent de nouveau.

— Vieille folle, répéta-t-elle ; je suis une vieille folle ? vous vous souviendrez de moi en l'autre monde, vous vous en souviendrez tous deux ! Tous tes favoris, Ivan, tous recevront leur récompense en ce monde, et Grazni et Basmanof et Viazemski ; à chacun suivant ses mérites, mais celui-ci, continua-t-elle en montrant Maliouta avec sa béquille, celui-ci n'aura pas sa récompense ici-bas : ses actions ne seront pas punies sur la terre ; c'est au fond de l'enfer que l'attend sa punition ; là une place lui est réservée ; les démons le guettent et se réjouissent de sa venue ; il y a aussi une place pour toi, Ivan, une grande place bien brûlante !

La vieille sortit en traînant ses pieds et frappant le plancher de sa béquille.

Ivan était pâle. Maliouta ne dit pas un mot, le silence dura assez longtemps.

— Eh bien ! Grégoire, dit enfin le Tzar, les Kolichef ont-ils avoué ?

— Pas encore, sire, mais cela ne tardera plus, je finirai bien par les faire parler.

Ivan entra dans des détails sur l'interrogatoire ; la conversation sur les Kolichef donna une autre direction à ses pensées ; il lui sembla qu'il pourrait dormir. Après avoir renvoyé Maliouta, il s'étendit sur le lit et s'endormit. Soudain il fut réveillé par un choc.

La chambre était éclairée faiblement par la lampe qui

brûlait devant les images. Un rayon de la lune, pénétrant par la fenêtre basse, jouait sur les carreaux de faïence du poêle. Derrière le poêle chantait un grillon. Une souris rongeait quelque part. Au milieu de ce silence, Ivan Vasiliévitch fut pris d'une terreur nouvelle.

Tout à coup, il lui sembla que le plancher s'entrouvrait et donnait passage au boyard qu'il avait empoisonné. De semblables apparitions le hantaient assez souvent ; il les attribuait à des artifices de l'enfer. Pour chasser le fantôme, il fit le signe de la croix. Mais le fantôme ne s'éloigna pas : le boyard mort persévéra à le regarder de travers. Les yeux du vieillard lui sortaient de la tête ; son visage était bleu comme au dîner, quand il eut vidé la coupe qu'Ivan lui avait envoyée.

Encore une tentation ! pensa le Tzar ; mais je ne céderai pas aux séductions de Satan, je briserai le charme diabolique. Dieu est ressuscité ; que ses ennemis se dispersent !

Le mort sortit lentement de dessous le plancher et s'avança vers Ivan.

Le Tzar voulut crier, mais ce fut en vain. Ses oreilles tintaient affreusement.

Le mort s'inclina devant lui.

— Salut, Ivan ! prononça une voix sourde et surhumaine, — je m'incline devant toi qui m'as tué injustement.

Ces mots retentirent au fond de l'âme d'Ivan. Il ne savait pas si c'était le fantôme qui les avait prononcés ou sa propre pensée qui devenait perceptible pour les oreilles.

Cependant le plancher s'entrouvrit de nouveau ; une autre ombre en sortit ; elle avait le visage du grand échanson, Daniel Adachef, auquel Ivan avait fait trancher la tête quatre ans auparavant. Adachef s'avança de la même façon, s'inclina et dit : — Salut, Tzar, je me courbe devant toi qui m'as fait trancher la tête injustement !

Après Adachef, apparut la boyarine Marie exécutée avec

ses enfants; elle sortit de dessous le plancher avec ses cinq fils. Tous saluèrent le Tzar et chacun dit : — Salut, Ivan ! Je m'incline devant toi !

Ensuite apparurent le prince Kourliatef, le prince Obolenski, Nikita Chérémétef et d'autres, assassinés par Ivan lui-même ou par ses ordres.

La chambre se remplit de morts. Tous saluaient profondément le Tzar et tous disaient : — Salut, salut, Ivan, nous nous inclinons devant toi !

Puis vint le tour des moines, des ermites et des nonnes, tous en robes noires, pâles et ensanglantés.

Puis apparurent les guerriers qui étaient avec le Tzar au siége de Kazan. On leur voyait des blessures béantes; ce n'était pas dans la bataille qu'ils les avaient reçues, c'était le bourreau qui les avaient faites.

Puis apparurent des vierges, les vêtements déchirés, et de jeunes femmes portant des enfants à la mamelle ; les enfants tendaient vers Ivan leurs petits bras sanglants et bégayaient : — Salut, salut, Ivan, qui nous as fait périr innocents !

La chambre se remplissait toujours de fantômes. Impossible au Tzar de distinguer l'illusion de la réalité. Les paroles des ombres étaient répétées par des centaines de voix. Les prières des agonisants et le chant des morts retentissaient aux oreilles d'Ivan; ses cheveux étaient dressés sur sa tête.

— Au nom du Dieu vivant, s'écria-t-il, si vous êtes des démons envoyés par l'ennemi du genre humain, dispersez-vous ! Si vous êtes réellement les âmes de ceux que j'ai punis, attendez le jugement de Dieu ; le Seigneur nous jugera vous et moi !

Les ombres éclatèrent en sanglots et tournoyèrent autour d'Ivan comme les feuilles d'automne soulevées par le vent. Le chant des morts retentit plus aigu, la pluie recommença à fouetter les carreaux et, au milieu du bruit du vent, le Tzar crut entendre le son des trompettes et une voix qui criait : — Ivan, Ivan ! au jugement ! au jugement !

Le Tzar poussa un cri. Les chambellans accoururent des chambres voisines. — Levez-vous, disait le Tzar d'une voix retentissante. Qui dort maintenant ! le dernier jour est arrivé ! Tous à l'Église ! Suivez-moi tous !

Les courtisans s'empressèrent, la cloche retentit. Les Opritchniks à peine endormis entendirent le tintement familier, sautèrent de leurs lits et se hâtèrent de s'habiller. Beaucoup d'entre eux soupaient chez Viazemski. Ils étaient assis en face des flacons et chantaient des chansons profanes. En entendant la cloche, ils tressaillirent, cachèrent leurs riches caftans sous des soutanes noires et couvrirent leurs têtes de hautes mitres.

Toute la Sloboda se mit en mouvement. L'église de la Mère de Dieu s'éclaira d'une lumière éclatante. Les habitants alarmés se jetèrent aux portes et virent une multitude de feux errants d'une fenêtre à l'autre dans le palais. Ensuite ces feux formèrent une longue chaîne et la procession s'étendit en serpentant dans des passages intérieurs qui réunissaient le palais au temple du Seigneur.

Uniformément vêtus de soutanes noires, coiffés de mitres, tous les oprichniks portaient des torches de résine, dont la lueur jouait d'une manière bizarre sur les colonnes sculptées et les murailles peintes. Le vent soulevait les soutanes et la lune ainsi que le feu des torches se reflétait sur l'or, les perles et les pierres précieuses.

En avant marchait le Tzar portant le costume de moine; il se frappait la poitrine et priait en sanglotant.

— Seigneur, aie pitié de moi, pécheur ! Aie pitié de moi, chien immonde ! Aie pitié de ma tête impure ! Apaise, Seigneur, les âmes des innocents que j'ai fait mourir !

A l'entrée de l'église, Ivan tomba en faiblesse.

Les torches éclairèrent une vieille assise sur les degrés ; elle étendit vers le Tzar sa main tremblante.

— Lève-toi, Ivan ! dit Onoufrevna ; je t'aiderai, il y a longtemps que je t'attends ici. Entrons, Ivan, nous prierons ensemble !

Deux opritchniks soulevèrent le Tzar. Il entra dans l'église.

De nouvelles processions, également composées de soutanes noires et de grandes mitres, couraient dans les rues avec leurs torches enflammées. Les portes du temple engloutissaient toujours de nouveaux opritchniks que les grandes images des saints regardaient d'un air indigné du haut des murailles et des corniches.

Au milieu de la nuit, jusque-là silencieuse, retentirent plusieurs centaines de voix et on entendit au loin le son des cloches et le chant des psaumes.

Les prisonniers dans leurs cachots tressaillirent et se mirent à écouter.

— C'est le Tzar qui va à matines ! dirent-ils, mon Dieu ! adoucissez son cœur, faites pénétrer la miséricorde dans son âme !

Les petits enfants dans les maisons de la Sloboda dormant près de leurs mères s'éveillèrent effrayés et se mirent à pleurer. Une de ces mères ne pouvait pas apaiser son nourrisson. — Tais-toi, dit-elle enfin, tais-toi, Maliouta va passer.

Au nom de Maliouta, l'enfant cessa de pleurer ; il se pressa avec effroi contre sa mère et au milieu du silence de la nuit on entendit de nouveau les psaumes des opritchniks et le tintement de la cloche.

CHAPITRE XII

CALOMNIE.

Le soleil se leva, mais il n'éclaira pas une matinée heureuse pour Maliouta. En rentrant chez lui, il ne retrouva pas son fils et il savait maintenant que c'était pour toujours que Maxime avait quitté la Sloboda. La fureur de Grégoire Skouratof était grande. Il avait envoyé des cavaliers de tous côtés à la poursuite du fugitif. Il avait fait mettre en prison les palefreniers dont le sommeil avait favorisé le départ de Maxime. Les sourcils froncés, les dents serrées, il suivait la rue, méditant s'il rendrait compte au Tzar de la fuite de Maxime ou s'il la lui cacherait.

Le trot des chevaux et une rumeur joyeuse se firent entendre derrière lui. Maliouta se retourna. Le Tzarévitch, avec les Basmanof et une troupe de jeunes cavaliers, revenait d'une promenade matinale. La terre friable avait été ramollie par la pluie, les chevaux enfonçaient dans la boue jusqu'au paturon. En voyant Maliouta, le Tzarévitch mit son cheval au petit galop et couvrit de boue Grégoire Skouratof.

— Je te salue jusqu'à terre, boyard Maliouta ! dit le Tzarévitch en arrêtant son coursier. — Nous avons rencontré tout-à-l'heure tes cavaliers. Il paraît que Maxime est devenu rétif puisqu'il te montre les talons ; ou peut-être l'as-tu envoyé à Moscou pour acheter un bonnet de boyard ?

Et le Tzarévitch rit aux éclats.

Suivant l'étiquette, Maliouta avait mis pied à terre. Debout, la tête nue, il essuyait avec sa main la boue de son visage. On eût dit que ses yeux voulaient poignarder le Tzarévitch.

— Pourquoi s'essuie-t-il? fit observer Basmanof cherchant à plaire au Tzarévitch, — sur tout autre la boue paraîtrait, mais sur lui on ne la remarquera pas.

Basmanof parlait à demi-voix, mais Skouratof l'entendit parfaitement. Lorsque toute la troupe, riant et causant, galopa après le Tzarévitch, il remit son chapeau, monta à cheval et s'avança au pas vers le palais.

Bon! pensa-t-il... attendez un peu, messeigneurs, attendez! Ses lèvres, devenues pâles, grimacèrent un sourire et son cœur, déjà exaspéré par la fuite de son fils, mûrit lentement la vengeance qui devait écraser ses imprudents agresseurs.

Quand Maliouta entra dans le palais, Ivan était assis dans sa chambre; son visage était blême, ses yeux ardents. Il avait remplacé sa soutane noire par un caftan jaune brodé sur les coutures, doublé d'étoffe bleue, serré à la taille par huit cordons de soie avec de longs glands. Une crosse et un kolpak, ornés d'un grand nombre de pierreries, étaient placés sur une table à côté du Tzar. Les visions nocturnes, le long office, l'absence de sommeil n'avaient pas épuisé les forces d'Ivan, mais l'avaient amené au plus haut degré d'irritabilité. Tout ce qu'il avait éprouvé dans la nuit se présentait de nouveau à lui comme une tentation diabolique. Le Tzar avait honte de sa frayeur.

— L'ennemi du nom du Christ, pensa-t-il, me contrecarre avec obstination et vient en aide à mes ennemis. Mais je ne lui donnerai pas sujet de se réjouir; je n'ai pas peur de ses incitations; je lui montrerai qu'il a trouvé un athlète plus fort que lui.

Et le Tzar résolut de sévir contre les traîtres comme par le passé et de livrer ses ennemis au bourreau, fussent-ils une légion. Il chercha des coupables parmi ceux qui l'entouraient. Chaque regard, chaque mouvement lui paraissait maintenant suspect. Il se rappela diverses paroles de ceux qui l'approchaient: dans ces paroles il crut découvrir la clef d'une conjuration. Ses plus proches parents n'étaient pas à l'abri de ses soupçons.

Maliouta le trouva en proie à ce délire.

— Sire, dit-il après un moment de silence, tu as daigné m'ordonner de donner la question aux Kolichef au sujet de nouvelles trahisons. Compte sur moi. Je saurai les faire parler. Il y a un seul nom que je n'oserai pas, que je ne pourrai pas leur faire dire, celui du plus grand de tes ennemis.

Le Tzar regarda son favori avec étonnement.

Il y avait dans les yeux de Maliouta quelque chose d'extraordinaire.

— Il est tel, continua Skouratof et sa voix changea, que l'œil le voit, l'oreille l'entend, mais que la langue n'ose le formuler.

Le Tzar le considéra d'un œil interrogateur.

— Vois-tu, sire, tu as puni beaucoup de brigands, et pourtant tu n'as pas purgé la Russie de la trahison. Tu en puniras encore d'avantage et tu ne seras pas plus avancé.

Le Tzar écoutait mais ne devinait pas.

— Parce que tu coupes les branches sèches, mais le tronc et la racine restent parfaitement sains.

Le Tzar ne comprenait encore rien, mais il écoutait avec une curiosité croissante.

Ainsi, par exemple, rappelle-toi quand tu fus sur le point de mourir, — que Dieu te donne de longs jours! Les boyards ourdirent une grande conspiration contre toi. Ils avaient alors avec eux ton frère aîné Vladimir Andréevitch.

Ah! pensa le Tzar, voilà la signification de mes visions nocturnes! l'ennemi voulait obscurcir ma raison pour favoriser les machinations de mon frère. Mais il n'en sera pas ainsi. Je n'épargnerai pas mon frère.

— Parle, dit-il, en s'adressant d'une voix terrible à Maliouta — parle, que sais-tu sur Vladimir Andréevitch ?

— Rien, sire, ce que je dis n'a pas de rapport avec Vladimir Andréevitch. A son sujet, je ne sais même rien qui puisse faire soupçonner qu'il trame quelque chose contre toi. Les boyards ne pensent pas à lui maintenant. Il y a longtemps qu'il a renoncé à te disputer le trône. Mes paroles n'ont pas trait à lui.

— A qui donc ? demanda le Tzar avec étonnement et ses traits se contractèrent convulsivement.

Vois-tu, sire, Vladimir a abandonné l'idée de troubler l'État, mais les boyards, eux, ne l'ont pas abandonnée. Ils se sont dit : il n'ose pas monter sur le trône, nous y mettrons....

Maliouta s'arrêta.

— Qui ? demanda le Tzar, et ses yeux lançaient des flammes.

Maliouta se troubla.

— Sire ! tout n'est pas bon à dire. Le proverbe dit : réfléchis, devine, mais garde ta langue derrière tes dents.

— Qui ? répéta le Tzar en se levant.

Maliouta resta silencieux.

Le Tzar le saisit à la gorge des deux mains, amena son visage près du sien et plongea son regard dans le sien.

Les jambes de Maliouta fléchissaient.

Seigneur, dit-il à demi-voix, ne te courrouce pas contre lui, il n'a pas réfléchi.

Parle ! dit le Tzar d'une voix étranglée, en serrant plus fort le cou de Maliouta.

— Il n'aurait pas eu cette pensée si on ne l'avait poussé. C'est celui qui l'approche le plus près, qui l'y a poussé. E lui, le criminel ! il s'est dit : un peu plus tôt, un peu plus tard, c'est ainsi que cela doit finir.

Le Tzar commençait à comprendre. Il devint encore plus pâle, si c'est possible. Ses doigts se détendirent et lâchèrent la gorge de Maliouta.

Maliouta se remit. Il comprenait que le moment était arrivé de frapper le coup décisif.

— Sire ! dit-il tout-à-coup rapidement, ne cherche pas la trahison au loin. Ton compétiteur est assis devant toi, il boit à la même coupe que toi, mange avec toi du même plat et porte les mêmes vêtements !

Skouratof se tut et, plein d'anxiété, il osait à peine lever sur le Tzar ses yeux sanglants.

Le Tzar ne répondit rien. Ses mains s'abaissèrent. Il comprenait enfin.

En cet instant on entendit dans la cour des cris joyeux.

Au moment même où commençait cette conversation entre le Tzar et Skouratof, le Tzarévitch rentrait avec ses favoris. Des marchands, venus de Moscou pour implorer sa protection, l'attendaient dans la cour. En l'apercevant, ils tombèrent à genoux.

— Que voulez-vous, marchands, demanda négligemment le Tzarévitch ?

— Seigneur ! répondirent les anciens, nous sommes venus implorer ton appui ! Sois notre soutien ! Aie pitié de nous ! Les opritchniks nous ruinent ; ils enlèvent nos femmes et nos enfants !

— Voyez-vous les imbéciles ! dit le Tzarévith en s'adressant à Basmanof. Ils voudraient garder leurs femmes et leurs marchandises pour eux seuls ! Il y a bien là de quoi pleurnicher ! Retournez chez vous, je parlerai à mon père en votre faveur, coquins

— Tu es notre père, que Dieu te donne de longues années ! s'écrièrent les marchands.

Le Tzarévitch était à cheval. A côté de lui se trouvait Basmanof. Les solliciteurs étaient à genoux devant lui ; le plus ancien d'entre eux offrait le pain et le sel sur un plat d'or. Maliouta voyait cette scène de la fenêtre.

— Seigneur, murmura-t-il au Tzar, regarde, voilà déjà le peuple qui le salue en souverain !

Et comme le magicien s'épouvante en voyant l'esprit du mal qu'il a évoqué, de même Maliouta fut effrayé de l'expression que prirent les traits du Tzar en entendant ses paroles. La figure d'Ivan n'avait plus rien d'humain. Jamais Maliouta lui-même ne l'avait vu aussi terrible.

Quelques moments s'écoulèrent. Soudain Ivan eut un sourire. — Grégoire, dit-il en posant les deux mains sur l'épaule de Skouratof, comment disais-tu tout à l'heure ? Je coupe les branches mortes et le tronc reste toujours intact.

— Grégoire, continua le Tzar, articulant lentement chaque mot et regardant Maliouta avec une effrayante expression, te chargeras-tu avec la racine d'extirper la trahison ?

Une joie méchante crispa la bouche de Maliouta.

— Je m'en chargerai, murmura-t-il en tremblant de tout son corps.

L'expression du visage d'Ivan changea instantanément, le sourire disparut, ses traits prirent une immobilité froide et implacable : son visage semblait taillé dans le marbre.

— Il faut agir immédiatement, dit-il d'une voix saccadée et impérative. — Que personne ne sache ceci. Il ira aujourd'hui à la chasse. Qu'aujourd'hui on trouve son corps dans la forêt. On dira qu'il s'est tué en tombant de cheval. Connais-tu la Mare du Diable ?

— Je la connais, sire.

— C'est là qu'on le trouvera ! — Le Tzar montra la porte.

Maliouta sortit et respira plus librement dans le corridor.

Le Tzar resta longtemps immobile, puis il s'avança lentement vers les images et tomba à genoux.

De tous les serviteurs de Maliouta, le plus brave et le plus actif était son écuyer Mathieu Khomiak. Jamais il ne reculait devant le danger ; il aimait la lutte et la violence, et le cédait à peine en férocité à son maître. Fallait-il brûler un village ou jeter dans la maison d'un boyard une lettre qui le faisait mettre à mort ? fallait-il enlever la femme de n'importe qui ? toujours on envoyait Khomiak, et Khomiak brûlait le village, lançait la lettre et, au lieu d'une femme, il en enlevait une douzaine.

C'est encore à Khomiak que s'adressa cette fois Grégoire Skouratof. Ce dont il fut question dans leur conversation, personne ne le sut. Mais ce matin même, quand les chiens du Tzarévitch se répandaient joyeux dans les environs de Moscou et que l'attention des chasseurs, placés sur la piste, était dirigée sur le gibier ; quand chacun avait l'œil au guet et ne s'occupait nullement de ce que faisaient ses camarades, en ce moment-là, dans un sentier obscur, Maliouta et Khomiak galopaient dans une direction opposée à la chasse. Entre eux deux se trouvait un troisième cavalier, les mains liées et attachées à sa selle, le visage recouvert d'un voile noir baissé jusqu'au-dessous du menton. A un des détours du sentier, vingt opritchniks armés se réunirent à eux et tous ensemble continuèrent à galoper sans souffler mot.

Pendant ce temps la chasse suivait son cours ; personne n'avait remarqué l'absence du Tzarévitch, sauf deux écuyers qui, percés de coups de poignards, expiraient dans un ravin.

A trente verstes de la Sloboda, au milieu d'une forêt épaisse, il y avait un marais fangeux, impossible à traverser, que le peuple appelait la Mare du Diable. On racontait beaucoup de choses effrayantes sur cet endroit. Les bûcherons avaient peur d'en approcher après la chute du jour. Ils assuraient que dans les nuits d'été de petites flammes couraient et sautillaient sur l'eau : c'étaient les âmes des personnes tuées par les voleurs et jetées par eux dans la mare bourbeuse. Même au beau milieu du jour, le marais avait un air de sombre mystère. De grands arbres, privés de branches par le bas, s'élevaient au-dessus de l'eau noirâtre. En s'y reflétant comme dans un miroir trouble, ils prenaient l'aspect de géants difformes et d'animaux fantastiques. On n'entendait jamais la voix humaine dans les environs du marais. Des volées de canards en rasaient quelquefois la surface. On entendait dans les roseaux le cri plaintif de la poule d'eau. Un corbeau planait seul au-dessus des grands arbres et son croassement lugubre était répété par les échos. Quelquefois, on entendait dans le lointain le bruit de la cognée, le craquement d'un arbre coupé et sa chute sourde. Mais quand le soleil disparaissait derrière les hauteurs, quand s'élevait au-dessus du marais une vapeur transparente, le bruit de la cognée cessait et les sons précédents étaient remplacés par d'autres sons. Le cri monotone des grenouilles commençait d'abord timide et interrompu, ensuite retentissant et formant un chœur. Plus l'obscurité devenait épaisse, plus fort criaient les grenouilles. Leurs voix formaient une sorte de sourd mugissement qui permettait à l'oreille, habituée à l'entendre, de distinguer au travers le hurlement du loup et le gémissement de la chouette. Les ténèbres devenaient plus profondes ; les objets perdaient leur premier aspect et revêtaient des formes nouvelles. L'eau, les branches des arbres et les zones brumeuses se fondaient en un tout. Les images et les sons se confondaient et échappaient à la conception humaine. Alors la mare bourbeuse devenait le domaine de l'esprit impur.

C'était vers ce lieu maudit, non par une sombre nuit, mais par une belle matinée, que Maliouta et ses opritchniks dirigeaient leur course.

Mais en même temps qu'ils s'avançaient de toute la vitesse de leurs chevaux, d'autres jeunes gens à la mine suspecte se réunissaient dans l'épaisse forêt voisine, non loin de la mare bourbeuse.

CHAPITRE XIII

VANIOUKHA PERSTEN ET SES COMPAGNONS.

Dans une vaste clairière, entourée de vieux chênes et d'un taillis impénétrable, s'élevaient quelques huttes en terre, entre lesquelles, sur des troncs d'arbres abattus, sur des souches renversées, sur des tas de foin et de feuilles sèches, étaient assises ou étendues un grand nombre de personnes d'âges et de costumes différents. Des jeunes gens armés sortaient continuellement des profondeurs de la forêt et se réunissaient à leurs compagnons. Il y avait entre eux une grande diversité. Les uns portaient des haillons, les autres des vêtements éclatants d'or. Quelques-uns de ces jeunes gens portaient à la ceinture des sabres, d'autres brandissaient dans leurs mains des boules de fer attachées à une lanière de cuir, ou s'appuyaient sur de grandes hallebardes. On ne voyait que balafres, cicatrices, têtes ébouriffées et barbes incultes.

La bande d'aventuriers se divisait en différents groupes.

Au centre même de la clairière, cuisait la soupe et rôtissaient sur des baguettes des quartiers de bœuf. Au dessus du feu pétillant étaient suspendues des marmites ; la fumée se détachait en un nuage gris de la masse de verdure qui entourait la clairière comme une muraille compacte. Les cuisiniers toussaient, s'essuyaient les yeux et cherchaient à se défendre de la fumée.

Un peu plus loin un vieillard à tête grise et à longue barbe racontait à la jeunesse quelques récits des temps passés. Il parlait debout, appuyé sur une hache emmanchée à un long bâton. Dans cette position, le vieillard était plus à son aise pour faire son récit. Il pouvait se redresser, se tourner de tous côtés et dans les endroits dramatiques agiter sa hache ou simuler un défi. Ses auditeurs l'écoutaient avec avidité. Ils ouvraient des oreilles attentives et restaient la bouche ouverte. Qui était assis par terre, qui avait grimpé sur une souche, qui restait simplement sur ses jambes et écarquillait les yeux, mais le plus grand nombre étaient couchés sur le ventre, les coudes appuyés sur la terre et le menton dans les mains. On est ainsi plus commodément pour entendre raconter.

Plus loin, deux jeunes garçons s'échangeaient des coups de poing sur la tête. Le jeu consistait en ceci : qui des deux demandera le premier quartier ; et ni l'un ni l'autre ne voulaient céder. Déjà les deux adversaires étaient rouges comme deux betteraves, mais les poings vigoureux ne cessaient de pleuvoir sur les têtes comme des marteaux sur une enclume.

— Eh ! n'en as-tu pas bientôt assez, Khlopko ? demanda celui qui paraissait le plus faible.

— Pas du tout, frère Andriouchka ! je te le dirai. Mais toi, tu ne me parais pas à ton aise.

Et les poings continuaient à cogner.

— Regardez, frères, voilà Andriouchka qui va se rendre, dirent les spectateurs.

— Non, il ne se rendra pas ! répondirent les autres, pourquoi ? il n'a encore pas de mal.

— Tu vas voir, il se rendra.

Mais Andriouchka ne voulait pas se rendre. Il usa de ruse et, au lieu de frapper son adversaire sur le sommet de la tête, il lui asséna un coup de poing sur la tempe.

Khlopko tomba.

Quelques spectateurs rirent aux éclats, mais la plupart firent paraître de l'indignation.

— Ce n'est pas loyal ! ce n'est pas loyal ! crièrent-ils Andriouchka a triché. Le fouet à Andriouchka !

Et Andrioucka fut immédiatement fouetté.

— D'où venez-vous, enfants ? demanda le conteur à quelques jeunes hommes qui s'approchaient du feu et jetaient des regards timides autour d'eux.

Ils étaient conduits par un robuste gaillard, ayant à sa ceinture un large coutelas. Les nouveaux venus n'étaient pas armés, ils paraissaient novices.

— Écoutez, vous, jeunes faucons ! dit en s'adressant à eux l'homme armé du coutelas, le grand père Korchoun vous demande d'où vous venez ; répondez au grand père !

— Je viens d'au delà de Moscou, répondit l'un d'eux en hésitant un peu.

— Et pourquoi t'es-tu envolé du nid ? demanda Korchoun : le froid t'en a-t-il chassé, ou la chaleur était-elle trop grande ?

— Il y faisait trop chaud, répondit le jeune homme. Les opritchniks sont venus, ont mis le feu à l'izba, puis quand elle a été brûlée, il y faisait trop froid.

— C'est cela. Tu n'es pas bête, mon garçon, et toi que viens-tu faire ici ?

— Chercher une famille.

— Les brigands se mirent à rire.

— Pense à ce que tu dis ! comment, une famille ?

— Oui, comme les opritchniks ont tué mon père, ma mère, ma sœur et mes frères, je m'ennuie tout seul au monde. Je me suis dit : j'irai trouver les bonnes gens ; ils me donneront à boire et à manger et seront pour moi des pères et des frères. J'ai rencontré dans les environs ce jeune homme, j'ai deviné que c'était l'un de vous et je lui ai demandé de m'emmener avec lui.

— Tu es un brave garçon ! dirent les brigands, assieds-toi avec nous et partage le pain et le sel, nous serons pour toi des frères.

— Et celui-là, qui baisse le nez comme s'il avait trop bu ? hé ! pleureur, pourquoi fais-tu la grimace et d'où viens-tu ?

— Des environs de Kolomna, répondit lentement un vigoureux garçon qui se trouvait derrière les autres avec un air triste.

— Eh bien ! les opritchniks t'ont-ils fait quelque chose aussi à toi ?

— Ils m'ont enlevé ma fiancée ! répondit le jeune homme à contre-cœur et d'une voix traînante.

— Allons, raconte-nous cela.

— Que vous raconter ? Ils l'ont trouvée et ils l'ont emmenée.

— Et ensuite ?

— Comment, ensuite ? ensuite, rien.

— Pourquoi ne l'as-tu pas reprise ?

— Où donc la reprendre ? dès qu'ils l'ont trouvée, ils l'ont emmenée.

— Et tu les regardais faire, la bouche ouverte ?

— Non, au contraire, à la fin je me mis dans une telle colère... que Dieu me pardonne ! mais ils étaient partis.

Les brigands rirent aux éclats.

— Allons, frère, on voit que tu n'es pas aisé à mettre en mouvement.

Le jeune homme baissa son visage stupide et resta silencieux.

— Allons! mon garçon, dit un des brigands, ils t'ont pris ta fiancée; n'aie pas peur, tu en trouveras une autre.

— Le jeune homme leva la tête, ouvrit la bouche et ne dit pas un mot. — Sa figure parut plaisante aux brigands.

— Écoute donc, on te parle ! dit l'un d'eux en lui donnant un coup de poing sur le ventre.

Le jeune homme ne répondit pas. Le brigand frappa plus fort. Le jeune homme le regarda d'un air si stupide que tous recommencèrent à rire. Plusieurs s'approchèrent et lui donnèrent successivement chacun un coup. Le pauvre diable ne savait s'il devait se fâcher ou rire. Mais un coup plus fort que les autres le fit sortir de son sang-froid apathique.

— Faites attention ! Si vous me faites mal, je vais me fâcher.

Les brigands rirent de plus belle. Le jeune homme paraissait vouloir se fâcher, mais la paresse et l'apathie naturelle étaient plus fortes que la colère. Il ne voulait pas se mettre en mouvement pour des bagatelles et jusqu'ici rien ne lui paraissait grave.

— Fâche-toi donc, animal ! disaient les brigands. Pourquoi ne te fâches-tu pas ?

— Pas encore ; allez !

— Voyez quel gourmand ! attrappe.

— Allez, plus fort !

— Voilà.

— Maintenant, attention ! dit le jeune homme, se fâchant à la fin pour tout de bon.

Il releva ses manches, cracha dans ses mains et commença à frapper à droite et à gauche les assaillants comme les spectateurs. Les brigands ne s'attendaient pas à une pareille charge. Les plus voisins furent en un instant renversés et roulèrent aux pieds de leurs compagnons. Toute la compagnie recula vers le feu; la marmite fut renversée et la soupe se répandit sur les charbons.

— Plus doucement, plus doucement, Satan ! tu renverses tout ! On te dit : plus doucement, criaient les brigands !

Mais le jeune homme n'entendait plus rien. Il continuait a frapper autour de lui et à chaque coup il renversait un brigand et quelquefois deux.

— Voyez quel ours ! disaient ceux qui étaient parvenus à se mettre à l'écart.

Enfin, il revint à lui et cessa de frapper. Il s'arrêta au milieu des marmites renversées et des pots cassés en se grattant l'oreille comme s'il eût voulu dire : — Allons, que diable ai-je fait là ?

— Frère, dirent les brigands en se remettant sur leurs jambes et se frottant les côtes, si tu t'étais fâché à temps. ils ne t'auraient pas certainement enlevé ta fiancée. Quel hercule !

— Mais quel est ton nom, demanda le vieux brigand ?
— Mitka.
— Allons, Mitka! bravo, Mitka!
— En voilà un Mitka !
— Enfants, accourut dire un brigand, l'ataman recommence à conter des histoires du temps qu'il était sur le Volga. Tous se rassemblent autour de lui : allons vite ou nous n'aurons pas de place.

—Allons, allons écouter l'ataman, s'écrièrent les brigands.

Sur un tronc d'arbre, au pied d'un énorme chêne, était assis un homme aux larges épaules, de taille moyenne, vêtu d'un riche sarrau brodé d'or. Sa tête était couverte d'un casque rond, ayant la forme d'une calotte. A ce casque était reliée la barniza ou pèlerine en mailles d'acier qui abritait des coups de sabre la nuque, le cou et les oreilles. L'homme aux larges épaules tenait dans sa main une chegone, sorte de marteau aiguisé d'un côté et emmanché comme une hache. Dans cet attirail, il eût été difficile de reconnaître notre ancienne connaissance Vanioukha Persten. Ses yeux regardaient de tous côtés. Sous ses courtes moustaches noires, ses dents étincelaient d'une blancheur si éblouissante qu'elles paraissaient éclairer son visage. Les brigands écoutaient en silence.

— Car, voyez-vous, frères, disait Persten, — ce n'est pas une chose bien merveilleuse d'arrêter un convoi, ou de dévaliser un boyard quand on est dix contre un. Mais ce qui n'est pas commun, c'est, étant seul, de piller plus de cinquante personnes.

— En effet, c'est un peu fort, interrompirent les brigands, est-ce toi qui l'as fait?

— Je ne parle pas de moi, mais je connais un brave qui, à lui seul, arrêterait un convoi

— Ce doit être encore ton héros du Volga?

— Lui-même, en voilà un exemple. Un bateau remontait le Volga depuis Astrakhan, traîné au moyen d'une cordelle tirée par des haleurs sur la rive. Il y avait beaucoup de monde sur ce bateau, de jeunes marchands avec des arquebuses et des sabres, le caftan déboutonné, le chapeau sur l'oreille, comme s'ils eussent été des nôtres. Pour cargaison: de l'or, des pierres précieuses, des perles, des articles d'Astrakhan et toute espèce de choses. La rive était élevée, le chemin de halage étroit et, au milieu du Volga, une île : un rocher nu, au milieu du courant, formait une pointe tranchante comme un couteau.

Voilà donc que mon brave s'informe de l'approche du bateau. Il ne dit rien à personne, part le matin, se couche entre les broussailles et ne bouge pas. Une heure s'écoule, une autre heure passe, arrivent les haleurs au nombre de vingt, les uns après les autres, penchés en avant sur leur courroie de cuir, gémissant et tirant la langue dans leurs efforts. Évidemment le bateau était lourd et la rivière rapide, difficile à remonter.

Mon brave attend qu'ils aient remonté cinquante sagènes en dessus de la pointe de la roche. Puis il bondit d'entre les buissons, coupe la cordelle d'un coup de sabre et comme les haleurs tirent de toutes leurs forces, ils tombent sur le nez. Lui avec sa massue, avec le poing frappe sur l'un et sur l'autre, tous prennent leurs jambes à leur cou! Le bateau est emporté par le courant droit sur la pointe de roches. Les marchands prennent l'alarme, personne ne pense à faire feu, ils ne songent qu'à éviter la pointe pour que le bateau ne se brise pas. Mais mon brave saisit la cordelle d'une main, de l'autre un arbre et arrête ainsi le bateau.

— Hé! vous, aûneurs de draps, marchands, jeunes braves! jetez vos sabres et vos arquebuses à l'eau, sinon je laisse aller la cordelle, et vous et votre cargaison vous allez vous briser sur la pointe.

Les marchands pensèrent bien à faire feu sur le héros, mais ils rejetèrent cette idée: — à quoi bon le tuer, il lâche la cordelle et nous sommes perdus!

Pas de remède, ils jettent leurs armes dans l'eau, mais pas toutes; ils se disent, quand tu viendras sur le pont, jeune homme, pour piller le bateau, nous te canarderons. Mais mon héros n'est pas un sot.

— Bien, dit-il, marchands, mes amours, vos armes sont

au fond, allez-vous en aussi là où vous voudrez ! Ou en d'autres termes, jetez vous à l'eau !

Ils auraient voulu se révolter, mais lui, mes enfants, attacha la cordelle à l'arbre, saisit son arquebuse et commença à tirer sur eux. Alors tous, tant qu'ils étaient, sautèrent à l'eau comme des grenouilles.

Et lui, leur crie-t-il : ne nagez pas ici, mais allez de l'autre côté, sinon je vous tire comme des canards !

— Eh bien ! enfants, comment trouvez-vous mon héros ?

— Un brave ! dirent les brigands, — un vrai brave ! et qu'est-ce qu'il fit du bateau ?

— Du bateau ? Il en roula la cordelle autour de son bras et hala le bateau sur le sable.

— Il est donc aussi grand que Polkan ?

— Non. Il n'est pas beaucoup plus grand que moi, mais il est plus large d'épaules.

— Plus large d'épaules que toi ! Mais à quoi ressemble-t-il alors ?

— Il ressemble à un brave : tête ébouriffée, barbe noire, un peu courbé, visage plat, et après cela, des yeux qui vous épouvantent.

— Pardonne, Ataman, tu parles de lui comme d'une merveille et nous avons peine à te croire. Jamais nous n'avons vu plus brave que toi.

— Vous n'avez pas vu mieux que moi ! et qu'avez-vous vu, coquins ? Sachez, continua Persten avec chaleur, qu'en face de lui je ne suis rien, un pauvre diable.

— Et comment s'appelle ton héros ?

— On l'appelle Iermak, frères.

— Quel drôle de nom ! Mais comment, est-ce qu'il est seul ? N'a-t-il pas une bande avec lui ?

— Non, il n'est pas seul. Il a une bonne bande avec lui et de fidèles lieutenants. Mais le Tzar très-orthodoxe les a pris en haine. Il a envoyé ses troupes sur le Volga pour les détruire, les pauvres enfants! et il a ordonné d'amener à Moscou l'un des lieutenants, Ivan Koletz, pour lui trancher la tête.

— Eh bien ! l'ont-ils pris ?

— Ils l'avaient pris, mais il leur a glissé entre les doigts et s'est enfui Où est-il maintenant ? Dieu le sait, mais je crois qu'il ne tardera pas à regagner les bords du Volga. Celui qui vient une fois sur le grand fleuve ne peut plus rester ailleurs.

L'Ataman se tut et se mit à rêver. Les brigands réfléchissaient aussi. Leurs têtes audacieuses se penchèrent sur leurs larges poitrines ; ils caressèrent en silence leurs longues moustaches et leurs barbes touffues. A quoi pensaient les braves aventuriers, assis dans la clairière, au milieu de l'épaisse forêt? A leur jeunesse perdue, quand ils auraient pu être des guerriers honorables ou de paisibles colons? au Volga argenté? ou bien à ce prodigieux héros dont Persten venait de raconter les hauts faits? ou songeaient-ils à ces deux piliers supportant une solive, appareil sinistre auquel pensait, à cette époque, toute tête proscrite ?

Ataman! s'écria un brigand en courant à toute jambe vers Persten, à cinq verstes d'ici, sur la route de Rézan, il y a vingt cavaliers portant de riches armes et des caftans galonnés d'or. Leurs chevaux valent plus de cent roubles chacun.

— Où vont-ils ? demanda Persten en se levant.

— Ils viennent de tourner dans la direction de la mare bourbeuse. Dès que je les ai vus j'ai couru tout droit ici à travers bois et marais.

— Allons, enfants, s'écria Persten, vingt hommes avec moi !

— Toi, Korchoun, continua-t-il en s'adressant au vieux

brigand, prends-en vingt autres et allez vous mettre en embuscade près du chêne creux, vous leur couperez la route, si par hasard nous les manquions. Allons, vivement les sabres !

Persten brandit sa masse d'armes et prit un regard impérieux. Il ressemblait à un chef de guerre au milieu d'une troupe disciplinée L'attitude des brigands changea tout à coup : de libre elle devint déférente et obéissante.

En un clin d'œil quarante hommes sortirent de la foule et se formèrent en deux bandes.

— Eh ! Mitka ! dit Korchoun au jeune homme des environs de Kolomna, — voilà une trique, viens avec nous, tu nous aideras, mais tâche de te fâcher !

Mitka se gratta l'oreille, prit avec indifférence, des mains du vieillard, une énorme massue, la mit sur son épaule et partit se dirigeant, à la suite de sa bande, vers le chêne creux.

L'autre bande, commandée par Persten, courut vers la mare du diable à la poursuite des cavaliers inconnus

CHAPITRE XIV

LE SOUFFLET.

Tandis que Maliouta et Khomiak, suivis d'un détachement d'oprichniks, entraînaient l'inconnu vers la mare du diable Sérébrany était assis à une table couverte de flacons et de verres et causait amicalement avec Godounof.

— Dis-moi donc, Boris, disait Sérébrany, qu'est-il arrivé au Tzar cette nuit? Pourquoi toute la Sloboda s'est-elle levée pour assister à un office de nuit? Est-ce que cela vous arrive souvent ?

Godounof leva les épaules.

— Notre souverain, dit-il, gémit, pleure sans cesse sur ses ennemis et prie souvent pour le repos de leurs âmes. Il n'y a rien d'étonnant qu'il nous ait appelés à la prière cette nuit. Bazile le Grand, lui-même, dans sa deuxième épître à Grégoire de Naziance, dit que tous les deux jours il faut assister à l'office de nuit. Au milieu du silence, quand ni les yeux ni les oreilles n'agissent pernicieusement sur le cœur, il sied à l'âme humaine de se présenter devant Dieu.

— Boris! il m'est arrivé autrefois de voir le Tzar prier. Ce n'était pas comme aujourd'hui. Tout est différent maintenant. Et cette oprichna, je n'y comprends rien. Ce ne sont pas des moines, mais de vrais brigands. Dans le peu d'instants que j'ai passés à Moscou, j'ai entendu raconter et vu des choses si déplorables que c'est à ne pas y croire. Ils ont circonvenu le Tzar. Toi, Boris, tu l'approches, il t'aime, tu devrais lui parler de l'Oprichna.

Godounof sourit de la simplicité de Sérébrany.

— Le Tzar est bon pour tous, dit-il avec une humilité feinte, et ce ne sont pas mes services qui m'ont valu sa bienveillance. Ce n'est pas à moi de juger les actes de mon souverain, de donner des conseils au Tzar. L'oprichna est facile à comprendre : toute la terre appartient au Tzar, nous sommes tous sous sa main puissante ; ce que le Tzar prend est à lui, ce qu'il nous laisse est à nous ; celui auquel il ordonne de vivre près de lui, celui-là a sa confiance ; celui auquel il ne dit rien, ne l'a pas ; voilà toute l'oprichna.

— C'est cela, Boris, ce que tu dis est clair, mais en pratique, c'est autre chose. Les oprichniks écrasent et persécutent la nation plus que des Tatars. Ils ne relèvent d'aucun juge. Tout le pays souffre par eux, tu devrais en parler au Tzar. Il te croirait.

— Prince Nikita, il y a beaucoup de mal dans le monde.

Ce n'est pas parce que des hommes en oppriment d'autres que les uns sont des oprichniks et les autres de la Zemchina, mais parce que les uns et les autres sont des hommes. Supposons que je parle au Tzar; qu'en arriverait-il? Tous s'élèveraient contre moi et le Tzar lui-même se courroucerait.

— Eh bien ! qu'il se courrouce, tu aurais fait ton devoir en lui disant la vérité.

— Nikita ! Il ne faut pas souvent la dire et, quand on la dit, il faut choisir son moment. Si j'avais contredit le Tzar, il y a longtemps que je ne serais plus ici et, si je n'avais pas été ici, qui t'aurait tiré, hier soir, des mains du bourreau?

— C'est une autre affaire, Boris, que Dieu te donne la santé, sans toi j'étais perdu !

Godounof se figura qu'il avait persuadé le prince.

— Vois-tu, Nikita, continua-t-il, c'est bien de se faire le champion de la vérité, mais seul contre une armée ! Que ferais-tu, par exemple, si quarante voleurs égorgeaient devant toi un innocent?

— Ce que je ferais? Je dégainerais mon sabre, j'attaquerais tes quarante voleurs et je les sabrerais tant que j'en aurais la force.

Godounof regarda le prince avec étonnement.

— Et tu serais tué au cinquième, au plus tard au dixième voleur; et tu n'aurais pas empêché les autres d'égorger l'innocent. Non; il vaut mieux n'y pas toucher, prince, et quand ils seront en train de dévaliser le mort, ils crieront que Stepka a plus pris que Micha, et ils s'égorgeront entre eux.

Cette réponse ne plut pas à Sérébrany. Godounof s'en aperçut et changea la conversation.

— Vois, dit-il en regardant par la fenêtre, qui nous arrive à fond de train, prince, n'est-ce pas ton écuyer ?

— C'est impossible ! répondit Sérébrany ; il m'a demandé

ce matin la permission d'aller en pèlerinage à vingt verstes d'ici.....

Mais en regardant plus attentivement le cavalier, le prince reconnut en effet Michée. Le vieillard était pâle comme la mort, il était monté à poil ; on voyait qu'il s'était élancé sur le premier cheval tombé sous sa main, on voyait surtout qu'il n'avait plus la tête à lui, car, malgré les convenances, il galopait dans la cour jusque sous les fenêtres du palais.

— Prince Nikita ! cria-t-il avant de pouvoir être entendu — tu bois, tu manges, tu te reposes et tu ne vois pas la trahison. Tout à l'heure, j'ai rencontré, derrière l'église, Maliouta Skouratof et Khomiak, tous deux à cheval, et entre eux, les mains liées, le croirais-tu ? le Tzarévitch lui-même! le Tzarévitch, prince ! Ils lui avaient couvert la tête d'un voile noir, les maudits ! mais le vent l'a soulevé et j'ai reconnu le Tzarévitch. Il m'a regardé comme pour me demander secours. Alors Maliouta, ce neveu de sorcière, s'est approché de lui et a rabattu aussitôt le voile.

— Sérébrany bondit de sa place.

— Tu entends, tu entends, Boris, cria-t-il les yeux étincelants, faut-il attendre que les voleurs se dévorent entre eux ? — et il s'élança sur le perron.

— Donne moi ton cheval, cria-t-il, en arrachant la bride des mains de Michée.

— Ce cheval ne te convient pas, prince, c'est une rosse. Comment pourras-tu aller chez le Tzar sur cette monture ? Cependant le prince l'avait déjà enfourché et volait non chez le Tzar mais à la poursuite de Maliouta...

Il existe sur cet événement une vieille chanson, probablement contemporaine d'Ivan.

En voici le sens :

« Après avoir conquis et Kazan et Astrakhan, le Tzar Ivan extirpa la trahison et de Pskof et de Novgorod; puis il dit:

n'extirperai-je pas aussi toute trahison de Moscou aux blanches murailles? Le brigand Maliouta Skouratof lui glisse aussitôt à l'oreille : Tu passeras un siècle, Tzar Ivan Vasitiévitch, à extirper la trahison ; ton adversaire est devant toi, il mange du même plat que toi, il boit de la même coupe que toi, les vêtements qu'il porte sont de la même étoffe que les tiens. » Le Tzar comprit et s'irrita fort contre le Tzarévich. « Liez-lui les mains, dit-il aux boyards, revêtez-le de noirs vêtements, traînez-le dans un marais fangeux, livrez-le à une prompte mort ! » Tous les boyards se dispersèrent, seul Maliouta, le bourreau, resta : il lui lia les mains, il le revêtit d'un vêtement noir, il le traîna à la mare du diable. Un serviteur de Nikita le vit, il sauta sur un cheval qui portait de l'eau et courut prévenir son maître. « Tu bois, tu manges, tu te reposes, lui dit-il, tu ne te doutes pas du malheur qui nous menace. Une étoile du ciel va tomber, un pur flambeau de cire va s'éteindre, le jeune Tzarévitch va ne plus exister. Nikita Romanovitch s'effraie; il saute sur le cheval qui portait de l'eau et s'élance vers le marais fangeux, à la mare maudite. Il frappe Maliouta sur la joue. « Cette fois Maliouta, lui dit-il, le morceau que tu as pris est trop gros; il va t'étrangler. »

Cette chanson ne rend peut-être pas exactement l'évènement, mais elle concorde certainement avec l'esprit du siècle. Ce n'est que d'une manière incomplète et confuse que le peuple apprenait ce qui se passait dans le palais du Tzar et dans le cercle de ses intimes, mais, comme à cette époque les classes n'étaient pas encore séparées et ne vivaient pas étrangères l'une à l'autre, ces nouvelles, même défigurées, ne dépassaient pas la vraisemblance et portaient le cachet d'une croyance commune et de l'opinion générale.

Es-tu réellement tel, prince Nikita, que je te représente? il n'y a que les murs du Kremlin et les vieux chênes de Moscou qui peuvent le dire. C'est du moins ainsi que tu m'apparus à l'heure des paisibles rêveries, le soir, lorsque l'obscurité s'étendait sur les champs, lorsqu'au loin se mouraient les bruits du jour et qu'alentour tout devenait silencieux, tandis que le vent remuait doucement les feuilles et qu'il n'y avait plus que le hanneton qui volât. L'amour de la patrie se réveillait en moi avec tristesse et angoisse, notre vieux temps, à la fois lugubre et éclatant, se déroulait devant moi, comme si, à la place des yeux que voilaient les ténèbres, j'eusse senti ouvrir en moi un regard intérieur auquel les siècles ne présentaient pas d'obstacle. Tel tu m'apparus, Nikita ; je te voyais, là, devant moi, volant à la poursuite de Maliouta, et je me transportais par la pensée à cette effrayante époque où rien n'était impossible.

Sérébrany avait oublié qu'il était sans sabre ni pistolet et que le cheval qu'il avait pris était vieux. Dans son temps, c'était un vaillant coursier ; il avait servi vingt ans sur les champs de bataille et, au lieu d'obtenir la retraite due à sa vaillance, on l'avait mis encore à charger de l'eau ou du fumier et on ne lui ménageait pas les coups de fouet. Maintenant il a senti sur lui un cavalier puissant et il s'est rappelé son passé, quand il portait des héros dans les combats terribles, quand il était nourri d'orge choisie et abreuvé d'hydromel. Il a gonflé ses naseaux, il a tendu le cou et il vole à la poursuite de Maliouta Skouratof.

Maliouta galope avec ses opritchniks dans la forêt épaisse. Il se hâte d'arriver à la mare maudite et pour que ses compagnons ne sachent pas quel est celui qu'ils conduisent à la mort, il abaisse sans cesse sur la figure de Tzarévitch le voile que le vent soulève. S'ils le savaient, ils abandonneraient Maliouta et prendraient parti pour sa victime. Mais les opritchniks croient que c'est un homme ordinaire qui galope entre Khomiak et Maliouta, et ils s'étonnent seulement qu'on aille si loin pour le mettre à mort.

Maliouta presse les opritchniks, se fâche contre les chevaux et frappe de son fouet leurs hanches nerveuses.

— Oh ! les rosses, les sacs à foin ! le Tzar pourrait réfléchir, envoyer à notre poursuite !

Le hideux Maliouta galope dans la sombre forêt, les oiseaux le regardent, le cou allongé, les noirs corbeaux volent au-dessus de lui — la mare du diable n'est déjà plus loin.

— Eh ! dit Maliouta à Khomiak, n'entends-tu pas derrière nous le galop d'autres cavaliers ?

Non, répondit Khomiak, c'est le bruit des fers de nos chevaux qui retentit dans la forêt.

Et Maliouta presse encore les opritchniks et frappe plus fort les coursiers.

— Eh dit-il à Khomiak, quelqu'un ne crie-t-il pas après nous ?

— Non, répond Khomiak, c'est l'écho qui repète nos paroles.

Et Maliouta continue à frapper les coursiers.

— Ah ! rosses, sacs à foin ! Ah ! quelqu'un nous poursuit !

Tout-à-coup Maliouta entend derrière lui : — Arrête, Grégoire Skouratof !

Sérébrany était sur les talons de Maliouta. Le vieux porteur d'eau ne l'avait pas trahi.

— Arrête, Maliouta ! répéta Sérébrany et, ayant atteint Skouratof, il le frappa au visage de sa main vigoureuse.

Le coup asséné par Nikita fut violent : il résonna comme une arquebusade, la forêt en retentit, des feuilles mortes en tombèrent; les bêtes fauves rentrèrent précipitamment dans le fourré, les hiboux aux grands yeux s'envolèrent dans leurs trous ; les paysans, occupés loin de là à diriger leurs charrues, se regardèrent et dirent, étonnés : — As-tu entendu le craquement? n'est-ce pas le vieux chêne de la mare du diable qui s'est brisé?

Maliouta fut désarçonné. Le pauvre vieux cheval du Prince Nikita broncha, fit quelque pas et tomba pour ne plus se relever.

— Maliouta ! cria le prince en bondissant, tu vas recevoir le prix de ta trahison.

Et arrachant du fourreau le sabre de Skouratof, il s'apprêta à lui fendre le crâne.

Soudain, un autre sabre siffla au-dessus de la tête du prince. Mathieu Khomiak s'était élancé au secours de son maître. Le combat s'engagea entre Khomiak et Sérébrany. Les opritchniks, les sabres levés, tombèrent sur le prince, mais les arbres et les branchages les empêchèrent de l'entourer immédiatement.

Allons, pensa le prince en repoussant les assaillants, perdrai-je la vie sans sauver le Tzarévitch! Si Dieu me donnait seulement la force de résister une demi-heure, peut-être, d'un côté ou de l'autre, viendra-t-il quelque secours!

En cet instant même, un coup de sifflet retentit dans la forêt ; des cris nombreux lui répondirent, un opritchnik dont le sabre allait frapper le prince, tomba la tête fendue et sur son corps apparut Vanioukha Persten, brandissant sa massue ensanglantée. Au même instant, les brigands, comme une bande de loups, se jetèrent sur l'escorte de Maliouta et la mêlée devint générale. Les cavaliers auraient bien voulu charger leurs adversaires, mais nulle part ils ne pouvaient prendre du champ; les arbres et les buissons les environnaient. Beaucoup tombèrent immédiatement, d'autres se remirent et poussant leur cri de ralliement : Goïda ! foulèrent aux pieds les audacieux aventuriers. Persten lui-même, blessé à la main, ne frappait plus avec la même énergie, quand un nouveau coup de sifflet retentit dans la forêt.

— Soutenez ferme, enfants ! cria Persten ; voilà grand-père Korchoun qui arrive.

Et il n'avait pas fini sa phrase que Korchoun, avec son détachement, tombait déjà sur les opritchnitks et entamait avec eux une lutte ardente et sanglante. Il était difficile à des cavaliers, au milieu des bois, de lutter contre des piétons. Les chevaux se cabrant tombaient à la renverse et écrasaient leurs maîtres ; les oprichniks combattaient avec le courage du désespoir. Le sabre de Khomiak sifflait comme un tourbillon et brillait au-dessus de sa tête comme la lueur d'un éclair.

Tout-à-coup au milieu de la mêlée générale il y eut un moment d'hésitation. Mitka traversa la foule et s'élança droit sur Khomiak, renversant sur son passage amis et ennemis. Mitka avait reconnu le ravisseur de sa fiancée. Levant à deux mains son énorme bûche, il en frappa son ennemi. Khomiak se rejeta en arrière ; le coup frappa sur la tête du cheval ; le cheval tomba mort et la bûche se rompit.

— Attends ! s'écria Mitka en se ruant sur Khomiak, maintenant tu ne t'en iras plus.

Le combat finit, personne ne résistait plus. Tous les oprichniks étaient morts, Maliouta seul s'était sauvé sur son coursier rapide.

Les brigands comptèrent les leurs : beaucoup manquèrent à l'appel ; de leur côté, ils avaient fait aussi des pertes nombreuses.

— C'est donc ici, dit Persten, en s'approchant du prince et essuyant la sueur de son front, c'est donc ici, boyard, que nous devions nous revoir.

Dès la première apparition des brigands, Sérébrany s'était élancé vers le Tzarévitch et avait mis son cheval à l'écart. Le Tzarévitch était lié à sa selle. Sérébrany coupa les liens avec son sabre, aida le Tzarévitch à s'en débarrasser et enleva le mouchoir qui lui fermait la bouche. Pendant toute la durée du combat, le prince ne s'éloigna pas de lui et le couvrit de son corps.

— Tzarévitch, dit-il, en voyant que les brigands commençaient à dépouiller les morts ou s'occupaient de saisir leurs chevaux, le combat est terminé, tous tes ennemis ont succombé, Maliouta seul s'est enfui et je ne pense pas qu'il soit difficile de s'en emparer, quand le Tzar en aura donné l'ordre.

Au nom de Tzarévitch, Persten recula.

— Comment ? dit-il, c'est le Tzarévitch ? le fils du Souverain ? c'est lui que nous avons délivré, c'est lui que ces chiens emmenaient garrotté ?

Et l'ataman se jeta aux genoux du fils d'Ivan.

La nouvelle se répandit rapidement parmi les brigands. Tous cessèrent de visiter les poches des morts et vinrent se prosterner devant le Tzarévitch.

— Grand merci, braves gens ! dit-il gracieusement et, sans l'air impertinent qui lui était habituel, qui que vous soyez, grand merci !

— Il n'y a pas de quoi, seigneur, répondit Persten : — si j'avais su que c'était toi qu'ils emmenaient, j'aurais amené deux cents hommes au lieu de quarante, et alors ce Skouratof ne nous aurait pas échappé ; nous l'aurions pris vivant et lui aurions fait son affaire sous tes yeux. Mais il paraît que nous avons ici son écuyer ; c'est une de mes vieilles connaissances et à défaut du brochet nous nous contenterons du goujon. Eh bien ! jeune homme, le tiens-tu ?

— Je le tiens ! répondit Mitka, couché sur le ventre et empêchant sa victime de faire un mouvement.

— Laisse-le se relever, il ne s'en ira pas ! et vous, enfants, faites-nous un peu de feu pour l'interrogatoire et préparez une corde.

Mitka se leva. De dessous lui se dressa un vigoureux

gaillard ; mais à peine celui-ci eut-il tourné son visage vers les brigands que tous s'écrièrent avec étonnement :

— Khlopko ! c'est Khlopko ! Il a pris Khlopko pour un opritchnik.

Mitka regardait, la bouche béante.

Khlopko s'efforçait de respirer.

— Oh ! dit enfin Mitka, comment ! c'est toi que je tenais-là ? Pourquoi ne disais-tu rien ?

— Et comment parler quand tu me serrais la gorge et que tu m'écrasais, veau marin !

— Mais comment t'es-tu trouvé là ?

— Comment ! comment ! quand, animal, tu as frappé le cheval à la tête, le cavalier est tombé sur moi, et toi, ours, au lieu de le saisir, tu m'as pris à la gorge et tu m'as presque étouffé, il en a profité comme tu vois.

Oh ! dit Mitka, et il se gratta la nuque.

Les brigands éclatèrent de rire. Le Tzarévitch lui-même sourit. Il fut impossible de retrouver Khomiak.

— Allons, il n'y a pas de remède, dit Persten, son heure n'est pas encore venue ! Mais, Dieu m'en est témoin, il n'échappera pas la prochaine fois ! Maintenant, seigneur, si tu le permets je t'accompagnerai avec mes hommes jusqu'à la route, je suis honteux, seigneur ! Un misérable comme moi ne devrait pas t'adresser la parole, mais qu'y faire ? Sans moi, tu ne t'en serais pas tiré.

— Allons, enfants, continua Persten — réunissez-vous pour escorter sa Seigneurie. Toi, boyard, dit-il en s'adressant à Sérébrany, tu devrais prendre ce cheval, moi je vais monter celui-ci. Toi, grand-père Korchoun, je suppose que tu aimeras mieux aller à pied et toi aussi, Mitka.

— Pas du tout ! dit Mitka en saisissant par la crinière un cheval auquel ce mouvement fit faire un saut de côté — moi aussi je suis cavalier !

Il voulut mettre son pied dans l'étrier, mais, n'y parvenant pas, il prit le cheval par le ventre, galopa quelque temps dans cette position et finit par se mettre en selle.

— Hurrah ! s'écria-t-il en balançant les jambes et serrant les coudes.

Toute la troupe, entourant le Tzarévitch, sortit de la forêt.

En arrivant dans la plaine, lorsqu'on aperçut les dômes bigarrés de la Sloboda, Persten s'arrêta.

— Seigneur, dit-il, après être descendu de cheval, voilà ta route, on voit d'ici la Sloboda. Il ne nous est pas permis d'accompagner plus loin ton auguste personne. D'ailleurs la poussière qui se lève là-bas, annonce une troupe de cavaliers du Tzar. Pardonne, Seigneur, et que Dieu te conduise !

— Attends, jeune homme, dit le Tzarévitch qui, le danger passé, commençait à revenir à ses allures ironiques. — Attends, jeune homme, dis-moi auparavant à quelle famille de boyards tu appartiens pour porter un habit ainsi galonné ?

— Seigneur, répondit modestement Persten, nous sommes ici beaucoup de boyards sans terre, beaucoup de princes sans principautés. Nous portons les costumes que Dieu nous envoie.

— Et sais-tu, continua sévèrement le Tzarévitch, que pour des princes tels que toi on élève sur la place de hautes plates-formes d'où tu pourrais bien montrer ton habit ? Si tu ne m'avais rendu service, j'ordonnerais à ces cavaliers de s'emparer de vous tous et de vous conduire à la Sloboda. Mais en souvenir de ce que tu as fait aujourd'hui, je veux fermer les yeux sur ta vie passée et je te promets d'intercéder pour toi auprès du Tzar, si tu veux venir demander ton pardon.

— Merci pour ta bonté, Seigneur, je te suis très-reconnaissant ; mais le temps n'est pas encore venu pour moi de demander pardon au Tzar. Mes péchés sont nombreux devant Dieu, mes offenses grandes devant mon souverain ; le Tzar ne pourrait peut-être pas me pardonner et, si même j'étais sûr de mon pardon, je n'abandonnerais pas mes compagnons.

— Comment ! dit le Tzarévitch avec étonnement, tu ne veux pas briser ta vie de brigand quand, moi-même je te promets ma protection ? Le pillage sur les grandes routes te paraît préférable à une vie honnête ?

Persten caressa sa barbe noire et un malin sourire laissa voir deux rangées de dents blanches qui firent paraître son visage brûlé encore plus foncé.

— Seigneur ! dit-il, le poisson vit dans l'eau, l'oiseau dans les airs, je ne pourrais me faire ni à la discipline du soldat ni au métier de marchand. Adieu, Seigneur, le nuage de poussière s'avance ; il est temps de nous en aller, l'anguille cherche l'endroit le plus profond, nous, le lieu le plus inaccessible.

Et Persten disparut dans les buissons emmenant le cheval qu'il montait. Les brigands se glissèrent les uns après les autres entre les arbres, le Tzarévitch et Sérébrany continuèrent leur route vers la Sloboda et ne tardèrent pas à rencontrer un détachement de cavaliers conduits par Boris Godounof.

Que faisait le Tzar pendant tout ce temps-là ? Écoutons encore ce que dit la chanson :

Que dit le Tzar terrible ?
« Ah ! malheur à vous, mes princes et mes boyards !
« Couvrez-vous d'un vêtement noir,
« Réunissez-vous à matines,
« Entendre une messe de mort pour le Tzarévitch.
« Je ferai cuire tous les boyards dans une chaudière. »
Tous les boyards furent épouvantés,
Ils se revêtirent de vêtements noirs,

Ils se réunirent à matines
Pour entendre la messe des morts.
Nikita Sérébrany arriva,
Il revêtit un vêtement de couleur,
Il amenait avec lui le jeune Tzarévitch
Qu'il avait laissé derrière la porte du Nord.
Que dit le Tzar terrible ?
« Ah ! malheur à toi, Nikita Sérébrany !
« Oses-tu te montrer devant mes yeux ?
« Quand l'étoile terrestre est tombée,
« Quand le cierge de cire s'est éteint,
« Quand le jeune Tzarévitch n'est plus. »
Que dit Nikita Sérébrany ?
« Ah ! gloire et espérance pour toi, Tzar orthodoxe,
« Nous ne chanterons pas la messe des morts pour le
                                           [Tzarévitch]
« Nous chanterons des actions de grâces pour sa bien-
Il prit le Tzarevitch par sa main blanche   [venue.]
Et le fit sortir de derrière la porte du Nord.
Que dit le Tzar terrible ?
« Toi, Nikita, Nikita Sérébrany,
« Que veux-tu encore que je te donne ?
« Veux-tu la moitié de mon royaume
« Ou l'or de mes coffres autant que tu en désireras. »
— Ah ! malheur, Tzar Ivan Vasiliévitch !
« Je ne veux ni la moitié de ton royaume ni l'or de tes
                                           [coffres]
« Donne-moi seulement le méchant Skouratof ;
« Je le conduirai dans un marais liquide
« Que l'on appelle la mare maudite.
Que dit le Tzar Ivan Vasiliévitch ?
« Prends sans doute le méchant Maliouta
« Et fais de lui ce que tu voudras. »

Ainsi s'exprime la chanson; mais les faits ne se passèrent pas ainsi. L'histoire nous montre Maliouta en faveur auprès d'Ivan Vasiliévitch longtemps encore après 1565. Beaucoup de favoris, à diverses époques, tombèrent victimes des soupçons du Tzar. Les Basmanof, Grazny, Viazemski succombèrent, mais Maliouta ne perdit pas un instant la confiance du Tzar. Suivant la prédiction de la vieille Onoufrevna, il ne reçut pas son châtiment en ce monde et il mourut d'une mort honorable. Une inscription du monastère Saint-Joseph Volotski, où son corps fut enterré, constate qu'il fut tué sous Païda en servant son souverain.

Comment Maliouta parvint-il à se disculper de la calomnie qu'il avait forgée ? — Nous ne le savons pas.

Peut-être Ivan, quand son âme inquiète se fut apaisée, attribua-t-il la démarche de son favori à un zèle qui l'avait induit en erreur; peut-être ses soupçons contre le Tzarévitch ne cessèrent-ils pas complètement. Quoi qu'il en soit, Skouratof non-seulement ne perdit pas la confiance du Tzar, mais à partir de cette époque il lui fut encore plus cher. Jusque-là, la Russie seule haïssait Maliouta, maintenant le Tzarévitch lui-même partageait l'horreur générale. Ivan resta désormais son seul appui; l'exécration universelle répondait au Tzar de sa fidélité.

L'allusion à Basmanof ne passa pas non plus inaperçue. Le germe du soupçon resta dans le cœur d'Ivan et quoiqu'il ne poussât pas immédiatement de racines, il refroidit considérablement l'amitié du Tzar pour son grand échanson. Ivan ne pardonnait jamais à celui dont il avait eu peur un moment, alors même qu'il reconnaissait que ses craintes étaient vaines.

CHAPITRE XV

LA CÉRÉMONIE DU BAISER.

Il est temps de retourner à Morozof. L'émotion d'Hélène en présence de Sérébrany n'avait pas échappé à la pénétration du boyard. D'abord, il l'avait attribuée à une rencontre avec Viazemski, mais plus tard un nouveau soupçon s'éleva dans son âme.

Après avoir dit adieu au prince et l'avoir reconduit jusqu'à la porte, Morozof rentra chez lui. Ses épais sourcils étaient contractés ; des rides profondes sillonnaient son front ; son visage était en feu, il avait peine à respirer.

En ce moment Hélène dort, pensa-t-il, elle ne m'entendra pas ; je vais faire un tour de jardin, la fraîcheur me fera du bien .

Morozof sortit ; le jardin était dans l'obscurité : en approchant de la palissade, il vit un vêtement blanc. Surpris, il chercha à distinguer. Soudain quelques paroles arrivèrent à son oreille. Le vieillard s'arrêta, il avait reconnu la voix de sa femme. Derrière la palissade se dessinait, sur le ciel étoilé, la forme vague d'un cavalier. L'inconnu se courba vers Hélène et lui dit quelque chose. Morozof retint sa respiration, mais une rafale du vent, en secouant les sommets des arbres, emporta la voix et les paroles du cavalier. Quel était cet inconnu? Viazemski avait-il réussi par sa persévérance à plaire à Hélène ? Le cœur de la femme est une énigme indéchiffrable : Aujourd'hui elle accepte ce qui lui répugnait la veille. Ou n'était-ce pas plutôt Sérébrany qui avait donné rendez-vous à sa femme ? Qui sait ? Peut être le prince, qu'il avait reçu comme un fils, venait-il au même instant de faire un affront sanglant au meilleur ami de son père, à celui qui était prêt à mettre sa propre vie en danger pour sauver Sérébrany de la colère du Tzar !

Mais non, pensait Morozof, ce n'est pas Sérébrany ; c'est quelque opritchnik, favori nouveau du Tzar. C'est une bonne fortune pour eux de déshonorer un boyard en disgrâce. Et cette femme, serpent réchauffé dans mon sein ! ne l'ai-je pas aimée tendrement ? ne la traitai-je pas comme une fille chérie ? n'est-ce pas volontairement qu'elle a accepté ma main ? ne me témoignait-elle pas sa reconnaissance hypocrite? ne m'a-t-elle pas juré fidélité ? Non jamais, Droujina, il ne faut compter sur la loyauté féminine ! la fidélité des femmes, c'est un donjon élevé qu'il leur faut, des portes de chênes et de gros verrous ! Tu t'es trop hâté, Droujina, de confier ton honneur à une jeune fille. Ton cœur ardent t'a fait perdre l'esprit, vieillard. Les gens de Moscou rient de ton malheur.

Ainsi pensait Morozof et ses conjectures le torturaient Il aurait voulu avancer, mais le cavalier pouvait s'enfuir et le boyard n'aurait pas reconnu son ennemi. Il résolut d'attendre.

Comme à dessein, pendant cette soirée, le vent ne cessa pas de souffler et la lune fut toujours masquée par les nuages. Morozof ne reconnut ni la voix ni le visage du cavalier. Il entendit seulement la boyarine prendre congé de lui en versant des larmes.

Hélène passa près de Morozof sans l'apercevoir. Droujina la suivit lentement.

Le lendemain, il ne laissa paraître aucune émotion. Il fut avec Hélène, comme toujours, attentif et bienveillant. Parfois seulement, quand elle ne le regardait pas, le boyard s'oubliait, ses sourcils se contractaient et son regard devenait menaçant. Une pensée terrible oppressait alors l'esprit du boyard. Il se demandait comment il pourrait trouver son ennemi.

Quatre jours s'écoulèrent. Morozof était assis devant une table de chêne, sur laquelle se trouvait un livre ouvert. La reliure de ce livre était de velours pourpre avec des encoignures et des fermoirs d'argent. Mais le boyard ne pensait pas à lire : ses yeux glissaient sur les ornements bigarrés et les dessins bizarres des pages, et son imagination allait de l'appartement de sa femme à la palissade du jardin.

La veille, Sérébrany était revenu de la Sloboda et, acquittant sa promesse, il avait fait une visite à Morozof.

Ce jour-là, Hélène avait prétexté une indisposition et n'était pas sortie de sa chambre. L'accueil de Morozof ne se ressentit aucunement des soupçons qui agitaient son âme. Mais en le félicitant de son heureux retour et en accomplissant envers lui les devoirs de l'hospitalité la plus affectueuse, il ne cessa pas d'observer l'expression de son visage et d'y chercher quelque indice de son crime. Sérébrany fut rêveur, mais franc et ouvert comme par le passé. Morozof ne découvrit rien.

Et voilà à quoi il pensait maintenant, assis à la table devant un livre ouvert.

Ses réflexions furent interrompues par l'apparition d'un serviteur. Celui-ci, en voyant le front contracté de son maître, s'arrêta respectueusement. Morozof l'interrogea du regard.

— Seigneur, des gens du Tzar s'avancent de ce côté. A leur tête se trouve le prince Viazemski; faut-il les recevoir ?

Au même moment, on entendit le bruit d'un tambour que le premier homme d'arme de l'escorte frappait avec un fouet pour écarter la foule et ouvrir un chemin à son maître.

— Viazemski vient chez moi ! dit Morozof, qu'est-ce que cela veut dire ? Peut-être ne fait-il que passer. Retourne à la porte et attends ! S'il s'arrête ici, dis-lui que ma maison n'est pas un cabaret, que je ne connais aucun opritchnik et que je n'en reçois pas ! Va.

Le serviteur parut indécis.

— Quoi encore ? demanda Morozof.

— Boyard, je suis à tes ordres, mais je ne dirai pas cela à Viazemski.

— Va ! s'écria Morozof en frappant du pied.

— Boyard ! vint dire en courant le portier, le prince Viazemski avec des opritchniks s'arrête à notre porte ! Il dit qu'il est envoyé vers toi par le Tzar.

— Par le Tzar ? il t'a dit par le Tzar ? Qu'on ouvre les portes à deux battants ! Apportez sur un plat d'or le pain et le sel ! Que tous les serviteurs aillent au devant de l'envoyé du Tzar !

Pendant ce temps, le bruit du tambour se rapprochait de plus en plus ; vingt-cinq cavaliers, ayant à leur tête Viazemski, monté sur un magnifique cheval de bataille, entraient au pas dans la cour de Morozof. Le prince portait un caftan de satin blanc brodé de perles. Des bracelets également de perles arrêtaient autour du poignet les larges manches du caftan, négligemment serré autour de la taille par une ceinture de soie cramoisie, terminée aux extrémités par deux glands d'or. Des culottes de velours rouge descendaient dans des bottes de maroquin jaune armées aux talons d'éperons d'argent, dont les tiges étaient brodées de perles presque jusqu'à la cheville. Par dessus le caftan, un léger manteau de soie, de couleur dorée et sans manches, était arrêté sur la poitrine par une agrafe formée de deux diamants. La tête du prince était couverte d'une toque blanche galonnée, surmontée d'une aigrette de diamant qui se balançait à chaque mouvement reflétant les rayons du soleil. Les cheveux noirs de Viazemski, en s'échappant de sa coiffure, se mêlaient avec sa barbe courte et frisée. Une moustache légère produisait au-dessus de la lèvre supérieure plutôt une ombre foncée qu'un trait accusé. La taille du prince était élevée et vigoureuse, son air martial et gai.

Conformément à la coutume luxueuse de l'époque, des palefreniers à pied conduisaient derrière lui, par la bride, six chevaux de selle complétement harnachés ; l'un était noir, l'autre isabelle, le troisième gris de fer et les autres d'une blancheur sans tache. Sur leurs têtes s'agitaient des panaches, leur dos était couvert de peaux bigarrées ou de selles galonnées ornées de pierreries ; tous ces six chevaux faisaient résonner, en marchant, une multitude de tambourins et de grelots argentés et dorés, chacun d'un timbre différent et suspendus en longues grappes des deux côtés du frontal.

Au moment où Droujina apparut, Viazemski et tous les opritchniks mirent pied à terre.

Morozof, un plat d'or à la main, s'avança lentement vers eux et derrière lui, avec la même lenteur, ses amis et ses serviteurs.

— Prince, dit Morozof, tu m'es envoyé par le Tzar, je m'empresse de venir à ta rencontre avec le pain et le sel. Et le salut du boyard fut si profond que ses cheveux gris lui tombèrent sur les yeux.

— Boyard, répondit Viazemski, le Tzar m'a ordonné de t'apporter ses ordres : boyard Droujina, la colère du grand prince Ivan Vasiliévitch, souverain de toutes les Russies, est apaisée : il retire le ban impérial dont il avait frappé ta tête, il te pardonne toutes tes fautes ; tu es, comme par le passé, dans la faveur tzarienne ; tu peux reprendre du service et tous les honneurs te sont rendus.

Ayant terminé son discours, Viazemski mit une main dans sa ceinture, de l'autre caressa sa barbe et, se redressant avec dignité, fixa sur Morozof son œil d'aigle en attendant une réponse.

Morozof s'était mis à genoux dès le commencement de la harangue. Ses serviteurs l'aidèrent à se relever. Il était pâle.

— Que grâce en soit rendue à la sainte Trinité ainsi qu'aux saints patrons de notre grand souverain ! dit-il d'une voix tremblante : que le Dieu tout-puissant et miséricordieux prolonge indéfiniment les jours du Tzar ! Je ne t'attendais pas, prince ; mais tu m'es envoyé par le Tzar, entre dans ma maison. Entrez, seigneurs opritchniks, faites-moi cet honneur! Moi j'irai un moment dans la chapelle pour remercier Dieu, puis je viendrai m'asseoir avec vous au banquet de bienvenue.

Les opritchniks entrèrent.

Morozof appela un serviteur.

— Monte à cheval, cours chez le prince Sérébrany, porte lui mes compliments et dis-lui que je l'invite aujourd'hui à un banquet ; le Tzar m'a fait une grande faveur : il a retiré le ban dont il m'avait frappé.

Après avoir donné cet ordre et conduit ses hôtes dans la salle d'honneur, Morozof traversa la cour et se rendit dans la chapelle. Devant lui marchaient ses commensaux et les officiers de sa maison, derrière, les autres serviteurs. Le maître d'hôtel et les gens nécessaires pour servir les opritchniks restèrent seuls dans la maison. On servit des vins et divers fruits en attendant le dîner.

Bientôt Sérébrany parut, pareillement accompagné de ses commensaux et de ses serviteurs ; car à cette époque, dans des circonstances importantes, un boyard ne pouvait sortir seul ou avec une suite peu nombreuse sans compromettre sa dignité.

La table était dressée dans une vaste salle ; les serviteurs étaient à leur poste, tous attendaient le maître.

Droujina, après avoir entendu une prière d'action de grâces, entra vêtu d'un riche caftan brodé, portant à la main une toque de martre. Ses cheveux gris venaient d'être coupés, sa barbe était rasée avec soin. Il salua ses hôtes ; ceux-ci lui rendirent son salut et tout le monde se mit à table.

Le banquet commença, les gobelets et les amphores se choquèrent, un autre bruit peu ordinaire en pareil cas se mêla à ceux du joyeux banquet : des cottes-de-mailles résonnèrent cachées sous les caftans des opritchniks.

Mais Morozof n'entendit pas ce bruit sinistre, d'autres

pensées l'occupaient. Un sentiment intérieur lui disait que son ennemi était à sa table, et le boyard avait trouvé un moyen de le découvrir. Ce moyen lui paraissait sûr.

Déjà ses hôtes avaient vidé de nombreux gobelets; ils avaient bu au Tzar, à la Tzarine et à toute la maison souveraine ; ils avaient bu au métropolite et à tout le clergé russe ; ils avaient bu à Viazemski, à Sérébrany et à la charmante maîtresse de maison. Ils avaient bu à chacun des hôtes en particulier. Quand toutes les santés eurent été portées, Viazemski se leva et porta de nouveau la santé de la jeune boyarine.

C'était cela que Morozof attendait.

— Chers hôtes, dit-il, il ne convient pas de boire à la boyarine en son absence. Allez, dit-il, en s'adressant aux serviteurs, allez dire à la boyarine qu'elle vienne répondre elle-même à nos chers hôtes !

Vivat, vivat ! crièrent les hôtes : sans la maîtresse de maison le miel lui-même perd sa douceur !

Après quelques moments, Hélène, accompagnée de deux suivantes, apparut vêtue d'un riche sarafane ; elle tenait à la main un plateau doré où se trouvait une seule coupe. Les convives se levèrent. L'échanson remplit la coupe. Hélène la porta à ses lèvres, puis elle alla la présenter successivement à chacun des convives auquel elle adressait en même temps un salut. A mesure que les hôtes vidaient la coupe, l'échanson la remplissait de nouveau.

Quand Hélène eut fait le tour de la table, Morozof qui la suivait du regard s'adressa aux convives.

— Chers hôtes, dit-il, maintenant, suivant la vieille coutume russe, si vous avez du respect pour ma maison, si mon hospitalité vous a satisfaits, je vous en prie, chers hôtes, que chacun de vous donne un baiser à ma femme ! Hélène, mets-toi à la place d'honneur et que nos hôtes t'embrassent tour à tour !

Les convives remercièrent Morozof. Hélène, très-agitée, se tint debout à côté du poêle, les yeux baissés.

— Prince, à toi ! dit Morozof à Viazemski.

— Non, non, suivons la coutume ! s'écrièrent les convives, que le mari embrasse d'abord sa femme ! faisons comme faisaient nos ancêtres !

— Suivons donc la coutume, dit Morozof, et, s'approchant de sa femme, il lui fit d'abord un profond salut. Quand ils s'embrassèrent, les lèvres d'Hélène brûlaient comme du feu ; celles de Droujina étaient froides comme de la glace.

Après Morozof vint Viazemski.

Morozof se mit à observer.

Les yeux du prince brillaient comme des charbons, mais le visage d'Hélène resta impassible ; en présence de son mari, en présence de Sérébrany, Viazemski ne l'effrayait pas.

— Ce n'est pas lui, pensa Morozof.

Viazemski, après avoir mis un genou à terre, donna un baiser à Hélène ; mais, comme son baiser dura plus longtemps qu'il ne fallait, elle se retourna avec un visible dégoût.

— Non, ce n'est pas lui, répéta Morozof.

Après Viazemski vinrent tour à tour quelques autres opritchniks. Tous firent un salut profond et embrassèrent Hélène ; mais Droujina ne put lire sur le visage de sa femme autre chose que l'ennui. Plusieurs fois, les longs cils d'Hélène se levèrent et son regard sembla chercher avec épouvante parmi les convives :

— Il est ici ! se dit en lui-même Morozof.

Tout-à-coup la frayeur s'empara d'Hélène. Ses yeux se rencontrèrent avec ceux de son mari et, avec l'instinct particulier au cœur de la femme, elle devina ses pensées. Sous ce regard immobile et pénétrant, il lui parut impossible d'embrasser Sérébrany sans se trahir. Toutes les circonstances de sa rencontre à la palissade du jardin, lors de l'arrivée de Nikita, se représentèrent vivement à sa mémoire. Sa position actuelle et le baiser qu'elle allait recevoir lui parurent une punition du ciel ; un froid mortel parcourut tout son corps.

— Je ne suis pas bien, laisse-moi rentrer, Droujina, murmura-t-elle.

— Reste, Hélène, dit tranquillement Morozof ; attends, tu ne peux t'en aller maintenant, c'est impossible, il faut terminer la cérémonie.

Et il lança à sa femme un regard qui la glaça.

— Mais je ne peux plus me soutenir, insista Hélène.

— Comment ! dit Morozof, comme s'il n'eût pas entendu, des vapeurs ! c'est extraordinaire !

— Je vous en prie, seigneurs, approchez, n'écoutez pas ma femme ; c'est encore un enfant que la nouveauté de cette cérémonie effarouche. Allez, chers hôtes, je vous en prie.

— Mais où est Sérébrany ? pensa Droujina en parcourant la salle des yeux.

Le prince Nikita se tenait à l'écart. L'attention extraordinaire avec laquelle Morozof regardait sa femme et chacun de ceux qui s'avançaient vers elle, ne lui avait pas échappé. Il lisait dans le visage d'Hélène la terreur et l'inquiétude. Sérébrany, toujours résolu quand sa conscience ne lui reprochait rien, ne savait maintenant que faire. Il redoutait, en s'approchant d'Hélène, d'augmenter son trouble ; il craignait, en restant en arrière, d'éveiller des soupçons. S'il eût pu, sans être remarqué, lui adresser quelques mots, il eût sans doute relevé son courage défaillant, mais elle était entourée par les convives et son mari ne la quittait pas des yeux ; il fallait prendre un parti.

Sérébrany s'avança, s'inclina profondément, mais il ne

savait s'il devait regarder Hélène ou détourner les yeux de son visage. Cette incertitude le perdit. De son côté, Hélène ne put supporter l'épreuve à laquelle la soumettait Morozof. Elle avait trompé son mari, non par légèreté ni en obéissant aux suggestions d'un cœur corrompu, elle l'avait trompé parce qu'elle-même s'était fait illusion en croyant qu'elle pouvait aimer Droujina. Ce qu'elle avait dit près de la palissade du jardin lui était involontairement échappé; elle ne songeait pas à ses expressions et si, en ce moment là, elle eût vu son mari derrière elle, elle lui eût tout avoué dans la simplicité de son cœur. Mais l'imagination d'Hélène était ardente et son caractère timide. Après son entrevue avec Sérébrany, les reproches de sa conscience ne cessèrent de la faire souffrir. A cela s'ajoutait encore une anxiété mortelle sur le sort de Nikita. Son cœur était torturé par des sentiments contraires; elle eût voulu tomber aux pieds de son mari et lui demander pardon et conseil, mais elle craignait sa colère; elle avait peur pour Nikita.

Cette lutte, ces souffrances, la terreur que lui inspirait son mari affable et bon, mais inflexible dans tout ce qui touchait à son honneur, tout contribuait à ébranler ses forces physiques. Quand les lèvres de Sérébrany touchèrent les siennes, elle frissonna comme dans la fièvre, ses genoux s'entrechoquèrent, et sa bouche laissa échapper ces paroles : — Sainte Vierge ! ayez pitié de moi!

Morozof saisit Hélène.

— Ah ! dit-il, voilà bien la santé des femmes ! Voyez, un peu d'odeur du poêle et elles se trouvent mal. Mais ce n'est rien, c'est passé. Venez, chers hôtes !

La voix et les manières de Morozof ne trahirent aucune émotion. Il paraissait tranquille; il continua à être toujours aussi poli et aussi bienveillant. Sérébrany resta dans l'incertitude. Avait-il pénétré son secret ?

Quand la cérémonie fut terminée et qu'Hélène soutenue

par ses femmes fut retournée dans son appartement, les convives, sur l'invitation de Morozof, se remirent à table.

Droujina s'empressa auprès de tous avec la même urbanité qu'auparavant et n'oublia aucun des devoirs minutieux que devait remplir à cette époque, un maître de maison soucieux de son renom d'hospitalité.

Il était déjà tard. Le vin avait échauffé les esprits ; d'étranges paroles se mêlaient par moment aux propos des opritchniks.

— Prince, dit l'un d'eux en saluant Viazemski, il est temps de commencer la besogne.

— Tais-toi ! répondit à voix basse Viazemski : le vieux écoute.

— S'il écoute, il ne comprendra pas, continua à haute voix l'opritchnik avec l'obstination de l'ivrogne.

— Tais-toi ! répéta Viazemski.

— Je te dis, prince, qu'il est temps. Oui, il est temps, je vais donner le signal.

Et l'opritchnik tenta de se lever.

Viazemski, d'une main vigoureuse, le cloua sur son siège.

— Tiens-toi tranquille, lui dit-il à l'oreille, sinon je t'enfonce ce couteau dans la gorge !

— Ah ! et tu menaces encore ! cria l'opritchnik en se levant ; en voilà d'une autre ! je disais bien qu'il fallait se défier de toi ! tu n'es pas notre frère ; tu es un prince, un de ces boyards qui nous dévorent ! Attends, nous allons voir, laisse-moi me débarrasser de ce caftan et prendre mon sabre, nous allons voir !

Ces paroles étaient prononcées d'une voix mal assurée, au milieu du bruit et des conversations ; mais quelques-unes d'entre elles arrivèrent jusqu'à Sérébrany et éveillèrent son attention. Morozof ne les entendit pas. Il vit seulement qu'une querelle avait lieu entre ses convives.

— Chers hôtes ! dit-il en se levant, il est déjà tard. N'est-il pas temps de se reposer ? il y a pour vous tous des lits de plumes et des coussins d'édredon préparés.

Les opritchniks quittèrent la table, remercièrent leur hôte et, après l'avoir salué tour à tour, se retirèrent dans les pièces où leurs lits avaient été disposés.

Sérébrany allait aussi se retirer.

Morozof l'arrêta par la main.

— Prince, lui dit-il à voix basse, attends moi ici.

Et laissant Sérébrany, Droujina se dirigea vers l'appartement de sa femme.

CHAPITRE XVI

L'ENLÈVEMENT.

Pendant le repas quelque chose d'inaccoutumé avait lieu autour de la maison.

Dès que le jour baissa, de nouveaux opritchniks apparurent un à un, près de la palissade du jardin, au pied du mur d'enceinte de la cour, et pénétrèrent même jusque dans la cour. Les gens de Morozof n'y firent pas attention.

Quand la nuit fut complète, la maison de Morozof était entourée de tous côtés d'opritchniks.

L'écuyer de Viazemski sortit de table comme pour faire donner l'avoine aux chevaux ; mais, sans aller jusqu'aux écuries, il s'arrêta, regarda de tous côtés, s'approcha de la porte et siffla d'une façon particulière. Un individu s'approcha furtivement.

— Êtes-vous tous là ? demanda l'écuyer.

— Tous, lui fut-il répondu.

— Combien êtes-vous ?

— Cinquante.

— Bien, attendez le signal.

— Sera-ce bientôt ? Nous sommes las d'attendre.

— Je n'en sais rien. Mais écoute, Khomiak, le prince ne veut pas qu'on brûle ni qu'on pille la maison.

— Ne veut pas ! Est-il donc mon maître ?

— Grégoire Skouratof ne t'a-t-il pas mis à ses ordres ?

— Je lui obéirai, mais je n'obéirai qu'à lui et non à Morozof. J'aiderai le prince à enlever la boyarine, mais ensuite qu'il ne m'en demande pas davantage !

— Fais attention, Khomiak, le prince ne plaisante pas !

— As tu perdu la tête? dit Khomiak en souriant méchamment. Le prince fait son affaire et moi la mienne. Si je veux m'amuser, qu'est-ce que cela lui fait ?

Au moment où cette conversation avait lieu à la porte, Morozof, ayant quitté Sérébrany, entrait dans l'appartement de sa femme.

La boyarine n'était pas encore couchée. Elle avait quitté son kakochnik de perles. Ses tresses épaisses, à demi défaites, tombaient sur ses épaules. Hélène allait se déshabiller, mais, la tête penchée sur son épaule, elle avait oublié ce qu'elle faisait. Ses pensées erraient dans le passé. Elle se rappelait ses premières relations avec Sérébrany, ses espérances, son désespoir, l'offre de Morozof, le serment qu'elle avait fait. Sa mémoire lui représentait vivement comment avant ses fiançailles elle était allée, suivant la coutume des orphelins, sur la tombe de sa mère, comment elle avait placé au pied de la croix une coupe avec des œufs rouges et comment, l'évoquant par la pensée, elle lui avait donné le baiser de Pâques et demandé de bénir son union avec Morozof. Elle croyait alors qu'elle surmonterait son premier sentiment ; elle croyait qu'elle serait heureuse avec Morozof ; et maintenant.... Hélène se rappelait la cérémonie du baiser et son cœur se glaçait.

Le boyard entra inaperçu et s'arrêta sur le seuil. Son visage était austère et triste. Pendant quelque temps il regarda Hélène en silence. Elle était encore si jeune, si inexpérimentée, si inhabile à tromper, que Morozof ressentit une pitié involontaire.

— Hélène ! dit-il, pourquoi t'es-tu donc troublée pendant la cérémonie ?

Hélène frémit et dirigea vers son mari un regard plein de terreur. Elle aurait voulu tomber à ses pieds et lui dire toute la vérité, mais elle pensait que peut-être il ne soupçonnait pas encore Sérébrany et elle craignait d'attirer sur lui le courroux de son mari.

— Pourquoi t'es-tu troublée ? répéta Morozof.

— J'étais indisposée.... répondit Hélène d'une voix tremblante.

— C'est vrai, tu étais malade, non pas ton corps, mais ton âme. C'est ton âme qui est malade. Hélène, tu la perds !

La boyarine frissonna.

— Quand, ce matin, continua Morozof, Viazemski et ses opritchniks sont venus chez nous, je lisais le livre saint. Sais-tu ce que dit l'Écriture au sujet des femmes infidèles ?

— Mon Dieu ! murmura Hélène.

— Je lisais, continua Morozof, le châtiment réservé à...

— Seigneur, supplia la boyarine, sois miséricordieux ! Droujina, aie pitié de moi, je ne suis pas aussi coupable que tu le penses... Je ne t'ai pas trahi...

Morozof fronça les sourcils d'un air menaçant.

— Ne mens pas, Hélène. N'ajoute pas à tes fautes des paroles de ruse. Tu ne m'as pas trahi, parce que pour trahir il faut avoir été fidèle au moins un moment, et tu ne l'as jamais été....

— Droujina, aie pitié de moi !

— Tu ne m'as jamais été fidèle ! Quand nous fûmes unis, quand tu baisas la croix... tu songeais à un autre....

— Mon Dieu ! mon Dieu ! murmurait Hélène en couvrant son visage de ses mains.

—Hélène ! Hélène ! pourquoi ne m'as-tu pas dit la vérité ?
Hélène pleurait et ne répondit pas.

— Quand je te vis dans l'église, orpheline sans appui, ce jour où ils voulaient te donner par force à Viazemski, je résolus de te sauver d'un mariage qui te faisait horreur, mais j'espérai que tu ne déshonorerais pas mes cheveux gris. Pourquoi as-tu juré ? Pourquoi ne m'as-tu pas tout avoué ? En paroles tu étais avec moi, le cœur et la pensée étaient avec un autre ! Si j'avais connu ton sentiment, t'aurais-je épousée ? Je t'aurais cachée quelque part dans un domaine loin de Moscou, ou je t'aurais conduite dans un monastère ; mais je ne t'aurais pas épousée, Dieu le sait, je ne t'aurais pas épousée. Il valait mieux quitter e monde que de te marier en n'oubliant pas l'autre. Pourquoi n'as-tu pas quitté le monde ? Pourquoi avoir cherché la protection de mon nom pour plus tard en abuser ? Vous avez pensé : Morozof est faible, il nous sera facile de le tromper !

— Non, mon seigneur ! dit Hélène en sanglotant et tombant à genoux. Je n'ai jamais pensé cela. Ni dans le cœur ni dans l'esprit cela ne fut jamais. Il était alors en Lithuanie....

Au mot *il*, les yeux de Morozof lancèrent des éclairs, mais il parvint à se contenir et sourit amèrement.

— C'est vrai. Vous n'étiez pas liés alors, c'est plus tard quand il est revenu, la nuit, dans le jardin, près de la palissade.... Quand je venais de le recevoir et de l'embrasser comme un fils. Dis, Hélène, avez-vous donc pensé que je ne découvrirais pas vos projets, que je me laisserais mystifier, que je ne saurais pas vous punir ? Ce jouvenceau a-t-il donc cru que son abominable action resterait impunie ? Il n'a donc jamais lu la sainte Écriture ?

Hélène regardait son mari avec effroi. Les regards de celui-ci indiquaient une froide détermination.

— Droujina, dit-elle avec épouvante, que veux-tu faire?

Le boyard sortit de dessous son manteau un long pistolet.

— Que vas-tu faire? s'écria la boyarine, et elle recula involontairement.

Morozof sourit.

— Ne crains pas pour toi ! dit-il froidement, je ne te tuerai pas. Prends la lumière et marche devant moi !

Il examina le pistolet et s'avança vers la porte.

Hélène ne fit pas un mouvement. Morozof se retourna, et d'une voix impérieuse :

— Éclaire-moi, répéta-t-il.

En ce moment on entendit du bruit dans la cour. Plusieurs voix parlaient à la fois. Les serviteurs de Morozof s'entre-appelaient. Le boyard se mit à écouter.

Le bruit augmentait. On eût dit qu'une foule pénétrait dans le rez-de-chaussée. On entendit la décharge d'une arme à feu.

Hélène crut que Sérébrany venait d'être mis à mort par ordre de Morozof. La douleur lui rendit des forces.

— Boyard ! s'écria-t-elle et son regard étincelait, tuemoi ! tue-moi ! moi seule suis coupable.

Mais Morozof ne faisait aucune attention à ses paroles. Il écoutait, la tête penchée, et son visage exprimait l'étonnement.

— Tue-moi ! disait d'une voix désespérée Hélène. Je ne veux pas, je ne pourrai pas lui survivre ! Tue-moi ! je t'ai trahi ! je me suis raillée de toi ! tue-moi !

Morozof regarda Hélène, et si quelqu'un l'eût vu en cet instant, il eût eu peine à reconnaître dans son regard ce qui l'emportait en lui de l'indignation ou de la pitié.

— Droujina ! cria d'en bas une voix. Trahison ! perfidie ! Les opritchniks veulent enlever ta femme ! Veille, Droujina !

C'était la voix de Sérébrany. En l'entendant, Hélène s'élança dans un transport de joie vers la porte. Morozof repoussa sa femme, il tourna la clef et poussa les verroux.

Des pas rapides retentirent sur l'escalier, ensuite le bruit des sabres, puis des malédictions, une lutte, un grand cri et la chute d'un corps.

La porte craqua sous les coups.

— Boyard ! cria Viazemski, ouvre sinon je mets ta maison en morceaux.

— Je ne te crois pas, prince ! répondit avec dignité Morozof. Jamais on n'a vu en Russie l'hôte déshonorer celui qui l'a reçu, violer sa chambre nuptiale pour lui enlever sa femme. Mon hydromel est capiteux, il t'aura tourné la tête ; prince, va dormir, demain tout sera oublié. Moi seul n'oublierai pas que tu es mon hôte.

— Ouvre ! répéta le prince en poussant vivement la porte.

— Viazemski ! rappelle-toi qui tu es ? souviens-toi ! tu n'es pas un brigand, mais un prince et un boyard.

— Je suis un opritchnik ! entends-tu, boyard-opritchnik ! Je n'ai plus d'honneur ! je ne crains pas la honte ; je mettrai Moscou en feu, mais j'aurai Hélène !

Soudain la chambre s'éclaira vivement. Morozof vit par la fenêtre que le toit de l'habitation de ses gens était en feu. Au même moment la porte, assaillie de nouveaux coups, vola en éclats. Viazemski apparut sur le seuil éclairé par l'incendie, un tronçon de sabre à la main. Son vêtement de satin blanc était déchiré et couvert de sang. On voyait que ce n'était pas sans un rude combat qu'il était arrivé jusqu'à l'appartement de la boyarine.

Morozof tira sur Viazenski presque à bout portant, mais sa main le trahit : la balle alla s'enfoncer dans le chambranle de la porte ; le prince s'élança sur Morozof.

La lutte ne fut pas de longue durée. Un violent coup de

la poignée du sabre fit tomber Morozof à la renverse. Viazemski s'élança vers la boyarine, mais ses mains sanglantes ne l'avaient pas encore touchée qu'elle poussa un grand cri et perdit connaissance. Le prince la saisit par la main et la traîna vers l'escalier dont ses longs cheveux balayèrent les marches.

Des chevaux attendaient à la porte. Sautant en selle, le prince partit au galop avec la boyarine demi-morte. Ses serviteurs volèrent à sa suite.

L'épouvante était dans la maison de Morozof. Tous les communs étaient en feu. Les serviteurs, écrasés par les assaillants, poussaient des cris de désespoir. Les femmes de la boyarine couraient çà et là en gémissant. Les camarades de Khomiak dévalisaient la maison, accouraient à la porte et amassaient en tas de riches ornements, de l'argent et des habits précieux. Dans la cour, présidant au pillage et dominant de sa voix les cris et le bruit de l'incendie, se tenait Khomiak en caftan rouge.

— Vivat! disait-il en se frottant les mains, en voilà un banquet, quelle fête!

— Khomiak! lui cria un opritchnik, les domestiques ont emporté Morozof par la rivière. Faut-il courir après eux?

— Que le diable l'emporte! il n'est plus temps! Holà! vous autres, descendez tous dans la cour, sinon nous allons bientôt étouffer.

— Khomiak! dit un autre, que faut-il faire de Sérébrany?

Ne pas toucher à un cheveu de sa tête, ne pas le perdre de vue une minute. Nous allons conduire Son Excellence à la Sloboda et faire notre rapport. Vous l'avez vu tous attaquer le prince Viazemski, puis tomber sur nous?

— Oui, oui.

— Vous êtes prêts à le jurer et à baiser la croix devant le Tzar?

— Nous sommes tous prêts à baiser la croix.

— Alors que personne ne lui dise mot et, quand nous arriverons, Grégoire Skouratof saura lui faire payer son soufflet et moi, les coups de fouet qu'il m'a fait donner.

Les opritchniks continuèrent encore longtemps à piller, et quand ils s'en allèrent avec leurs chevaux chargés de butin, longtemps encore après leur départ on voyait une lueur au-dessus du lieu où s'élevait auparavant la maison de Droujina ; et la Moskva, qui coulait à côté, jusqu'au matin roula des flots dorés.

CHAPITRE XVII

LA PLAIE CHARMÉE.

Les voisins, en apprenant l'attaque des opritchniks et voyant la lueur de l'incendie, s'empressèrent d'aller éteindre le feu et de fermer les portes de la cour de Morozof.

— Seigneur, disaient en se signant ceux près desquels passaient comme un tourbillon Viazemski et ses serviteurs, Seigneur, aie pitié de nous! préserve-nous du malheur!

Et dès que le galop des chevaux s'éloigna et que l'on n'entendit plus le bruit des cottes de mailles dans les rues désertes, les habitants répétaient: — Dieu soit béni, le malheur a passé ! et ils se signaient de nouveau.

Pendant ce temps, le prince avait continué sa course effrénée et sa suite était déjà loin derrière lui. Il avait résolu d'atteindre, avant le jour, un village où l'attendaient des chevaux frais; de là il devait conduire Hélène dans son domaine de Rézan. Mais il n'avait pas fait cinq verstes quand il reconnut qu'il s'était trompé de chemin.

En même temps il s'aperçut que sa blessure à laquelle

dans la chaleur du combat, il n'avait fait aucune attention, lui causait maintenant une douleur insupportable.

— Boyarine! dit-il, mes serviteurs sont en arrière. Il faut attendre !

Hélène était un peu revenue à elle. En ouvrant les yeux, elle avait aperçu d'abord une lueur lointaine, puis elle distingua la forêt, puis la route, ensuite elle sentit qu'elle était sur le dos d'un cheval et qu'une main vigoureuse la soutenait. Peu à peu elle se rappela les événements de la journée ; tout à coup elle reconnut Viazemski et poussa un cri d'épouvante.

— Boyarine, dit le prince avec un sourire amer, je te fais peur? tu me maudis? Ce n'est pas moi qu'il faut maudire, Hélène, c'est le sort. En vain tu as voulu m'échapper. On ne peut fuir sa destinée. Il était écrit depuis ta naissance qu'un jour tu m'appartiendrais !

— Prince, murmura Hélène tremblante de terreur, si tu n'as plus de conscience, souviens-toi de l'honneur du boyard, pense à la honte...

— Je n'ai pas d'honneur, je n'ai pas de honte ! J'ai tout sacrifié pour toi, Hélène.

— Prince, souviens-toi du jugement de Dieu, ne perds pas ton âme.

— Il est trop tard, boyarine, répondit Viazemski en souriant, elle est déjà perdue ! Crois-tu que celui qui paie l'hospitalité comme je l'ai fait puisse sauver son âme ! Non, boyarine, cette nuit je l'ai perdue à jamais ! Hier, il était encore temps ; aujourd'hui pour moi plus d'espérance, plus de pardon, je suis maudit ! et je te préfère à la bénédiction du ciel, Hélène !

Viazemski s'affaiblissait de plus en plus. Il sentait son épuisement et se raidissait en vain. Le délire égarait sa raison.

— Hélène, dit-il, mon sang coule, mes serviteurs sont

loin... Il n'y a pas de secours à attendre, peut-être dans une heure irai-je dans les flammes éternelles... Aime-moi, aime-moi seulement une minute... afin que Satan n'ait pas mon âme pour rien ! Hélène, — continua-t-il en rassemblant ses dernières forces — aime-moi, toi qui fus l'espoir de ma vie et seras la cause de ma damnation...

Le prince voulut la presser dans ses bras sanglants, mais ses forces le trahirent, les rênes s'échappèrent de ses mains, il chancela et roula à terre. Hélène se retint à la crinière du cheval. Le cheval, ne sentant plus son cavalier, partit au galop. Hélène voulut l'arrêter, mais il se jeta de côté, prit à travers la forêt et emporta la boyarine avec lui.

Ils coururent longtemps dans une profonde obscurité. D'abord Hélène voulut retenir les rênes, espérant arrêter sa monture, mais bientôt ses mains faiblirent et, se cramponnant à la crinière, elle s'abandonna à la volonté de Dieu. Le cheval galopait sans relâche. Les branches sèches s'accrochaient aux vêtements d'Hélène, les feuilles fouettaient son visage. Quand elle traversait des clairières éclairées par la lune, il lui semblait voir dans la brume blanchâtre des ombres qui marchaient et l'appelaient à elles. Elle entendit un bruit lointain et uniforme répété par les échos. Était-ce les éclats de rire d'un loup-garou ou quelqu'autre bruit? mais le son devenait de plus en plus fort, le cœur d'Hélène se serrait d'épouvante, elle s'attachait plus fort à la crinière du cheval. Comme à dessein, le cheval galopait directement vers le bruit. Une lumière apparut, une espèce de fantôme blanc sembla agiter ses ailes.. Tout à coup le cheval s'arrêta et Hélène perdit connaissance. Quand elle reprit ses sens, elle était couchée sur une herbe épaisse. Autour d'elle se répandait une agréable fraîcheur, l'air était imprégné de l'odeur du bois ; le bruit continuait toujours, mais il n'avait rien de terrible : comme une vieille chanson, il berçait et calmait Hélène.

Elle ouvrit les yeux avec peine. Une grande roue, mise en mouvement par l'eau, tournait bruyamment en lançant autour d'elle une pluie d'écume. En réfléchissant les rayons de la lune, elle lui rappela les diamants dont ses suivantes la paraient le jour où Sérébrany arriva.

— Serais-je chez moi dans le jardin? pensa Hélène; serais-je encore dans le jardin? Mes filles, Pacha, Dounia, où êtes-vous?

Mais au lieu du visage frais de ses jeunes filles, une tête grise et ridée se pencha vers Hélène; une barbe blanche comme la neige toucha presque son visage.

— Admire comme le Seigneur t'a préservée, boyarine, dit le vieillard inconnu en regardant curieusement le visage d'Hélène; si le cheval avait pris un peu plus à gauche, tu serais tombée dans la rivière; mais, continue-t-il en se parlant à lui-même, ce cheval-là connaît le pays; grâce à Dieu! ce n'est pas la première fois qu'il vient au moulin.

L'apparition du vieillard avait effrayé Hélène; elle lui avait rappelé les récits des loups-garous; les rides et la barbe blanche de l'inconnu lui avaient causé une impression étrange; mais dans sa voix il y avait quelque chose de bienveillant. Hélène, changeant soudain de pensée, se jeta à ses genoux.

— Grand-père, grand-père! s'écria-t-elle, protège-moi, cache-moi!

Le meunier comprit tout de suite de quoi il était question : le cheval qui avait amené Hélène appartenait à Viazemski. Selon toute probabilité, c'était la boyarine Morozof elle-même. Il ne l'avait jamais vue, mais Viazemski lui en avait beaucoup parlé. Elle n'aimait pas le prince, demandait protection; il était probable qu'elle lui avait échappé sur son propre cheval. En une seconde, toutes ces circonstances se présentèrent à l'imagination du vieillard.

— Que Dieu t'ait en sa sainte garde, boyarine, dit-il!

Comment veux-tu que je te protége ? Le prince Viazemski est fort, son bras est long. Il écrasera un vieillard comme moi.

Hélène regarda le meunier avec terreur.

— Tu sais..., dit-elle, tu sais qui je suis ?

— J'en sais long, boyarine Hélène Morozof ! Pendant ma vie, l'eau m'en a beaucoup raconté et le chuchottement des arbres m'en a beaucoup appris ! J'en sais assez ; mais il faut savoir se taire.

— Grand-père, puisque tu sais tout, tu dois savoir que Viazemski ne te fera pas de mal, qu'il est maintenant étendu mourant sur le bord de la route. Ce n'est pas de lui que j'ai peur, grand-père, j'ai peur des opritchniks et des serviteurs du prince... Pour l'amour de Dieu, grand père, cache-moi !

— Ah ! ah ! dit le vieillard en respirant longuement, le prince est étendu mourant sur la route ! Mais ce n'est pas par l'épée qu'il doit mourir. Le prince se relèvera, il galopera jusqu'au moulin et dira : Où est la boyarine, ma bien-aimée, la flamme ardente de mon cœur ? Et quelle réponse lui ferai-je ? Ce n'est pas un homme à qui l'on puisse en faire accroire. Il me coupera en morceaux.

— Grand-père, voilà mon collier, prends-le ! Je te donnerai encore davantage si tu me sauves.

Les yeux du meunier étincelèrent. Il prit le collier de perles des mains de la boyarine et se mit à l'admirer au clair de la lune.

— Boyarine, ma colombe, dit-il d'un air joyeux, que le Seigneur très-miséricordieux et les saints patrons de Moscou e bénissent ! Il ne me sera pas facile de te cacher aux gens du prince si par malheur ils viennent ici ! Seulement, je ferai tout mon possible ! et que Dieu nous vienne en aide.

Le vieillard n'avait pas fini de parler qu'on entendit le galop d'un cheval dans la forêt.

— Ils viennent, ils viennent ! s'écria Hélène, ne me livre pas, grand-père !

— Suis-moi par ici, boyarine.

Le meunier conduisit à la hâte Hélène dans le moulin.

— Cache toi derrière ces sacs, dit-il. Il ferma la porte sur elle et courut au cheval.

— Ah ! mon Dieu ! où mettre ce cheval pour qu'ils ne le voient pas.

Il le prit par la bride, l'emmena de l'autre côté du moulin où il y avait des ruches d'abeilles et l'attacha à des buissons derrière les ruches.

Pendant ce temps, le galop des chevaux et la voix des gens s'étaient rapprochés. Le meunier s'enferma dans sa grange et souffla sa torche.

Bientôt les gens de Viazemski apparurent dans la clairière. Deux des serviteurs allaient à pied et portaient sur des branches entrelacées le prince évanoui. Ils s'arrêtèrent près du moulin.

— Nous sommes arrivés? demanda le chef des cavaliers.

— C'est ici que le cheval est venu. J'ai suivi ses traces, et le magicien habite ce moulin, ajouta un des serviteurs. Il faut l'appeler pour qu'il examine la blessure du prince.

— Déposez Son Excellence à terre et faites attention ! Le sang ne s'arrête pas?

— Non, répondirent les serviteurs ; trois fois, pendant la route, le prince a ouvert les yeux et aussitôt il a reperdu connaissance. Si le meunier ne parvient pas à arrêter le sang, le prince ne s'en relèvera pas, il mourra d'épuisement.

— Où est-il, ce sorcier maudit? Amenez-le vite.

Des opritchniks se mirent à frapper à la porte du moulin et de la grange. Pendant longtemps leurs coups et leurs cris restèrent sans réponse. Enfin, on entendit dans la grange une toux violente et la tête du meunier apparut par un trou pratiqué dans la porte.

— Qui le Seigneur peut-il nous envoyer à une pareille heure? dit le vieillard en toussant avec une telle force qu'il paraissait vouloir rendre l'âme.

— Ouvre, sorcier, ouvre vite, viens arrêter le sang! Le boyard prince Viazemski est blessé d'un coup de sabre.

— Quel boyard? demanda le vieillard en feignant la surdité.

— Ah! coquin, tu interroges? Enfoncez la porte, enfants!

— Arrêtez! mes amis, arrêtez! je sors. Pourquoi briser la porte? je sors!

— Ah! à la fin, tu as compris, vieux coq!

— Ne t'offense pas, seigneur cavalier, dit le meunier en sortant; j'ai l'oreille un peu dure et ensuite, pour dire la vérité, quand je vous ai entendus essayant d'enfoncer la porte et d'abattre le mur, j'ai eu peur. Mon Dieu, ai-je pensé, ce sont les brigands! C'est que, voyez-vous, mes seigneurs, leur repaire n'est pas loin d'ici. Je vis dans des transes perpétuelles : que Dieu me protége!

— Allons, assez jasé! Viens ici, regarde : vois-tu comme le sang coule? Peux-tu l'arrêter?

— Je vais examiner, mes seigneurs. Oh! qui lui a fait une pareille coupure? Un demi-pouce plus bas l'artère était coupée! Allons, Dieu l'a protégé! Et ici! l'épaule est coupée presque jusqu'à l'os, la clavicule est peut-être entamée. Qui a donné un pareil coup à Son Excellence?

— Peux-tu arrêter le sang, vieillard?

— C'est difficile, mes seigneurs, difficile. Le sabre était charmé.

— Charmé, entendez-vous, enfants, je l'avais dit, charmé; autrement, comment à lui seul en aurait-il abattu six?

— C'est vrai, c'est vrai! répétèrent les opritchniks : certainement il était charmé. Sans cela, comment Sérébrany en aurait-il tué six?

Le meunier écoutait et remarquait tout.

— Voyez comme le sang coule, continua-t-il ! comment l'arrêter ? si le sabre n'eût pas été charmé ! Mais maintenant... maintenant je crois qu'on le peut encore, mais j'ai peur et, quand je ferai la conjuration, ma langue s'engourdira.

— Cela ne fait rien, va toujours.

— Oui, cela ne fait rien ; mais que me donnerez-vous ?

— Istoma ! dit un opritchnik à l'un des serviteurs, donne un des sacs de roubles de Morozof. Voilà pour toi, vieillard, une poignée d'or. Si tu arrêtes le sang, tu en auras une autre ; si tu ne l'arrêtes pas, je t'étrangle.

— Merci, seigneur, merci, que Dieu et tous les saints te récompensent. Je vais essayer, quand je devrais amasser le malheur sur ma tête. Écartez-vous, l'opération craint les regards.

Les opritchniks s'éloignèrent. Le meunier se pencha sur Viazemski, banda ses blessures, récita l'oraison dominicale, plaça la main sur la tête du prince et se mit à chuchotter :

Un vieillard chevauchait sur un cheval bai, il courait par chemins, par sentiers, dans les lieux les plus reculés. Toi, sang des veines, sang du corps, arrête et remonte encore ! C'est le vieillard qui l'a dit, repose-toi, que sa volonté s'accomplisse !

A mesure que le vieillard marmottait le sang coulait plus lentement. Au dernier mot, il s'arrêta tout à fait. Viazemski soupira, mais n'ouvrit pas les yeux.

— Approchez, mes seigneurs, dit le meunier, approchez sans crainte ; le sang est arrêté, le prince vivra ; mais il m'en a coûté, je sens déjà ma langue qui s'engourdit.

Les opritchniks entourèrent le prince. La lune éclairait son visage pâle comme la mort, mais le sang ne sortait déjà plus de sa blessure.

— Le sang est véritablement arrêté. Voyez ce vieux coquin ! il n'a pas manqué son coup.

— Voilà tes pièces d'or, dit le plus âgé des opritchniks. Seulement ce n'est pas tout. Écoute, vieillard. Nous savons par les traces que le cheval du prince a passé par ici et peut-être la boyarine était-elle encore dessus. Les as-tu vus, parle ?

Le meunier écarquilla les yeux comme s'il ne comprenait pas.

— As-tu vu un cheval monté par une boyarine ?

Le vieillard était indécis s'il devait parler ou non ; mais il fit aussitôt le calcul suivant.

Si Viazemski était bien portant, chercher à lui cacher la boyarine serait très-dangereux et la lui livrer, très-profitable. Viazemski en reviendra-t-il ? Dieu le sait. Mais Morozof ne laissera pas un service sans récompense, non plus que ce Sérébrany qui paraît aimer la boyarine pour tout de bon, puisque pour elle il a presque tué le prince. Le meunier fit ce calcul : Viazemski ne me chagrinera pas pour le moment ; or, Morozof et Sérébrany me diront, chacun de leur côté, merci quand je leur rendrai la boyarine. Ce calcul mit fin à ses doutes.

— Je n'ai rien vu ni entendu, mes seigneurs, dit-il ; et je ne sais ni de quel cheval ni de quelle boyarine vous voulez parler.

— Dis-tu la vérité, vieillard ?

— Que je sois maudit ! que je sois damné ! que le tonnerre m'écrase si je sais quelque chose au sujet de ce cheval et de cette boyarine !

— Donne une torche, nous allons voir s'il n'y a pas de trace sur le sable.

— Il est inutile de regarder, dit l'un des opritchniks, s'il y a eu des traces, nos chevaux les ont effacées. Maintenant nous ne verrons plus rien.

— Alors ouvre-nous ta grange, que nous y déposions le prince.

— A l'instant, mes seigneurs, à l'instant. Si je n'étais pas si vieux, j'irais à la maison de poste vous chercher de la bière et de l'eau-de-vie.

— N'as-tu donc rien, ici ?

— Rien, mes seigneurs. Que peut avoir un pauvre homme comme moi ? Je n'ai ni eau-de-vie, ni provisions, ni avoine pour vos chevaux. A la maison de poste il y a de tout cela en abondance. Il y a une eau-de-vie comme on n'en boit qu'à la table du Tzar. Vous ne serez pas à votre aise chez moi, respectables seigneurs, rien à se mettre sous la dent, et vous serez obligé de vous passer de souper. Vos chevaux broutent l'herbe ; or, faites-y attention, l'herbe d'ici est mauvaise, un cheval qui en mange, ne tarde pas à enfler ! Il enfle, il enfle, puis il crève.

— Le diable t'emporte, vieille corneille ! allons-nous laisser crever nos chevaux ?

— Dieu préserve, seigneurs ! on peut attacher les chevaux de manière à ce qu'ils ne puissent pas brouter l'herbe ; une nuit est bientôt passée. Et vous, seigneurs, entrez dans mon logis ; vous n'y trouverez ni foin ni paille, la terre toute nue. Ce n'est pas comme dans la maison de poste. Mais seulement avant de vous endormir, n'oubliez pas de dire la prière qui chasse les apparitions nocturnes ; cette maison est hantée.

— C'est donc la baraque du diable que cette grange ! Que l'enfer vous engloutisse tous les deux ! En voilà un gîte pour la nuit ! Enfants, allons à la poste ! Y a-t-il loin, vieillard ?

— C'est ici tout près, mes seigneurs, tout près. Vous prendrez ce sentier ; quand vous arriverez sur la grande route, tournez à gauche, vous n'aurez pas plus d'une verste à faire et vous trouverez la maison de poste.

— Allons ! dirent les opritchniks.

Viazemski était encore évanoui. Les serviteurs le soulevèrent avec précaution et l'emportèrent sur le brancard. Les opritchniks montèrent à cheval et suivirent.

Dès que la troupe se fut éloignée et qu'il n'entendit plus le bruit des voix dans la forêt, le vieillard ouvrit le moulin.

— Boyarine ! ils sont partis ! dit-il, entre dans la grange. Ah ! ma pauvre abeille effarouchée ! comme tu t'étais cachée ! Viens dans la grange, ma colombe, tu y seras mieux.

Il étendit de la mousse fraîche dans un coin de la grange, alluma une torche et plaça devant Hélène une écuelle de bois où il y avait du miel et un morceau de pain.

— Mange pour te maintenir en santé, boyarine ! dit-il en la saluant très-bas ; je vais tout à l'heure t'apporter du vin.

Il courut une seconde fois au moulin et en rapporta une bouteille à ventre plat et un gobelet en terre.

— A ta santé, boyarine !

Le vieillard, en sa qualité de maître de maison, vida le premier le gobelet. Le vin le mit en gaîté.

— Bois, boyarine ! dit-il, maintenant tu n'as plus rien à craindre. Ils cherchent la maison de poste ; hé ! hé ! la trouveront-ils ? ne la trouveront-ils pas ? Dans tous les cas, ils ne reviendront pas ici ; je leur ai fait prendre une bonne route, hé ! hé ! Mais boyarine, est-ce que le vin ne te plaît pas ? Laisse-le, s'il est mauvais ; crache dessus, je vais t'en apporter d'autre.

Le meunier courut de nouveau au moulin et en revint avec un flacon sous le bras et un gobelet d'argent à la main.

— En voilà du vin, du bon vin ! dit-il en inclinant le flacon sur le gobelet. A ta santé, boyarine ! Ce vin et ce gobelet m'ont été donnés par un brave homme... on l'appelle Persten. Hé! hé! Il y a par ici beaucoup de braves gens qui vivent dans la forêt : je suis leur ami à tous. Mange, boyarine! Pourquoi ne goûtes-tu pas ces rayons de miel? Ce n'est pas du miel ordinaire, tu n'en trouverais pas de pareil à cent verstes à la ronde, et pourquoi? parce que je me connais en abeilles mieux que qui que ce soit. Je ne suis pas comme tout le monde. Chaque année je jette dans le marais au père des eaux mes meilleures ruches : voilà pour toi, père, mange! Hé! hé! Et lui, boyarine, que Dieu le garde en santé! lui prend soin de mes autres ruches. C'est lui qui a amené les abeilles sur la terre. Un jour que son cheval était fatigué, il le jeta dans un marais : ce fut de ce cheval que naquirent les abeilles; et les pêcheurs jetèrent leurs filets et ramenèrent des abeilles au lieu de poissons... Eh! boyarine, tu manges peu, tu ne bois pas! Voyons si je ne vais pas te forcer à goûter de ce petit vin. A la santé... hé! hé! à la santé du prince... du prince, c'est-à-dire, pas de celui-ci, mais de Sérébrany! Que Dieu lui donne la santé, as-tu vu comme il a arrangé l'autre, c'est-à-dire Viazemski! Et ce boyard Droujina, hé! hé! A sa santé, boyarine! Tu resteras ici cachée pendant deux jours, puis nous irons où tu voudras, soit chez Droujina, soit chez Sérébrany, cela m'est égal, à ta santé!

Les paroles du meunier ivre retentissaient étrangement et bizarrement dans le cœur d'Hélène. Ses pensées les plus cachées lui semblaient connues; on eût dit qu'il lisait dans son cœur : la torche accrochée à la muraille éclairait d'une vive lumière son visage ridé; ses yeux gris étaient obscurcis par l'ivresse, cependant ils semblaient pénétrer Hélène de part en part. Sa peur la reprit, elle se mit à prier à haute voix.

— Hé! hé! disait le meunier, prie, prie, cela ne me fait pas peur... la prière ne m'effraie pas, je ne m'en irai pas en fumée, je ne suis pas le premier venu .. le père des eaux me connaît et le père des forêts aussi ; les naïades, les fées, les lutins me connaissent, tous me connaissent... moi... moi... Tiens, veux-tu, je vais les appeler ? Chikal ! Likal !

— Mon Dieu ! murmurait Hélène.

— Chical ! Likal ! eh bien ? Elles viendront. Attends, je vais les chercher. Bdou, bdou !

Le vieillard se leva et, moitié trébuchant, moitié dansant, il sortit de la grange. Hélène épouvantée ferma la porte sur lui. Pendant longtemps elle entendit le meunier se parlant à lui-même.

— Tous me connaissent, répétait-il d'une voix de moins en moins assurée, et le père des forêts et le père des eaux... et les naïades... et les lutins. Je ne suis pas le premier venu... tous me connaissent ; bdou, bdou !

On entendit le vieillard danser et sauter en cadence, puis sa voix faiblit, il se coucha sur le sol et bientôt retentit son ronflement sonore, qui pendant toute la nuit se joignit au bruit que faisait, en tournant, la roue du moulin.

CHAPITRE XVIII

UNE VIEILLE CONNAISSANCE.

Le lendemain du sac de la maison de Morozof, un cavalier déjà âgé et monté sur un cheval noir, traversait la forêt silencieuse. A chaque instant, il levait son chapeau et semblait écouter quelque chose.

— Doucement, Galka, tiens-toi tranquille, disait-il en passant la main sur le cou de son cheval. Voyez, quelle bête indocile ! elle m'empêche de rien entendre. Allons, je me serai trompé, je ne reconnais rien ! Toujours des tilleuls et des noyers, il est vrai que quand nous sommes passés par ici, il faisait nuit comme dans un four.

Et le cavalier continua son chemin.

— Attends, Galga ! dit-il tout à coup en retenant les rênes, il me semble que j'entends quelque chose. Tiens-toi tranquille, ou je vais te corriger. C'est vrai, j'entends un bruit ! Ce n'est pas le bruit des feuilles, c'est la roue d'un moulin ; mais où diable est-il ce moulin ? mais attends ! maintenant je ne le perdrai pas, ce neveu d'une sorcière.

Et Michée, comme s'il eût craint de perdre de nouveau son chemin, partit au galop dans la direction du bruit.

— Dieu soit béni, dit-il, quand entre les arbres il aperçut les murs couverts de mousse et la roue qui tournait, — m'y voilà enfin ; j'aurais fini par en perdre la tête : tantôt le bruit en avant, tantôt en arrière et puis rien ; le voilà le moulin ! C'est de ce côté que nous sommes venus avec le boyard quand les brigands nous ont conduits ici. Mais comment cela se fait-il ? La roue était alors à droite, maintenant elle est à gauche ; la grange avait sa croisée tournée vers le moulin et sa porte vers la forêt ; à présent la porte est du côté du moulin et la fenêtre sur la forêt. Voyons, est-ce bien mon moulin ? Mais oui, il n'y en a pas d'autres par ici ; j'ai tourné autour depuis ce matin ; c'est égal s'il ne s'agissait pas de sauver le boyard, pour rien au monde je ne viendrais de ce côté.

Michée descendit de cheval, attacha Galka à un arbre, approcha avec une certaine frayeur du moulin et frappa à la porte.

— Meunier, hé meunier !

Personne ne répondit.

— Meunier, hé meunier !

L'intérieur du moulin resta silencieux : on entendait seulement le bruit que faisaient les meules et les pignons en tournant.

Michée essaya de pousser la porte, elle était fermée.

Où est-il donc le vieux diable ? dort-il ou s'est-il caché ? pensait Michée en frappant de toutes ses forces avec ses pieds et ses mains. Pas de réponse. Michée commença à se mettre en colère.

— Eh, vieux coquin ! cria-t-il : réponds ou je mets le feu à la baraque !

— On entendit tousser et, par un petit guichet au-dessus de la porte, apparurent une barbe blanche et un visage ridé au milieu duquel brillaient deux yeux gris.

Michée se sentit mal à son aise en présence du meunier.

— Bonjour, mon maître! dit-il d'une voix caresssante.

— Que le Seigneur te garde! répondit le meunier : que veux-tu, brave homme ?

— Tu ne me reconnais pas, mon maître? j'ai pourtant passé la nuit chez toi avec un boyard il y a peu de temps.

— Avec ce prince? Comment ! si je m'en souviens ! Je te reconnais maintenant. Que veux-tu, mon ami, qu'est-ce qui t'amène?

— Mais comment, maître, te caches-tu donc comme un hibou dans son trou ? ouvre-moi, ou sors ; converser ainsi n'est pas commode !

— Attends, mon ami, laisse-moi seulement verser un peu de grain, et j'irai aussitôt te rejoindre.

« Oui, pensait Michée ; je voudrais bien voir le blé que tu verses, compère du diable ! je suis sûr que ce sont des os de juifs que tu mouds pour les sorciers ? Qui peut apporter du blé ici ? voyez quel recoin ! il n'y a seulement pas de route pour y arriver !

— Me voilà, brave homme, dit le meunier, en fermant avec soin derrière lui la porte du moulin.

— Enfin ! tu t'es assez fait prier.

— Que veux-tu, compère, je ne demeure pas dans un bazar mais en pleine forêt et il ne convient pas d'ouvrir à tout le monde; un malheur est bien vite arrivé : on voit bien un homme, mais il faut savoir si c'est du blé béni qu'il a à sa ceinture, ou s'il y cache des pierres.

Voyez le vieux serpent! pensait Michée, il fait semblant de craindre les voleurs et je suis sûr qu'il court la nuit avec les loups-garous.

— Allons, compère, que me veux-tu? conte-moi cela, je t'écoute.

— Voilà de quoi il s'agit, maître : Il est arrivé un grand malheur; ces opricbniks maudits se sont emparés de mon maître, ils l'ont enchaîné et ils l'ont conduit à la Sioboda où il est maintenant sans doute en prison; et pourquoi? Dieu le sait; il n'a offensé ni le Tzar, ni l'État; il s'est mis seulement du côté du bon droit en défendant le boyard Morozof et sa femme quand, au milieu d'un festin, ils les ont attaqués et réduit leur demeure en cendres.

Les yeux du meunier prirent une expression étrange.

— Oh, oh, oh! dit-il; — c'est fâcheux, fâcheux, compère; fâcheux pour le poisson de se jeter dans la nasse, fâcheux pour ton prince d'être enfoncé dans un cachot, plus fâcheux pour Morozof d'avoir perdu sa jeune femme, encore plus fâcheux pour Viazemski d'avoir pris la femme d'un autre.

Michée ouvrit de grands yeux.

— Comment sais-tu que Viazemski a enlevé la femme de Morozof? Je ne t'en ai pas parlé.

— Eh, compère! je ne sais pas seulement ce qu'on me dit; parfois on frappe loin dans la forêt et le bruit retentit près d'ici; quand l'eau baisse sous la roue du moulin, c'est qu'il y a une sécheresse à cent verstes en amont et que la récolte sera mauvaise; le vieillard, qui vit silencieux dans la solitude, écoute pousser l'herbe et apprend ainsi le secret des choses.

— Eh bien! maître, ne sais-tu pas un moyen de venir au

secours du boyard? J'ai tout pesé, tout ressassé dans ma pauvre tête et je ne trouve rien. Alors, je me suis dit: j'irai trouver le bon meunier, je lui demanderai conseil. Et je me suis rappelé aussi ce brave jeune homme qui nous a conduits chez toi. En nous quittant, il me dit : si le prince a besoin de moi, viens au moulin, demande au grand-père où est Vanioukha Persten ? je serai toujours prêt à servir le boyard, même quand il faudrait y risquer ma vie. Je suis donc venu te trouver, maître, dis-moi ce qu'il faut faire ; si nous réussissons, le prince Nikita ne t'oubliera pas et moi, pauvre malheureux, je te serai dévoué le reste de mes jours.

Que la terre t'engloutisse, neveu d'une sorcière ! ajouta mentalement Michée, — être réduit à implorer ça !

— Il faut toujours essayer d'éviter un malheur. Le cas est mauvais, je l'avoue, mais avec une tenaille on retire un creuset des flammes et il arrive quelquefois que le grain sort de la meule sans avoir été écrasé; chacun a sa chance.

— C'est vrai, maître, avec de la chance un œuf donne naissance à un coq; sans chance, il n'en sort pas même un puceron, mais je t'en supplie, dis-moi nettement ce qu'il faut que je fasse maintenant.

Le meunier baissa la tête et parut écouter le bruit de la roue.

Quelques minutes s'écoulèrent. Le vieillard balança lentement la tête et se mit à parler sans faire attention à Michée.

La roue tourne, tourne, ce qui était en haut est en bas, ce qui était en bas est en haut ; j'entends la cloche qui retentit au loin, sont-ce des funérailles ou un mariage ? et qui marie-t-on, qui enterre-t-on ? je ne puis l'entendre, l'eau bruit, une grande fumée m'empêche de le voir. Les corbeaux arrivent de tous côtés, ils s'entre-appellent pour un riche festin, mais qui vont-ils déchirer? A qui vont-ils crever les yeux ? Eux-mêmes n'en savent rien, ils volent et ils croassent. La hache est aiguisée, le bourreau est prêt ; sur les planches de chêne coulent des ruisseaux d'un sang chaud, les têtes sont tranchées d'un seul coup, mais je ne vois pas quelles têtes.

Michée frissonnait.

— Que dis-tu donc, grand-père, tu marmottes comme à un office des morts.

Le meunier ne parut pas entendre Michée. Il ne dit plus rien, mais ses lèvres continuèrent à s'agiter comme s'il se fût parlé à lui-même, ses yeux gris étaient si ternes qu'ils paraissaient ne rien voir.

— Grand-père, eh ! grand-père ! et Michée le tira par la manche.

— Quoi ? répartit le meunier se tournant vers Michée, comme s'il l'apercevait pour la première fois.

— Qu'est-ce que tu marmottes, grand-père ?

— Eh compère ! on entend beaucoup, on dit peu ; prends maintenant le sentier qui passe à côté du sapin. Va toujours devant toi, tu rencontreras beaucoup de tournants à droite et à gauche, va toujours tout droit ; quand tu auras fait cinq verstes, tu verras sur le côté une izba, dans cette izba pas une âme. Reste-là jusqu'à la nuit ; de braves gens viendront qui t'en diront davantage. Quand tu reviendras, passe par ici, tu trouveras de l'ouvrage ; l'oiseau du Paradis a échappé au ravisseur, tu le ramèneras au roi de Dalmatie et nous partagerons la récompense.

Et, sans attendre de réponse, le vieillard rentra dans le moulin et ferma la porte sur lui.

— Grand-père ! lui cria Michée, explique-toi intelligiblement, de quels gens veux-tu parler ? de quel oiseau ?

Mais le meunier ne répondit pas et, quoique Michée écoutât de toutes ses oreilles, il n'entendit que le bruit de l'eau et le grincement de la roue.

Allons, le neveu d'une sorcière ! dit l'écuyer, où m'envoie-t-il ? à cinq verstes je trouverai une izba, j'y attendrai jusqu'à la nuit, et là le diable sait ce qui arrivera. Je voudrais t'y voir à ma place, vieux gredin ! S'il ne s'agissait pas du prince, je prendrais joliment le large ! peuh ! Allons, Galka ! il faut en prendre son parti, cherchons donc cette izba du diable.

Et, enfourchant son cheval, Michée se mit à galoper dans la direction indiquée par le meunier.

XIX

LE RUSSE N'OUBLIE JAMAIS UN BIENFAIT.

Il était déjà tard lorsque Michée aperçut, un peu à l'écart du sentier, une izba, noire et enfumée, plus semblable à un champignon monstrueux qu'à une habitation humaine. Le soleil venait de se coucher. Des bandes de brouillard s'élevaient sur les hautes herbes d'une clairière voisine. Il faisait frais et humide. Les oiseaux avaient cessé leur ramage, quelques-uns encore entamaient leur chant du soir et s'endormaient sur les branches avant de l'avoir terminé. Peu à peu ceux-ci se turent aussi et, au milieu du silence général on n'entendit plus que le murmure d'un ruisseau invisible et de temps à autre le bourdonnement des scarabées de nuit.

— Nous voilà arrivés, dit Michée en regardant autour de lui — et, comme il l'a dit, pas âme qui vive ! J'attendrai, j'examinerai, nous verrons le conseil qu'on me donnera. Mais, que Dieu me protége ! s'il allait venir quelque… peuh ! Je ferai le signe de la croix. Comme j'aurais tordu le cou à ce meunier s'il n'avait pas fallu sauver le prince.

Michée mit pied à terre, posa des entraves à Galka, le débrida et le laissa aller à la grâce de Dieu.

— Va brouter l'herbe, dit-il, moi je vais entrer dans l'izba, si elle n'est pas fermée, je verrai de mon côté à trouver quelque chose ; la faim est une triste compagne.

Il donna un coup de pied dans la porte basse ; le bruit sec qu'elle fit en s'ouvrant retentit étrangement dans ce lieu inhabité. On eût dit un gémissement humain. Quand elle eut fini de tourner sur ses gonds et qu'elle frappa la paroi du mur, Michée se baissa et entra dans l'izba. Elle était dans une obscurité profonde. Ayant cherché à tâtons, il rencontra sur la table une croûte de pain qu'il se mit à manger à belles dents. Puis il s'approcha du foyer, fouilla dans la cendre, y trouva quelques charbons encore brûlants qu'il réussit à enflammer non sans peine et alluma une torche placée sur le banc. Entre le poêle et la muraille il y avait des porte-manteaux. Plusieurs vêtements y étaient suspendus, entre autres un caban galonné et taillé comme celui des boyards ; un casque richement damasquiné d'or pendait à un clou. Mais ce qui, plus que tout le reste, attira l'attention de Michée et le réconcilia un peu avec ses hôtes inconnus, fut une image, noire de fumée, placée près de la porte.

Michée se signa plusieurs fois devant l'image, puis il éteignit la torche, s'étendit sur le banc, bailla et s'endormit du sommeil du juste. Il ronflait paisiblement, quand un coup de poing le jeta brusquement hors du banc.

— Qui va là ? cria Michée en se réveillant — qui m'a frappé ? fais attention, neveu d'une...

Devant lui se tenait un homme robuste à la barbe mêlée, un large coutelas à la ceinture, et se disposant à lui appliquer un autre coup de poing.

— Ne frappe pas ! lui dit un vigoureux garçon dont la barbe commençait à peine à paraître, — que t'a-t-il fait, hein ? En disant cela il repoussa son compagnon et, prenant sa place, se mit à contempler Michée avec des yeux étonnés.

— Il a les cheveux gris! remarqua-t-il avec une sorte de respect.

— Toi, veau marin, de quoi te mêles-tu? s'écria le premier : est-ce ton père ou ton parent?

— Cela me fait qu'il est vieux. Regarde ses cheveux gris, je te dis, ne le touche pas ou je me fâche.

Un immense éclat de rire retentit parmi les gens qui entraient en masse dans l'izba.

— Attention, Khlopko! dit l'un d'eux, prends garde à toi! si Mitka se fâche, il t'en cuira; il ne fait pas bon avec lui dans ces moments-là.

Que le diable t'enlève! répondit Khlopko en se rangeant de côté; en vivant dans les bois nous y avons ramassé un ours.

D'autres hommes, tous armés, entourèrent Michée et l'examinèrent d'un air assez peu aimable.

— D'où cette chauve-souris nous est-elle tombée, dit l'un d'eux en le regardant droit dans les yeux.

Pendant ce temps Michée parvenait à se remettre.

Eh! pensa-t-il, — les voilà, ce sont les brigands! Bonsoir, bonnes gens! Quel est celui d'entre vous qui s'appelle Vanioukha Persten?

— C'est l'ataman que tu demandes? Pourquoi n'as-tu pas parlé tout de suite? Si tu avais ouvert la bouche plus tôt, tu n'aurais pas eu de torgnoles.

— Voilà l'ataman! ajouta un autre en indiquant Persten qui entrait en compagnie du vieux Korchoun.

— Ataman! crièrent les brigands, — voilà un homme qui te demande.

Persten jeta un coup d'œil rapide sur Michée et le reconnut immédiatement.

— Ah! c'est toi camarade, dit-il : — Sois le bien venu! et comment va Son Excellence le prince? Comment s'est-il porté depuis le jour où nous avons si bien frotté les opritchniks de Maliouta? Ils ont eu leur compte à la mare du diable. Le malheur c'est que Maliouta ait réussi à se sauver et que ce bœuf de Mitka ait lâché Khomiak. Ils feront bien de ne pas me retomber dans les mains. Comme le Tzar a dû être content de revoir le Tzarévich ! Je suis sûr qu'il n'a su comment récompenser le prince Nikita.

— Oui ! répondit avec un soupir Michée. — Le tzar Ivan Vasiliévitch, que Dieu le garde en santé ! a été si content de retrouver son fils qu'il n'a plus pensé à mon maître. Seulement les opritchniks sont plus furieux contre lui que jamais. Il est vrai qu'ils n'ont pas sujet de nous aimer. Une première fois, nous les avons rossés et fouettés d'importance à Medvyka ; plus tard, à la mare du diable, Maliouta a reçu un fameux soufflet et hier, à Moscou, le boyard est encore venu troubler leurs affaires. Mais cette fois-ci, ils sont tombés dessus en masse, ils l'ont terrassé, puis garrotté et transporté à la Sloboda. Ce ne serait peut-être pas grand'chose, mais ce Maliouta, fils de chien, va faire son possible pour venger son soufflet.

— Hem ! dit Perscen en s'asseyant sur un banc — ainsi le Tzar n'a pas fait pendre Maliouta? Est-ce possible ! Allons, c'est lui le maître. Que comptes-tu faire?

— Mais quel nom te donner en implorant ton secours, frère Ivan ?

— Appelle-moi Vanioukha et qu'il n'en soit plus question.

— Eh bien ! frère Vanioukha, je ne sais moi-même que faire. Ne pourrais-tu pas me venir en aide? Deux conseils valent mieux qu'un. C'est à toi seul que le meunier m'envoie : Va, a-t-il dit, va trouver l'ataman, il t'aidera, j'ai déjà reconnu par ma voix que tout lui réussira et qu'il retirera de grands avantages de cette affaire ; va trouver l'ataman !

— Moi? Il a dit moi?

— Toi, frère, toi. Va, a-t-il dit, vers l'ataman, salue-le

de ma part, dis-lui de faire tout son possible pour sauver le prince. Je vois déjà qu'il réussira et obtiendra une riche récompense. Qu'il délivre le prince ! Je n'oublierai pas, a-t-il dit, ce service. Si l'ataman ne sauve pas le prince, rien ne lui réussira désormais; il séchera comme une plante sans eau et ne se relèvera plus.

— Il a dit cela ! répéta Persten en baissant les yeux et paraissant réfléchir, — je sécherai...!

— Oui, frère, tes bras et tes jambes, a-t-il dit, sécheront; et il aura sur la tête de telles horreurs que la pensée seule en est affreuse.

Persten releva la tête et regarda Michée fixement.

— Il n'a pas ajouté autre chose ?

— Si, frère, continua Michée, en jetant un coup d'œil de côté sur une énorme écuelle pleine de soupe que les brigands venaient de placer sur la table, — le meunier a ajouté ceci : Dis à l'ataman qu'il te reçoive et nourrisse comme si c'était moi-même. Mais surtout qu'il délivre le prince ! Voilà, frère, tout ce que le meunier a dit.

Et Michée releva les yeux sur l'ataman pour découvrir quelle impression ses paroles avaient produite.

Mais Persten, après l'avoir regardé encore plus fixement, partit tout à coup d'un éclat de rire aussi joyeux que formidable. — Eh ! mon vieux ! Ainsi le meunier t'a dit que, si je ne sauvais pas le prince, j'étais perdu ?

— Oui, frère, répondit l'écuyer un peu ahuri — et les bras et les jambes...

— Tu es rusé, mon bonhomme, interrompit Persten, en lui frappant sur l'épaule et continuant à rire, seulement tu m'as pris pour un autre en essayant de m'en faire accroire. Assieds-toi avec nous, ajouta-t-il, en s'approchant de la table. — Sois le bienvenu ! voilà une cuillère, soupons, si je puis aider le prince, je n'ai pas besoin de tes contes pour le faire. Mais comment lui venir en aide ? N'est-il pas en prison ?

— En prison, frère.

— Dans la prison qui donne sur la place à côté de la maison de Maliouta?

— Dans celle-là même, c'est la plus solide.

— Et les clefs où sont-elles? chez Maliouta?

— Quand nous étions à la Sloboda j'ai vu plusieurs fois Grégoire Skouratof aller interroger des prisonniers; il avait toujours les clefs avec lui. La nuit, il les remet au Tzar qui les cache sous son oreiller.

— Eh! comment veux-tu, dit Persten en jetant sa cuillère sur la table — comment veux-tu sauver ton prince? Avoue-le toi-même, quelle chance y a-t-il?

Michée se gratta la nuque.

— Tu vois bien qu'il n'y a pas moyen.

— C'est vrai, répondit Michée en rejetant sa cuillère; mais je ne lui survivrai pas; j'irai placer ma vieille tête à côté de la sienne et je le servirai dans l'autre monde s'il est condamné.

— Allons, ne te désole pas, peut-être que ton prince n'est pas encore en prison. Alors il est inutile de pleurer; et s'il est en prison laisse-moi y penser... je connais bien la Sloboda; j'y ai conduit un ours le mois passé, je connais le palais; aussi j'ai tout examiné; je pensais :... cela peut servir un jour.... attends, laisse-moi réfléchir.

Persten s'enfonça dans ses réflexions.

— Trouvé, s'écria-t-il tout à coup et il se leva brusquement — oncle Korchoun! le prince Sérébrany nous a sauvé tous les deux de la mort — nous le sauverons, à notre tour. Veux-tu m'accompagner dans une entreprise difficile?

Le vieux brigand fronça le sourcil et secoua sa tête blanchie.

— Eh bien! Korchoun, tu ne veux pas?

— As-tu perdu la tête, Ataman? ne sais-tu pas où le prince est enfermé? N'as-tu pas entendu que les clefs sont, le jour, avec Maliouta et, la nuit, sous le chevet du Tzar ? Que faire ? où n'enfonce pas un coin avec un fouet. Il est perdu, perdu ! je ne vois pas l'utilité de nous perdre avec lui ; en sera-t-il mieux quand on nous aura enlevé la peau ?

— C'est vrai, Korchoun, mais vois-tu ? ce n'est pas pour rien que le proverbe dit : qui paie sa dette s'enrichit. Si le prince ne nous avait pas sauvés autrefois où serions-nous maintenant ? Nous serions pendus à quelque arbre de la forêt où le vent balancerait nos os ! Et lui, que pense-t-il ? je suis sûr qu'il se dit : allons, j'ai autrefois tiré d'affaire ces braves gens, à présent ils vont venir à mon aide. Et si nous l'abandonnons, quand on le mènera au supplice — Peuh ! dira-t-il, qu'est-ce que ces gens-là ? — ils savent voler et piller, voilà tout — ils oublient le service rendu ; ils versent le sang innocent, mais sauver un chrétien n'est pas leur affaire. Certes, je n'adresserai pas au Seigneur-Dieu une seule prière à leur intention ; qu'ils périssent dans ce monde et dans l'autre ! Voilà ce que dira le prince.

Le front de Korchoun devint encore plus sombre. Une lutte intérieure se réfléchissait sur son visage sévère. Il était évident que Persten avait touché une corde sensible dans ce cœur endurci. Mais la lutte ne fut pas de longue durée, le vieillard releva la tête.

— Non, frère, dit-il, c'est une entreprise insensée ; je tiens encore à ma peau ; je n'irai pas !

— Allons, c'est non, non, soit ! dit Persten. Attendons à demain, peut-être trouverons-nous autre chose, la pensée du matin est plus sage que celle du soir. Maintenant, enfants, il est temps de dormir. Que ceux qui veulent prier Dieu fassent leur prière, voilà l'image ; que les autres se couchent.

L'Ataman regardait Korchoun à la dérobée. Il était facile de voir qu'il connaissait quelque secret du vieillard, car celui-ci frissonna sous ce regard et, pour que personne ne remarquât son trouble, il se mit à bailler bruyamment, puis à chantonner tout bas.

Les brigands se levèrent de table, les uns s'allongèrent sur les bancs ; d'autres s'agenouillèrent devant l'image et se mirent à prier. Mitka était un de ces derniers. Il faisait de ferventes génuflexions et, si ses vêtements et son attirail n'eussent pas dénoncé son métier, personne dans cette bonne figure n'eût soupçonné un brigand.

Il n'en était pas de même du vieux Korchoun. Quand tous furent couchés, Michée, à la faible lueur des charbons du foyer, vit le vieillard quitter sa place et s'approcher de l'image. Il fit plusieurs fois le signe de la croix, murmura quelques mots et finit par dire avec colère : — Non, je ne peux pas ! j'avais cru pourtant que ce serait plus facile aujourd'hui.

Longtemps Michée entendit Korchoun se tourner d'un côté sur l'autre, se parler à lui-même, mais il ne put dormir. L'aurore n'avait pas encore paru quand il réveilla l'Ataman. — Ataman, dit-il, hé ! Ataman !

— Que veux-tu, oncle ?

— J'irai avec toi ; conduis-moi où tu voudras.

— Tu t'es décidé ?

— Oui, je ne puis pas dormir ; voilà je ne sais combien de nuits que je passe sans fermer l'œil.

— Tu ne changeras pas d'avis ?

— J'ai dit que j'irai, ainsi j'irai.

— C'est bien, oncle Korchoun, merci ! Maintenant il ne nous faut plus qu'un autre camarade et c'est tout. La nuit est-elle avancée ?

— Les oiseaux commencent à chanter.

— Alors il est temps de se lever. Mitka ! dit Persten en donnant une tape à celui qu'il appelait.

— Hein ? répondit le jeune garçon en ouvrant les yeux.
— Veux-tu venir avec nous ?
— Quoi faire ? répondit Mitka en baillant.
— Cela ne te regarde pas. On te demande si tu veux venir avec l'oncle Korchoun et avec moi.
— Oui, répondit Mitka qui s'assit sur son banc et se mit à lacer ses sandales.
— Allons, j'aime cette réponse : Va où l'on te conduit sans faire de réflexions. On te fendra la tête, ce n'est pas ton affaire, c'est à nous d'y songer. Mais si une fois engagé tu recules, je t'appellerai une écrevisse.

Tu m'appelleras une écrevisse.

Les brigands commencèrent à s'habiller.

CHAPITRE XX

LES JOYEUX COMPÈRES.

Dans un cachot profond et sombre, aux parois humides et couvertes de moisissures, le prince Nikita Romanovitch, les pieds et les mains enchaînés, attendait la mort. Il ne savait plus au juste combien de temps s'était écoulé depuis son arrestation, car le jour ne pénétrait pas dans son cachot ; mais de temps en temps le son lointain des cloches, arrivant à son oreille, lui faisait supposer qu'il était en prison depuis trois jours. Le pain qu'on lui avait jeté était mangé depuis longtemps, sa cruche d'eau était vide, la faim et la soif commençaient à le tourmenter, lorsqu'un bruit inaccoutumé attira son attention. On tirait des verrous au-dessus de sa tête. La première porte de la prison celle de l'extérieur, roula sur ses gonds. Le bruit s'approcha ; un autre verrou fut tiré et la seconde porte grinça Enfin on ouvrit la troisième porte et des pas retentirent dans l'escalier qui descendait au cachot; à travers les fentes de la dernière porte apparut une lueur, une clef tourna en gémissant, on enleva une barre de fer, les gonds rouillés résonnèrent et une lumière éblouissante aveugla soudain Sérébrany.

Lorsqu'il retira ses mains dont il s'était involontairement couvert les yeux, Maliouta Skouratof et Boris Goudounof étaient devant lui et le bourreau qui les accompagnait élevait une torche de résine au-dessus de leurs têtes.

Maliouta, les bras croisés, regardait en souriant le visage de Sérébrany; les pupilles de ses yeux semblaient se contracter puis s'agrandir.

— Salut, prince! fit-il d'un son de voix tel que Sérébrany n'en avait jamais entendu de pareil, d'une voix hideusement sensuelle et affreusement douce rappelant le miaulement sanguinaire du chat, lorsqu'il s'approche de la souricière où est emprisonnée sa victime.

Involontairement, Sérébrany frissonna, mais la vue de Godounof le rassura.

— Boris, dit-il en se détournant de Maliouta, merci d'être venu me voir. Maintenant, il me sera plus facile de mourir.

Et il lui tendit sa main enchaînée. Mais Godounof fit un pas en arrière et son visage glacé n'exprima aucune sympathie pour le prince.

La main de Sérébrany retomba sur ses genoux en faisant résonner la chaîne qui la retenait.

— Je ne pensais pas, Boris Godounof, dit-il d'un ton de reproche, que tu m'avais renié. Es-tu venu seulement pour assister à mon supplice?

— Je suis venu avec Skoutarof, répondit froidement Godonof, pour assister à ton interrogatoire, je ne sais ce que tu veux dire par renier; je n'ai jamais eu rien de commun avec toi; seulement, en devinant la clémence du Tzar, j'ai retardé un moment le supplice que tu avais encouru.

Le cœur de Sérébrany se serra et ce changement de Boris lui parut plus lourd à supporter que la mort même.

— Le temps de la clémence est passé, continua Godounof d'un ton glacial, te souviens-tu du serment que tu avais fait au Tzar? Soumets-toi maintenant à sa sainte volonté et, si tu nous avoues tout sans détours, tu éviteras les tortures et recevras une mort prompte : commençons l'interrogatoire, Grégoire Skouratof.

— Attends, attends un peu! répondit Maliouta en souriant. J'ai des comptes particuliers à régler avec Son Excellence. Raccourcis ses chaînes, Thomas, dit-il au bourreau.

Le bourreau, après avoir placé la torche dans un anneau de fer, ramena les mains de Sérébrany jusqu'au mur, afin qu'il ne pût pas les mouvoir.

Alors Maliouta se rapprocha de lui et le regarda longtemps toujours avec le même sourire.

— Seigneur, prince Nikita! dit-il à la fin, accorde-moi une grande faveur.

Il était à genoux et saluait profondément Sérébrany.

— Nous, seigneur prince, continua-t-il avec une humilité dérisoire, nous, vis-à-vis de ton excellence, nous sommes de petites gens ; nous n'avons jamais, de nos propres mains, tranché la tête, jamais torturé d'aussi grands boyards que toi ; au moment de le faire, il nous vient une crainte. On dit que ce n'est pas le même sang qui coule dans nos veines...

Maliouta s'arrêta et son sourire devint encore plus infernal, ses yeux grandirent encore, ses pupilles se contractèrent plus souvent.

— Permets, seigneur prince, fit-il en donnant à sa voix une expression suppliante, — permets-moi, avant de te torturer, d'examiner ton sang de boyard.

Il sortit un couteau de sa ceinture et s'avança sur les genoux vers Sérébrany.

Le prince fit un soubresaut en arrière et jeta un regard sur Godounof.

Le visage de Boris était impassible.

— Ensuite, continua-t-il en élevant la voix, ensuite tu me permettras à moi, misérable vilain, de découper une lanière dans ton dos princier, de faire avec ta peau de boyard une selle à mon cheval, puis ton humble esclave donnera ta chair sacrée à manger à ses chiens.

La voix de Maliouta, ordinairement grossière, ressemblait maintenant au hurlement du chacal, à quelque chose d'indéfinissable entre le rire et le gémissement.

Les cheveux de Sérébrany se hérissèrent. Lorsque Ivan l'avait condamné la première fois, il avait monté d'un pas ferme l'échafaud; mais ici, dans un cachot, enchaîné, affaibli par la faim, il n'eut pas la force de supporter cette voix et ce regard.

Pendant quelques moments, Maliouta se rassasia de l'épouvante qu'il avait causée.

— Seigneur prince, hurla-t-il tout à coup en rejetant son couteau et en se relevant, avant tout permets-moi de te payer ma dette !

Et, les dents serrées, il leva la main sur Sérébrany.

Le sang du prince reflua vers son cœur; à son indignation se mêla ce sentiment de dégoût que produit le voisinage d'une bête venimeuse qui nous menace de son contact. Il jeta un regard désespéré sur Godounof.

La main levée de Maliouta s'arrêta en l'air sous l'étreinte de Boris.

— Grégoire Skouratof, dit Godounof sans perdre son flegme, si tu le frappes, il se brisera la tête contre la muraille et nous n'en pourrons rien obtenir. Je connais ce Sérébrany.

— Lâche-moi ! hurla Maliouta ; ne m'empêche pas de me

venger ! ne m'empêche pas de prendre ma revanche de la mare maudite.

— Penses-y, Skouratof! nous répondons de lui devant le Tzar.

Et Godounof s'empara de l'autre main de Maliouta.

Mais comme une bête fauve qui a humé le sang, Maliouta avait perdu toute prudence. Criant et blasphémant, il luttait avec Godounof et essayait de le renverser pour se jeter ensuite sur sa proie. Une lutte s'établit entre eux ; la torche heurtée par l'un deux tomba par terre et s'éteignit sous leurs pieds.

Maliouta revint à lui.

— J'avertirai le Tzar, dit-il d'une voix saccadée, que tu soutiens ceux qui le trahissent !

— Et moi, répondit Godounof, je dirai au Tzar que tu as voulu tuer un traître avant de l'interroger, parce que tu crains sa déposition.

Quelque chose dans le genre d'un rugissement sortit de la poitrine de Maliouta ; il s'élança hors du cachot, en ordonnant au bourreau de le suivre.

Pendant qu'ils montaient à tâtons les marches de l'escalier, Sérébrany sentit qu'on détachait ses chaînes et qu'il était libre de ses mouvements.

— Ne te désespère pas, prince ! murmura à son oreille Godounof en lui serrant fortement la main : l'important est de gagner du temps.

Et il courut à la suite de Maliouta, ayant soin de fermer les portes derrière lui et de pousser soigneusement les verrous.

— Grégoire Skouratof, dit-il à Maliouta en le rejoignant et en lui donnant les clefs en présence des gardiens, tu n'as pas fermé le cachot. Prends garde, on pensera que tu veux faire évader Sérébrany !

Au moment où se passait la scène que nous venons de

décrire, Ivan, sombre et mécontent, était assis dans sa chambre à coucher. Un sentiment jusqu'alors inconnu l'envahissait. Ce sentiment était un respect involontaire pour Sérébrany, dont les actes audacieux, tout en révoltant son cœur de despote, ne lui paraissaient avoir aucun des caractères de la trahison. Jusqu'ici Ivan avait rencontré ou une révolte ouverte comme celle dont les boyards avaient assombri les premiers temps de son règne, ou une désobéissance hautaine comme celle de Kourbski, ou une basse servilité comme celle qui l'entourait aujourd'hui. Mais Sérébrany ne pouvait être rangé dans aucune de ces catégories. Il partageait les idées de son temps sur l'inviolabilité divine du pouvoir d'Ivan, il conformait sa conduite à cette croyance et, plus habitué à agir qu'à penser, il ne s'écartait jamais de propos délibéré de l'obéissance au Tzar, qu'il regardait comme le représentant de Dieu sur la terre. Mais, malgré cela, chaque fois qu'il se heurtait à une injustice flagrante, son âme bouillonnait d'indignation et sa droiture native prenait le pas sur ses croyances. Alors, à sa propre stupéfaction et presque sans en avoir conscience, il accomplissait des actes en complet désaccord avec ce que ses principes lui prescrivaient. Cette noble inconséquence bouleversait toutes les idées d'Ivan sur les hommes et mettait en défaut ses connaissances du cœur humain. La franchise de Sérébrany, sa droiture incorruptible, son désintéressement étaient évidents pour Ivan lui-même. Il comprenait que Sérébrany ne le tromperait pas, qu'il pouvait compter sur lui plus que sur aucun de ses opritchniks assermentés ; le désir lui était venu de l'attacher ou d'en faire son instrument ; mais en même temps il sentait que cet instrument, à un moment donné, pourrait lui échapper et à cette seule pensée son attraction vers Sérébrany se changeait en haine. Si la mobilité d'impressions d'Ivan le poussait quelquefois à interrompre ses actes sanguinaires et à s'abandonner au désespoir, ce n'était que par exception : habituellement il était pénétré de son infaillibilité, il croyait fermement au principe divin de son pouvoir et le défendait sans pitié contre toute attaque. Or, il considérait comme une attaque même l'improbation silencieuse. La pensée de faire grâce à Sérébrany eut un moment accès dans son âme, mais elle fit aussitôt place à l'idée que le prince Nikita était au nombre des gens dont il ne pouvait tolérer l'existence dans son empire.

Lorsque, disait-il, le troupeau entier allant à droite, une seule brebis va à gauche, le pasteur sépare cette brebis du troupeau et la livre au couteau. Ainsi pensait Ivan et le sort de Sérébrany fut résolu dans son cœur. Son supplice était fixé pour le jour suivant ; toutefois il ordonna qu'on lui enlevât ses chaînes et qu'on lui envoyât des mets et du vin de sa table. Et, afin de chasser les impressions soulevées en lui par cette lutte intérieure, impressions inaccoutumées et qui le tourmentaient, il pensa que l'air des champs le calmerait et il ordonna une grande chasse au faucon.

La matinée était magnifique. Tous les veneurs, les fauconniers et leurs gens à cheval, vêtus des plus brillants uniformes, portant sur le poing des faucons, des gerfauts et des tiercelets, se mirent en route et allèrent attendre leur maître dans la campagne.

Ce n'est pas à tort que de tout temps les plaisirs des champs ont passé pour un remède contre la tristesse ; la chasse au faucon plus qu'aucune autre remplissait jadis d'allégresse jeunes et vieux. Quelque sombre que fût le Tzar, quand il quitta la Sloboda avec tous ses opritchniks, son visage s'éclaira tout à fait à la vue du groupe éblouissant de ses fauconniers. Le lieu du rendez-vous était dans des prairies bordées de jeunes bois, à deux verstes de la Sloboda, sur la route de Vladimir.

Le grand fauconnier, en caftan de velours rouge, galonné d'or, ceinture dorée, chapeau de drap d'or, bottes jaunes, gants brodés, descendit de cheval et, suivi d'un fauconnier qui portait sur son poing un gerfaut blanc, encapuchonné et portant des grelots, il s'avança vers Ivan. S'étant incliné jusqu'à terre, le grand fauconnier demanda :

— Est-il temps de commencer la chasse, sire.

— Il est temps, répondit Ivan. Commencez.

Le grand fauconnier présenta alors au Tzar une riche mitaine semée d'oiseaux dorés et, ayant pris le gerfaut que portait son compagnon, il le plaça sur la main de son maître.

— Honnêtes et louables chasseurs! dit-il ensuite en se tournant vers la foule des opritchniks: armez-vous et réjouissez-vous en vous livrant à la chasse, passe-temps célèbre, beau et sage ; que vos chagrins s'effacent et que vos cœurs s'épanouissent !

Ensuite se tournant vers les fauconniers : — Bons et diligents fauconniers, commencez la chasse!

A ces mots la foule bigarrée des chasseurs se dispersa dans la plaine. Les uns se jetèrent en criant dans le taillis, les autres galopèrent vers de petits étangs semés çà et là au milieu des halliers. Bientôt des volées de canards sortirent des roseaux et se répandirent dans l'air. Les chasseurs lancèrent leurs faucons. Les canards voulurent reprendre le chemin des étangs, mais, rencontrant d'autres ennemis de ce côté, ils se dispersèrent dans toutes les directions. Les faucons, les gerfauts et les tiercelets, encouragés par les cris de leurs gardiens, s'élancèrent sur les canards et, tombant comme une pierre sur leur dos, en tuèrent un grand nombre d'un seul coup.

Parmi les plus vaillants on distingua, ce jour-là, Bodry et Smély, gerfauts sibériens, Arbas et Anpras, faucons du gibier d'eau ; Khoriak, Khoudiak, Maletz et Paletz.

Les vols de tous ces faucons de races diverses était un spectacle merveilleux. Les coqs de bruyère tombaient sans cesse en tourbillonnant dans l'air. Quelquefois les canards au désespoir se jetaient entre les jambes des chevaux et étaient attrapés vivants par les chasseurs. La journée ne se passa pas sans accident. Le brave Gamaïon, en s'élançant sur un vieux coq qui volait très-bas, donna si violemment sur le sol qu'il mourut sur le coup. Astrez et Sorodoum, deux tiercelets de Kazan, volèrent hors de vue malgré le sifflet de leurs gardiens et les ailes des colombes que ceux-ci agitaient pour les attirer.

Mais le plus extraordinaire, le plus merveilleux entre tous fut le gerfaut tzarien, le célèbre Adragan. Deux fois le Tzar le lança ; deux fois, après avoir plané dans l'espace, il frappa d'un coup assuré tous les oiseaux à sa portée et revint se poser sur le gant doré du Tzar. La troisième fois, Adragan entra dans une telle fureur qu'il attaqua, non-seulement le gibier, mais les autres faucons qui passaient imprudemment dans son voisinage. Smichlay et le tiercelet Kroujok tombèrent sur le sol avec les ailes cassées. Ce fut en vain que le Tzar et ceux qui l'environnaient cherchèrent à rappeler Adragan, en agitant un chiffon écarlate et des ailes d'oiseau. Le gerfaut traçait sur le ciel de larges courbes, s'élevait si haut qu'on avait peine à le distinguer, puis tombait comme la foudre sur le gibier éperdu ; mais, au lieu de le suivre dans sa chute vers la terre, après chaque nouvelle victoire, Adragan s'élevait de nouveau et volait au loin.

Le grand fauconnier, désespérant de rattraper le fugitif, se hâta de donner au Tzar un autre faucon. Mais le Tzar aimait Adragan et la perte de son meilleur gerfaut le chagrinait. Il demanda au grand fauconnier quel était celui de ses subordonnés qui avait la charge d'Adragan ? celui-ci répondit que le gardien s'appelait Trichka.

Ivan fit appeler Trichka qui, pressentant quelque malheur, arriva tout pâle.

— C'est là l'éducation que tu as donnée à mon faucon? A quoi es-tu bon, si tu ne sais pas rappeler l'oiseau que tu nourris? te moques-tu de moi? écoute, Trichka, je mets ton sort dans tes mains : si tu rattrapes Adragan, tu recevras un présent tel qu'aucun de vous n'en a jamais reçu; s'il est perdu, j'ordonne, avec ta permission, qu'on te coupe la tête, — et ce sera un exemple pour tous; car je remarque depuis longtemps une grande négligence parmi mes fauconniers.

En disant ces derniers mots, Ivan jeta un regard oblique sur le grand fauconnier qui pâlit à son tour, car il savait que le Tzar n'oubliait pas ceux qu'il avait regardés ainsi.

Trichka, sans perdre de temps, sauta sur un cheval et galopa à la recherche d'Adragan, suppliant son patron, le bienheureux saint Trifon, de le guider vers l'indiscipliné gerfaut.

Pendant ce temps la chasse continuait. Elle était à peine commencée depuis une heure que déjà des masses de gibier de toute sorte pendaient aux courroies des selles, lorsqu'un autre spectacle attira l'attention du Tzar.

Par la route de Vladimir s'avançaient lentement deux aveugles, l'un encore jeune, l'autre vieillard, à longue barbe et à cheveux blancs. Ils étaient vêtus de blouses blanches trouées et portaient, attachés à des lanières placées en croix sur les épaules, d'un côté un sac pour y déposer les aumônes, de l'autre un vieux caftan, que la chaleur du jour leur avait fait ôter. Le reste de leur mobilier, des gousli, une balalaïka (1), et le panier aux provisions étaient portés par un vigoureux garçon qui, en même temps, leur servait de guide. Le plus jeune des deux aveugles se tenait à l'épaule du guide et traînait à sa suite le plus âgé, mais

1. Instruments à corde de cette époque.

bientôt le guide, émerveillé du spectacle de la chasse, oublia ses compagnons. Abandonnés à eux-mêmes, les aveugles exploraient le terrain avec leurs longs bâtons et trébuchaient à chaque instant. En les apercevant, Ivan Vasiliévitch ne put s'empêcher de rire. Il s'avança vers eux. En cet instant, le premier aveugle fit un faux pas, roula dans une mare et entraîna après lui son compagnon. Tous deux se relevèrent couverts de boue, crachant, criant après leur guide qui, la bouche béante, regardait les brillants costumes des opritchniks. Le Tzar rit aux éclats.

— Qui êtes-vous, mes braves ? demanda-t-il, d'où venez-vous et où allez-vous ?

— Passe ton chemin ! répondit le plus jeune des aveugles : — tu aimes trop à apprendre, tu mourras jeune.

— Coquin ! cria l'un des opritchniks : ne vois-tu pas à qui tu parles ?

— Coquin toi-même, répondit l'aveugle en tournant vers l'oprichnik ses yeux sans prunelles. Comment veux tu que j'y voie sans yeux. Toi, c'est différent, au lieu de deux, tu en as quatre, ce qui te permet de voir en long et en large ; dis-moi à qui je parle, alors je le saurai.

Le Tzar fit signe à l'opritchnik de se taire et répéta sa question d'un ton plus doux.

— Nous sommes de joyeux compères, répondit l'aveugle, nous allons de Mourom à la Sloboda pour faire des farces, consoler les bonnes gens, remonter celui-ci en selle et en faire descendre celui-là.

— Ah, ah ! dit le tzar, auquel plaisaient les réponses de l'aveugle, vous êtes de Mourom, la contrée des galettes et qu'y a-t-il de nouveau par là ? Est-ce toujours le pays des héros ?

— Comment donc, répondit l'aveugle sans hésiter, cette marchandise ne diminue pas. Nous avons le père Michel : il s'enlève lui-même par les cheveux à un pouce au-dessus du sol ; nous avons la tante Ouliana qui chevauche sur un tarakan (1).

Tous les opritchniks éclatèrent de rire. Il y avait longtemps que le Tzar ne s'était autant amusé.

— Voilà vraiment des gens joyeux, pensa-t-il, on voit bien qu'ils ne sont pas d'ici. Il y a déjà longtemps que mes conteurs m'ennuient, c'est toujours les mêmes histoires. Depuis que je me suis un peu oublié avec l'un d'eux, ils ont tous une peur terrible de moi ; impossible d'en tirer un mot amusant : comme si c'était ma faute que l'âme de ce coquin ne fût pas plus solidement attachée à son corps ! écoute, mon brave ; sais-tu des contes ?

— Des contes ! répondit l'aveugle ; il y a quelques jours nous racontions au voévode de Staritza l'histoire de la chèvre enchantée : cette chèvre devint elle-même voévode ce qui fit qu'il nous mit à la porte après nous avoir fait rouer de coups. Nous ne conterons jamais plus rien.

Il serait difficile de rendre le rire homérique qui retentit parmi les opritchniks. Le voévode de Staritza n'était pas en faveur auprès du Tzar. La raillerie de l'aveugle tombait donc à propos.

— Écoutez, enfants, dit le Tzar, allez à la Sloboda, vous attendrez mon retour au palais ; vous êtes envoyés par le Tzar lui-même, on vous donnera tout ce que vous demanderez. En rentrant j'écouterai vos récits.

Au mot : Tzar, les aveugles se troublèrent.

— Seigneur ! père ! dirent-ils en se précipitant à genoux, pardonne nos paroles grossières, ne nous fais pas trancher la tête, nous avons péché par ignorance.

Le Tzar sourit de l'effroi des aveugles et galopa de nouveau dans la plaine pour y continuer la chasse ; tandis que les aveugles, sous la conduite de leur guide, prirent le chemin de la Sloboda.

(1) Cafard, insecte.

Tant que la foule des opritchniks put les voir, ils se soutinrent l'un l'autre et trébuchèrent continuellement ; aussitôt qu'un détour du chemin les eut mis à l'abri des regards, le plus jeune des aveugles s'arrêta, jeta un coup d'œil rapide de tous côtés et dit à son compagnon :

— Eh bien ! père Korchoun, n'es-tu pas las de trébucher ? Allons, cela va bien jusqu'ici ; pourquoi fronces-tu les sourcils, père ? regrettes-tu de m'avoir accompagné ?
— Ce n'est pas cela, répondit le vieux brigand ; j'ai promis de te suivre, je ne broncherai pas ; mais je ne sais pas ce qui m'arrive, jamais de la vie je n'ai eu le cœur si oppressé ; toujours ce souvenir terrible me revient à l'esprit.

— Et quel est donc ce souvenir ?

— Écoute, ataman, voilà plus de vingt ans que le chagrin s'est emparé de moi, mais ni à Moscou, ni au Volga personne ne le sait ; je n'en ai parlé à personne, j'ai enseveli mon secret dans mon âme et je le porte depuis vingt ans comme une chaîne à mon cou. Une fois, j'essayai d'approcher de la table sainte pendant le grand carême, je voulus raconter au pope tout ce que j'avais sur la conscience, mais je ne pus parvenir à prier et j'abandonnai mon dessein. Mais voilà qu'il me pèse et m'étouffe plus que jamais ; il me semble que si je pouvais me confesser à quelqu'un j'en serais soulagé. Avec toi je suis moins effrayé qu'avec le pope ; tous deux nous sommes gens de la même espèce.

Une angoisse profonde se peignit sur le visage de Korchoun. Persten écoutait en silence. Les deux brigands étaient assis sur le bord de la route.

— Mitka ! dit Persten au guide, va t'asseoir un peu plus loin et veille ; si tu vois quelqu'un, tu nous feras signe ; regarde bien ; ne l'oublie pas : tu es sourd et muet, pas un mot !

— Bon ! dit Mitka, n'aie pas peur, je ne dirai rien.

— Ta langue a la pépie, coquin ! tais-toi, et ne nous réponds pas. Prends l'habitude du silence ; si ta langue te trahit devant quelqu'un, nous sommes perdus tous les trois.

Mitka s'éloigna de cent pas et s'étendit sur le ventre, les coudes sur le sol et le menton dans ses mains.

— Bon enfant, dit Persten en le suivant des yeux, mais bête comme s'il avait le crâne fêlé ! Pourvu qu'il ne se vende pas ! qu'y faire, il n'y avait pas à choisir ; nous sommes sûrs au moins qu'il ne nous trahira pas volontairement. Mais allons, vieux père, maintenant personne ne peut nous entendre, raconte-moi tes peines, quoique le moment ne soit guère bien choisi.

Le vieux brigand baissa sa tête blanche et passa la main sur son front. Il voulait parler, mais commencer paraissait dur.

— Ataman, dit-il, j'ai tué assez de gens pendant ma vie. Tout jeune, j'avais aimé la chemise rouge : un marchand faisait-il résistance, une femme venait-elle à crier, un coup de poignard dans le côté et c'était fini. Même maintenant, quand il y a quelque chose à faire, ma main ne tremble jamais. Je ne t'apprends rien de nouveau, nous en avons tous les deux assez expédié dans l'autre monde, n'est-ce pas ?

— Mais où veux-tu en venir ? l'interrompit Presten avec une visible répugnance.

— A ceci, que ni toi ni moi ne sommes des femmes timides ; nous avons beaucoup de sang sur la conscience et tu vas me répondre, ataman : t'est-il arrivé, quand tu te rappelles quelques-unes de tes actions, de sentir comme des tenailles te serrer le cœur et d'être saisi alternativement de la tête aux pieds par le frisson et la fièvre ?

— Vraiment, grand-père, quelles singulières idées as-tu là ? ce n'est pas le moment pourtant.

— J'ai oublié la plupart des évènements de ma vie, continua Korchoun, un seul m'est toujours présent à la mémoire. Il y a de cela vingt ans. Nous vivions sur le Volga dans neuf barques; notre ataman s'appelait Danilo Kot. Il n'était pas encore question de toi, mais toute la bande connaissait Korchoun et en faisait déjà grand cas. Nous enlevions de riches navires, nous pillions des magasins; tout se partageait également et jamais Danilo ne souffrait une querelle. Que pouvions-nous désirer? Vie indépendante, bonne nourriture, chaud vêtement. Parfois parés de caftans fleuris, le chapeau fièrement relevé, faisant résonner nos rames, nous allions à l'aventure; le peuple des villes et des villages accourait sur les bords du fleuve pour voir les vaillants, les faucons terribles; et nous ramions, et nous chantions à gorge déployée, déchargeant en l'air nos arquebuses et lançant des œillades aux jeunes filles. D'autres fois nous attaquions avec des piques, avec des épieux; nos barques tombaient brusquement comme des loups sortant des bois. Ah! la vie était belle, mais le diable me tenta. Je me dis un jour : je travaille plus que les autres et je n'ai pas pour cela de part plus grande. Je pris la résolution d'aller seul à l'aventure, de faire du bien et, au lieu de le partager, de le conserver pour moi tout seul. Je m'habillai en mendiant, comme aujourd'hui, je suspendis une corbeille à mon cou, je glissai un couteau dans mes bottes et j'allai vers un bourg voir s'il ne passerait personne. J'attendis, j'attendis; aucun convoi, aucun marchand ne se montrait; je commençais à m'ennuyer. C'est bon, me dis-je, Dieu ne m'envoie pas de gibier; maintenant le premier qui passe, fût-ce mon propre père, je le dépouillerai à fond. A peine avais-je juré cela que passa une pauvre femme, portant quelque chose dans une corbeille couverte de toile. Dès qu'elle fut près de moi, je sautai hors du buisson. Arrête, lui dis-je, bonne femme, donne ton panier. Elle tomba à mes pieds : prends ce que tu veux, dit-elle, mais ne touche pas à mon panier. Eh ! lui répartis-je, il paraît qu'il y a là un trésor et je fis main basse sur le panier. La vieille cria, m'injuria, me mordit. J'étais déjà de très mauvaise humeur d'avoir perdu toute une journée, sa résistance acheva de m'exaspérer. Le diable me poussa, je tirai mon couteau de ma botte et le lui plongeai dans la gorge. Dès qu'elle fut tombée, la terreur me saisit. Je pris la fuite, mais me ravisant je revins prendre le panier. Je pensais : puisque je l'ai tuée, que ce ne soit pas au moins pour rien ! Je pris le panier sans l'ouvrir et m'enfonçai dans le bois. Je n'atteignis pas le carrefour des chiens que mes jambes commencèrent à chanceler ; je me dis : asseyons-nous, je me reposerai et je verrai ce que j'ai attrapé. J'ouvre le panier, je regarde : il y avait dedans un petit enfant, demi-vivant, respirant à peine. Ah ! petit démon, pensais-je, voilà donc pourquoi la vieille femme défendait son panier. C'est donc pour toi, maudit, que j'ai mis un péché sur mon âme.

Korchoun voulut continuer, mais il se tut et se mit à rêver.

— Qu'as-tu donc fait de l'enfant ? demanda Persten.

— Pouvais-je lui servir de nourrice ? Ce que j'en ai fait ? cela se devine.

Le vieillard se tut de rechef.

— Ataman, reprit-il tout à coup, quand je songe à cela, mon cœur se fend. Vois, surtout aujourd'hui que je me suis travesti en mendiant, je me souviens de tout cela aussi vivement que si cela s'était passé hier. Et ce n'est pas seulement ce crime, mais, je ne sais pourquoi, bien d'autres auxquels je ne pensais plus se dressent devant moi. On dit que cela n'est pas bon, lorsque, sans rime ni raison, on se souvient ainsi des choses qui étaient depuis longtemps sorties de la mémoire.....

Et le vieillard soupira péniblement.

Les deux brigands demeurèrent silencieux. Soudain un bruit d'ailes se fit entendre sur leurs têtes et un vautour fauve vint tomber aux pieds du vieillard. Au même moment, Adragan fendit l'air et poursuivit son vol, sans daigner descendre sur sa nouvelle victime.

Mitka fit un signe ; des fauconniers se montraient au loin.

— Grand-père, dit précipitamment Persten, oubliez le passé ; nous ne sommes plus des brigands, mais des conteurs aveugles. Voici les gens du Tzar qui galopent et nous auront tout de suite atteints. Reprends vivement ton rôle et conte leur quelques fariboles.

Le vieux brigand hocha la tête.

— Il n'y a pas à lutter, dit-il, en montrant le vautour expirant. C'est moi que le blanc gerfaut a égorgé. Regarde, on ne le voit déjà plus ; il a donné son coup de bec et a disparu.

Persten le regarda fixement et se gratta la nuque avec humeur.

— Écoute, grand-père, lui dit-il, Dieu sait ce qui te passe aujourd'hui par la tête. Je ne veux pas te contraindre. On dit que le cœur est un devin. Peut-être ton cœur ne pressent-il pas en vain un malheur. Reste, j'irai seul à la Sloboda.

— Non, répondit Korchoun, ce n'est pas ce que j'ai voulu dire. Si c'est ma destinée de porter ma tête à la Sloboda, il n'y a pas à y résister. Sans doute, c'est écrit. Mais voici dans quel but je me suis ouvert à toi. Connais-tu, Ataman, sur le Volga, le village de Bogoriditzkoe ?

— Comment ne pas le connaître ?

— Et dans ses environs, à cinq verstes, l'endroit que l'on appelle le rond-point du pope ?

— Je connais bien aussi le rond-point du pope.

— Et au rond-point du pope te souviens-tu d'un vieux chêne ?

— Je me souviens du chêne, seulement il n'y est plus, on l'a coupé.

— On a coupé le chêne mais on a laissé la souche.

— A quoi tout cela mène-t-il ?

— Eh bien ! voilà à quoi. Je ne reverrai plus jamais le Volga, mais pour toi, il peut se faire que tu retournes au pays. Lorsque tu reverras le Volga, va au rond-point du pope ; cherche la souche du vieux chêne ; de cette souche compte la moitié de quatre-vingt-dix pas, vers le couchant, creuse la terre. Là, continue Korchoun en baissant la voix, j'ai naguère enfoui un riche trésor. Il y a là pas mal de ducats d'or et de roubles en argent. Tout ce que tu découvriras sera à toi. Je ne puis emporter de trésor avec moi dans l'autre monde. Lorsque je songe, la nuit, à ce que je devrai y répondre pour ce que j'ai fait dans celui-ci, le frisson m'écorche la peau. Quand je n'y serai plus, Ataman, fais chanter une panikhide (1) pour moi. Paie largement le pope ; qu'il officie comme il convient, sans rien omettre. Tu sais qu'on me nomme Émilien. Ce sont les hommes qui m'ont appelé Korchoun, mais j'ai été baptisé sous le nom d'Émilien. Que le pope prie donc pour le défunt Émilien, et toi, paie-le bien, n'épargne pas l'argent, Ataman ; je te lègue un riche trésor, tu en auras assez pour toute ta vie.

Des fauconniers, débouchant au galop, interrompirent Korchoun.

— Eh ! hommes de Dieu, cria l'un d'eux, dites, où a volé le gerfaut ?

— Je voudrais bien vous le dire, mes chéris, répondit Persten, mais voilà quarante ans que mes yeux sont voilés.

— Comment cela ?

— J'allai un jour dans la montagne arracher des tilles sur les rochers ; j'aperçois un chêne, et dans le tronc de ce

---

1. Prière pour les défunts.

chêne des poulets rôtis qui chantent. J'entre dans le tronc, je mange les poulets, j'engraisse, je ne peux plus en sortir. Comment faire? Je cours à la maison chercher une hache, je fends le chêne et j'en sors ; seulement, il faut croire qu'en fendant le chêne, un copeau m'a sauté dans l'œil; depuis ce temps, je ne vois rien. Parfois, lorsque je mange du chtchi, je porte la cuillère à mon oreille ; lorsque le nez me démange, je me gratte le dos.

— Vous êtes donc ces aveugles, dit en riant le fauconnier, qui avez parlé au Tzar. Les boyards sont encore à en rire. Eh bien! mes amis, nous avons cherché à égayer notre maître durant le jour, à vous de le divertir la nuit. On dit que le Tzar veut entendre vos contes.

— Que Dieu lui donne la santé, reprit Korchoun, subitement métamorphosé. Pourquoi ne nous écouterait-il pas? Si jusqu'à la nuit nous ne nous démanchons pas la langue, nous pourrons lui en conter jusqu'à l'aurore.

— Bon, dirent les fauconniers, nous jaserons une autre fois avec vous. Maintenant nous allons chercher le gerfaut, et sauver notre camarade Si Trifon ne trouve pas Adragan, on lui enlèvera la tête ; notre père le Tzar ne badine pas!

Et les fauconniers reprirent le galop.

Persten et Korchoun s'accrochèrent de nouveau à Mitka et reprirent le chemin de la Sloboda.

Ils n'en avaient pas atteint la première maison, lorsqu'ils rencontrèrent deux chanteurs qui touchaient de la balalaïka, et chantaient à gorge déployée :

<blockquote>
Comme chez notre voisin
Etait joyeux le festin !
</blockquote>

Lorsque les brigands s'en approchèrent, l'un d'eux, tout rougeaud, coiffé d'un chapeau orné de plumes de paon, se penche à l'oreille de Persten, et lui glisse tout bas, sans dis continuer ses accords : — Voilà cinq jours que ton frère est en prison. J'ai été aux informations ; c'est demain qu'est l'exécution. Il est enfermé dans la grande prison, vis-à-vis la maison de Maliouta. De quel côté lâcher le coq (1)?

— De ce côté, répondit Persten, en désignant, d'un clignement d'yeux, le côté opposé à la prison.

Le chanteur roux pinça, avec un redoublement d'énergie, les cordes de sa balalaïka et, se détournant de Persten comme s'il ne lui avait pas parlé, il continua aigrement :

> Comme chez notre voisin
> Etait joyeux le festin !

CHAPITRE XXI

LE CONTE.

Fatigué de la chasse, Ivan se retira plus tôt que d'habitude dans sa chambre à coucher. Maliouta ne tarda pas à l'y suivre avec les clefs de la prison.

Aux questions du Tzar, il répondit qu'il n'y avait rien de nouveau, que Sérébrany avait avoué qu'il s'était mis du côté de Morozof, avait tué sept opritchniks et fendu la tête de Viazemski.

— Mais, ajouta Maliouta, il ne convient pas d'avoir comploté contre toi et de s'obstiner également à justifier Morozof. Après les matines, nous lui ferons subir la plus effroyable question ; si la torture ni le feu ne lui arrachent rien sur le compte de Morozof, il n'y a plus à attendre et on pourra en finir avec lui.

(1) C'est-à-dire allumer l'incendie, expression populaire encore en usage.

Ivan ne répondit pas. Maliouta voulait continuer, mais la vieille nourrice Onoufrevna entra dans la chambre à coucher. — Petit père, dit-elle, tu as envoyé, ici ce matin, deux aveugles ; ne sont-ce pas des conteurs ? ils attendent dans l'antichambre.

Le Tzar se souvint de sa rencontre et ordonna de faire entrer les aveugles.

— Mais les connais-tu ? demanda Onoufrevna.

— Et quoi ?

— A savoir s'ils sont bien aveugles ?

— Comment ? dit Ivan, et le soupçon s'empara aussitôt de son esprit.

— Écoute-moi, seigneur, continua la nourrice ; prends garde à ces conteurs ; quelque chose me dit qu'ils ont de mauvais projets ; surveille-les, petit père, écoute-moi.

— Qu'en sais-tu ? parle ! dit Ivan.

— Ne me questionne pas, petit père. Ma science ne s'exprime pas en paroles ; je sens que ce sont de méchantes gens, mais pourquoi est-ce que je le sens, je ne le saurais dire. Je n'ai encore averti personne en vain. Si ta défunte mère m'avait écouté, elle serait peut-être encore en vie.

Maliouta regardait avec terreur la nourrice.

— Qu'as-tu à me regarder ainsi ? dit Onoufrevna. Tu ne sais que faire périr des innocents, mais découvrir les méchants n'est pas ton affaire. Tu n'as pas assez de flair pour cela, vieux chien roux !

— Sire, s'écria Maliouta, permets-moi d'éprouver ces gens. Je saurai tout de suite ce qu'ils sont et par qui ils sont envoyés.

— C'est inutile, dit Ivan, je les interrogerai moi-même. Où sont-ils ?

— Ils attendent dans l'antichambre, répondit Onoufrevna.

— Donne-moi, Maliouta, ma cotte de mailles suspendue

au mur; puis fais semblant de rentrer chez toi et, lorsqu'ils seront entrés, reviens dans l'antichambre et cache-toi avec des gardes derrière cette porte. Dès que j'appellerai, entrez et saisissez-les. Onoufrevna, donne-moi mon bâton.

Le Tzar passa sa cotte de mailles, la recouvrit d'une dalmatique noire, s'étendit sur son lit et mit à sa portée ce même bâton ferré avec lequel il avait, peu de temps auparavant, percé le pied de l'émissaire du prince Kourbski.

Maintenant, qu'ils entrent, dit-il. Maliouta mit les clefs sous l'oreiller du Tzar, et sortit avec la nourrice. Les lampes qui étaient devant les images éclairaient seules et faiblement la chambre. Le Tzar était étendu sur sa couche avec un air fatigué.

Entrez, mendiants, dit la nourrice, le Tzar l'a ordonné.

Persten et Korchoun entrèrent en posant avec précaution les pieds et en tâtonnant.

En un clin d'œil, Persten se rendit compte de la chambre et des objets qu'elle renfermait.

A gauche de la porte d'entrée était un poêle bas, à l'angle, le lit du Tzar; entre le lit et le poêle se trouvait une fenêtre, dont les volets ne se fermaient jamais, parce que le Tzar aimait que les premiers rayons du soleil pénétrassent dans sa chambre à coucher. Maintenant c'était la lune qui était encadrée dans cette fenêtre; sa lueur argentée jouait sur la faïence bigarrée du poêle.

Bonjour, aveugles, kalachniki de Mourom, vagabonds ! dit le Tzar, en examinant attentivement mais à la dérobée les traits des brigands.

— Longues années à ta Majesté ! répondirent Persten et Kourchoun en s'inclinant jusqu'à terre. Que la Mère de Dieu te protège, te sauve, te comble de faveurs et t'inspire d'avoir pitié de nous, pauvres mendiants, errants sur la terre et sur l'onde sans voir la lumière de Dieu ! Que saint Pierre et saint Paul, saint Jean Chrysostôme, saint Côme et saint

Damien, les Thaumaturges de Khoutin et tous les saints veillent sur toi ! Que le Seigneur exauce tes prières ! Qu'il te soit donné de marcher sur l'or, de manger avec appétit, de te reposer doucement ! Que tes ennemis, au contraire, meurent de faim et de soif ! Que leurs reins se tordent comme un roseau et que tout leur corps devienne semblable à une feuille de parchemin !

Merci, merci, mendiants, dit Ivan, continuant à considérer les brigands. Y a-t-il longtemps que vous êtes devenus aveugles ?

— Dès l'enfance, mon petit père, répondit Persten en fléchissant le genou ; tous deux nous sommes aveugles depuis l'enfance et nous ne nous souvenons pas d'avoir vu le soleil du bon Dieu.

— Et qui est-ce qui vous a appris à chanter des chansons et à conter des contes ?

— Dieu lui-même, seigneur, et il y a bien longtemps.

— Comment cela ? demanda Ivan.

— Nos anciens racontent, répondit Persten, et nos trouvères le chantent, jadis lorsque le Christ s'éleva dans les cieux, les pauvres, les aveugles, les boiteux, en un mot, notre gent affamée, se mirent à pleurer et à dire : Où t'envoles-tu, Seigneur ? A qui nous abandonnes-tu ? Qui est-ce qui va désormais nous nourrir ? Et le Christ, roi du ciel, leur répliqua : Je vous donnerai une montagne d'or, une rivière de miel, des jardins pleins de vigne et des pommiers touffus ; vous serez rassasiés et désaltérés, vous serez chaussés et vêtus. — Saint Jean Damascène prit alors la parole en ces termes : Ah ! miséricordieux Sauveur ! ne leur donne ni montagnes d'or, ni rivières de miel, ni jardins pleins de vignes, ni pommiers touffus. Ils ne sauront pas s'en servir ; les puissants viendront et leur raviront tous ces biens. Donne-leur plutôt, Seigneur Jésus, ton nom divin ; donne-leur le don de chanter de doux chants, de raconter les merveilles du passé et des hommes de Dieu. Ils iront mendiant et célébrant ces grandes choses ; chacun leur ouvrira la porte et le pain ne leur manquera pas. — Qu'il soit fait, Jean, comme tu le désires, dit le Roi des cieux ; qu'ils aient pour partage les doux chants, le tympan sonore et les récits merveilleux ! Et celui qui les abreuvera ou les nourrira, sera à l'abri des ténèbres : je lui donnerai une place au paradis; les portes du ciel ne seront pas fermées à celui-là.

— Amen, dit le Tzar. Et quels contes savez-vous donc ?

— Nous en connaissons de toutes sortes, seigneur Tzar. Je puis te conter celui d'Ercha Erchovitch, des sept Siméons, du serpent de Gorinitz, des tympanons qui jouent tout seuls, de Dobrinia Nikitich, d'Akoudim...

— Mais, interrompit Ivan, es-tu seul à conter des contes? et le vieux, pourquoi est-il venu avec toi ?

Persten s'aperçut que Korchoun n'avait pas en effet desserré les dents ; pour faire cesser ce mutisme, peu d'accord avec le rôle de conteur, il changea de ton et se mit à dire, sur celui de la plaisanterie, en marchant à la dérobée sur son pied :

— Le vieux, mon camarade, Émilien Gladok, a bien la barbe longue, mais l'esprit court. Quand je raconte une histoire gaillarde, il me donne bien la réplique mais sans que cela paraisse. N'est-ce pas, barbe blanche, plumes de canard et pieds de poule ? ne faisons pas fausse route.

— C'est connu, répliqua Korchoun, reprenant ses sens ; notre coupe est pleine jusqu'au bord, il y a de quoi boire jusqu'au lendemain. Gosier de coq, œil de taupe ; une fois en route, nous irons loin.

— Aï Scouli Tararath ! les chèvres dansent sur les montagnes, entonna Persten en se dandinant, les chèvres dansent, les mouches volent et l'oreille gauche de la grand-mère Euphrosine bourdonne...

— Aï Sioulichenki Scouli ! reprit Korchoun en piétinant également, l'écrevisse est à sec sur le sable, mais elle ne s'en inquiète pas ; quand l'eau remontera, le malheur cessera.

— Ah ! seigneur Tzar, conclut Persten en saluant bien bas, ne nous regardez pas de travers ; ce n'est pas notre conte, mais seulement son prélude.

— C'est bien, dit Ivan en bâillant, j'aime les joyeux propos ; commencez votre conte sur Dobrinia ; peut-être m'endormirai-je en vous écoutant.

Persten salua encore, toussa et commença :

« Il y avait une fois, dans la château de Vladimir, prince de Kief, un splendide festin, où il n'y avait que princes, boyards et preux chevaliers. C'était le soir et on n'était qu'à la moitié du repas, lorsque retentit la trompette guerrière. Vladimir, prince de Kief, l'astre des Sviatoslaf, tint alors ce langage : Princes, boyards, puissants et valeureux seigneurs ! Chargez deux des meilleurs d'entre vous de vous informer qui est-ce qui ose se présenter devant Kief et défier à sa table le prince Vladimir ? Aussitôt, tout est en mouvement dans le château : les glaives étincellent, les chevaux sont déliés des épieux auxquels ils étaient attachés, les chapeaux volent en l'air. Les puissants chevaliers revêtent leur cuirasse du combat, montent leurs vaillants chevaux et sortent en rase campagne....

— Arrête, dit Ivan, dans l'intention de donner plus de vraisemblance à son désir d'entendre le conteur ; je connais ce conte. Raconte-moi plutôt celui d'Akoundin.

— Celui d'Akoundin, dit Persten avec trouble, se souvenant que dans ce conte on célébrait la disgrâce de Novgorod ; celui d'Akoundin, c'est un vilain conte, un conte de paysans ; ce sont ces stupides paysans qui l'ont inventé, puis il me semble, père Tzar, l'avoir oublié....

— Raconte, aveugle, dit Ivan d'un ton menaçant, raconte-le tout entier et garde-toi bien d'en omettre un seul mot !

Et le Tzar sourit intérieurement de la situation difficile dans laquelle il plaçait le conteur.

Désolé d'avoir proposé lui-même ce conte, ne sachant pas jusqu'à quel point Ivan le connaissait, Persten se décida, tête baissée, à commencer son récit, sans en rien retrancher.

« Dans l'antique ville de Novgorod, du côté de la Posada, vivait un vaillant jeune homme appelé Akoundin. Il ne fabriquait ni bière, ni eau-de-vie, ne se livrait à aucun trafic; il mettait son plaisir à errer sur le Volkhof. Un jour, il monte dans sa barque bien gréée, place son aviron d'érable dans ses taquets de chêne et s'assied à la poupe. La barque suivit le cours du Volkhof et s'arrêta près de la berge escarpée. A ce moment passa sur la rive un estropié. L'estropié prit la blanche main d'Akoundin, le conduisit sur une haute colline et lui dit: « Regarde, jeune homme, la ville de Rostislaf, située sur l'Oka, et vois ce qui s'y passe. » Akoundin regarda la ville de Rostislaf et y vit un lamentable spectacle. Les fidèles serviteurs du jeune prince de Rézan, Gleb Olégovitch, se réunissent sur la place du marché, ils veulent défendre la ville, mais ils n'en ont pas la force. Sur l'Oka nage un monstre incroyable, le serpent Tougarin. Ce serpent Touragin avait trois cents sagèrès de long; de sa queue il balaie les guerriers de Rézan, son dos bouleverse les rives du fleuve; il réclame le vieux tribut. Alors l'estropié prit la main blanche d'Akoundin et lui dit: Dis-moi ton nom, bon jeune homme? A cette question, Akoundin répondit: Novgorod est ma patrie, on m'appelle Akoundin Akoundinitch. — Eh bien! Akoundin Akoundinitch, voilà juste trente-trois ans que je t'attends; reconnais en moi ton oncle, le propre frère de ton père. Et voici le glaive de ton père, Akoundin Coutiatich! Ayant dit ces mots, l'estropié sentit ses forces le trahir, sa fin approcher et, avant de mourir, il dit encore au jeune homme: —

Écoute-moi, mon aimable enfant, Akoundin Akoudinitch ! lorsque tu rentreras dans la grande Novgorod, salue-la et dis-lui : Que le Seigneur t'accorde de vivre des siècles et permette à tes enfants de se couvrir de gloire ! Crois en puissance, Novgorod, et que tes enfants croissent en richesse !...

— Cesse ! interrompit avec colère le Tzar, oubliant à ce moment que son but était seulement d'éprouver le conteur. Commence un autre conte.

Persten, simulant la terreur, se jeta à genoux et s'inclina presque jusqu'à terre.

— Quel conte daigneras-tu entendre, seigneur, dit Persten, avec un frayeur feinte et peut-être quelque peu réelle. Dois-je te raconter l'histoire de la sorcière Iaga ou celle du lac de saint Jean ? Ou ta grâce n'ordonnerait-elle pas de raconter quelque chose de pieux ?

Ivan se ressouvint qu'il ne devait pas effrayer les aveugles, c'est pourquoi il bâilla encore une fois et demanda d'une voix déjà endormie :

— Et que sais-tu de pieux ?

— Je sais la légende d'Alexis, homme de Dieu, celle du brave saint Georges, celle de saint Joseph, le *livre des Pigeons*....

— Va pour le *livre des Pigeons*, dit Ivan dont les yeux semblaient se fermer. Il nous convient mieux à nous autres, pécheurs, de nous endormir sur un récit religieux.

Pour la seconde fois, Persten toussa, se redressa et commença d'une voix traînante :

— Un terrible nuage s'élève, le ciel se déchire et le livre des pigeons tombe sur la terre. Autour du livre se réunissent quarante Tzars et fils de Tzars, quarante rois et fils de rois, quarante princes et fils de princes, quarante prêtres et fils de prêtres, beaucoup de boyards, de gens de guerre et du peuple. Parmi eux il y avait cinq Tzars au dessus de tous les autres ; le tzar Isaü, le tzar Vasili, le tzar Constantin, le tzar Vladimir et le sage roi David. Le Tzar Vladimir s'exprima ainsi : Qui de nous, frères, est expert dans la lecture ? Qu'il lise ce livre des pigeons. Il nous apprendra ce que c'est que ce monde, d'où vient le soleil rayonnant, d'où vient la lune et d'où viennent les étoiles innombrables, et les claires aurores et les vents tumultueux, et les nuées terribles, et les sombres nuits ; d'où nous viennent les Tzars et les boyards et le peuple. A cela tous les Tzars gardèrent le silence ; il n'y eut que le sage roi David qui fit une réponse en ces termes : — Je vous expliquerai, frères, le livre des pigeons. Ce n'est pas un petit livre ; il a 40 sagères de long sur 20 de large ; nul bras humain ne peut le soulever, nul œil humain ne saurait parcourir toutes les lignes qu'il contient, nulle main humaine ne saurait en feuilleter toutes les pages. C'est saint Jean qui l'a écrit et Isaü qui l'a lu : il l'a lu durant trois ans et, durant ces trois ans, il n'a pu en lire que trois pages. Ce n'est donc pas moi qui puis lire le livre divin. Il s'est ouvert de lui-même, les pages se sont tournées d'elles-mêmes, les mots se sont lus d'eux-mêmes. Je vous parlerai, seigneurs, sans le regarder, non par la lecture, mais par la mémoire et la tradition. Le soleil rayonnant nous est venu de la face resplendissante de Dieu ; la lune aux doux reflets est sortie de son sein, les innombrables étoiles de ses yeux ; les claires aurores sont les reflets de sa robe, les vents tumultueux sont son souffle, les nuées terribles sa pensée et les nuits sombres son manteau. La foule vient d'Adam ; les Tzars sont sortis de sa tête, les princes avec les boyards de ses reins, les paysans de ses genoux, et c'est de là aussi que vient le sexe féminin. — Tous les Tzars le saluèrent, disant : Merci, sage et prudent tzar David, mais dis-nous encore qui est le Tzar des Tzars? quelle est la première des terres, la première des mers, la première des rivières, la première des montagnes, la première des villes ?

Ici Persten regarda furtivement Ivan, qui semblait s'assoupir de plus en plus. De temps en temps, il soulevait péniblement ses paupières et les refermait aussitôt; mais à chaque fois il jetait imperceptiblement sur le narrateur un regard scrutateur et défiant. Persten cligna de l'œil à Korchoun et continua :

Le sage Tzar David leur fit cette réponse: Je vous dirai, mes frères, ce qui est écrit dans le livre des pigeons ; c'est le Tzar blanc qui sera le Tzar des Tzars, parce qu'il professe la foi chrétienne, croit en la Trinité et vénère la Mère de Dieu. Toutes les hordes lui rendent hommage, tous les peuples se sont soumis à lui ; sa puissance s'étend sur l'univers, sa main est au dessus de toutes les têtes et tous s'inclinent devant le Tzar blanc, parce que le Tzar blanc est le Tzar des Tzars. La sainte Russie est la première de toutes les terres, c'est là que se construisent les églises apostoliques, œcuméniques. L'Océan est la mer des mers ; sur ses rives s'élève une cathédrale et dans cette cathédrale repose le corps du pape de Rome, du pape Clément; cette mer circonvient la terre, tous les fleuves viennent se jeter dans son sein, tous viennent saluer l'Océan. Le Jourdain est le fleuve des fleuves, parce que Jésus-Christ, le roi des cieux, y a été baptisé. Le Thabor est la montagne des montagnes parce que Jésus-Christ s'y est transfiguré et y a révélé sa gloire à ses disciples. Jérusalem est la mère des villes, parce qu'elle est au centre de la terre, parce que c'est là que se conservent le tombeau du Seigneur, sa tunique, autour desquels fume de l'encens, brûlent des cierges qui ne s'éteignent jamais...

Persten regarda de nouveau Ivan. Ses yeux étaient fermés, sa respiration régulière; le Terrible paraissait dormir. L'ataman toucha Korchoun de son coude. Le vieillard fit deux pas en avant. Persten poursuivit en nasillant:

— Tous les Tzars le saluèrent et lui dirent : Merci, sage David, mais dis-nous encore quel est le premier des poissons, le premier des oiseaux, le premier des animaux, la première des pierres, le premier arbre, la première plante ?

— Le sage David leur fit cette réponse : La baleine est le premier poisson, l'oiseau Estrophyle est le roi des oiseaux, il demeure sur les rives de la mer Bleue ; lorsqu'il bat des ailes, toute la mer tremble, les vaisseaux se brisent et s'engloutissent ; lorsqu'il se réveille, à deux heures après minuit, tous les coqs de l'univers se mettent à chanter et toute la terre alors s'illumine....

Persten jeta un regard sur Ivan. Le Tzar était étendu les yeux fermés ; sa bouche était ouverte comme celle d'un homme endormi. En ce moment, d'accord avec sa dernière phrase, Persten vit par la fenêtre que l'église du château et les édifices voisins étaient éclairés par un commencement d'incendie. Il poussa doucement Korchoun qui fit un nouveau pas :

— Le quadrupède Indra, reprit Persten, est le roi des animaux ; il marche sous la terre comme le soleil sous la voûte du ciel ; il fouille la terre avec ses cornes et il en fait jaillir les sources, les ruisseaux et les fleuves. La pierre à bâtir est la reine des pierres ; c'est sur elle que Jésus-Christ s'est reposé, que le roi des cieux a conversé avec ses douze apôtres, a fondé la foi chrétienne et a distribué des livres par toute la terre. Le cyprès est le roi des arbres, c'est avec du cyprès qu'a été taillée la croix sur laquelle Jésus-Christ a été crucifié entre deux larrons. La salicaire est la mère des plantes. Lorsque Jésus fut crucifié, sa sainte mère se rendit auprès de son fils attaché sur la croix. En marchant, elle pleurait et ses larmes, en tombant, ont fait pousser la salicaire ; de la racine de cette plante on fait chez nous, en Russie, de merveilleuses petites croix que les vieux moines et les gens pieux portent sur la poitrine.

Ivan Vasiliévitch soupira profondément à cet endroit du récit, sans ouvrir les yeux. Le reflet de l'incendie devenait plus brillant. Persten ne voulait pas que l'alarme fût donnée avant qu'il n'ait réussi à prendre les clefs. Ne se décidant pas à bouger, pour que le Tzar ne s'aperçût pas par sa voix de son mouvement, il montra du doigt à Korchoun l'incendie, le Tzar endormi et continua :

— Tous les Tzars le saluèrent en disant : Merci, sage David, tu es habile à parler de mémoire, tu es disert comme un livre, et le Tzar Vladimir lui dit : Explique-moi encore une chose. Cette nuit, je dormais peu et rêvais beaucoup. Je vis deux animaux qui se rencontraient, l'un était blanc, l'autre gris ; ils se battirent ensemble et c'est au blanc que demeura la victoire. Le sage David lui répondit : O Tzar Vladimir, ce n'étaient pas deux animaux qui se rencontraient et se battaient. Ce que tu as rêvé est la réalité, cela s'est vu sur cette terre : l'animal blanc, c'est la vérité ; l'animal gris, c'est le mensonge ; la vérité a vaincu le mensonge et elle est remontée vers Dieu. Le mensonge terrassé est resté ici-bas. Qui vivra de la vérité, celui-là héritera du royaume du ciel ; celui qui vivra du mensonge, sera condamné à des tourments éternels...

Ici on entendit Ivan ronfler légèrement. Korchoun étendit la main vers l'oreiller du Tzar ; Persten s'approcha insensiblement de la fenêtre ; mais, afin de ne pas réveiller Ivan par un silence subit, il poursuivit son récit sur le même ton monotone :

— Tous se levèrent et le saluèrent. Merci, lui dirent-ils, mais ne nous laissez pas ignorer quels sont les péchés qui seront pardonnés et ceux qui ne le seront jamais. — A quoi le sage David répondit : S'il y a rémission pour tous les péchés, il y en a trois qui exigent une extrême contrition ; celui qui a eu des relations avec sa commère, celui qui a insulté son père et sa mère, celui...

En ce moment, le Tzar ouvrit soudain les yeux. Korchoun retira la main, mais il était trop tard : son regard avait rencontré celui d'Ivan. Pendant quelques secondes, ils se regardèrent fixement, comme s'ils étaient tous deux fascinés par une force magique.

— Aveugle, s'écria tout à coup le Tzar en se relevant vivement, et le troisième péché ? c'est celui de se déguiser en mendiant pour pénétrer ainsi dans la chambre à coucher du Tzar.

Et de son bâton ferré, il frappa Korchoun dans la poitrine. Le brigand s'accrocha au bâton, chancela et roula par terre.

— A moi ! s'écria le Tzar en arrachant le fer de la poitrine de Korchoun.

Les opritchniks se précipitèrent dans la chambre, le sabre nu.

— Saisissez-les tous deux ! ordonna Ivan.

Maliouta se précipita comme un chien enragé sur Persten, mais l'ataman lui appliqua, avec une agilité extraordinaire, un coup de poing dans l'estomac, d'un coup de pied défonça la petite fenêtre et sauta dans le jardin.

— Cernez le jardin ! attrapez le brigand ! hurla Maliouta, courbé en deux, et se tenant l'estomac des mains.

Les opritchniks avaient, en attendant, relevé Korchoun.

Vêtu de sa dalmatique noire, sous laquelle brillait une cotte de mailles, Ivan était debout, tenant d'une main frémissante son bâton ferré, fixant son regard menaçant sur le brigand blessé. Des serviteurs effarés apportaient des torches. A travers la fenêtre brisée, on voyait l'incendie. La cloche se mettait en mouvement; on entendait au loin le tocsin.

Les sourcils froncés, les yeux baissés, soutenu par les opritchniks, Korchoun était aussi debout, tout ensanglanté.

— Aveugle, dit le Tzar, ne me cache pas qui tu es et ce que tu complotais contre moi?

— Je n'ai rien à cacher, répondit Korchoun. Je voulais m'emparer des clefs du trésor, mais je n'ai rien comploté contre toi.

— Qui t'a envoyé ici? qui sont tes complices?

Korchoun regarda Ivan sans frayeur.

— Tzar Orthodoxe! j'ai été jeune, je chantais une chanson dans laquelle le Tzar demandait à un aventurier avec qui il dévalisait. Et l'aventurier lui répondit : mon premier compagnon est la nuit noire, mon second...

— Assez! interrompit Maliouta. Nous verrons ce que tu chanteras quand on commencera à t'écarteler et à te hisser sur la chèvre. Mais, ajouta-t-il en examinant Korchoun, j'ai déjà vu quelque part cette tête de taureau!

Korchoun sourit et gratifia Maliouta d'un salut.

— Nous nous sommes déjà vus en effet, Maliouta Skouratof, et c'était, si tu t'en souviens, à la mare du diable...

Maliouta ne le laissa pas achever.

— Khomiak, dit-il en se tournant vers son écuyer, emmène ce vieillard, cause avec lui, engage-le à te raconter pourquoi il s'est introduit auprès de Sa Majesté. Je viendrai tout de suite moi-même dans la chambre du supplice.

— Allons, vieux, dit Khomiak, saisissant Korchoun par le collet, à nous deux! nous causerons gentiment.

— Arrête, dit Ivan! Soigne, Maliouta, ce vieillard; il ne faut pas qu'il succombe dans la question. Je lui ménagerai un supplice exemplaire, nouveau, inimaginable, un supplice tel que tu en seras toi-même surpris, père sacristain.

— Remercie donc le Tzar, chien! dit Maliouta à Korchoun en le poussant, de ce qu'il te laisse encore vivre un peu cette nuit! nous te disloquerons seulement les os.

Et accompagné par Khomiak, il emmena le brigand.

Pendant ce temps, Persten, profitant du trouble général

avait franchi la palissade des jardins et accourait sur la place où se trouvait la prison. La place était vide, le peuple s'était porté à l'incendie. En longeant avec précaution le mur de la prison, Persten butta contre quelque chose de mou; il tâta, c'était un corps ensanglanté.

— Ataman! lui dit à voix basse le même chanteur roux qui l'avait accosté le matin, j'ai égorgé la sentinelle. Donne vite les clefs, nous ouvrirons la prison et bonjour! j'irai à l'incendie moissonner avec les camarades? Où est Korchoun?

— Entre les mains du Tzar, répondit brièvement Persten, tout est perdu! Réunis notre monde et décampons. Plus bas, qui va là?

— C'est moi, répondit Mitka en se détachant du mur.

— Va-t-en, imbécile! Prends tes jambes à ton cou. Quittez tous la Sloboda; ralliez-vous au chêne tordu!

— Et le prince? demanda Mitka de sa voix traînante.

— Imbécile! on te dit que tout est perdu. On a coffré le grand-père, nous n'avons pas mis la main sur les clefs.

— Comme si la prison était fermée!

— Comment, elle n'est pas fermée? Qu'est-ce qui l'a ouverte?

— Mais, moi.

— Qu'est-ce que tu radotes, polisson. Veux-tu bien parler raison!

— Que veux-tu que je dise? J'arrive, il n'y a personne, la sentinelle est à terre, les jambes écartées. Je me dis: essayons un peu si la porte est solide. Je l'ai tâtée avec l'épaule et, sans l'endommager, je l'ai fait sortir des gonds.

— Ah! triple sot, s'écria joyeusement Persten. Le proverbe a raison, ce n'est que grâce aux imbéciles que le monde subsiste. Et le prenant par les tempes, l'ataman l'embrassa sur les deux joues, tendresse à laquelle Mitka répondit par un baiser bruyant, et puis essuya froidement ses grosses lèvres avec le revers de sa manche.

— Suis-moi donc, et toi, Balalayka, attends ici. S'il vient quelqu'un, siffle.

Persten entra dans la prison suivi de Mitka. Après la première porte, il y en avait encore deux autres moins résistantes ; Mitka n'eut besoin que de quelques secondes pour les abattre.

— Prince, dit Persten, en pénétrant dans le souterrain, lève-toi !

Sérébrany pensa qu'on venait le chercher pour l'exécution.

— Fait-il déjà jour, demanda-t-il, ou bien, Maliouta, n'as-tu pas assez de patience pour l'attendre ?

— Je ne suis pas Maliouta, répondit Persten. Je suis celui que tu as sauvé de la mort. Lève-toi, prince, le temps est précieux ; lève-toi, je te délivrerai.

— Qui es-tu ? dit Sérébrany, je ne connais pas ta voix.

— Il n'y a là rien de surprenant, boyard ; tu as autre chose à faire que de te souvenir de moi. Mais lève-toi, nous ne pouvons pas lambiner.

Sérébrany ne répondit pas. Il crut que Persten était un des bourreaux de Maliouta et il prit ces mots pour un sarcasme.

— Tu n'ajoutes donc pas foi en moi, prince, poursuivit l'ataman avec impatience. Il faut donc que je te rappelle Medviedka et la mare au diable ; je suis Vanioukha Persten !

La joie dégonfla la poitrine de Sérébrany. Son cœur battit à l'idée de la liberté et de la vie. Les forêts, les bois, de nouveaux champs de victoire, la douce image d'Hélène apparurent à son imagination. Il s'était relevé vivement, il était déjà prêt à suivre Persten, lorsque tout-à-coup il se souvint du serment donné au Tzar et son sang remonta au cœur.

— Je ne puis pas, dit-il, je ne puis te suivre. J'ai promis au Tzar de ne pas me soustraire à sa volonté et de me soumettre en tout lieu à son arrêt.

— Prince, dit Persten surpris, je n'ai pas le temps de discuter avec toi. Mes gens attendent, chaque seconde peut nous coûter la vie. Demain, tu dois mourir, il est encore temps, lève-toi et suis-nous !

— Je ne puis pas, répondit tristement Sérébrany, j'ai confirmé ma parole en baisant la croix.

— Boyard, s'écria Persten avec une voix changée par la colère, te moques-tu donc de moi ? Pour toi, j'ai mis le feu à la Sloboda ; pour toi, j'ai sacrifié mon meilleur homme ; pour toi, nous allons peut-être tous perdre nos têtes et tu veux rester ? Serions-nous venus ici en vain ? Nous regardes-tu donc comme des saltimbanques ? Je voudrais bien voir qui que ce soit se moquer de moi ! Pour la dernière fois : viens-tu ou non ?

— Non ! répondit résolûment Nikita Romanovitch, et il se recoucha sur la terre humide.

— Non, répéta Persten en grinçant des dents, non ! Eh bien ! il ne sera pas fait à ta tête. Mitka, enlève-moi cet homme. — Et se jetant sur le prince, l'ataman le baillonna avec sa ceinture.

— Maintenant tu ne te disputeras plus, dit-il avec colère.

Mitka le prit dans ses bras comme si c'était un enfant au maillot.

Vite, allons ! dit Persten.

Dans une rue, ils tombèrent sur des opritchniks.

Qui portez-vous ? leur demandèrent-ils.

— Un voisin qu'une porte a blessé à l'incendie, répondit Persten. Nous le portons à l'hôpital.

A la sortie de la Sloboda, une sentinelle les arrêta. Ils voulurent passer outre ; la sentinelle ouvrit la bouche pour donner l'alarme, Persten la serra avec son poignet; le soldat tomba sans pousser un cri.

Les brigands sortirent le prince de la Sloboda sans autre obstacle.

CHAPITRE XXII

LE MONASTÈRE.

Nous avons laissé Maxime abandonnant, par une nuit pluvieuse, la Sloboda. Le crépu Bouian japait, sautait autour de lui, se réjouissait d'avoir réussi à briser sa chaîne.

En quittant la maison paternelle, Maxime n'avait pas de projet ; il ne songeait qu'à rompre avec l'odieuse existence des favoris du Tzar, avec leurs infâmes débauches et fuir le spectacle de supplices journaliers. En laissant derrière lui la terrible Sloboda, Maxime se fiait à sa destinée. Il pressa d'abord son cheval afin de n'être pas rejoint par les valets de son père, dans le cas où Maliouta aurait envoyé à sa poursuite; mais bientôt il s'engagea dans un chemin de traverse et mit son coursier au pas.

Vers le matin, l'orage cessa. L'aube naissait à l'orient. Maxime distingua plus clairement les objets. Des chênes touffus bordaient la route ; dans leur intervalle paraissaient des buissons de noisetiers. Il faisait frais ; des gouttes de pluie tombaient des arbres et claquaient paresseusement sur les larges feuilles. De petits oiseaux se réveillèrent bientôt et gazouillèrent dans la verdure ; on entendit le pic résonner dans l'arbre creux, et le soleil levant dora le sommet des chênes. La nature se ranimait, le cheval s'avançait plus résolûment. Il semblait que la Russie tout entière se révélait à Maxime ; il aurait pu respirer gaiement dans sa libre atmosphère, mais un chagrin, un grand chagrin russe saisit son cœur. Il pensa à sa mère abandonnée, à son isolement, à bien des choses dont il ne se rendait pas lui-même compte ; il se mit à rêver et entonna involontairement une mélancolique chanson.

Merveilleuses et pleines d'âme sont les chansons russes ! Les paroles sont insignifiantes, elles ne sont qu'un prétexte ; ce n'est pas par des mots, mais par des mélodies que s'expriment les sentiments profonds et indéfinis.

En regardant la verdure, le ciel, le monde entier du bon Dieu, Maxime chantait son misérable sort, la liberté dorée, celle des champs et des bois. S'adressant à son cheval, il lui ordonnait de le transporter dans une contrée bien éloignée, où il fait sec sans vent et frais sans gelée. Il chargeait le vent de saluer sa mère. Il s'emparait du premier objet qui lui tombait sous les yeux et disait tout ce qui lui traversait l'imagination ; mais la voix exprimait bien plus de choses que les paroles, et si quelqu'un eût entendu cette chanson, elle lui serait tombée sur l'âme et souvent, à l'heure de la tristesse, elle lui serait revenue en mémoire.....

Enfin, lorsque l'angoisse se fut rendue maîtresse de Maxime, il rassembla ses guides, raffermit son bonnet sur sa tête, siffla, poussa un cri et s'élança de tout le galop de son cheval.

Bientôt il se trouva en face des blanches murailles d'un monastère.

Le saint refuge était situé sur le versant d'une montagne couverte de chênes. Les coupoles dorées, les croix ciselées se détachaient sur la verdure des chênes et l'azur du ciel. Maxime tomba sur une troupe de frères lais à cheval et couverts d'armures. Ils allaient au pas et chantaient le psaume : « Je t'aimerai, Seigneur, car tu es ma force. »
— En entendant les paroles sacrées, Maxime arrêta son cheval, ôta son bonnet et se signa.

Une petite rivière coulait au bas de la montagne. Quelques moulins y faisaient tourner leurs roues. Sur ses rives, paissaient des vaches en groupes bigarrés.

Tout autour du monastère respirait un si grand calme qu'une ronde armée semblait inutile. Les oiseaux eux-mêmes ne gazouillaient sur les chênes qu'à demi-voix, le vent ne remuait pas les feuilles ; il n'y avait que les grillons, cachés dans l'herbe, qui se faisaient entendre sans interruption. Il n'était pas à supposer que de méchantes gens pussent troubler cette quiétude.

— Voilà où je me reposerai, pensa Maxime. Je passerai quelques jours derrière ces murailles, jusqu'à ce que mon père cesse de me chercher. J'ouvrirai mon âme en confession à l'abbé ; sans doute il m'accordera asile pour un moment.

Maxime ne se trompait pas. Le vieil igoumène, à longue barbe grise, au regard doux, dénotant une complète ignorance des affaires profanes, l'accueillit affablement. Deux frères lais emmenèrent le cheval fatigué, un troisième apporta à Bouian du pain et du lait ; tous entourèrent de prévenances Maxime. L'igoumène l'invita à dîner ; mais Maxime voulut avant tout se confesser.

Le vieillard le regarda d'un œil aussi scrutateur que le lui permettait sa bonté et, sans lui adresser une parole, le conduisit, à travers une grande cour, dans une chapelle basse. Ils passèrent devant des tombes, le long des cellules entourées de fleurs. Les moines qu'ils rencontrèrent les saluaient en silence. Les pierres tumulaires résonnaient sous les pas de Maxime ; de hautes herbes croissaient entre ces pierres et cachaient à demi leurs pieuses inscriptions ; tout rappelait là la brièveté de la vie, tout y invitait à la prière et à la contemplation. Le sanctuaire vers lequel l'igoumène conduisait Maxime, s'élevait au milieu de vieux chênes, dont les branches séculaires cachaient presqu'entièrement des fenêtres étroites retenues dans des châssis de plomb. Quand ils y entrèrent, ils furent saisis par le froid et l'obscurité. Une fenêtre, moins obstruée que les autres, donnait passage à un rayon qui tombait obliquement sur une fresque représentant le jugement dernier. Les autres parties de l'église n'en paraissaient que plus sombres ; mais çà et là brillaient des lampes d'argent, des images couvertes de pierreries, des croix d'or sur le velours noir qui recouvrait les tombes des princes Vorotinski, fondateurs du monastère. La grille de l'iconostase, étincelante par places, semblait semer des charbons mal éteints, prêts à se rallumer. Cela sentait l'humide et l'encens. Petit à petit, les yeux de Maxime s'accoutumèrent à ce demi-jour et purent distinguer les autres détails du temple : au-dessus de la porte principale de l'autel, on voyait l'image du Christ dans toute sa gloire, entouré de Chérubins et de Séraphins ; une grande image de saint Jean-Baptiste le représentait ailé, tenant sur un plateau sa tête décapitée. Sur les portes latérales étaient grossièrement peints la parabole de l'enfant prodigue, la lutte entre la vie et la mort, les derniers moments du juste et ceux du pécheur. Ces images lugubres émurent profondément Maxime ; les préceptes d'humilité, de soumission absolue à l'autorité paternelle, toutes les idées dans lesquelles il avait été élevé se réveillèrent en lui. Il se demanda s'il avait eu le droit de quitter son père contre sa volonté. Sa conscience lui répondait qu'il était dans son droit, et cependant il n'était pas tranquille. La fresque du jugement dernier frappa son imagination. Lorsque l'ombre des feuilles de chêne, balancées par le vent, se projetait sur la fresque, il lui paraissait que les démons et les damnés, représentés en grandeur naturelle, soupiraient et remuaient..... Son cœur battit d'une pieuse terreur ; il tomba aux pieds de l'igoumène.

— Mon père, dit-il, je dois être un grand pécheur !
— Priez, répondit doucement le vieillard, la miséricorde

de Dieu est infinie et le repentir a une grande efficacité, mon fils.

Maxime rassembla ses forces.

— Mon méfait est lourd, commença-t-il d'une voix tremblante. Mon père, écoutez ! J'ai peur de parler : mon amour pour le Tzar s'est affaibli, mon cœur s'est détourné de lui.

L'igoumène regarda Maxime avec surprise.

— Ne me repousse pas, mon père, poursuivit Maxime, écoute-moi jusqu'au bout ! Longtemps, j'ai combattu ce sentiment ; longtemps j'ai prié devant les saintes images. J'ai cherché dans mon cœur une étincelle d'amour pour le Tzar et je n'ai pas pu la trouver.

— Mon fils, dit l'igoumène en considérant avec intérêt Maxime, Satan a obscurci sans doute ton intelligence ; tu te calomnies. Il est impossible que tu haïsses le Tzar. J'ai confessé de grands criminels dans ce temple ; j'ai entendu des sacriléges et des meurtriers, mais je n'en ai pas entendu un seul qui se soit accusé de haïr le souverain.

Maxime pâlit.

— Je suis donc plus criminel qu'un sacrilége et qu'un assassin, s'écria-t-il ! Mon père, que faire ? Enseigne-moi, convaincs-moi, mon âme se sépare en deux.

Le vieillard regardait le pénitent et s'étonnait de plus en plus. Le visage régulier de Maxime ne dénotait aucun trait vicieux ou coupable. C'était un de ces doux visages, pleins de franchise et de générosité, un de ces visages russes comme on en rencontre encore maintenant entre Moscou et le Volga, dans ces contrées éloignées des grandes routes où l'influence des villes n'a pas encore pénétré.

— Mon fils, reprit l'igoumène, je ne te crois pas, tu te calomnies. Je ne crois pas que ton cœur se soit détourné du Tzar. Cela ne peut pas être. Songes-y : le Tzar est plus que notre père, et le cinquième commandement nous ordonné d'honorer notre père. Dis-moi, mon fils, tu observes les commandements ?

Maxime se taisait.

— Mon fils, tu honores ton père ?

— Non, dit Maxime d'une voix sourde.

— Non ! répéta l'igoumène, et, faisant un mouvement en arrière, il se signa. Tu n'aimes pas le Tzar ! tu n'honores pas ton père ! Mais qui es-tu donc ?

— Je suis, répondit le jeune opritchnik, je suis Maxime Skouratof, le fils de Skouratof-Bielski.

— Le fils de Maliouta !

— Oui, dit Maxime, et il éclata en sanglots.

L'igoumène ne répondit pas. Il se tenait tristement devant Maxime. Les figures des saints les regardaient immobiles. Les damnés du jugement dernier élevaient plaintivement leurs mains vers le ciel, mais tout faisait silence. Ce silence n'était rompu que par les sanglots étouffés de Maxime, le gazouillement des hirondelles sous les voûtes et les invocations que faisait à demi-voix l'igoumène.

— Mon fils, dit-il enfin, raconte-moi tout par ordre, ne me cèle rien : Comment en es-tu arrivé à haïr ton souverain ?

Maxime lui raconta son existence dans la Sloboda, son dernier entretien avec son père et sa fuite nocturne. Il parla lentement, s'arrêta souvent pour mieux réunir ses souvenirs, pour ne rien oublier ni rien cacher à son père spirituel. Après avoir terminé son récit, il baissa les yeux et n'osa pas longtemps les lever sur l'igoumène ; il attendait son arrêt.

— M'as-tu tout révélé ? dit ce dernier, n'y-a-t-il pas encore quelque chose qui pèse sur ton âme ? n'as-tu pas comploté contre le Tzar ? n'as-tu pas conspiré contre la sainte Russie ?

Les yeux de Maxime étincelèrent.

— Mon père, je me ferai plutôt trancher la tête que de lui laisser nourrir quoi que ce soit contre ma patrie ! Je suis coupable de ne pas aimer le Tzar, mais je ne suis coupable d'aucune trahison !

L'igoumène le couvrit de son étole.

— Que le serviteur de Dieu, Maxime, soit purifié ! dit-il. Que ses péchés volontaires et involontaires lui soient remis !

Une douce joie inonda l'âme de Maxime.

— Mon fils, dit l'igoumène, tes aveux t'ont purifié. La sainte Église ne te fait pas un crime d'avoir abandonné la Sloboda. Chacun doit fuir la tentation, mais ne te laisse pas séduire par l'ennemi du genre humain. Ne suis pas l'exemple de Kourbski qui, de puissant boyard russe, est devenu le jouet du diable. Dieu très-miséricordieux, continua le vieillard en soupirant, a permis, à cause de nos grandes fautes, que ce temps soit difficile. Ce n'est pas à nous, hommes bornés, à juger ses desseins impénétrables. Lorsque Dieu nous envoie la famine et des peines corporelles, nous n'avons qu'à prier et à nous soumettre à sa sainte volonté. Aujourd'hui nous sommes sous le joug d'un souverain non clément mais terrible. Nous ignorons pourquoi il nous supplicie et nous extermine, mais nous savons qu'il est envoyé de Dieu, nous devons par conséquent courber la tête non devant Ivan Vasiliévitch, mais devant Celui qui l'a envoyé. — Reste avec nous, mon fils, vis avec nous. Quand le moment de ton départ sera venu, je prierai Dieu avec mes frères de te protéger partout où tu iras. Et maintenant, conclut avec bonhomie l'igoumène en ôtant son étole, allons au réfectoire. Après la nourriture de l'âme, ne dédaigne pas celle du corps. Nous avons de bons poissons; tu goûteras notre lait caillé et nous viderons une coupe d'hydromel de prunelle à la santé du souverain et du révérendissime métropolite.

Et, en causant amicalement, le vieillard introduisit Maxime au réfectoire.

CHAPITRE XXIII

LA ROUTE.

La vie monastique s'écoulait calme et uniforme. Dans leurs moments libres, les moines recueillaient des herbes et en fabriquaient des médicaments, d'autres s'occupaient de peinture, sculptaient des croix ou des images en cyprès, peignaient et doraient des coupes en bois. Maxime s'attacha à ces bons moines. Il ne remarquait pas comme le temps marchait. Cependant, après une semaine, il résolut de partir. Il avait entendu parler, à la Sloboda, de nouvelles incursions des Tatars du côté de Rezan ; il avait depuis longtemps envie de se mesurer avec eux. Lorsqu'il en informa l'igoumène, le vieillard s'attrista.

Quelle nécessité as-tu de partir, mon fils? lui dit-il. Nous t'aimons tous, nous nous sommes accoutumés à toi. Qui sait, peut-être la grâce de Dieu te visitera et tu resteras toujours avec nous! Écoute, Maxime, ne nous quitte pas!

— Je ne puis pas, mon père. Depuis longtemps ma destinée m'appelle dans une contrée éloignée ; depuis longtemps j'entends le bruit de l'arc tatare et parfois sa flèche semble me siffler aux oreilles. Il y a quelque chose qui m'attire vers ce bruit et ce sifflement.

L'igoumène n'insista plus ; il récita les prières des voyageurs, le bénit et tous les frères prirent congé de lui.

Et de nouveau Maxime se retrouva à cheval au milieu d'une verte forêt. Comme auparavant, Bouian sautait autour du cheval et regardait joyeusement son maître. Tout à coup, il se mit à aboyer et à courir en avant. Maxime avait déjà mis la main à son sabre dans l'attente d'une fâcheuse rencontre, lorsqu'il vit apparaître, au tournant de la route, un cavalier en kaftan jaune avec un aigle noir à deux têtes brodé sur la poitrine. Le cavalier trottait, sifflait gaiement et tenait sur son gant bariolé un faucon blanc encapuchonné et enchaîné. Maxime reconnut un des fauconniers du Tzar.

— Trifon, s'écria-t-il !

— Maxime Gregoritch, exclama joyeusement le fauconnier, bonne santé ! comment se porte ta Seigneurie ? Tu es donc ici ? A la Sloboda, nous te croyions perdu. Il fallait voir la colère de ton père ! c'était terrible. Bien des bruits ont couru sur ton père, sur le Tzarévitch et sur le prince Sérébrany. On ne sait plus à qui croire. Dieu merci, te voilà retrouvé ! C'est ta mère qui sera heureuse !

Cette rencontre contraria Maxime. Mais Trifon était un bon garçon et savait se taire au besoin. Maxime lui demanda s'il y avait longtemps qu'il avait quitté la Sloboda.

— Il y a déjà une semaine qu'Adragan s'est échappé, répondit-il, en montrant le faucon. Mais tu ne sais peut-être pas cette histoire ? J'ai eu une jolie peur en voyant le Tzar si furieux ! Mais Dieu et le bienheureux martyr Trifon ont eu pitié de moi.

Le fauconnier ôta son chapeau et fit le signe de la croix.

— Voilà comment cela s'est passé : il y a une semaine, le Tzar alla à la chasse. J'avais déjà lancé Adragan deux fois lorsqu'à la troisième il devint fou ; il se mit à battre les autres faucons, mit hors de combat Smichlay et Kroujka et se perdit dans les airs. On n'avait pas le temps de compter jusqu'à dix qu'il était déjà hors de vue. Je me mis à galoper après lui, mais c'était vouloir attraper la lune. Le grand veneur informa le Tzar qu'Adragan était perdu. Le Tzar me fit appeler et il me dit : « Trichka, tu me réponds de ta tête ; si tu le rattrapes, je te donnerai une grati fication ; si tu ne l'attrapes pas, à bas ta tête ! » Que faire ? le Tzar ne plaisantait pas. Je me mis à la recherche d'Adragan; je me fatiguai six jours, je commençai à sentir quelque chose de singulier autour du cou ; il faudra, pensai-je, dire adieu à ma tête. Je me mis à pleurer et à force de pleurer, je m'endormis dans le bois. A peine endormi, j'eus un songe : une lueur se répandit parmi les arbres et des sons résonnaient dans la forêt. En écoutant ces sons, je me dis, tout en dormant : ce sont les clochettes d'Adragan. Je regarde, je vois devant moi un jeune guerrier sur un cheval blanc, éclatant de lumière, tenant sur la main Adragan. Trifon, dit le guerrier, ne cherche pas ici Adragan ; lève-toi, va vers Moscou au petit bois de Lazaref. Il y a là un sapin, sur ce sapin est perché Adragan. — Je me réveillai et je ne sais pourquoi je fus convaincu que ce guerrier n'était autre que le bienheureux martyr Trifon. Je sautai sur mon cheval et galopai vers Moscou. Eh bien ! Maxime Gregoritch, me croiras-tu ? quand j'arrive au bouquet de bois, que vois-je ? un sapin et sur ce sapin Adragan, absolument comme l'avait dit le saint.

La voix du fauconnier tremblait et de grosses larmes s'échappaient de ses yeux.

Maxime Gregoritch, ajouta-t-il, s'essuyant les yeux, maintenant je vendrai, s'il le faut, tout ce que j'ai, je m'engagerai pour toute ma vie, mais j'élèverai une chapelle à mon saint patron. Je la construirai à la même place où j'ai retrouvé Adragan. Et je ferai peindre le saint sur la muraille exactement comme il m'a apparu : sur un cheval blanc, le bras en l'air et tenant un faucon blanc. Je recommanderai à mes enfants et petits enfants de l'honorer, de l'invoquer, de lui mettre des cierges, parce qu'il n'a pas voulu ma ruine et a sauvé son serviteur du billot. Regarde, continua le fauconnier en montrant le faucon ! le voilà, Adragan, sain et sauf ! Je vais t'ôter ton capuchon. Qu'as-tu à crier ?

tu veux encore voler? non, mon ami, assez comme cela, je ne te lâcherai plus.

Et Trifon taquinait du doigt le faucon.

— Tiens, qu'il est méchant ! le voilà encore qui vous pince et crie qu'on l'entend d'une verste.

Le récit du fauconnier émut Maxime. — Prends mon offrande, lui dit-il, en jetant une poignée d'or dans la casquette de Trifon. C'est tout ce que j'ai, je n'en ai pas besoin et il t'en faut encore recueillir beaucoup pour ta chapelle.

— Que Dieu te rénumreè, Maxime Gregoritch ! avec ton argent ce n'est plus une chapelle mais une véritable église que j'élèverai ! Lorsque je rentrerai à la Sloboda, je ferai dire des prières pour ton bonheur ; je demeurerai tien à jamais, Maxime Gregoritch ; ordonne ce que tu voudras !

— Écoute, Trifon, rends-moi un léger service. Lorsque tu seras rentré à la Sloboda, ne confie à personne que tu m'as rencontré ; mais, après avoir laissé passer trois jours, va chez ma mère et dis lui à elle seule, de sorte que personne ne l'entende : « ton fils, grâce à Dieu, se porte bien et te salue. »

— Pas davantage, Maxime Gregoritch ?

— Ce n'est pas tout, écoute-moi bien, Trifon ! J'entreprends une longue route ; peut-être ne reviendrai-je pas d'ici à longtemps. Si cela t'est possible, va de temps en temps chez ma mère et chaque fois dis-lui : « j'ai entendu dire à des gens que ton fils, avec le secours de Dieu, se porte bien ; ne t'en tourmente donc pas. » Et si ma mère te demande quels sont les gens qui t'en ont parlé, dis-lui : « je l'ai entendu des gens de Moscou auxquels d'autres gens l'avaient dit » et sur ces derniers ne t'explique pas afin qu'on n'envoie pas des émissaires à ma découverte et que ma mère sache seulement que je me porte bien.

— Il est donc vrai, Maxime Gregovitch, que tu ne rentreras pas à la Sloboda ?

— Dieu seul le sait ; quant à toi, ne dis à âme qui vive que tu m'as rencontré.

— Compte sur moi, Maxime Gregovitch, je ne le dirai à personne. Seulement, comme tu entreprends une longue route, je ne prendrai pas ton argent. Dieu m'en châtierait.

— Qu'ai-je besoin d'argent? nous ne sommes pas en pays tatare.

— C'est possible, Maxime Gregovitch, mais je ne puis le prendre. Il n'y aurait pas d'inconvénient si tu rentrais à la maison ; mais comme tu es en route, j'aurais l'air de t'avoir dévalisé. Tu as beau dire, quand même tu m'égorgerais, je ne prendrai rien.

Maxime haussa les épaules et retira quelques pièces d'or de la casquette de Trifon.

— Si tu ne les prends pas, dit-il, un autre sera moins scrupuleux ; pour moi, je n'en ai pas besoin.

Il prit congé du fauconnier et continua son chemin.

Le soleil baissait, l'ombre des arbres s'allongeait et obscurcissait les vallées ; à côté de Maxime se projetait sa propre ombre et faisait l'effet d'un sombre géant : tantôt elle courait sur l'herbe, tantôt, lorsque la route longeait un bois, elle grimpait sur les bruyères et les arbres; Bouian semblait à ses côtés un monstre indescriptible. Peu à peu, et Bouian et le cheval et Maxime disparurent de l'herbe et des arbres, on ne put plus rien distinguer, un épais brouillard envahit les bas-fonds, les hannetons se levèrent et se mirent, en bourdonnant, à faire des évolutions dans l'air. La lune se montra au dessus du bois; çà et là des étoiles commencèrent à scintiller dans le firmament; au loins argentait une plaine sans limites.

Chère patrie ! il m'est arrivé aussi dans des heures tardives de traverser tes grands steppes. Mon cheval marchait d'un pas égal, se reposant de l'incommodité et de la chaleur du jour ; un vent chaud apportait le parfum des fleurs et des herbes fauchées ; j'étais gai et triste, je songeais en même temps au passé et à l'avenir. Qu'il est doux de parcourir, la nuit, des lieux inhabités, de traverser tantôt des forêts, tantôt des jachères, de lâcher la bride à son cheval et à son imagination en regardant les étoiles !

Il y avait déjà une bonne heure que Maxime chevauchait, lorsque tout à coup Bouian leva le nez et remua la queue. Maxime sentit de la fumée ; il se souvint qu'il était temps de prendre gîte et pressa son cheval. Bientôt il vit une izba dont l'inclinaison attestait l'âge respectable. Elle n'avait pas de cheminée ; la fumée s'échappait du toit et une lueur d'une fenêtre étroite. De l'intérieur sortait le son d'un chant monotone. Maxime s'approcha de l'ouverture. Un coup d'œil lui suffit pour apprécier la misère du ménage. Il était éclairé par une torche de résine ; tout y était vieux et sale. Au bout d'une perche était suspendu un berceau. Une femme de trente ans, pâle, maladive, balançait le berceau et chantait doucement. A côté d'elle était assis, à demi courbé, un paysan, avec une barbe rare, tressant des lapti (1). Deux enfants se vautraient à ses pieds.

Il sembla à Maxime que le nom de son père revenait souvent dans la chanson de la femme. Il crut d'abord s'être trompé, mais bientôt il distingua parfaitement le nom de Maliouta Skouratof. Fort étonné, il se mit à écouter.

« Dors, dors, mon enfant, chantait la femme, jusqu'à ce que passe l'orage, jusqu'à ce que le malheur s'éloigne. Bientôt passera ce malheur insupportable, bientôt le Tzar ordonnera de trancher la tête à cette féroce bête de Maliouta Skouratof. »

Tout le sang de Maxime lui monta au visage. Il descendit de cheval et l'attacha à la haie.

1. Chaussures de paysan en écorce de bouleau.

La voix continuait : « N'est-ce pas ce monstre de Maliouta qui a étouffé le saint vieillard Philippe ? dors, dors mon enfant, jusqu'à ce que le Tzar ordonne de lui trancher la tête. »

Maxime ne se contint plus et poussa la porte du pied.

A la vue du riche costume et du sabre d'or de l'opritchnik, les hôtes furent saisis de terreur.

— Qui êtes-vous ? demanda Maxime.

— Petit père, répondit le paysan en s'inclinant et en bégayant de frayeur, — sois miséricordieux ; moi, on m'appelle Fédote, et ma femme, sois miséricordieux, petit père, ma femme, on l'appelle Marie.

— Comment vivez-vous, braves gens ?

— Nous arrachons les écorces d'arbre, cher père, nous tressons des lapti et nous faisons des grillages. Des marchands passent et les achètent.

— Et sans doute il n'en passe que peu ?

— Peu, petit père, très-peu ! Il arrive souvent qu'il n'y a pas de quoi manger. Nous risquons de mourir de faim et de misère, car nous n'avons pas de cheval pour conduire la marchandise en ville ; voilà la seconde année que les loups l'ont dévoré.

Maxime regarda avec sympathie le paysan et sa femme, et jeta ses ducats sur la table.

Que Dieu soit avec vous, mes pauvres gens ! dit-il en s'approchant de la porte pour sortir.

Les hôtes tombèrent à ses genoux. — Petit père, qui es-tu ? ne nous cache pas qui tu es afin que nous sachions pour qui prier Dieu.

— Ne priez pas pour moi, mais pour Maliouta Skouratof. Et dites-moi, suis-je loin de la route de Rézan ?

— Mais tu y es, mon faucon. Nous sommes à un embranchement ; tout droit c'est la route de Mourom, à gauche celle de Vladimir et à droite celle de Rézan. Mais ne la prends pas maintenant, cher père; le moment n'est pas propice ; il s'y commet beaucoup de crimes. Hier on a pillé tout un convoi d'eau-de-vie. Et on dit que les Tatars ont de nouveau apparu. Passez la nuit chez nous, un malheur arrive bien vite.

Mais il répugnait à Maxime de rester sous un toit où l'on venait de maudire son père. Il se remit à la recherche d'un autre abri.

— Petit père, lui criaient les hôtes, reviens, crois à nos paroles, ne t'aventure pas la nuit par un tel chemin !

Maxime ne se rendit pas à ces instances et alla plus loin. A peine avait-il fait quelques verstes que Bouian se précipita tout à coup sur un épais buisson et se mit à aboyer avec fureur et obstination, comme s'il y sentait un ennemi caché. Vainement Maxime le siffla; Bouian se jetait sur le buisson, en revenait le poil hérissé et se précipitait de nouveau vers le même endroit. Las d'appeler son chien, Maxime tira son sabre et se dirigea droit sur le buisson. Plusieurs hommes, des bâtons en main, s'élancèrent à sa rencontre, et une voix brutale cria : — A bas de cheval !

— Voilà pour toi ! répondit Maxime en appliquant un coup à celui qui était plus près de lui.

Le brigand chancela.

— Ce n'est qu'un à-compte, continua Maxime, et il voulait lui asséner un second coup, mais le sabre rencontra le bâton d'un autre brigand et vola en éclats.

—Eh ! quel harnachement ! c'est un opritchnik, prenons-le vivant, cria la voix rauque.

— En vérité! c'est un opritchnik, grommela le second, nous allons nous en divertir avec les camarades.

— Hé ! Klopko ! tu es toujours prêt à t'amuser.

Et au même instant tous se ruèrent sur Maxime et l'enlevèrent de cheval.

CHAPITRE XXIV

RÉVOLTE DES BRIGANDS.

A une demi verste du lieu où Maxime fut attaqué, une troupe d'hommes armés était assise autour de tonneaux défoncés. Des verres, des écuelles en bois passaient de main en main. Des bûchers éclairaient des figures résolues, des barbes hérissées et des costumes bariolés. Il y avait là des individus qui nous sont déjà connus : Androuhka, Vaska, le chansonnier roux, mais le vieux Korchoun y manquait ; les brigands le nommaient souvent en vidant et en remplissant sans cesse leurs verres.

— Eh ! dit l'un, qu'arrive-t-il maintenant à notre grand-papa ?

— Ce qui lui arrive, répondit son voisin, ce n'est pas difficile à deviner : on l'écartèle ou peut-être le hisse-t-on en l'air.

— Mais le vieux diable ne nous vendra pas; je gage qu'on ne lui arrachera pas une syllabe.

— C'est certain qu'on ne lui en arrachera pas une demie ; on peut le mettre en lambeaux, il ne dira rien.

— C'est désolant pour la barbe blanche ! L'ataman est bon ! il est sain et sauf et il a livré le vieux !

— Qu'est-ce que c'est que cet ataman ? Est-ce qu'un ataman sacrifie un des vieux pour je ne sais quel prince ?

— C'est qu'ils sont grands amis, vois comme ils sont encore maintenant à causer ensemble ! Ne parle pas mal du prince, et fasse Dieu que l'ataman ne t'entende !

— Quand il l'entendrait ! Je lui dirais en face qu'il n'est pas un ataman. C'était Korchoun qui était un vrai ataman. Il faisait à Persten l'effet d'une taie sur l'œil et c'est pour cela qu'il a profité de la première circonstance pour s'en débarrasser.

— Eh quoi! mes enfants, il serait réellement possible qu'il eût livré exprès Korchoun?

Un sourd murmure courut parmi les brigands.

— Il l'a livré avec intention, dirent le plus grand nombre.

— Et qu'est-ce que c'est que ce prince? dit l'un d'eux. Pourquoi le retient-on? L'ataman compte-t-il sur sa rançon?

— Il ne s'agit pas de rançon, répondit le chantre aux cheveux rouges. Le prince a mécontenté le Tzar, le Tzar voulait le faire mourir; le prince est venu se réfugier chez nous; il propose de nous conduire à la Sloboda, il sait où y est caché le trésor. Nous égorgerons, dit-il, tous les opritchniks et nous partagerons le trésor.

— Ah! c'est comme cela! mais alors pourquoi ne nous y conduit-il pas? Voilà trois jours que nous restons ici à ne rien faire.

— Il ne nous conduit pas parce que l'ataman est une vieille femme.

— Non, ne dis pas cela, Persten n'est pas une vieille femme.

— Il est donc pis que cela, il se moque alors de nous!

— Alors, dit quelqu'un, c'est qu'il veut prendre à lui tout seul le trésor du Tzar et que nous n'en ayons pas une miette.

— Oui, oui, Persten veut nous trahir comme il a trahi Korchoun.

— Oui, mais il a trouvé à qui parler.

— Il ne veut pas délivrer le vieux.

— Nous pouvons nous passer de lui, nous sauverons sans lui le grand-père.

— Et sans lui nous découvrirons le trésor ; que le prince se mette à notre tête!

— C'est bien le bon moment ; le Tzar est, dit-on, en pèlerinage ; il n'est pas resté à la Sloboda la moitié des opritchniks.

— Nous incendierons de nouveau la Sloboda !

— Nous égorgerons ses habitants !

— A bas Persten ! que le prince nous conduise!

— Que le prince nous conduise! que le prince nous conduise ! s'écria-t-on de toutes parts.

Ces paroles roulèrent comme le tonnerre, de groupe en groupe ; tous se levèrent, s'agitèrent et vinrent cerner la hutte où Sérébrany avait un entretien animé avec Persten.

— Tu as beau te fâcher, prince, lui disait l'ataman, je ne te lâcherai pas ; je ne t'ai pas tiré de prison pour que tu ailles remettre ta tête sur le billot.

— Je suis maître de ma tête, lui répliquait le prince avec dépit. Il m'importait peu d'être tiré de prison pour être ici prisonnier.

— Prince, le temps est un grand maître. Le Tzar peut revenir sur ses décisions et s'en aller dans l'autre monde ; on ne sait ce qui peut arriver ; une fois le danger passé, tu iras où bon te semblera. — Que faire? ajouta-t-il, en voyant le mécontentement croissant de Sérébrany; il paraît qu'il est écrit que tu dois encore vivre. Tu es obstiné, prince, mais je le suis également : la faux a cette fois rencontré une pierre.

En ce moment les vociférations des brigands se firent entendre dans la cabane.

— A la Sloboda ! à la Sloboda ! hurlaient les gaillards de plus en plus animés.

— Lançons une oie rouge dans la Sloboda !

— Lançons-y tout un troupeau d'oies!

— Sauvons Korchoun ! sauvons le grand-père !

— Nous tirerons les tonneaux des caves !

— Nous déterrerons l'or ! nous égorgerons les opritchniks ! nous mettrons à feu et à sang la Sloboda entière !

— Où est le prince ? qu'il nous mène ! S'il refuse, à la potence !

— A la potence ! la potence également pour Persten !

Persten bondit de son siége.

— C'est donc cela qu'ils complotent, dit-il, je m'en doutais. Une fois lancés, le diable ne les retiendra plus. Eh bien ! prince, il n'y a rien à faire, il sera fait selon tes désirs, je ne te retiens plus ; va leur dire que tu les conduiras à la Sloboda.

Sérébrany se leva indigné.

— Que je les conduise à la Sloboda? Vous me mettrez, plutôt en pièces !

— Mais non, prince, fais seulement semblant de partager leurs idées. Tu vois bien qu'ils sont ivres, demain ils n'y songeront plus.

— Prince, criait la foule, on t'appelle, montre-toi !

— Sors, prince, répétait Persten, ils envahiront la cabane et ce sera pis.

— Soit, dit le prince en sortant, nous allons voir comment ils vont me forcer de les conduire à la Sloboda.

— Ah ! s'écrièrent les brigands, le voilà sorti.

Conduis nous à la Sloboda ! Sois notre ataman, sinon nous mettrons la corde à ton cou.

— Oui, oui, hurla la foule entière.

— Nous te rendons hommage, dirent les plus proches, sois notre ataman, sinon nous te pendrons.

— Nous le jurons, nous te pendrons.

— Connaissant le caractère bouillant de Sérébrany, Persten s'empressa aussi de sortir. — Qu'est-ce qui vous arrête, frères ? leur dit-il, pourquoi vous écorchezvous ainsi le gosier? Dès l'aube, le prince vous conduira où vous voudrez, mais à présent, laissez-le se reposer et allez vous mêmes vous coucher, vous vous êtes assez amusés comme cela aujourd'hui.

— De quoi te mêles-tu ? grogna une voix ; tu n'es plus notre ataman.

— Voyez, frères, s'écrièrent d'autres, il ne veut pas rendre l'atamanat.

— Alors, à la potence!

— A la potence ! à la potence !

Persten fit une revue de la foule ; il n'y rencontra partout que des visages hostiles.

Tas d'imbéciles, leur dit-il, vous imaginez-vous que je tienne à vous commander? Nommez qui vous voulez, je ne veux pas être votre ataman et je crache sur vous.

— C'est parfait, dit un brigand. — Il parle d'or, ajoute un autre.

— Je crache sur vous, continua Persten. Croyez-vous qu'il n'y ait que vous au monde ? Quel honneur de vous commander! J'irai sur le Volga, j'en réunirai de meilleurs que vous.

— Non, frère, nous ne serons pas tes dupes; nous ne te lâcherons pas ; tu nous vendrais comme tu as vendu Korchoun.

— Nous ne te lâcherons pas, reste avec nous, soumets-toi au nouvel ataman.

Des cris sauvages étouffèrent la voix de Persten.

Un bandit colossal s'approcha de Sérébrany, une coupe à la main.

— Petit père, lui dit-il, en appliquant sur l'épaule sa large main, tu as hasardé ta tête, tu es devenu un des nôtres ; ainsi, buvons ensemble et embrassons-nous !

Dieu sait ce qu'allait faire Sérébrany. Peut-être allait-il faire sauter la coupe des mains de l'insolent et aurait-il été ensuite mis en lambeaux par cette troupe d'ivrognes, lorsque heureusement de nouveaux cris attirèrent son attention.

Voyez, voyez, criait-on, on a attrapé un opritchnik, on amène un opritchnik !

Quelques hommes en habits déchirés et armés de bâtons débouchaient du bois. Ils conduisaient Maxime les mains liées. Le brigand que Maxime avait sabré était monté sur son cheval. En avant marchait Khlopko sifflant et sautillant; Bouian fermait tristement le cortége.

Klopko se dandinait, battait des mains, tournait comme une toupie. A cette vue, le rougeot n'y put tenir; il saisit sa balalayka et se joignit à son camarade. Tous deux se mirent à lancer des enjambées et à se tordre autour de Maxime.

— Vois-tu les démons, dit Persten à Sérébrany, ils ne tueront pas simplement l'opritchnik, ils le feront mourir à petit feu ; je les connais tous deux ; une fois lancés, c'est mauvais signe, on ne pourra plus retirer le prisonnier de leurs griffes.

En effet, la capture de l'opritchnik était un vrai régal pour la bande entière des brigands. Ils s'apprêtèrent à se venger sur lui de tout ce qu'ils avaient eu à endurer de ses camarades. Quelques hommes à figures féroces firent immédiatement les apprêts du supplice. Ils fichèrent quatre pieux dans le sol, y attachèrent des traverses et firent rougir des clous au feu.

Maxime envisageait tout cela d'un œil calme. Il ne lui paraissait pas effrayant de mourir dans des tortures, mais il lui paraissait triste de mourir désarmé, les mains liées, d'entendre à sa dernière heure, au lieu du cri de guerre et du hennissement du cheval, le cri sauvage et le rire aviné de ses bourreaux. « Le destin m'a trompé, pensait-il, ce n'est pas là la fin que j'espérais ! Que la volonté de Dieu s'accomplisse sur moi ! »

Il remarqua alors Sérébrany, il le reconnut et voulut s'approcher de lui, mais le chanteur aux cheveux rouges le saisit au collet. — Le lit est fait, dit-il, ôte ton caftan et couche-toi.

— Déliez-moi les mains, répondit Maxime, je ne puis pas faire le signe de la croix !

D'un coup de couteau Khlopko coupa les cordes qui entouraient les mains de Maxime.

— Signe-toi, mais pas longtemps, dit-il, et lorsque Maxime eut achevé sa prière. Khlopko et le roux lui arrachèrent son habit et se mirent à lier ses pieds et ses mains aux pieux.

Ici Sérébrany s'avança. — Mes enfants, dit-il d'une voix habituée à commander, écoutez ! — Ces paroles vibrantes retentirent dans la foule et, malgré le tumulte et les cris, elles parvinrent jusqu'aux brigands les plus éloignés.—Mes enfants, continua le prince, voulez-vous tous que je sois votre chef ? Peut-être y en a-t-il parmi vous qui ne veulent pas de moi ?

— Eh ! s'écria l'un, tu te crois devant un tribunal d'enquête ? — Écoute, ne plaisante pas avec nous. — On t'a donné le commandement, ainsi, prends-le.— Accepte l'honneur tant que tu es entier !

— Apportez-moi donc la hache d'ataman ! dit Sérébrany.

— C'est cela, s'écrièrent les brigands, il est plus sûr de faire les choses gaiement.

On présenta au prince la hache de Persten.

Nikita Romanovitch marcha droit au chanteur rouge.

— Délie l'opritchnik, dit-il.

Le roux le considéra avec surprise.

— Délie-le tout de suite, répéta Sérébrany d'un ton menaçant.

— Est-ce que tu tiendrais par hasard pour lui ? dit le roux. Fais-y attention, ta tête à toi-même est-elle si solide ?

— Fils de Satan, s'écria le prince, ne raisonne pas quand j'ordonne. Et, brandissant sa hache, il lui ouvrit le crâne.

Le roux tomba sans pousser un cri.

Cet acte d'autorité troubla les brigands; le prince ne leur donna pas le temps de se reconnaître.

— Délie-le, dit-il à Khlopko, en levant la hache sur sa tête.

Khlopko jeta un coup d'œil sur le prince et se dépêcha de délier Maxime.

— Enfants, reprit Nikita Romanovitch, ce jeune homme n'est pas de ceux qui vous ont fait tort; je le connais, il est aussi ennemi que vous des opritchnitks. Que Dieu vous préserve de le toucher du bout du doigt! Et maintenant il ne s'agit plus de lambiner; prenez vos armes, rangez-vous par centaines, je vais vous conduire.

La voix ferme de Sérébrany, son attitude, sa résolution inattendue impressionnèrent fortement les brigands.

— Eh! dirent quelques-uns à demi-voix, celui-ci ne badine pas.

— C'est un vrai ataman, dirent d'autres, il n'a peur de personne.

— Il ne fait pas bon de discuter avec lui : voyez comme il a expédié le chanteur !

Telles furent les observations des brigands et il ne vint plus à la pensée d'aucun d'eux de frapper sur l'épaule de Sérébrany ou de l'embrasser.

— Que Dieu te prête longue vie, prince, chuchota Persten en regardant respectueusement Nikita Romanovitch; seulement ne leur donne pas le temps de la réflexion, conduis-les sur le chemin de la Sloboda et là, à la grâce de Dieu !

La position de Sérébrany n'était pas commode. En se mettant à la tête des bandits, il avait sauvé Maxime et gagné du temps, mais tout était de nouveau perdu s'il refusait de mener la bande turbulente. Le prince se tourna vers Dieu et s'abandonna à sa volonté.

Déjà les bandits s'apprêtaient à entrer en campagne ; ils n'étaient arrêtés que par un incident : un certain Fedka était parti, dès le matin, avec sa compagnie et n'était pas encore revenu.

— Et voilà Fedka, dit l'un d'eux, et il rentre avec tous les siens.

Fedka était un gaillard grand et sec, borgne, prodigieusement balafré. Son sarrau était en lambeaux. Il marchait lourdement en pliant les genoux, comme un homme à bout de forces.

— Eh bien ? demanda un brigand.

— Tu en as donc attrapé ? ajouta un second.

— Il y en a un qui est attrappé, mais ce n'est pas nous, répondit Fedka, en s'asseyant auprès du feu. Oui, mes petits enfants, j'avais sur la conscience beaucoup de péchés, mais aujourd'hui, il me semble qu'elle est allégée de moitié.

— Comment cela ?

Fedka se tourna vers ses hommes : — Amenez, dit-il, le prisonnier.

On amena près du bûcher un homme lié, en caftan bariolé. Son énorme tête était couverte d'un bonnet pointu à bords relevés. Un nez aplati, des pommettes saillantes, des yeux étroits témoignaient de son origine étrangère. Un camarade de Fedka apporta la lance, le carquois et l'arc saisis sur le prisonnier.

— Mais c'est un Tatare, s'écria la foule.

— Un Tatare, confirma Fedka, et des meilleurs. C'est à grand peine que nous en vînmes à bout. Quel gaillard ! sans Mitka, il nous échappait.

— Raconte-nous cela, hurlèrent les brigands.

— Voici, frère : dès l'aube nous battions la route de Rézan, nous arrêtâmes un marchand, nous étions en train de le tâter lorsqu'il nous dit comme cela : « Vous n'avez pas de besogne avec moi ; je viens de Rézan, les Tatares sont maîtres de la route ; ils m'ont dépouillé au point que je ne sais plus avec quoi atteindre Moscou. »

— Vois-tu, les scélérats ! fit une voix de la foule.

— Que fîtes-vous donc du marchand ? demanda un autre.

— Nous lui avons donné une grivna pour la route et nous l'avons relâché, répondit Fedka. Un paysan nous tomba alors dans les mains ; il raconta que, la veille, les Tatares avaient brûlé son village. Bientôt nous vîmes un de leurs troupeaux de chevaux ; il y en avait un millier au moins. A chaque moment, nous rencontrions des paysans avec femmes et enfants ; ils déclaraient en pleurant que les Tatares avaient incendié leur village, avaient pillé l'église, brisé les saintes images, avaient fait des chabraques avec les ornements sacrés...

— Ah ! les damnés, s'écrièrent les brigands. Comment la terre les supporte-t-elle ?

— Ils ont attaché un pope à la queue d'un cheval...

— Un pope ? et la foudre n'est pas tombée sur ces fils de chiens !

— C'est l'affaire de Dieu.

— Il n'y a donc plus de bras en Russie pour en finir avec ces Tatares ?

C'est précisément là ce qui manque : les régiments sont licenciés, il ne reste plus que des vieillards et des femmes ; ces païens peuvent piller à l'aise n'ayant personne avec qui compter.

— Ah ! s'il m'en tombait sous la main !

— Et moi donc !

— Mais comment avez-vous fait ce prisonnier ?

— Voilà comment. Nous entendîmes tout à coup le pas d'un cheval. Je dis à mes hommes : « Enterrons-nous dans les broussailles, voyons qui vient. » Nous nous y blottissons, nous regardons : nous voyons galoper une trentaine d'individus avec des bonnets comme celui-ci, armés de lance et de flèches. « Frères, dis-je, ce sont eux, les petits cœurs. Quel dommage que nous soyons si peu nombreux, sans cela on aurait bien pu les égorger. » Tout à coup l'un d'eux laisse tomber un sac ; il descend pour le ramasser et pendant ce temps ses camarades prennent le devant. Je dis aux enfants : « Pourquoi ne tombons-nous pas sur lui ? Allons, tous ensemble ! » Nous nous précipitâmes sur le Tatare ; mais le gredin, d'un coup d'épaule, nous flanque tous à terre. Nous nous rejetons de nouveau sur lui et de nouveau il nous rejette à dix pas. Mitka dit alors : « Mettez-vous de côté et ne me gênez pas. » Nous lui fîmes de la place ; il arracha au Tatare sa lance, le saisit au collet et lui fit mordre la terre. Nous lui fourrâmes alors un gant dans la gueule et le ficelâmes comme un mouton.

— Bravo ! Mitka, dirent les brigands.

— Oui, il est capable d'abattre un taureau, fit observer Fedka.

— Dis-moi, Mitka, peux-tu abattre un taureau ?

— Et pourquoi ? répondit Mitka, et il se mit à l'écart, ne désirant pas poursuivre la conversation.

— Qu'est-ce que le Tatare avait dans son sac ? demanda Khlopko.

— Voilà, voyez vous-même.

Fedka dénoua le sac : il en tira un lambeau de soutane, un riche ciboire, trois images et une croix en or.

— Ah ! le chien ! s'écria la foule, il a pillé une église !

Sérébrany profita de l'indignation de sa troupe.

— Enfants, dit-il, vous voyez comment ces maudits Tatares outragent la foi chrétienne ! Vous voyez comme ces payens veulent anéantir la sainte Russie ! qu'est-ce à dire ? Sommes-nous aussi déjà des païens ? Leur permettrons-nous de souiller les saintes images, de brûler nos villages et d'égorger nos frères ?

Un sourd murmure parcourut la foule.

— Enfant, continua Nikita Romanovitch, qui de nous n'a pas offensé Dieu ? Rachetons maintenant nos fautes, gagnons notre pardon, frappons tous tant que nous sommes les ennemis de l'Église et de la Russie !

Ces paroles émurent profondément la foule ; elles rallumèrent dans tous les cœurs l'amour de la patrie. Les vieux firent un signe de tête approbatif, les jeunes se regardèrent l'un l'autre ; des exclamations dominèrent la discussion générale.

— En effet, dit l'un, il est impossible que nous laissions souiller davantage les maisons de Dieu.

— Cela ne convient pas, répéta un second.

— On ne meurt pas deux fois, ajouta un troisième, mais il faut bien mourir une fois ; il vaut mieux tomber sur le champ de bataille que d'être suspendu à une potence.

— C'est vrai, fit un vieux bandit, dans la bataille la mort même est belle.

— Eh bien ! dit un jeune écervelé en s'avançant, je ne sais ce que feront les autres, mais quant à moi je marche contre les Tatares.

— Et moi, et moi, s'écrièrent un grand nombre.

— On dit de vous, reprit Sérébrany, que vous avez oublié Dieu, que vous n'avez ni âme ni conscience. Prouvez maintenant qu'on en a menti. Prouvez que, lorsqu'il s'agit de défendre la Russie et la foi, vous ne le cédez ni aux streltzi ni aux opritchniks !

— Nous les défendrons, répondirent les brigands d'une seule voix.

— Nous ne permettrons pas aux païens d'outrager la sainte Russie.

— Nous refoulerons les ennemis du Christ.

— Conduis-nous contre les Tatares, nous vengerons notre sainte foi.

— Enfants, dit le prince, lorsque nous aurons vaincu ces païens, le Tzar verra que nous valons ses opritchniks, il nous remettra nos fautes, il dira : « Je n'ai plus besoin d'opritchniks, j'ai sans eux de bons serviteurs. »

— Qu'il le dise, s'écrièrent les brigands, nous ne ménagerons pas nos têtes.

— Ce n'est pas de bon gré que je me suis fait pillard, aventura l'un d'eux.

— Ni moi non plus, dit son voisin.

— Ainsi, mourons, s'il le faut, pour la Russie, dit le prince.

— Mourons ! mourons ! répétèrent les brigands.

— Eh bien ! enfants, continua Sérébrany, puisque nous allons exterminer les ennemis de la Russie, il faut boire pour le Tzar russe.

— Buvons, buvons !

— Prenez donc les coupes et apportez-m'en une.

On apporta un gobelet au prince ; tous les brigands remplirent les leurs.

— Vive notre gracieux souverain, le tzar Ivan Vasiliévitch, dit Sérébrany !

— Vive le Tzar ! répétèrent les brigands.

— Vive la Russie ! dit Sérébrany.

— Vive la Russie ! répétèrent les brigands.

— Périssent tous les ennemis de la sainte Russie et de la foi orthodoxe ! continua le prince.

— Périssent les Tatares ! périssent les ennemis de la religion russe ! crièrent les brigands. Mène-nous contre les Tatares ! Où sont-ils ces mécréants qui brûlent nos églises ? conduis-nous, conduis-nous ! s'écriait-on de toutes parts.

— Au feu le Tatare ! fit quelqu'un.

— Au feu ! au bûcher ! répétèrent tout de suite un grand nombre.

— Attendez, enfants, reprit le prince ; interrogeons le d'abord régulièrement. Réponds, dit-il, en se tournant vers le prisonnier, combien êtes-vous et où campez-vous ?

Le Tatare fit signe qu'il ne comprenait pas.

— Permets, prince, dit Fedka, nous allons lui délier la langue. Passe-moi un charbon, Khlopko. C'est cela ; veux-tu parler maintenant ?

— Je parlerai, s'écria le Tatare à l'approche du feu.

— Êtes-vous nombreux ?

— Très-nombreux.

— Combien ?

— Dix mille aujourd'hui et demain nous devons être cent mille.

— Vous n'êtes donc que l'avant-garde ? Qui est-ce qui vous commande ?

— Le Khan.

— Le Khan lui-même ?

— Pas lui-même, il ne viendra que demain ; aujourd'hui c'est le prince Chifinsky.

— Où est son camp ?

Le Tatare fit encore semblant de ne pas comprendre.

— Eh ! Khlopko, du feu ! dit Fedka.

— Le camp est tout près, s'empressa de répondre le Tatare, il n'est pas à plus de dix verstes d'ici.

— Montre-nous le chemin, dit Sérébrany.

— On ne peut maintenant, il fait trop sombre ; on le pourra demain.

Fedka approcha une torche des mains liées du Tatare.

— Trouveras-tu la route ?

— Je la trouverai, je la trouverai....

— C'est bien, dit Sérébrany. Maintenant, frères, mangez un morceau, nourrissez le Tatare, puis en marche ! nous montrerons à nos ennemis ce que valent les Russes.

XXV

LES PRÉPARATIFS DU COMBAT.

Il se fit un tel tumulte dans la bande, que Maxime ne parvint pas à remercier Sérébrany. Lorsqu'enfin les brigands se formèrent en bataillon et furent sortis du bois Maxime, auquel on avait restitué son cheval et ses armes, s'aligna avec le prince.

— Nikita Romanovitch, lui dit-il, tu as acquitté aujourd'hui ta dette de l'affaire de l'ours.

— Ne sommes-nous pas dans ce monde, Maxime Grégorovitch, pour nous entr'aider ?

— Prince, dit Persten, qui chevauchait également à côté de Sérébrany, je te regardai et pensai : Quel dommage que l'ami que j'ai laissé sur le Volga ne soit pas ici ! Quoique ce soit un triste individu comme moi, tu l'aurais aimé et il se serait attaché à toi. Soit dit sans t'offenser, vous êtes de la même trempe. Lorsque tu as parlé de la sainte Russie, et que tes yeux brillaient, je me suis souvenu d'Iermak. Il aime son pays, il l'aime vigoureusement, quelqu'aventurier qu'il soit. Plus d'une fois il m'a dit qu'il avait conscience de vivre inutilement, qu'il voudrait rendre quelque service à son pays. Ah ! si nous l'avions ici contre les Tatars ! A lui seul il en vaut cent. Lorsqu'il crie : à moi, mes enfants ! il semble qu'on est plus grand, plus fort, que rien ne peut plus vous arrêter et que tout doit disparaître devant vous.

Tu lui ressembles, Nikita Romanovitch, et ce n'est pas une insulte de te le dire.

Persten s'enfonça dans ses réflexions. Sérébrany s'avançait avec précaution, cherchant à percer l'obscurité ; Maxime se taisait. Les pas des brigands retentissaient sourdement sur la route ; une nuit étoilée couvrait silencieusement la terre endormie. La troupe marcha longtemps dans la direction indiquée par le Tatar, traîné entre les sabres de Khlopko et de Fedka.

Tout à coup on entendit des sons étranges, mais réguliers. Ce n'était ni des voix humaines, ni le cor ou le tympanon, mais quelque chose comme le bruit du vent à travers les roseaux, si les roseaux pouvaient vibrer comme une lame de verre ou des cordes d'une harpe.

— Qu'est-ce ? demanda Sérébrany, en arrêtant son cheval

Persten ôta son bonnet et inclina la tête jusqu'au pommeau de sa selle. Attends, prince, laisse écouter.

Les sons arrivaient en cadence, ressemblant tantôt à des vagues argentines, tantôt aux bruits des feuilles d'une forêt et tout à coup ils cessèrent.

— C'est fini, dit Persten en riant. Quelle poitrine ! Voilà une demi-heure que cela dure.

— C'est la tchébouzga, répondit Persten. C'est ce qui leur tient lieu de cors. Ce doivent être des Bachkirs. Le Khan traîne avec lui des habitants de Kazan, d'Astrakhan et de partout. Écoutez, les voilà qui recommencent.

En effet, on entendit dans le lointain comme un nouveau coup de vent qui se transforma en une traînante mélodie et se termina au bout de quelque temps en un hennissement de cheval.

— Ah ! dit Persten, cette fois cela a été plus court, il paraît que l'haleine commence à manquer à ce fils de chien.

De nouveaux sons, beaucoup plus retentissants, se firent entendre ; c'était comme une multitude de clochettes agitées sans relâche.

— Les voilà, dit Persten, qui jouent du gosier. De loin cela ne se distingue pas, mais c'est bien le gosier de ces enragés qui fait tout ce vacarme, sans aucun instrument.

Des chants tristes et mélancoliques remplaçaient des airs

gais, mais ce n'était ni la tristesse russe ni la gaieté russe. Ces chants peignaient la grandeur sauvage d'une race nomade, le galop effréné des chevaux en liberté, l'émigration des tribus à travers les steppes, la nostalgie d'une patrie primitive et inconnue.

— Prince, dit Persten, le camp doit être près d'ici ; je présume qu'on peut en voir les feux du haut de ce tertre. Si tu le permets, je vais faire une reconnaissance ; j'en ai l'habitude, je les ai rencontrés plus d'une fois sur le Volga ; fais reposer les hommes pendant que je vais aller à la découverte.

— Va avec l'aide de Dieu, dit le prince.

Persten sauta de cheval et disparut dans l'obscurité.

Les brigands se débandèrent, visitèrent leurs armes et s'assirent par terre, sans changer les dispositions du combat. Un profond silence régnait dans la troupe. Tous comprenaient la gravité de l'entreprise, la nécessité d'une soumission absolue. Les sons de la tchébouzga continuaient à retentir, la lune et les étoiles éclairaient la plaine, tout était calme et solennel ; une légère brise remuait seulement l'herbe et lui donnait des teintes argentées.

Environ une heure s'écoula ainsi ; Persten ne revenait pas. Sérébrany commençait déjà à perdre patience lorsque soudain, à trois pas de lui, un homme se leva de l'herbe. Nikita Romanovitch saisit son sabre.

— Doucement, prince, c'est moi, dit Persten en riant. C'est ainsi que j'ai glissé auprès des Tatars ; j'ai tout examiné, je connais maintenant leur camp comme ma propre hutte. Avec ta permission, prince, je prendrai une dizaine de nos gaillards, je lâcherai leurs chevaux et leur donnerai une panique à la faveur de laquelle, si tu le juges à propos, tu tomberas sur eux de deux côtés à la fois, en ne ménageant pas plus les cris que les coups. Que je devienne Tatar, si nous n'en exterminons pas la moitié ! Ceci c'est pour commencer; les affaires de nuit sont notre métier, mais lorsque le soleil se lèvera, ce sera à toi, prince, d'ordonner et à nous uniquement d'obéir.

Sérébrany connaissait l'habileté et l'audace de Persten; il le laissa agir comme il l'entendait.

— Mes petits enfants, dit Persten aux brigands, nous nous sommes un peu querellés, mais il faut crever l'œil à celui qui se souvient du passé. Y a-t-il parmi vous dix amateurs pour me suivre au camp?

— Choisis qui tu sais, répondirent-ils, nous sommes tous prêts.

— Merci, mes enfants, puisque vous vous en remettez à moi, voici ceux que je désigne : Fedka, Khlopko, Pic, le Forestier, Crible, Stepka, Michka, Chestoper, l'Enclume et la Sauterelle. Où te fourres-tu, Mitka? Je ne t'ai pas appelé; reste auprès du prince, tu ne conviens pas à notre besogne. Otez vos sabres, ils gênent pour ramper ; nous aurons assez de nos couteaux. Seulement faites attention à chacune de mes paroles; sans mon ordre, pas un pas. Vous venez de votre gré, par conséquent ce que j'indiquerai, il faut le faire. Si quelqu'un bronche, je l'exécute à l'instant même.

— C'est bien, c'est bien, répondirent les élus, comme tu diras nous agirons. Une fois enrôlés dans une sainte œuvre, sois tranquille, nous ne nous disputerons pas.

— Vois-tu, prince, ce tertre, continua l'ataman, quand vous l'aurez atteint, vous verrez leurs feux. Mon avis est que vous attendiez là mon coup de sifflet. Lorsque j'aurai mis le désordre dans le taboun et que tu entendras des cris, ce sera le moment de vous lancer contre ces païens : n'ayant plus de chevaux, ils ne sauront que devenir; il faudra les pousser dans la petite rivière et les marais.

Le prince promit de faire tout ce que Persten lui indiquait.

Suivi de ses dix hommes, l'ataman se dirigea d'après les sons de la tchebouzga et se perdit aussitôt dans les herbes.

On eut pu croire qu'ils s'y étaient blottis, mais un œil exercé pouvait cependant y remarquer une légère ondulation contraire à la direction du vent. Au bout d'une demi-heure, Persten et ses camarades touchaient aux kibitkas tatares.

Caché à plat ventre dans l'herbe, Persten souleva la tête. A cinquante pas de lui, un feu éclairait quelques Bachkirs assis les jambes en croix. Les uns portaient des robes bariolées, d'autres des touloupes de moutons, des caftans déchirés en poils de chameaux. Des lances fichées en terre, à côté d'eux, projetaient leurs ombres jusqu'à Persten. Plus loin paissait un taboun, composé de quelques milliers de chevaux et confié à leur garde. Cent pas plus loin, d'autres feux révélaient un chiffre innombrable de kibitkas recouvertes en feutre. Les Bachkirs ne surveillaient pas leur taboun bien strictement. Du Volga à Rezan, ils n'avaient rencontré aucun obstacle ; ils savaient que nos troupes étaient licenciées et qu'ils n'avaient d'autre ennemi à redouter que les loups, que le bruit de la tchébouzga suffisait pour éloigner. Quatre bachkirs soufflaient de toute la force de leurs poumons dans cet instrument, d'autres les accompagnaient de la voix. Durant quelques minutes, Persten s'amusa devant ce tableau, en se demandant s'il fallait les surprendre et les égorger, ou s'il valait mieux d'abord effaroucher les chevaux et commencer ensuite la tuerie. Ces deux combinaisons le séduisaient à la fois. Oh! le beau taboun! pensait-il en arrêtant sa respiration ; en le mettant en branle il est capable de mettre en pièces tous leurs chariots et de causer un tel tumulte qu'ils ne pourront plus s'y reconnaître. D'autre part, qu'ils sont donc là tranquillement assis, ces gredins! on peut s'en approcher à deux pas. Et il en coûtait à l'ataman de renoncer à ce sanglant plaisir.

— Crible, chuchota-t-il au camarade blotti à ses côtés, tu n'es pas enroué ? Sauras-tu siffler ?

— Et toi donc?

— J'ai quelque chose dans la gorge.

— Volontiers je sifflerai. Est-il temps ?

— Attends, c'est trop tôt. Approche-toi aussi près que possible du taboun, rampe jusqu'à ce que les chevaux s'aperçoivent de ta présence; dès qu'ils commenceront à dresser les oreilles, crie de toutes tes forces et chasse-les sur les kibitkas.

Crible fit un signe de la tête et disparut dans l'herbe

— Maintenant, frères, murmura Persten, glissez derrière moi jusqu'à ces païens aussi imperceptiblement que possible. Ils sont vingt, nous sommes neuf; vous en expédierez chacun deux et je me charge de quatre. Lorsque Crible jettera son cri, nous nous ruerons tous ensemble sur eux. Êtes-vous prêts ?

— Nous sommes prêts, répondirent sur le même ton les brigands.

L'ataman retint son haleine, s'allongea et tira doucement de sa ceinture son long coutelas.

CHAPITRE XXVI

FRATERNISATION.

Pendant ce temps, Sérébrany attendait avec anxiété, à une demi verste, le signal convenu.

Prince, lui dit Maxime qui ne l'avait pas quitté, nous n'avons pas longtemps à attendre, le combat va commencer; lorsque le soleil sera levé, déjà un grand nombre d'entre nous ne compteront plus parmi les vivants, je voulais te demander...

— Quoi, Maxime Grégorovitch?

— Une chose qui n'est pas difficile, mais que je ne sais comment t'exprimer.

— Quand même elle serait difficile, dis toujours.

— Eh bien ! je te dirai, prince, toute la vérité. J'ai quitté la Sloboda secrètement, contre la volonté de mon père, sans en avertir ma mère. Je ne pouvais plus servir avec les opritchniks ; j'en avais un tel dégoût que je préférais me jeter à l'eau. Fils unique, je n'ai jamais eu de frère. Depuis Notre-Dame de septembre, j'ai dix-neuf ans et, le croirais-tu ? je n'ai pu jusqu'à présent échanger avec personne une parole d'amitié. Je vis isolé dans la foule, je n'ai pas un seul camarade, tous ne sont pour moi que des étrangers. Chacun ne songe qu'à desservir son voisin pour monter en faveur. Il ne se passe pas de jour qui n'éclaire des tortures et des supplices. On va à l'église et on se conduit pis qu'un brigand. Périsse la Russie, pourvu qu'ils aient de l'or et des places ! Quelque terrible que soit le Tzar, il écoute parfois la vérité ; mais pour ceux-ci leur langue se retournerait plutôt que d'en exprimer une pareille. Ils ne savent que tout approuver pour monter toujours en grade. Le croirais-tu, prince, lorsque je te vis, un rayon tomba sur mon cœur, comme si j'avais enfin rencontré un frère. Je ne savais pas encore qui tu étais et je t'aimais déjà ; tes yeux ne regardent pas comme les leurs et ta voix a un tout autre son. Vois Godounof, il vaut mieux que les autres, mais ce n'est pas encore toi. Je t'ai vu lorsque tu étais désarmé en face de l'ours, lorsque Basmanof t'a offert une coupe de vin après avoir empoisonné le vieux boyard, lorsqu'on te conduisait à l'échafaud, lorsque tu parlais aujourd'hui à ces vauriens ; je me sentais attiré vers toi, avide de me jeter à ton cou. Ne t'étonne pas, prince, de mon sot discours, ajouta Maxime en baissant les yeux, je ne puis me flatter de devenir ton ami, je sais qui tu es et qui je suis, mais je ne puis retenir mes paroles ; elles s'échappent de mes lèvres malgré moi et mon cœur est irrésistiblement attiré vers toi.

Maxime Grégorovitch, dit Sérébrany en lui serrant vivement la main, et moi aussi je t'aime comme si tu étais mon propre frère.

— Merci, prince, merci ! Si c'est ainsi, laisse-moi dire tout ce que j'ai sur le cœur. Je vois que tu ne me méprises pas ; permets-moi donc, prince, avant le combat, suivant l'antique coutume chrétienne, de fraterniser avec toi. Voilà la chose si difficile que je demandais ; ne t'en offense pas, prince. Si j'étais sûr que nous dussions encore vivre longtemps ensemble, je ne te la demanderais pas ; je n'aurais pas perdu de vue que j'en suis indigne, mais dans ce moment...

— Cesse d'irriter Dieu, interrompit Sérébrany, pourquoi ne serais-tu pas mon frère ? Je sais que ma race est plus honorable que la tienne, mais c'est là une affaire d'hiérarchie ; ici en face du Tatar, en rase campagne, nous sommes égaux ; nous le sommes toujours devant Dieu, sinon devant les hommes, fraternisons donc, Maxime Grégorovitch.

Et le prince ôta la croix qu'il portait sur lui attachée à une chaîne d'or et la tendit à Maxime. Celui-ci tira aussi la sienne qui était simplement en cuivre, attachée par un cordon de soie, et se signa avec elle.

— Prends-la, Nikita Romanovitch, c'est avec elle que m'a béni ma mère lorsque nous n'étions que de pauvres gens sur lesquels Ivan Vasiliévitch n'avait pas encore jeté les yeux ; aies-en soin, c'est tout ce que j'ai de plus cher au monde.

Tous deux répétèrent le signe de croix, échangèrent leurs croix et s'embrassèrent. Maxime rayonnait de joie.

— Maintenant, dit-il gaiement, tu es mon frère, Nikita Romanovitch. Quoiqu'il advienne, je ne te quitte plus ; ton ami sera mon ami, ton ennemi sera mon ennemi ; j'aime rai de ton amour, je haïrai de ta haine, je penserai de ta pensée. Il m'est plus doux à présent de mourir, moins dur de vivre : je puis vivre avec quelqu'un et mourir pour quelqu'un.

— Maxime, dit Sérébrany profondément ému, Dieu le voit, c'est du fond de l'âme que je te prends pour mon frère, je ne veux plus me séparer de toi jusqu'à la fin de mes jours.

— Merci, merci, Nikita Romanovitch, il ne nous convient plus de nous séparer. Si Dieu nous permet de rester vivants, nous réfléchirons, nous chercherons ensemble ce que nous pourrons faire pour la Russie. Il est impossible que tout soit perdu en Russie, qu'on ne puisse autrement servir le Tzar qu'avec les opritchniks.

Maxime parlait avec une chaleur extraordinaire ; soudain il s'arrêta et prit Sérébrany par la main.

Un cri perçant retentit au loin. L'air en frissonna, la terre en trembla ; des cris confus, un hurlement indéfinissable arrivèrent du camp tatar ; quelques chevaux, la crinière hérissée, vinrent effleurer Sérébrany et Maxime.

— Il est temps, dit Sérébrany en montant en selle et en tirant son sabre ; enfants, obéissez-moi strictement, ne vous groupez pas et ne vous divisez pas, que chacun garde sa place. Suivez-moi à la grâce de Dieu !

Les brigands surgirent du sol. Il est temps, entendait-on de tous les rangs, obéissons au prince.

Et toute la troupe se mit en mouvement vers le tertre qui cachait les feux ennemis.

Alors un nouveau et inattendu spectacle éblouit leurs yeux. A droite du camp l'incendie qui s'étendait déjà comme un long serpent, s'approchait de plus en plus.

— Bravo ! Persten, s'écrièrent les brigands, vivent nos amis ! ils ont mis le feu au steppe dans la direction du vent, droit sur les païens.

L'incendie progressait avec une rapidité incroyable. Le steppe entier se transforma en une mer de feu dont les vagues envahirent bientôt les kibitkas des Tatars et illuminèrent le camp, pareil à une fourmilière en désarroi. En se sauvant, les Tatars accouraient en désordre à la rencontre des brigands.

— En avant ! enfants, commanda Sérébrany, noyez-les dans la rivière, faites-les rentrer dans la fournaise.

Un cri unanime répondit au prince ; les brigands se précipitèrent sur les Tatars et le massacre commença...

Lorsque le soleil se leva, la lutte continuait encore, mais le sol était déjà jonché de cadavres tatars. Pressés d'un côté par l'incendie, de l'autre par la troupe de Sérébrany, les Tatars perdirent la tête, se jetèrent dans les abords marécageux de la rivière et s'y noyèrent en grand nombre. D'autres périrent dans le feu ou furent étouffés par la fumée. Les chevaux, effrayés dès le début de l'attaque, s'étaient élancés dans le camp, avaient brisé les chariots et produit une telle panique que les Tatars s'entr'égorgeaient croyant repousser l'ennemi. Un groupe parvint à franchir les flammes et se dispersa dans le steppe ; un autre, rallié à grand peine par le murza Chihmat, traversa la rivière et campa sur l'autre rive. De là un millier de flèches furent dirigées sur les Russes victorieux. Ceux-ci, n'ayant que des armes blanches, furent obligés de reculer. En vain Sérébrany usa de prières et de menaces pour les retenir. Quelques détachements de Tatars, protégés par les flèches des leurs, commençaient à repasser la rivière et menaçaient les flancs de Sérébrany, lorsque Persten apparut à côté de lui. Son sombre visage était en feu, sa chemise en lambeaux, son couteau ensanglanté.

— Tenez ferme, amis, criait-il aux brigands, êtes vous devenus aveugles par hazard ? Ne voyez vous pas qu'on accourt à votre aide.

En effet, de l'autre côté de la rivière s'avançait une troupe armée ; des lances et des hallebardes brillaient au soleil levant.

— Ce sont encore des Tatars, dit une voix.

— Tatar toi-même, grommela Persten ! Est-ce qu'une horde marche ainsi ? Les Tatars sont-ils jamais à pied ? Et ne vois-tu pas celui qui est à leur tête sur un cheval gris ? A-t-il un costume tatar ?

— Ce sont des orthodoxes, s'écria-t-on de toutes parts, tenons ferme, frères, les orthodoxes viennent à notre aide !

— Vois-tu, fit remarquer Persten au prince, ces chiens ne tirent plus autant, cela signifie qu'ils se sont aperçus de la tournure que prenait l'affaire. Lorsque cette troupe les aura atteints, je t'indiquerai un point par lequel nous pourrons les surprendre par le flanc.

La nouvelle troupe s'avançait ; déjà on pouvait distinguer ses armes et son costume, presqu'aussi bigarré que celui des brigands. Elle était armée de faux et de pieux. Elle semblait se composer de paysans armés à la hâte ; les premiers rangs seulement avaient une apparence militaire et uniforme. On n'y comptait que cent cavaliers. Leur chef était un beau jeune homme. De longues boucles blondes s'échappaient de son casque. Il maniait adroitement son coursier d'un gris argenté, qui se dressait, caracolait et hennissait à l'approche de l'ennemi.

Une nuée de flèches accueillit le chef et sa troupe.

Nikita avait traversé le gué, il avait entamé le flanc des Tatars tandis que les nouveaux assaillants les abordaient du côté opposé.

Il y avait déjà une heure que cela chauffait. Sérébrany alla pour un moment faire boire son cheval à la rivière et resserra les sangles de sa selle. Maxime l'aperçut et le rejoignit.

— Nikita Romanovitch, lui dit-il gaiement, il paraît que

Dieu protège la sainte Russie. Tu verras que nous aurons le dessus !

— Oui, répondit Sérébrany, grâce au boyard qui est venu à notre aide. Vois, comme il sabre à droite et à gauche ! Qui peut-il être ? il me semble l'avoir rencontré quelque part.

— Comment, Nikita Romanovitch, tu ne l'as pas reconnu ?

— Et toi tu le connais donc ?

— Comment veux tu que je ne le connaisse pas ? Bien des péchés lui seront remis pour ce qu'il fait aujourd'hui. Mais tu le connais bien aussi, Nikita Romanovitch, c'est Fedka Basmanof.

— Basmanof ! Est-ce possible !

— C'est lui-même. Il a bien changé. Je l'ai vu dansant comme une femme ; c'était vraiment honteux à voir. Aujourd'hui, il a armé ses paysans et ses valets et il est tombé sur les Tatars ; le sang russe s'est réveillé en lui. Quelle vigueur ! d'où a-t-il pris cela ? Comment du reste n'être pas transformé en un pareil jour, ajouta Maxime avec animation et les yeux brillants de joie ? Le croirais tu, Nikita Romanovitch, je ne me reconnais pas moi-même. Lorsque je quittai la Sloboda, je pensais que je n'avais plus longtemps à trainer sur cette terre. J'étais avide de me rencontrer avec ces païens, non pour les battre, je ne m'en sentais pas la force, mais pour en finir. Maintenant je veux vivre. Tu sais, lorsque le vent apporte un bruit sourd, comme les allouettes gazouillent dans les cieux ; mon cœur gazouille à présent de même. Je me sens de la force pour un siècle. A quoi n'ai-je pas rêvé depuis ce matin ? Tout me paraît clair, compréhensible ; que de bien on peut encore faire en Russie ! Le Tzar te graciera ; il ne peut pas ne pas te gracier, il t'aimera quand même. Tu me prendras avec toi ; nous agirons comme agissait Adachef avec Sylvestre. Je te raconterai tout ce que j'ai dans la tête ; mais maintenant au revoir, Nikita Romanovitch, il faut retourner là-bas, Basmanof a l'air d'être entouré ; quoiqu'il soit un méchant homme, il faut le délivrer.

Sérébrany regarda Maxime avec un regard presque paternel. Ménage-toi, lui dit-il, ne te lance pas inutilement dans la mêlée; tu es déjà tout en sang.

— Ce ne doit être que du sang ennemi, dit Maxime, car pour moi, je n'ai pas une égratignure ; ta croix m'a préservé !

A ce moment même un Tatar, glissant dans les roseaux, monta sur la berge, tendit son arc, visa sa flèche sur Maxime et l'atteignit droit au cœur. Maxime chancela sur sa selle, saisit la crinière de son cheval ; le jeune homme résista, mais son heure était sonnée, il s'affaissa sur la terre humide, le pied retenu dans l'étrier. Le cheval l'emporta ; ses cheveux balayèrent la terre, sa course était marquée par une longue trainée de sang.

La mauvaise nouvelle arrivera à la Sloboda, la mère de Maxime éclatera en sanglots ; personne ne se souviendra de son âme, personne ne fermera ses vieux yeux. Mais elle aura beau pleurer, ses pleurs ne lui rendront pas son enfant.

Sérébrany oublia le combat et les Tatars, il ne vit pas comment Basmanof eut sur eux le dessus, comment Persten acheva de les mettre en déroute ; il ne vit qu'une chose, c'est que le cheval entrainait celui qui s'appelait son frère? Sérébrany sauta en selle, se mit à la poursuite du cheval, le saisit par la bride, se jeta à terre et dégagea Maxime de l'étrier.

— Maxime, Maxime ! dit-il, en se mettant à genoux et en lui soulevant la tête, es-tu encore en vie, mon frère ? Ouvre les yeux, réponds-moi.

— Maxime entr'ouvrit des yeux déjà voilés et lui tendit la main. Adieu, mon frère, il était écrit que nous ne vivrions pas ensemble. Fais seul ce que nous voulions faire ensemble.

— Maxime, dit Sérébrany en approchant ses lèvres du front brûlant du mourant, ne me charges-tu pas de quelque chose ?

Porte à ma mère mes dernières tendresses, dis-lui que j'expire en pensant à elle...

— Je le lui dirai, répondit Sérébrany, en ayant de la peine à retenir ses larmes.

— Et la croix, continua Maxime, celle qui est sur moi, donne-la lui, et la mienne porte-la en souvenir de ton frère..

— Mon frère, dit Sérébrany, n'as-tu pas encore quelque chose sur le cœur. Ne crains rien ; regrettes-tu quelqu'un outre ta mère ?

— Je regrette ma patrie, je regrette la sainte Russie ! je l'aimais autant que j'aimais ma mère, je n'avais pas d'autre amour....

Maxime ferma les yeux. Son visage brûlait, sa respiration devenait plus pénible. Au bout de quelques instants il regarda de nouveau Sérébrany.

— Frère, si je buvais de l'eau un peu fraîche.

La rivière était proche, Sérébrany en apporta de l'eau dans son casque.

— Maintenant, je suis un peu soulagé ; soulève-moi, aide-moi à faire le signe de la croix.

Le prince souleva Maxime. Il jeta autour de lui un regard éteint, vit les Tatars en fuite et sourit.

— Je t'ai dit, Nikita Romanovitch, que Dieu était pour nous, vois comme ils s'éparpillent, mais ma vue s'obscurcit. Ah ! je n'aurais pas voulu encore mourir...

Le sang jaillit de sa bouche.

— Mon Dieu, reçois mon âme ! murmura Maxime et il tomba inanimé.

CHAPITRE XXVII

BASMANOF.

Les gens de Basmanof et les brigands entourèrent Sérébrany.

Les Tatars étaient battus à plate couture ; un grand nombre se constitua prisonnier, d'autres s'enfuirent. On creusa une tombe pour Maxime et on l'y descendit avec honneur. Pendant ce temps, Basmanof avait ordonné de dresser sur le bord de la rivière sa tente persane, et son échanson, qui cumulait cette charge avec celle d'officier dans la petite armée, prévint Sérébrany que le boyard le saluait et le priait de ne pas mépriser un dîner de campagne.

Étendu sur des coussins de soie, déjà peigné et parfumé, Basmanof se mirait dans un miroir que tenait devant lui un écuyer agenouillé. Basmanof présentait un étrange mélange de ruse, de dépravation, de mollesse, d'insouciante témérité et, à travers cela, on distinguait la malveillance que tout opritchnik professait pour le monde entier. Présumant que Sérébrany devait le mépriser, il méditait, tout en exerçant les devoirs de l'hospitalité, le moyen de répondre à ce mépris. Ainsi, lorsque Sérébrany entra, Basmanof l'accueillit avec une inflexion de tête mais sans bouger.

— Tu es blessé, Féodor Alexiévitch ? lui demanda ingénuement Sérébrany.

— Non, je ne suis pas blessé, répondit Basmanof qui prit ces paroles pour une ironie et résolut aussitôt d'y répliquer par une impertinence, je suis seulement un peu las et on dirait que j'ai attrapé un coup de soleil. Qu'en penses-tu, prince, ajouta-t-il en se mirant et en rattachant ses boucles d'oreilles en perles, ce hâle passera-t-il bientôt ?

Sérébrany ne savait que répondre.

— C'est dommage, continua Basmanof, je n'aurai pas le temps de prendre aujourd'hui un bain ; car il y a encore trente verstes jusque chez moi, mais demain je te recevrai mieux qu'en ce moment, tu verras comme je suis bien établi.

Basmanof débita cela en grasseyant prodigieusement.

— Merci, boyard, je suis pressé de rentrer à la Sloboda, repondit sèchement Sérébrany.

— A la Sloboda ? mais ne t'es tu pas échappé de prison ?

— Je ne suis pas échappé, Féodor Alexiévitch, on m'en a tiré contre mon gré. Ayant donné ma parole au Tzar, je ne serais jamais sorti et maintenant je me remets à sa disposition.

— Tu veux donc te faire pendre? si c'est ton idée, je ne saurais t'en empêcher, mais, quant à moi, je ne sais trop s'il faut y retourner.

— Et pourquoi ?

— Parce que, s'écria Basmanof avec un mécontentement qui ne tendait peut-être qu'à gagner la confiance de Sérébrany, on a beau servir le Tzar de toutes ses forces, se donner à lui corps et âme, on est supplanté par je ne sais quel Godounof.

— Mais toi, tu es en faveur auprès du Tzar ?

— En faveur ! Jusqu'à présent il ne veut même pas me faire okholnitch, ce n'est cependant pas faute de ramper à ses pieds ! Il n'y a pas de danger que Godounof se donne autant de mal. Il sait bien ménager tous les partis. Hé ! Boris, va dans la chambre de la question interroger un boyard. — J'y vais, sire, je suis seulement peu expert dans ces sortes de choses, s'il te plaisait d'ordonner à Maliouta de m'accompagner ? — Hé ! Boris, tu vois ce boyard qui boit peu, porte-lui du vin, tu me comprends ? — Je comprends, sire, mais il m'a en défiance, tu ferais mieux de charger de ce soin Basmanof. — Et Basmanof ne refuse jamais, il va partout où on l'envoie. Sur un signe du Tzar, j'empoisonnerais mon propre frère sans en demander le motif. Te rappelles-tu la coupe que je t'apportais de la part d'Ivan Vasiliévitch ? Je te jure que j'étais convaincu qu'elle était empoisonnée.

Sérébrany sourit.

— Trouvera-t-il jamais, continua Basmanof avec un accent cynique, un serviteur plus beau que moi ? Dis, as-tu vu de plus beaux sourcils que les miens ? n'est-ce pas du castor ? Et mes cheveux ! palpe-les, prince, c'est de la vraie soie.

Le dégoût se peignit sur le visage de Sérébrany. Basmanof continua comme s'il tenait à agacer son hôte.

— Et mes mains ! vois, en quoi sont-elles moins délicates que celles d'une jeune fille ? je les ai un peu gâtées aujourd'hui, mais telle est mon habitude, je ne sais me modérer en rien.

— En effet, tu ne sais guère te modérer, dit Sérébrany ne pouvant plus contenir son indignation, si tout ce que l'on dit sur toi est vrai...

— Et que dit-on ? interrompit Basmanof en clignant de l'œil.

— Ce que tu en dis toi-même est déjà suffisant ; on dit, par exemple, que tu danses devant le Tzar en habits de femme.

Le rouge monta à la figure de Basmanof, mais il recourut à son cynisme habituel.

— Et si, en effet, c'était vrai ? dit-il en prenant un air insouciant.

— Dans ce cas, adieu, dit Sérébrany, j'aurais honte non-seulement de dîner avec toi, mais de te regarder.

— Ah ! s'écria Basmanof, et sa feinte insouciance disparut, et ses yeux étincelèrent et il oublia de grasseyer, ah ! tu l'as dit enfin ! Je sais ce que vous pensez tous de moi, mais je me moque de vous tous tant que vous êtes.

Sérébrany fronça les sourcils, sa main se porta instinctivement à la poignée de son sabre, mais il se souvint avec qui il avait affaire et se borna à lever les épaules.

— Qu'as-tu à saisir ton sabre ? continua Basmanof. Tu ne m'effraieras pas avec cela. Si je prends aussi mon sabre, il n'est pas dit qui aura le dessus.

— Adieu, dit Sérébrany, et il leva le rideau de la tente pour sortir.

— Écoute, s'écria Basmanof, en le retenant par son caftan, si un autre que toi m'avait ainsi regardé, je te jure que je ne le lui aurais pas permis, mais avec toi je ne veux pas me disputer ; tu sabres trop bien les Tatars.

— Mais toi aussi, dit Sérébrany avec bonté en s'arrêtant et en se souvenant comme Basmanof venait de se battre, tu ne les sabres pas mal également. Pourquoi fais-tu des grimaces comme si tu étais une femme ?

La figure de Basmanof reprit son insouciance.

— Ne te fâche pas, prince. Je n'ai pas toujours été ainsi ; à la Sloboda, tu le sais, on apprend bon gré mal gré bien des choses.

— C'est un péché, Féodor Alexiévitch. Lorsque tu es à cheval, le sabre au poing, le cœur en est tout réjoui. Il y avait plaisir à voir ta bravoure de ce matin. Renonce à tes coutumes efféminées, coupe tes cheveux comme Dieu le veut. Va faire pénitence à Kief ou à Solovetz et rentre en chrétien à Moscou.

— Eh bien ! ne te fâche pas, Nikita Romanovitch. Assieds-toi là et dînons ensemble ; je ne suis pas un chien, il y en a de pires que moi, tout ce qu'on raconte sur moi n'est pas vrai : il ne faut pas croire à tout bruit. Moi-même je me fais par dépit plus mauvais que je ne le suis.

Sérébrany se réjouit de pouvoir interpréter d'une manière plus favorable la conduite de Basmanof.

— Ainsi ce n'est pas vrai, s'empressa-t-il de demander, que tu as dansé en jupons ?

— Ces jupons te scandalisent donc bien ? Est-ce que je m'en affuble pour mon plaisir? Tu ne connais donc pas le Tzar? Je ne suis pas un saint et cependant je suis obligé de jeûner, de ne pas manquer un office, de toucher mon front aux dalles jusqu'à en avoir des bosses. Si tu avais été obligé de te promener des semaines entières en surplis, rien que pour changer tu t'accoutrerais volontiers en femme.

— J'aurais plutôt mis ma tête sur le billot, s'écria Sérébrany.

— Vraiment ! dit ironiquement Basmanof et, après avoir jeté un méchant regard sur le prince, il reprit sa conversation sur le ton de la confiance. Penses-tu que cela m'amuse de m'entendre appeler, grâce au Tzar, Féodora au lieu de Féodor ? Quel profit est-ce que j'en retire ? L'autre jour je traversai Dorogomilof, des paysans me montrèrent au doigt en disant : voilà la Féodora du Tzar qui passe ! Je me précipitai sur eux ; ils s'enfuirent. Je vais m'en plaindre au Tzar : — Qui est-ce qui t'a insulté, me dit-il ? — Mais si je le savais, lui répondis-je, je ne serais pas venu vous importuner ; je l'aurais égorgée de mes propres mains. — Prends alors quarante zibelines dans mon vestiaire et fais-toi une douillette. — Qu'en ai-je besoin ? il n'y a pas de danger que tu offres une douillette à Godounof et en quoi suis-je moins que lui ? — Mais que veux-tu, Féodora, que je t'octroie ? — Nomme-moi okholnitchi pour qu'on ne m'insulte plus. — Non, me répondit-il, tu ne peux pas être okholnitchi ; tu ne sers qu'à me distraire et Godounof à me conseiller ; à toi l'argent, à lui les honneurs. Pour ce qui est des paysans de Dorogomilof, je vais les faire tous inscrire dans mes apanages. — Voilà comment les choses se passent. Nous ne nous amusons guère depuis que nous avons quitté Moscou pour nous enfermer dans la Sloboda. On ne fait qu'y jeûner et chanter des litanies. Cela m'a tellement ennuyé que j'ai demandé à aller chez moi, mais là aussi je m'ennuie. On ne peut pas toujours courir le lièvre, aussi ai-je été bien heureux quand j'ai appris l'approche des Tatars. Il faut avouer que nous les avons bien rossés ; nous allons aussi avoir bien des prisonniers à amener à Moscou. Tiens, je n'y pensais plus à ces prisonniers. Tires-tu de l'arc, prince ?

Eh bien ?

— Eh bien ! parce qu'après dîner nous ferons attacher un Tatar à cent pas et nous verrons qui l'atteindra le premier au cœur ; les autres coups ne compteront pas. Lorsqu'il sera crevé, nous en ferons lier un autre.

La physionomie ouverte de Sérébrany s'assombrit.

— Non, dit-il, je ne tire pas sur des gens liés.

— Eh bien ! nous le ferons courir et nous verrons qui l'attrapera le premier.

— Je ne le ferai pas et saurai t'en empêcher, nous ne sommes plus ici, grâce à Dieu, à la Sloboda d'Alexandrof.

— Tu m'en empêcheras ! s'écria Basmanof, et ses yeux s'enflammèrent de nouveau ; mais il n'entrait sans doute pas dans son plan de se brouiller avec le prince et, changeant subitement de ton, il reprit gaiement : Eh ! prince, ne vois-tu pas que je veux badiner. C'est comme l'histoire des jupons; voilà une demi-heure que je plaisante et tu prends tout au sérieux. La vie de la Sloboda m'est plus insupportable qu'à toi-même. Penses-tu que je puisse m'entendre avec des monstres comme Griaznoy, comme Viazemski ou comme Maliouta ? Par le Christ, ils me font l'effet d'une taie sur l'œil. Écoute, prince, continua-t-il d'un ton insinuant, laisse-moi revenir le premier à Sloboda, j'obtiendrai ta grâce du Tzar et, lorsque tu seras rentré en faveur auprès de lui, tu ne m'oublieras pas à ton tour. Il suffit de lui chuchoter quelque chose contre Viazemski, puis contre Maliouta et tous les autres ; tu verras que nous parviendrons à avoir seuls son oreille. Je sais ce qu'il faut lui dire sur chacun d'eux, seulement il vaut mieux que cela lui revienne par une voie détournée. Je t'apprendrai comment il faut s'y prendre et tu m'en remercieras.

Sérébrany se sentit mal à l'aise. La bravoure dont Basmanof avait fait preuve, les regrets qu'il avait semblé témoigner de sa honteuse position avaient disposé Sérébrany à l'indulgence. Il était sur le point de croire que réellement il n'avait fait que plaisanter, qu'il s'était fait plus noir qu'il n'était ; mais la dernière proposition, évidemment sérieuse, réveilla dans Serébrany ses premiers dégoûts.

— Eh bien ! dit Basmanof en le dévisageant impudemment, cela va-t-il, la faveur du Tzar à moitié ? Pourquoi te tais-tu, prince ? Est-ce que tu douterais de moi ?

Féodor Alexiévitch, dit Serébrany essayant de contenir son indignation et de ne pas manquer d'égards à son hôte, ce que tu imagines-là, comment te dirai-je ? c'est...

— C'est ? demanda Basmanof.

— C'est une infamie ! dit Serébrany en tâchant d'adoucir sa voix pour atténuer la force de l'expression.

— Une infamie, répéta Basmanof en couvrant sa rage sous le masque de la surprise. Mais tu oublies donc de qui je t'ai parlé.. Serais tu du parti de Viazemki ou de Maliouta ?

— Que la foudre du ciel les écrase eux et tous les opritchniks ! Que le Tzar me permette de lui parler ouvertement, en leur présence, je dirai tout ce que je pense et tout ce que je sais, mais jamais je ne ferai de délations dans le genre de celles que tu m'indiques, Féodor Alexiévitch.

Un regard venimeux éclaira les paupières de Basmanof.

— Ainsi tu ne veux pas partager ensemble la faveur du Tzar?

— Non, répondit Sérébrany.

— Oh! pauvre orphelin que je suis, se mit à geindre Basmanof, comme s'il allait fondre en larmes. Depuis que le Tzar ne m'aime plus, c'est à qui m'insultera. Personne ne me caresse, tout le monde me méprise. O! la triste existence! un chien est moins malheureux. J'attacherai ma ceinture à une traverse, je passerai ma tête dans le nœud coulant.

Sérébrany considérait avec étonnement Basmanof qui continuait à gémir et à se tordre comme une vieille femme à un enterrement, mais par moment il regardait à la dérobée le prince pour surprendre ses impressions.

— Ouf! dit enfin Sérébrany, et il voulut sortir, mais Basmanof l'arrêta encore par le pan de son habit.

— Hé, cria-t-il, les chanteurs!

Plusieurs hommes entrèrent qui n'attendaient apparemment qu'un signe et barrèrent le passage à Sérébrany.

— Frères, leur dit Basmanof avec sa voix dolente, chantez-nous une chanson, mais une chanson si mélancolique que l'âme en soit brisée et se sépare du corps.

Les chanteurs entonnèrent une complainte lugubre, semblable à celles avec lesquelles on accompagne les morts. Basmanof ne cessait pas de se tordre et disait : chantez d'une manière encore plus traînante, comme si vous mettiez en terre votre maître. C'est cela. — Mais pourquoi mon âme ne veut-elle pas quitter son enveloppe? Mon heure ne serait-elle pas encore venue? Est-il écrit que je doive encore me traîner ici-bas? S'il faut vivre, eh bien, vivons! s'écria-t-il tout à-coup et les chanteurs, accoutumés sans doute à ces transitions, attaquèrent un chant de danse.

— Vivement, criait Basmanof et, prenant deux coupes d'argent, il se mit à battre avec elles la mesure. Plus vite, mes faucons, plus vite, enfants du diable, je vous apprendrai, brigands !..

Ce n'était plus le même homme. Rien de féminin ne restait plus sur son visage. Sérébrany reconnut le vaillant gaillard qui se jetait, le matin, dans le plus fort de la mêlée et chassait devant lui une foule de Tatars.

— Je te préfère ainsi, dit-il en faisant un signe de tête approbatif.

Basmanof le regarda avec un air joyeux. Tu recommences à me croire ; tu auras pris mes gémissements au sérieux. Il n'est pas difficile, Nikita Romanovitch, de te mettre dedans. Buvons donc maintenant à notre rencontre. Si nous vivons ensemble, tu verras que je ne suis pas tel que tu le pensais.

Cette folle et insouciante gaieté gagna le prince ; il prit la coupe des mains de Basmanof.

— Qui peut te deviner, Féodor Alexiévitch ? je n'en ai jamais vu de pareil. Il se peut, en effet, que tu sois meilleur que tu n'en as l'air. Je ne sais que penser de toi, mais, Dieu nous ayant réunis sur le même champ de bataille, je bois à ta santé.

Et il vida la coupe jusqu'à la dernière goutte.

— C'est cela, prince. Dieu voit que je te suis attaché. Encore une coupe à la destruction de tous les Tatars qui sont restés en Russie

Sérébrany avait une tête solide, mais après cette seconde coupe, ses pensées commencèrent à se troubler. Le vin était-il plus enivrant qu'à l'ordinaire, Basmanof y avait-il jeté quelque chose ? Toujours est-il que Sérébrany sentit sa tête tourner et qu'il n'eut plus qu'une idée vague de ce qui se passait autour de lui Lorsqu'il revint à lui, la chanson continuait toujours ; mais, au lieu de se trouver debout, il était étendu sur des coussins, et Basmanof, aidé de son écuyer, s'efforçait de lui passer une robe de femme.

17

— Mets ton manteau, boyard, disait-il, il commence à faire frais.

Les chanteurs reprenaient haleine un moment.

Les yeux de Sérébrany étaient encore voilés et ses idées confuses ; il allait se vêtir de la robe, la prenant pour son manteau, lorsqu'au milieu de ce silence momentané retentit un lugubre hurlement.

— Qu'est-ce ? demanda Basmanof avec colère.

— C'est un chien qui hurle sur la tombe de Skouratof, répondit l'écuyer après avoir regardé au dehors.

— Donne-moi mon arc et une flèche, je lui apprendrai à hurler lorsque nous nous amusons avec un hôte.

Mais, au nom de Skouratof, Sérébrany se dégrisa complétement. — Attends, Féodor Alexiévitch, dit-il en se redressant, c'est le Bouian de Maxime, ne le touche pas. Il m'appelle sur la tombe de mon frère d'adoption ; je me suis oublié ici, adieu, il est temps que je parte.

— Mets auparavant ton manteau, prince.

— Il n'est pas fait pour moi, dit Sérébrany en reconnaissant le costume que lui tendait Basmanof, porte-le toi-même comme tu l'as porté jusqu'ici.

Et, sans attendre de réponse, il cracha et sortit de la tente.

Des malédictions, des imprécations l'accompagnèrent. Sans y faire la moindre attention, il s'approcha de la tombe de Maxime, s'y prosterna et, suivi de Bouian, rejoignit les brigands qui avaient organisé, sous le commandement de Persten, leur bivouac autour de feux pétillants.

CHAPITRE XXVIII

LA SÉPARATION.

Dès l'aube, Persten réveilla sa troupe. Mes enfants, leur dit il, lorsqu'ils furent réunis autour de Sérébrany, le moment est venu de nous séparer. Adieu, je retourne au Volga ; ne m'oubliez pas et ne me conservez pas rancune en ce que j'ai pu manquer. — Et Persten s'inclina jusqu'à la ceinture devant l'assistance.

— Ataman, dit d'une voix la bande, ne nous abandonne pas, où irons-nous sans toi ?

— Suivez le prince, mes enfants. Par votre action d'hier vous avez effacé vos fautes ; vous pouvez redevenir ce que vous étiez et le prince ne vous abandonnera pas.

— Mes braves, dit Sérébrany, j'ai donné parole au Tzar que je n'éviterai pas son jugement. Vous savez que ce n'est pas de mon gré que j'ai quitté la prison. Je dois maintenant tenir ma parole, présenter ma tête au Tzar. Voulez-vous venir avec moi ?

— Nous pardonnera-t-il ? demandèrent les brigands.

— Cela dépend de la volonté divine ; je ne veux pas vous tromper. Peut-être pardonnera-t-il et peut-être non. Réfléchissez, causez-en ensemble et dites-moi quel est celui qui reste et quel est celui qui vient.

Les brigands s'entreregardèrent, s'écartèrent et se mirent à délibérer à demi-voix. Au bout de quelque temps, ils revinrent auprès du prince.

— Nous te suivrons, si l'ataman vient avec nous.

— Non, mes enfants, dit Persten, ne l'exigez pas de moi. Quand même vous ne suivriez pas le prince, notre route est différente. Je me suis assez amusé ici, il est temps de rentrer chez soi. Puis nous nous sommes un peu querellés et, lorsqu'une corde est cassée, on a beau en joindre les bouts, il reste toujours un nœud. Suivez le prince, mes enfants, ou élisez un nouvel ataman, mais écoutez-moi plutôt et allez avec le prince : je ne puis croire, après notre exploit d'hier, que le Tzar ne pardonne pas et lui et vous.

Les brigands se concertèrent de nouveau et, après une courte délibération, se partagèrent en deux groupes. Le plus considérable aborda Sérébrany :

— Mène-nous, dirent-ils, ton sort sera le nôtre.

— Et les autres ? demanda Sérébrany.

— Les autres ont élu Khlopko pour ataman, nous n'en voulons pas.

— Ce sont les plus mauvais, glissa Persten à l'oreille du prince ; ils ne se sont pas battus hier comme ceux-ci.

— Et toi, dit Sérébrany, tu es donc résolu à ne pas me suivre ?

— Prince, mon cas est exceptionnel. Le Tzar ne me pardonnera pas, mes fautes ne sont pas de celles qu'il puisse pardonner. Puis, je l'avoue, je m'ennuie loin d'Iermak ; voilà plus d'une année que je ne l'ai vu. Adieu, prince, ne m'en veux pas.

Sérébrany serra la main de Persten et l'embrassa cordialement. — Adieu, ataman, dit-il, je te regrette, je regrette que tu ailles au Volga ; tu serais capable de faire une meilleure besogne.

— Qui sait, prince, répliqua Persten, dont le regard prit une étrange expression. Dieu est miséricordieux, peut-être ne serai-je pas toujours ce que je suis maintenant.

Les brigands s'apprêtèrent à se mettre en marche.

Lorsque le soleil se leva, la tente et les gens de Basmanof avait disparu du bord de la rivière. Féodor Alexiévitch avait levé son camp avant l'aube pour être le premier à annoncer au Tzar la victoire remportée.

En prenant congé de ses camarades, Persten vit Mitka à ses côtés.

— Adieu, mon ami, lui dit-il, tu as travaillé hier comme quatre pour le Tzar ; il ne manquera pas de t'en récompenser.

Mais Mitka indécis se grattait la nuque.

— Eh bien, qu'y a-t-il ? demanda Persten.

— Rien, répondit indolemment Mitka, en se grattant d'une main la nuque et de l'autre les reins.

— Eh bien, si ce n'est rien, c'est rien. Et Persten allait s'éloigner lorsque Mitka, prenant son courage à deux mains, lui dit d'une voix traînante : Ataman, hé, ataman !

— Quoi !

— Je ne veux pas aller à la Sloboda.

— Où veux-tu donc aller ?

— Mais avec toi.

— C'est impossible ; je vais au Volga.

— J'irai aussi au Volga.

— Et pourquoi pas avec le prince ?

Mitka avança un pied et s'arrêta comme s'il admirait sa chaussure d'écorce.

— Crains-tu donc les opritchniks ? lui demanda Persten d'un air railleur.

Mitka se grattait tantôt la nuque, tantôt les reins, tantôt la hanche, et ne répondait rien.

— Tu en as cependant vu plus d'un, continua Persten, t'ont-ils mangé ?

Ils m'ont pris ma fiancée, répondit à contre cœur Mitka. Persten se mit à rire.

— Comme tu es rancunier ! tu ne peux pas leur pardonner cela. Eh bien ! va avec Khlopko.

— Je ne veux pas, dit résolument Mitka, je veux aller avec toi au Volga.

— Mais je ne vais pas directement au Volga.

— Ni moi non plus.

— Où vas-tu donc ?

— J'irai là où tu iras.

— Ah ! tu te colles donc à moi comme une feuille au bain. Sache donc que j'ai besoin d'abord d'aller à la Sloboda.

— Pourquoi ? demanda Mitka en écarquillant ses yeux.

— Pourquoi ? répéta Persten en commençant à perdre patience, parce que l'année dernière j'y ai mangé des noisettes et que j'en ai oublié les coquilles.

Mitka le regarda avec étonnement, puis sourit et ouvrit la bouche jusqu'aux oreilles ; ses yeux se cerclèrent jusqu'aux tempes, sa physionomie prit un air fin et semblait dire : « Il n'est pas si facile de m'attraper ; je sais bien que, si tu vas à la Sloboda, ce n'est pas pour des noisettes, mais pour bien autre chose. » Mais il ne dit pas cela haut et se borna à répondre en riant : — Eh bien ! j'y vais avec toi.

— Que faire avec cet animal ? dit Persten en haussant les épaules, je vois qu'il est impossible de s'en débarrasser. Viens avec moi, imbécile, seulement ne t'en prends pas à moi si tu es pendu.

— Eh bien, on me pendra ! répondit tranquillement Mitka.

— A la bonne heure, mon garçon ; j'aime cela. Prends vite congé des camarades et en route !

La figure endormie de Mitka ne s'anima pas, mais il s'approcha aussitôt, d'un air gauche, de ses camarades et, de gré ou de force, il leur donna à chacun une triple accolade, saisissant l'un par les épaules, l'autre par la tête.

— Ataman, dit Sérébrany, il paraît que nous allons suivre le même chemin ?

— Non, boyard, là où je passerai, tu ne pourrais le faire. Je serai à la Sloboda avant toi, et, si nous nous y rencontrons, ne fais pas semblant de me reconnaître ; du reste, nous ne nous y rencontrerons pas ; j'en repartirai avant ton arrivée, je n'ai que peu de chose à y terminer.

Sérébrany devina que Persten avait caché quelque chose dans les environs de la Sloboda et n'insista pas.

Bientôt, les deux détachements prirent deux directions opposées. Le plus considérable s'avançait derrière Sérébrany le long de la petite rivière, par une verte prairie qui gardait encore les traces du combat de la veille ; Bouian le suivait, tête et queue baissées : souvent il s'approchait du prince, faisait entendre un gémissement lugubre, se retournait à chaque instant vers la tombe encore fraîche de son maître, jusqu'à ce que des joncs élevés achevèrent de le cacher à ses yeux.

L'autre moins nombreux suivait Khlopko. Persten prit une troisième direction, suivi par Mitka, marchant sans se presser et en balançant son corps.

Le steppe redevint désert et silencieux, comme si le bruit du combat ne l'avait pas soulevé la veille. Ça et là paissait un cheval tatar et quelques débris d'armures reluisaient dans l'herbe calcinée. Mais les alouettes chantaient comme auparavant sur les rives fleuries de la petite rivière en s'élançant vers l'azur, les oiseaux gazouillaient en voltigeant dans les roseaux ou perchés sur les flèches enfoncées dans la terre qui se dressaient dans la plaine verdoyante et au milieu des fleuves du marécage, comme si elles eussent été elles-mêmes des produits indigènes.

CHAPITRE XXIX

LA CONFRONTATION.

Huit jours après la défaite des Tatars, le Tzar recevait dans sa chambre à coucher Basmanof, revenant de Rézan. Le Tzar connaissait déjà les détails de cette affaire, mais

Basmanof croyait être le premier à l'en informer. Il espérait s'attribuer tout l'honneur de la victoire, profiter de l'impression que son récit ferait sur le Tzar, pour rentrer dans sa faveur. Ivan Vasiliévitch l'écoutait attentivement, égrenant son chapelet, s'amusant avec la bague de diamant qui ne quittait pas son doigt, mais lorsque Basmanof, ayant terminé son rapport, secoua ses boucles et dit d'un air suffisant : « Eh bien, sire, nous avons, ce semble, bien travaillé pour toi ! »

Ivan leva les yeux et sourit. — Rien ne nous a coûté continua Basmanof, ne te refuse donc plus, sire, à récompenser ton serviteur.

— Et que voudrais-tu, Fédia ? demanda Ivan, en prenant un air de bonhomie.

— Fais-moi du moins okolnitchi, afin que le monde ne m'insulte plus.

Ivan le regarda fixement.

— Et comment récompenserai-je Sérébrany ? demanda-t-il subitement.

— Le rebelle ? répondit Basmanof en masquant son trouble par son impudence habituelle, mais par la potence ! Ne s'est-il pas échappé de prison et n'a-t-il pas failli tout compromettre avec ses bandits ? S'il n'avait pas donné l'éveil aux Tatars, nous les aurions tous enveloppés comme des alouettes dans un filet.

— Est-ce bien vrai ? je crois, au contraire, que sans lui les Tatars t'auraient parfaitement pris et garrotté, comme tu dois y être habitué.

— Je ne suis habitué qu'à souffrir pour toi, répondit insolemment Basmanof, et ne le suis pas à m'en entendre remercier. Godounof, Maliouta, Viazemski ne te servent pas comme moi, et cependant tu ne leur refuses aucune grâce.

— Assurément ils ne me servent pas comme toi. Comment pourraient-ils lutter avec toi dans la danse ?

— Sire, répondit Basmanof perdant patience, si je te suis désagréable, congédie-moi tout-à-fait.

Basmanof s'imaginait qu'Ivan allait le retenir, mais les absences qu'il avait faites, avaient nui à son influence : Ivan avait eu le temps de se déshabituer de lui, et les autres favoris, surtout Maliouta, froissés par l'arrogance de Basmanof en avaient profité pour le perdre dans l'esprit du Tzar. Basmanof avait calculé à faux ; son dépit ne faisait qu'amuser le Tzar.

— Qu'il en soit ainsi, dit-il avec une feinte tristesse, je m'ennuierai bien sans toi, les affaires de l'État en souffriront sans doute, mais enfin je ne saurais te retenir et tâcherai de m'en tirer comme je pourrai. Pars, Fédia, pour les quatre coins du monde. Je ne veux pas te violenter.

Basmanof ne put dissimuler davantage. Gâté par ses précédentes relations avec Ivan, il laissa éclater sa fureur.

— Merci, sire, dit-il, merci de ton hospitalité, merci de chasser ton serviteur comme un vieux chien. Je raconterai tes gracieusetés, ajouta-t-il imprudemment, dans toute la Russie. Que d'autres te servent comme t'a servi Fédia ! J'ai commis bien des péchés à ton service, hormis un seul, celui de la sorcellerie.

Ivan Vasiliévitch continuait à sourire, mais à ce dernier mot son visage changea.

— La sorcellerie, demanda-t-il avec une surprise prête à se changer en colère, mais qui est-ce qui ici a recours à la sorcellerie ?

— Mais ton Viazemski, répondit Basmanof, en soutenant le regard du Tzar. Oui, continua-t-il sans se troubler par l'expression menaçante d'Ivan, tu es seul, paraît-il, à ignorer que lorsqu'il va à Moscou, il va, la nuit, dans la forêt faire des sortiléges au moulin et, s'il en fait, ce n'est évidemment qu'au détriment de ta majesté.

— Mais comment le sais-tu ? demanda le Tzar en plongeant sur Basmanof un regard scrutateur.

Cette fois Basmanof eut peur.

— Je ne l'ai appris qu'hier de ses valets, dit-il précipitamment ; si je l'avais su plus tôt, j'en aurais aussitôt informé ta majesté.

Le Tzar se mit à réfléchir.

— Va, dit-il, après un court silence, j'examinerai cette affaire, mais ne quitte pas la Sloboda sans mon ordre.

Basmanof sortit, content d'avoir semé dans l'esprit d'Ivan un germe de soupçon sur l'un de ses rivaux, mais très préoccupé de la froideur du souverain.

Peu après, le Tzar passa de sa chambre à coucher dans celle des réceptions et, entouré d'opritchniks, se mit à écouter les boyards arrivés de Moscou et d'autres villes. Après leur avoir donné ses ordres, causé avec quelques uns d'entr'eux des affaires de l'État, des relations avec les puissances étrangères, des mesures à prendre pour arrêter l'invasion tatare, Ivan demanda s'il n'y en avait pas encore qui sollicitassent une audience.

— Le boyard Droujina Morozof, répondit un stolnik, se prosterne à tes yeux et te supplie de lui permettre de se présenter devant toi.

— Morozof ! dit Ivan, il n'est donc pas brûlé dans l'incendie ? Le vieux chien a la vie dure. J'ai mis un terme à sa disgrâce ; il n'a qu'à entrer.

Le stolnik sortit, puis la foule des courtisans s'écarta et Droujina Andréevitch, soutenu par deux amis, s'approcha du Tzar et tomba à ses genoux.

Tous n'avaient d'yeux que pour le vieux boyard. Son visage était pâle, amaigri ; son front portait la balafre faite par le sabre de Viazemski, mais ses yeux enfoncés avaient conservé leur expression ordinaire de fermeté et ses sourcils froncés dénotaient la même obstination. Contrairement à l'étiquette de la Cour, son costume était *modeste*. Ivan regardait Morozof sans prononcer une parole. Celui qui savait lire dans le regard du Tzar y découvrait sans peine une haine cachée et la joie de voir son ennemi terrassé, mais celui qui ne le connaissait pas pouvait le croire bienveillant. — Droujina Andréevitch, dit-il avec solennité mais douceur, je t'ai remis dans mes bonnes grâces, pourquoi ces vêtements sombres ?

— Sire, répondit Morozof toujours à genoux, il ne convient pas que celui auquel les opritchniks ont brûlé la maison et enlevé la femme se couvre de brocart. Sire, continua-t-il, d'une voix ferme, je viens te demander justice contre ton opritchnik Athanase Viazemski.

— Lève-toi, dit le Tzar, et expose-moi tes griefs. Si un des miens t'a fait tort, je l'en punirai quand même il serait de mes plus proches.

— Sire, continua Morozof sans se lever, fais venir Viazemski ; qu'il te réponde devant moi.

— Ta demande est juste, dit le Tzar après un moment de réflexion. Le prévenu doit savoir ce que dit le plaignant. Qu'on amène Viazemski. Et vous, dit-il en s'adressant aux commensaux de Morozof qui s'étaient reculés, soulevez votre boyard, faites-le asseoir sur un banc ; qu'il attende l'accusé.

Plus de deux mois s'étaient écoulés depuis la destruction de la maison de Morozof. Viazemski avait eu le temps de guérir ses plaies. Il résidait comme auparavant à la Sloboda, mais ignorant le sort d'Hélène qu'aucun de ses émissaires n'était parvenu à découvrir, il était encore plus sombre que naguère, n'apparaissait que rarement au palais sous prétexte de faiblesse, n'assistait plus aux festins et plusieurs avaient cru remarquer en lui des signes de folie. Son abstention des prières et des joies communes déplaisait à Ivan ; mais, sachant l'insuccès de l'enlèvement de la boyarine, il attribuait la conduite de Viazemski aux tourments de la passion et était indulgent pour lui. Cependant, depuis sa conversation avec Basmanof, Viazemski lui parut suspect. La plainte de Morozof lui offrait une bonne occasion pour éclaircir ses soupçons ; c'est pourquoi il l'accueillit avec plus de bienveillance que les courtisans ne s'y attendaient.

Viazemski ne tarda pas à paraître. Son extérieur était aussi bien changé. Il semblait avoir vieilli de plusieurs années, ses traits étaient tirés, sa vie semblait s'être concentrée dans ses yeux brillants et anxieux.

— Approche, Athanase, dit le Tzar, et toi aussi, Droujina ; expose ta plainte, parle sans crainte, raconte comment les choses se sont passées.

Droujina Andréevitch s'approcha du Tzar au même instant que Viazemski ; mais ne daignant pas le regarder, il exposa en détail toutes les circonstances de l'attaque.

— Est-ce ainsi que cela a eu lieu ? demanda le Tzar en se tournant du côté de Viazemski.

— Oui, dit Viazemski, étonné de l'interrogation du Tzar qui n'ignorait rien de cela depuis longtemps.

Le visage d'Ivan Vasiliévitch se rembrunit.

— Comment as-tu pu commettre cela ? dit-il en jetant sur Viazemski un regard sévère ; est-ce que je permets à mes opritchniks de piller ?

— Tu sais, sire, répondit Viazemski, encore plus étonné, que ce n'est pas par mon ordre que la maison a été saccagée et que si j'ai enlevé la boyarine ce n'est qu'avec ton autorisation.

— C'est moi qui t'ai autorisé ? dit le Tzar en appuyant sur chaque mot. Quand t'ai-je autorisé ?

Ici Viazemski comprit que c'était en vain qu'il voulait s'appuyer sur l'allusion que le Tzar lui avait faite pendant le festin, allusion par laquelle il s'était cru en droit d'enlever

Hélène violemment. Ne devinant pas encore le but que pouvait avoir le Tzar de se rétracter, il sentit qu'il devait changer de système de défense. Il ne s'y décida pas par pusillanimité et pour conserver une vie qui courait toujours des périls avec le caractère mobile du Tzar, mais parce qu'il n'avait pas encore abandonné tout espoir de retrouver Hélène et que pour arriver à ce résultat aucun effort ne lui coûtait.

— Soit, dit-il, je suis coupable devant toi, tu ne m'as pas autorisé à enlever la boyarine. Voici comment cela s'est passé. Tu m'as envoyé à Moscou pour annoncer à Morozof qu'il rentrait en grâce. Tu sais qu'il m'en voulait depuis longtemps, car j'avais recherché sa femme. Lorsque j'arrivai chez lui, il résolut avec Nikita Sérébrany de m'assassiner. Après dîner, ils tombèrent sur moi à l'improviste avec leurs valets, nous nous défendîmes ; la boyarine, connaissant le caractère de son mari, eut peur de rester avec lui et me pria de l'emmener. Elle est partie de son plein gré ; dans la forêt, mes blessures me firent perdre connaissance ; pendant mon évanouissement, elle disparut je ne sais comment. Sans doute, Morozof l'a retrouvée, l'a cachée ou peut être l'a fait périr. Ce n'est pas à lui de se plaindre de moi, c'est moi, au contraire, qui me plains, père, de ce qu'il a porté la main sur moi sous son propre toit avec Sérébrany.

Le Tzar ne s'attendait pas à cette volte-face. La calomnie était évidente, mais il ne convenait pas à Ivan de la démasquer. Pour la première fois, Morozof leva les yeux sur son ennemi.

— Tu mens, chien maudit ! dit-il en le toisant des pieds à la tête, chacune de tes paroles est un absurde mensonge ; je suis prêt à certifier mon innocence en baisant la croix. Sire, ordonne à ce damné de me rendre mon épouse Hélène Dmitrievna à laquelle je suis légitimement uni selon les canons de la sainte Église.

Ivan regarda Viazemski.—Qu'as-tu à répondre à cela? lui demanda-t-il en conservant l'extérieur impartial du juge.

— Je l'ai déjà déclaré, sire, j'ai emmené Hélène sur sa propre prière. Le sang que je perdais me fit perdre connaissance, mes gens me trouvèrent évanoui : je n'avais plus auprès de moi ni mon cheval ni la boyarine ; on me transporta au moulin, chez le sorcier ; il arrêta mon sang. Je ne sais rien de plus.

Viazemski ne se doutait pas qu'en parlant du moulin il fortifiait les soupçons que Basmanof avait semés dans son esprit ; Ivan ne fit pas semblant d'attacher une grande importance à ce détail, mais il en prit bonne note pour en user au besoin et continua à garder son sang-froid.

— Tu as entendu, dit-il à Viazemski, Morozof est prêt à témoigner sur la croix de la vérité de ses paroles. Comment te justifieras-tu auprès de lui ?

— Le boyard est libre de me calomnier, répondit Viazemski, déterminé à se défendre jusqu'au bout, de mon côté je baiserai la croix.

Un murmure parcourut l'assistance. Tous les opritchniks savaient comment avait eu lieu l'attaque et, quelqu'endurcis qu'ils fussent au crime, peu d'entr'eux se seraient décidés à un faux serment. Ivan lui-même fut surpris du cynisme de Viazemski, mais il comprit à l'instant même qu'il pouvait en profiter pour perdre Morozof qu'il abhorrait, en conservant en même temps l'apparence d'un jugement équitable.

— Frères, dit-il, en s'adressant à l'assistance, vous êtes témoins que je n'ai cherché qu'à découvrir la vérité. Je n'ai pas l'habitude de condamner sans justification. Mais dans une même cause, les deux parties ne peuvent pas baiser la croix ; l'un des deux commettrait un parjure. Je suis un bon pasteur, je dois empêcher mes brebis de s'égarer, je ne puis laisser personne perdre son âme. Que le jugement de Dieu décide entre Morozof et Viazemski ! Je les somme de se rencontrer ici dans dix jours sur la place Rouge. Qu'ils y viennent chacun accompagné de leurs avocats et de leurs répondants. Celui auquel Dieu aura donné la victoire sera justifié devant moi ; celui qui n'aura pas supporté le combat, quand même il en sortirait vivant, sera immédiatement mis à mort par la main du bourreau.

Cette décision produisit sur l'assistance une profonde impression. Aux yeux de la plupart, elle équivalait pour Morozof à une condamnation à mort. Il était impossible de supposer que le vieux boyard pourrait avoir le dessus sur le jeune et vigoureux Viazemski. Tous s'attendaient qu'il allait décliner le duel, demander au moins à y être remplacé. Mais Morozof salua le Tzar et dit d'une voix tranquille : — Sire, qu'il soit fait selon ta volonté. Je suis vieux et malade, il y a longtemps que je n'ai porté d'armure, mais dans le jugement de Dieu c'est le bon droit qui l'emporte. J'ai confiance en Dieu, il ne m'abandonnera pas, il manifestera à tes yeux et à ceux de tout le monde l'iniquité de mon adversaire.

Lorsque Viazemski entendit la sentence du Tzar, il se sentit tout joyeux et ses yeux éclataient d'espoir, mais l'assurance de Morozof le troubla un peu. Il se souvint que, selon l'opinion générale, dans ces sortes de combats Dieu accorde toujours la victoire du bon côté et il douta de son succès. Cependant, refoulant son trouble momentané, il salua également le Tzar et dit : — qu'il soit fait selon ta volonté, sire !

Allez, dit Ivan, chercher des répondants, dans dix jours, au lever du soleil, soyez tous deux sur la place Rouge et malheur à celui qui ne soutiendra pas le combat !

Jetant sur tous deux un profond et indéfinissable regard, le Tzar se leva, rentra dans ses appartements intimes, et Morozof sortit du palais avec une grande dignité, accompagné de ses amis, sans regarder les opritchniks qui l'entouraient.

CHAPITRE XXX

L'ENSORCELLEMENT DU FER.

Le lendemain Viazemski alla à Moscou.

En toute autre occurence, à la veille d'un duel, il n'aurait compté que sur sa force et son adresse, mais ici il s'agissait d'Hélène ! Ce duel n'était pas un duel ordinaire, c'était un jugement de Dieu, le prince avait conscience de sa forfaiture; quelque méprisable que lui parût Morozof dans une simple rencontre, il redoutait dans celle-ci la colère divine, il craignait qu'au moment fatal ses mains ne fussent paralysées. Cette crainte était d'autant plus forte qu'il souffrait encore de ses récentes blessures et qu'il ressentait par moment une extrême lassitude. Le prince ne voulut rien négliger pour s'assurer la victoire ; il résolut de recourir au célèbre meunier, de lui demander une herbe quelconque, de rendre par quelque sortilége ses coups immanquables.

Pensif et anxieux, il traversait la forêt au pas, se courbant de temps en temps jusqu'au pommeau de sa selle pour reconnaître les sentiers envahis par l'herbe. Après bien des détours, il se trouva sur un chemin mieux battu, reconnut des signes aux arbres et lança son cheval au trot. Bientôt il entendit le bruit de la roue. En s'approchant du moulin il distingua des voix humaines. Il s'arrêta, descendit de cheval et, l'ayant attaché à un noisetier, il se dirigea à pied vers le moulin. A la cage était attaché un cheval richement harnaché. Le meunier discourait avec un homme de haute taille, dont Viazemski ne put voir les traits parce qu'il lui tournait le dos en s'apprêtant à monter en selle.

— Tu seras satisfait, boyard, lui disait le meunier en inclinant affirmativement la tête. Tu rentreras de nouveau dans les faveurs du Tzar et que le tonnerre m'écrase immédiatement si Viazemski et tous les concurrents ne sont pas réduits en poussière ! Sois tranquille, il n'y en a pas qui puisse résister à l'herbe tirlitch.

— C'est bien, répondit le visiteur en se mettant en selle, souviens-toi de notre pacte, vieux diable, si je ne réussis pas, je te pends comme un chien.

— Il parut à Viazemski que cette voix ne lui était pas inconnue, mais la roue faisait un tel bruit qu'il ne put la reconnaître.

— Comment ne réussirais-tu pas ? continua le meunier en saluant profondément ; seulement ne te sépare pas du tirlitch et, lorsque tu parleras au Tzar, regarde-le bien gaiement dans le blanc des yeux, hardiment, sans crainte, fais-lui des plaisanteries comme auparavant et que je sois anathème si tu ne rentres pas de nouveau en faveur !

Le cavalier tourna son cheval et effleura Viazemski sans le remarquer.

Le prince reconnut Basmanof et frémit de jalousie. Uniquement préoccupé d'Hélène, il ne prêta aucune attention aux paroles du meunier mais, lorsqu'il entendit prononcer son nom, il crut voir dans Basmanof un nouveau et imprévu rival. Le meunier suivit des yeux Basmanof, s'assit sur un banc et se mit à compter ses pièces d'or. Il souriait en es passant d'une main dans une autre, lorsque soudain une lourde main s'appesantit sur son épaule. Le vieillard frisonna, se redressa et faillit mourir de peur lorsque ses yeux se rencontrèrent avec les yeux noirs de Viazemski.

— Sur quoi, sorcier, discourais-tu avec Basmanof ?

— Ba.. ba .. batiouchka, balbutia le meunier qui sentait ses jambes fléchir, prince Athanase Ivanovitch, comment te portes-tu ?

Parle ! s'écria Viazemski, en saisissant le meunier par la gorge et en le traînant vers la roue, parle, que disiez-vous de moi ?

Et il poussait le vieillard jusque sous la roue.

— Mon bienfaiteur, lui dit le meunier, je te dirai tout, laisse-moi seulement le temps de faire pénitence.

— Pourquoi Basmanof est-il venu te trouver?

— Pour avoir des herbes. Je savais que tu étais là, je savais que tu pouvais tout entendre; c'est pour cela que j'ai parlé plus haut afin que tu ne pusses pas ignorer que Basmanof cherchait ta perte.

Viazemski repoussa le meunier du gouffre. Le vieillard comprit qu'il avait essuyé son premier feu.

— Comme tu es donc colère! dit-il en se relevant; je te répète que je savais que tu étais près; je t'attends depuis ce matin.

— Mais que désire donc Basmanof? demanda le prince d'un ton radouci.

Le meunier avait réussi à reprendre complètement ses sens.

— Vois, dit-il, en donnant à sa figure une expression de franchise, Basmanof se plaint de ce que le Tzar ne l'aime plus et que c'est toi, Godounof, et Maliouta, qui êtes seuls en faveur. Il a insisté pour que je lui donne du tirlitch afin que vous tombiez en disgrâce et qu'il rentre en faveur. Que pouvais-je faire? Il me mettait le couteau à la gorge, je ne pouvais lutter avec lui. Je lui ai donné une racine, mais une racine qui ne vaut rien, pour en être quitte. Il n'y a pas danger que je lui donne du tirlitch pour qu'il te remplace dans la faveur du Tzar.

— Que le diable l'emporte! dit avec indifférence Viazemski. Il m'importe peu que le Tzar l'aime ou non. Ce n'est pas pour cela que je suis venu ici. As-tu appris quelque chose sur la boyarine?

— Absolument rien, mon bienfaiteur. J'ai dit à tes courriers qu'il n'y a pas moyen de rien savoir. Je me suis donné bien de la peine. J'ai passé sept nuits de suite à regarder sous la roue. J'ai vu la boyarine dans la forêt, seule avec un vieillard ; elle était bien triste, le vieillard cherchait à la consoler ; puis l'eau s'est troublée et je n'ai plus rien aperçu.

— Avec un vieillard ? C'était donc Morozof ? son mari ?

— Non, cela ne devait pas être son mari : Morozof est plus fort et ce n'était pas son costume. Celui-ci portait un caftan ordinaire et non de boyard ; ce devait être un homme du commun.

Viazemski se mit à réfléchir. Vieillard ! dit-il soudain, sais-tu ensorceler les sabres ?

— Comment ne pas le savoir ? mais qu'as-tu besoin, batiouchka, que le sabre tranche ou s'émousse au premier coup ?

— Qu'il tranche, bien entendu !

— C'est qu'on peut aussi jeter un sort sur le sabre de l'adversaire afin qu'il s'émousse ou se brise...

— Je n'ai pas besoin de m'occuper du sabre de mon adversaire, mais du mien. Je dois me battre en champ clos et il faut absolument que je tue mon adversaire, tu entends.

— Je comprends, batiouchka, comment ne pas comprendre ?

Et le vieillard commença à réfléchir : Contre qui doit-il se battre ? qui sont ses ennemis ? Serait-ce contre Basmanof ? je ne le pense pas, car il vient d'en parler avec un profond mépris et le prince n'est pas un homme qui sache dissimuler ses pensées. Contre Sérébrany ? mais le meunier savait que Sérébrany avait été jeté en prison et que les brigands l'en avaient fait sortir. Ce n'était donc pas Sérébrany. Restait Morozof. Il avait pu provoquer Viazemski à cause de l'enlèvement de sa femme. Il est vrai que Morozof était bien vieux et que, dans un combat pareil, il pourrait se faire remplacer. Donc, conclut le meunier, c'est contre Morozof ou son remplaçant que Viazemski doit se battre.

— Permets-moi, dit-il, de battre l'eau pour reconnaître ton ennemi.

— Fais comme tu sais, répondit Viazemski en s'asseyant sur un vieux tronc.

Le meunier apporta un grand baquet, le remplit d'eau et le plaça à côté du prince.

— Eh! eh! dit-il en se courbant sur le baquet et en y fixant ses yeux, je vois ton ennemi, seulement je n'y comprends rien, car il me semble fort décrépit. Tiens, à présent je te vois aussi, vous vous approchez l'un de l'autre...

— Eh bien? demanda Viazemski cherchant en vain à voir quelque chose.

— Les anges sont pour le vieillard, continua le meunier mystérieusement; comme tout étonné de ce qu'il voyait; le ciel est pour lui, il ne sera pas aisé d'ensorceler ton sabre.

— Et personne n'est pour moi? demanda le prince avec un frisson involontaire.

Le meunier fixait l'eau de plus en plus attentivement; il paraissait réellement voir quelque chose et quelque chose qui le glaçait d'effroi. — Toi aussi, dit-il à voix basse, tu as des défenseurs... voilà l'eau qui se trouble, je ne vois plus rien.

Il leva la tête; de grosses gouttes de sueur perlaient son front. — Toi aussi tu as des défenseurs, murmura-t-il timidement; on pourra ensorceler tes armes.

— Voici, dit le prince, en tirant un lourd sabre du fourreau, ensorcelle-moi cela!

Le meunier rassembla ses forces, puis creusa avec ses mains une fosse et y enfonça la poignée du sabre. Après avoir réuni de la terre à l'entour, de sorte que le sabre fût placé verticalement, il se mit à marcher en rond, en récitant à demi-voix : Le soleil s'est levé sur la mer de Khvaline, la lune éclaire la grande ville en pierres, c'est dans cette grande ville en pierres que ma mère m'a donné le jour et, en me mettant au jour, elle m'a dit : sois invulnérable, mon enfant, aux flèches et aux glaives, aux lutteurs et aux guerriers. Ma mère m'a ceint d'un glaive enchanté. Tourne et siffle, mon glaive enchanté ; tourne et siffle comme tourne la meule du moulin ; brise et coupe cuivre, fer, acier, hache, chair et os. Que les coups rebondissent sur toi comme le caillou rebondit sur l'eau et que tu n'en reçoives pas la moindre écorchure ! J'ensorcelle le serviteur Athanase, je le ceins du glaive enchanté. Je n'ai plus rien à ajouter, mon œuvre est achevée.

Il retira le sabre, le présenta au prince, en secouant la terre qui couvrait la poignée et en l'essuyant soigneusement avec le pan de son habit :

— Prends-le, dit-il, prince Athanase Ivanovitch, il te servira, pourvu que ton adversaire n'ait pas plongé le sien dans l'eau sainte.

— Et s'il l'a plongé ?

— Il n'y a rien à faire. Il n'y a pas de fer enchanté qui tienne contre l'eau sainte. Cependant, on peut atténuer son effet. Je te donnerai de l'herbe bleue du marais, porte-la dans un petit sac à ton cou, cela détournera de toi les yeux de ton ennemi.

— Donne l'herbe bleue, dit Viazemski.

— Volontiers, je n'ai rien à refuser à ta grâce.

Le vieillard entra dans sa hutte et en rapporta quelque chose de cousu dans un chiffon.

— Elle me coûte cher cette herbe, dit-il en faisant mine de n'abandonner qu'à regret ce chiffon ; si tu savais comme il est difficile d'en cueillir ! En allant la chercher au marais, aux heures sombres, on est accablé d'inexprimables terreurs.

— Le prince prit l'objet cousu et jeta au meunier une bourse pleine de pièces d'or.

— Que Dieu te récompense ! dit le vieillard en s'inclinant profondément. Permets-moi de te dire encore un mot ; d'ici au combat, n'entre pas dans l'église, n'entends pas la messe, car sans cela tout mon enchantement peut disparaître.

Viazemski ne répondit rien et se dirigea vers l'endroit où il avait attaché son cheval, mais soudain il s'arrêta :

— Peux-tu savoir sûrement, dit-il, lequel de nous restera vivant ?

Le meunier se troubla.

— Ce doit être toi. Comment ne serait-ce pas toi ? Je te l'ai déjà dit, ce n'est pas par le glaive que tu es destiné à périr.

— Regarde encore une fois dans le baquet.

— Qu'y a-t-il à voir ? ce n'est plus possible, l'eau est toute trouble.

— Puise de l'eau fraîche, dit impérativement Viazemski.

Le meunier se soumit à contre-cœur.

— Eh bien ! que vois-tu ? demanda le prince avec impatience.

Le vieillard se pencha sur le baquet avec une visible répugnance. — Je ne vois ni toi ni ton ennemi, dit-il en pâlissant, je vois une place remplie de monde, plusieurs têtes sont plantées sur des perches ; plus loin un bûcher s'éteint et des ossements humains sont enchaînés à des pieux.

— Quelles sont ces têtes plantées sur des perches ? demanda Viazemski en cherchant à dominer une terreur involontaire.

— Je ne distingue pas, tout s'est de nouveau troublé, il n'y a que le bûcher qui étincelle et je ne sais quels os qui flottent au poteau...

Le vieillard releva la tête avec effort, il paraissait ne détacher qu'avec difficulté ses regards du baquet. Il avait des mouvements convulsifs, la sueur coulait de son front.

il se traîna en gémissant jusqu'à un banc et s'y affaissa. Viazemski rejoignit son cheval, sauta en selle et se dirigea, tout pensif, vers Moscou.

CHAPITRE XXXI

LE JUGEMENT DE DIEU.

En l'absence de Viazemski, Maliouta avait été chargé d'une affaire importante. Le Tzar lui avait ordonné de saisir les domestiques les plus intimes du prince Athanase Ivanovitch et de les torturer habilement pour savoir si leur maître allait pratiquer des sortiléges au moulin, combien de fois il s'y était rendu et ce qu'il complotait contre le Tzar.

La majeure partie des domestiques n'avoua rien, mais plusieurs ne purent endurer la question et déclarèrent tout ce qu'il plut à Maliouta de mettre dans leur bouche. Ils déclarèrent que le prince allait au moulin pour perdre le Tzar, qu'il avait pris des empreintes de ses pas et les avait brûlées ; quelques-uns même assurèrent que Viazemski travaillait à mettre le prince Vladimir Andréevitch sur le trône. Quelque absurdes que fussent ces déclarations, elles étaient soigneusement notées par les greffiers et communiquées au Tzar. Celui-ci y ajoutait-il foi ? Dieu le sait ! Toujours est-il qu'il recommanda sévèrement à Maliouta de cacher à Viazemski la véritable cause de l'emprisonnement de ses domestiques et de se borner à lui dire qu'on les avait soupçonnés d'être compromis dans un vol fait au trésor.

Leurs déclarations étaient pleines de contradictions. Ivan fit appeler Basmanof pour que celui-ci lui répétât tout ce qu'il prétendait tenir des gens de Viazemski. On ne trouva pas Basmanof dans la Sloboda. Il était parti la veille pour Moscou ; le Tzar se mit fort en colère de ce qu'il avait osé s'absenter malgré sa défense. Maliouta en profita pour faire naître dans l'esprit du Tzar des soupçons sur Basmanof lui même. — Qui sait, fit observer Skouratof, dans quel but il t'a désobéi ? Peut-être s'entend-il avec Viazemski et ne l'a-t-il dénoncé que pour masquer plus sûrement son jeu ?

Le Tzar ordonna à Maliouta de garder là-dessus un profond silence et de ne pas laisser voir à Basmanof, à son retour, que son absence avait été remarquée.

Sur ces entrefaites vint le jour désigné pour le combat singulier. Avant l'aube, la populace accourut sur la place Rouge ; les fenêtres étaient remplies de spectateurs, les toits en étaient couverts. La nouvelle de ce combat s'était répandue dans les environs. Les noms illustres des combattants avaient attiré une foule nombreuse; bien du monde était venu même de Moscou pour voir auquel des deux combattants Dieu allait donner la victoire.

— Poussez en avant, — disait un joueur de tympanon, élégamment vêtu, à son camarade, jeune gars fortement constitué, ayant un bon, mais niais visage, — poussez toujours, peut-être arriverons-nous jusqu'à la chaîne. Quelle foule! laissez-nous passer, orthodoxes ; permettez aussi aux Vladimiriens de voir le jugement de Dieu.

Mais ses tentatives demeurèrent vaines. La foule était si compacte qu'avec la meilleure volonté du monde il n'y avait pas moyen de la percer.

— Mais va donc, marsouin ! reprit le joueur de tympanon en poussant son camarade dans les reins, est-ce que tu ne sais donc pas te faire jour ?

— Et pourquoi ? répondit le gars d'une voix traînante. Toutefois il donna dans la foule un coup de ses larges épaules. Il s'éleva des cris, des vociférations, mais les deux camarades s'avancèrent sans y prêter la moindre attention.

— Plus à droite, disait le plus âgé ; pourquoi penches-tu à gauche, imbécile ? Pousse là-bas où tu vois briller les lances.

La place qu'il indiquait était celle qui était préparée pour le Tzar lui-même. C'était une estrade en bois, recouverte de drap pourpre ; on y avait placé le fauteuil du Tzar et les lances qui y brillaient étaient celles des opritchniks qui entouraient constamment Sa Majesté. D'autres opritchniks veillaient à la chaîne, qui limitait le champ clos ; ils retenaient la foule avec leurs hallebardes et l'empêchaient de s'en trop approcher.

A force de pousser, le joueur de tympanon et son vigoureux camarade arrivèrent jusque-là.

— Où grimpez-vous ? s'écria un opritchnik en levant sur eux sa hallebarde.

Le jeune gars ouvrit la bouche et, ne sachant que répondre, se tourna vers son compagnon. Celui-ci ôta son petit feutre, orné d'un galon d'or et d'une plume de paon, et, saluant deux fois de suite jusqu'à la ceinture l'opritchnik, il lui dit : — Permettez, honorables seigneurs, à des joueurs de Vladimir de voir le jugement de Dieu. Nous arrivons de Vladimir exprès pour cela. Permettez-nous de rester, honorables seigneurs.

Et souriant finement il faisait briller des dents blanches à travers une barbe noire.

— Soit ! dit l'opritchnik, il ne vous serait pas d'ailleurs facile de reculer ; restez-là, mais ne vous avancez pas, car je vous fends la cervelle.

Dans l'enceinte réservée on voyait se promener les avocats et les répondants des deux parties. On y remarquait aussi un boyard et un okolnitchi, assistés de deux secrétaires, chargés du cérémonial. L'un des secrétaires tenait le Soudebnik de Vladimir Gousef, publié par le grand-prince Ivan III et discutait les différents cas que pouvait présenter le combat, lorsque leur discussion fut interrompue par des cris : le Tzar arrive ! le Tzar arrive ! et toutes les têtes se découvrirent.

Entouré d'une multitude d'opritchniks, Ivan Vasiliévitch ne descendit de cheval qu'au pied de l'estrade ; il la gravit lentement, salua le peuple et s'affaissa sur le fauteuil avec l'air d'un homme qui se prépare à un spectacle intéressant. Derrière et à côté de lui se tenaient debout les courtisans.

En ce moment les cloches de toutes les églises de la Sloboda se mirent en branle et, par deux chemins opposés, Viazemski et Morozof entrèrent dans le champ clos, tous deux armés en guerre. Morozof portait une armure composée de plaques d'acier avec des incrustations d'argent ; ses brassards, ses gants et ses cuissards étaient à l'avenant. Son casque était noir et argent. Une fine cotte de mailles descendait de ce casque sur les épaules et était agrafée sur la poitrine par des plaques d'argent. A sa ceinture de couleurs variées était pendu un glaive dans un fourreau monté en argent. Au pommeau de la selle était suspendue une hache d'armes, signe du commandement, autrefois inséparable compagne du boyard dans ses glorieux combats, aujourd'hui trop lourde pour sa main. Il montait un cheval gris de fer à large poitrail, couvert d'une chabraque de velours cerise ornée de plaques d'argent. A l'armure d'acier qui protégeait le front du coursier pendaient des glands en soie cerise entremêlés de fils d'argent ; un gland semblable mais plus grand pendait sur le poitrail. Une chaîne en argent, à mailles plates de différentes grandeurs, servait de brides et de rênes. Le cheval avançait en levant très-haut ses jambes protégées par des genouillères d'argent et en dressant fièrement sa tête; lorsque Morozof l'arrêta à environ cinq sagènes de son adversaire, il se mit à remuer son épaisse crinière qui tombait jusqu'au sol, à ronger son mors et à fouiller le sable du pied avec impatience en montrant chaque fois les clous brillants de ses larges fers. Ce coursier puissant semblait être fait exprès pour son majestueux cavalier, sa crinière blanche s'harmonisait avec la barbe blanche du boyard.

L'armure de Viazemski était infiniment plus légère. Souffrant encore de ses récentes blessures, il n'avait pas voulu mettre de cuirasse et avait préféré une souple cotte de mailles en forme de tunique. Son col et ses manches étincelaient de pierres précieuses. Au lieu d'un casque élevé, le prince avait un petit casque en fer d'une courbe gracieuse, à bordure d'or, surmonté d'une gerbe d'épis d'or ornés de saphirs. Ce casque était muni d'une flèche, destinée à garantir le visage ; mais, toujours téméraire, Viazemski, au lieu d'abaisser cette flèche, l'avait relevée jusqu'à la gerbe d'or qui lui servait de cimier, de manière à laisser à découvert sa pâle figure et sa barbe foncée. La flèche apparaissait comme une plume d'or élégamment plantée sur la coiffure d'acier.

Le cheval d'Athanase Ivanovitch était un argamak alezan doré, couvert, de la tête à la queue, de grelots d'argent. Au lieu de chabraque, une peau de léopard recouvrait ses reins ; son front était protégé par une plaque d'argent sur laquelle brillaient d'énormes saphirs montés en or ; ses jambes étaient fines et nerveuses, il n'était pas ferré, un grelot d'argent était attaché à chacun de ses pieds. Il y avait déjà quelque temps qu'on entendait sur la place le hennissement sonore de l'argamak. Maintenant, la tête haute, les narines ouvertes, la queue relevée, il avançait d'un pas léger, effleurant à peine le sol, à la rencontre du cheval de Morozof ; mais, lorsque le prince rassembla les rênes pour éviter celui-ci, son cheval fit un écart et eût franchi la chaîne si Viazemski ne l'eût adroitement ramené à sa place. Le cheval se cabra alors et, tournant sur ses pieds de derrière, il allait se renverser lorsque le prince, portant son corps en avant et rendant la bride, enfonça dans les flancs de sa monture ses éperons acérés. Le cheval fit un saut et devint immobile. Pas un poil de sa crinière ne bougeait ; ses yeux, injectés de sang, jetaient des regards obliques et sur sa peau transparente on voyait trembler le réseau de ses veines gonflées.

Lorsque Viazemski parut, bruyant et brillant, comme dans une auréole de diamants et d'or, le joueur de tympanon ne put contenir son admiration, mais son admiration se rapportait plus au cheval qu'au cavalier.

— Quel cheval ! s'écriait-il en prenant sa tête des deux mains dans un accès d'enthousiasme, quel cheval ! jamais je n'en ai vu de pareil ; il m'en a cependant bien passé devant les yeux. Quel dommage ajouta-t-il mentalement, qu'il ne se soit pas égaré vers la mare maudite !

— Dis-donc, continua-t-il gaiement en donnant un coup de coude à son compagnon, dis-donc, imbécile, lequel des deux chevaux te va-t-il plus au cœur ?

— Celui-là, répondit le gars en désignant du doigt le cheval de Morozof.

— Celui-là, et pourquoi celui-là ?

— Pourquoi ? parce qu'il est plus solide, répondit le gars nonchalamment.

Le joueur de tympanon partit d'un éclat de rire, mais en ce moment retentit la voix des hérauts d'armes.

— Orthodoxes, proclamaient-ils aux quatre coins du champ-clos, le jugement de Dieu va commencer entre le prince Athanase Viazemski et le boyard Droujina Morozof, par suite de plaintes portées pour coups et blessures, déshonneur et rapt. Orthodoxes, priez la très-sainte Trinité qu'elle accorde la victoire au bon droit !

La place devint muette, tous les spectateurs faisaient le signe de la croix ; le boyard préposé à l'observation des règles du combat s'approcha du Tzar et lui dit :

— Ordonnes-tu, sire, de commencer le combat?

— Commencez ! dit Ivan.

Le boyard, l'okolnitchi, les répondants, les avocats, les secrétaires se placèrent de côté. Le boyard fit un signe, les adversaires tirèrent leurs armes. Au second signe, ils devaient fondre l'un sur l'autre, mais, à l'extrême surprise de tous les spectateurs, Viazemski chancela sur sa selle et lâcha ses rênes. Il fût infailliblement tombé à terre si ses répondants et son conseiller ne fussent accourus et ne l'eussent pas aidé à descendre de cheval. Les hommes d'écurie s'empressèrent de retenir le cheval.

— Emmenez-le ! dit Viazemski, en regardant autour de lui avec des yeux éteints, je me battrai à pied.

Voyant le prince descendu de cheval, Morozof en fit autant et donna sa monture aux écuyers ; son conseiller lui présenta un grand bouclier en cuir garni de cuivre, préparé pour le cas où le combat aurait lieu à pied. Le conseiller de Viazemski lui apporta également un bouclier en fer oxydé avec des ornements en or. Mais le prince n'eut pas la force de passer son bras dans le bouclier ; ses jambes se dérobaient sous lui et il serait tombé, si on ne l'eût pas soutenu.

— Qu'as-tu, prince ? demandèrent d'une seule voix son répondant et son conseiller en le regardant attentivement, remets-toi ; quitter l'arène équivaudrait à être battu !

— Otez-moi cette armure ! dit Viazemski d'une voix étranglée. L'herbe m'étouffe !

Il jeta son casque, retira sa cotte de mailles et arracha de son sein le sachet qui contenait l'herbe bleue du marais.

— Sois maudit, sorcier ! s'écria-t-il en jetant au loin ce sachet, sois maudit pour m'avoir trompé !

Droujina s'approcha de Viazemski avec son épée nue.

— Rends-toi, chien, dit-il en levant son épée, avoue ta félonie.

Les répondants et les conseillers s'interposèrent entre le prince et Morozof.

— Non! répondit Viazemski, et ses yeux reprirent leur première expression de méchanceté, il est encore trop tôt de me rendre. Tu m'as jeté un sort, vieux corbeau. Tu as plongé ton sabre dans l'eau sainte. Mais je me ferai remplacer et nous verrons alors qui aura le dessus.

Une dispute s'éleva entre les conseillers des deux parties; l'un affirmait que le jugement était prononcé en faveur de Morozof; l'autre soutenait qu'il ne pouvait y avoir de jugement puisqu'il n'y avait pas eu de combat.

Le Tzar avait remarqué le mouvement de Viazemski et s'était fait apporter le sachet qu'il avait jeté. Après l'avoir examiné avec curiosité et défiance, il appela Maliouta :

— Conserve cela, lui dit-il à voix basse. Et maintenant, dit-il à haute voix, qu'on m'amène Viazemski!

— Eh bien! Athanase, lui dit-il lorsqu'il se fut approché de lui, il paraît que tu n'es pas de taille à lutter avec Morozof?

— Sire, répondit le prince dont le visage était couvert d'une pâleur mortelle, mon adversaire m'a jeté un sort. En outre, depuis que j'ai été blessé, je n'ai pu endosser d'armure. Mes plaies se sont rouvertes; vois comme mon sang a percé ma cotte de mailles. Permets-moi, sire, d'appeler un amateur à ma place.

La demande de Viazemski était irrégulière. Celui qui ne voulait pas combattre en personne, devait le déclarer d'avance. Une fois dans l'arène, on ne pouvait plus se faire remplacer. Mais le Tzar avait en vue la perte de Morozof et y consentit.

— Appelle un amateur, dit-il, il se trouvera peut-être quelqu'un de plus vaillant que toi, mais, si personne ne se présente, Morozof aura eu raison et tu seras livré au bourreau.

On aida Viazemski à s'éloigner et, selon son désir, des crieurs parcoururent le long de la chaîne en criant :

— Qui veut, parmi les habitants de la Sloboda, de Moscou ou d'autres lieux, se mesurer avec Morozof ? Qui veut se battre pour le prince Viazemski ? Sortez, combattants volontaires, sortez pour Viazemski !

Mais tout faisait silence et personne ne se présenta.

— Venez, braves combattants, reprirent les crieurs. Le prince promet tout son patrimoine à celui qui tuera Morozof et, si c'est un homme du peuple, il lui donnera tout son or !

Personne ne répondait ; tous savaient que la cause de Morozof était juste. Malgré toute sa haine pour Droujina, le Tzar allait prononcer le jugement en sa faveur, lorsqu'on entendit tout à coup des cris.

— Il vient un amateur !

Et Mathieu Khomiak apparut dans l'enceinte.

— Hoïda ! dit-il en faisant pirouetter son sabre en l'air. Approche, boyard, je représente Viazemski.

A la vue de Khomiak, Morozof, tenant toujours son glaive nu, s'adressa avec dépit aux régulateurs du combat :

— Je ne me bats pas, dit-il fièrement, avec un mercenaire. Il ne convient pas au boyard Morozof de se mesurer avec un valet d'écurie de Grichka Skouratof.

Et, remettant son glaive dans son fourreau, il s'approcha de l'estrade du Tzar.

— Sire, dit-il, tu as permis à mon adversaire de se faire remplacer ; permets-moi donc aussi d'opposer un mercenaire à un mercenaire, ou fais remettre l'épreuve à un autre jour.

Quelque avide que fût Ivan Vasiliévitch de la perte de Morozof, sa demande était trop juste pour n'y pas faire droit. Le Tzar ne voulait pas montrer de la partialité dans un jugement de Dieu.

— Appelle un amateur, dit-il avec colère; si tu n'en trouves pas, bats-toi ou reconnais tes torts et marche au supplice.

Pendant ce temps, Khomiak se promenait le long de la chaîne en faisant tourner son sabre et en se moquant des spectateurs. — Voilà bien des corbeaux qui se sont réunis, disait-il, et il n'y a pas parmi vous un seul faucon ! Personne de vous n'entrera donc en lice afin que je puisse essayer mon sabre et divertir le Tzar ! Il paraît qu'à force de battre le blé, vous vous êtes démanché les bras ! A force d'être étendus sur la paille, vous vous êtes enfoncé les côtes !

— Ah ! démon, dit à demi-voix le joueur de tympanon, je te rosserais joliment si j'avais mon sabre ! Regarde, dit-il à son camarade en le poussant, le reconnais-tu ?

Mais celui-ci n'entendait pas ; il avait la bouche ouverte et il semblait dévorer Khomiak des yeux.

— Eh bien ! continua Khomiak, il paraît qu'il n'y a pas d'amateurs ! Vous n'êtes que des mesureurs d'archines, des vendeurs de kalatches et de chiffons ! qui veut se mesurer avec moi ?

— Moi, dit subitement le gars et, saisissant à deux mains la chaîne, il la fit passer si vivement sur sa tête que les pieux qui la soutenaient faillirent tomber. Il se trouva ainsi dans l'arène, et semblait lui-même étonné de sa témérité.

— Qui es-tu ? lui demanda le boyard préposé au champ-clos.

— Qui je suis ? dit-il et, réfléchissant un peu, il sourit.

Le boyard répéta sa question.

— Mais Mitka, répondit-il candidement et comme s'il ne comprenait rien à cette question.

— Merci, mon gaillard, lui dit Morozof, merci de venir défendre le bon droit. Si tu as le dessus sur mon adversaire, je ne marchanderai pas ta récompense. On ne m'a pas complètement dévalisé; grâce à la bonté divine, il me reste encore assez pour te récompenser.

Khomiak avait déjà rencontré Mitka à la mare maudite; il l'y avait vu assommer un cheval d'un coup de bâton; mais dans cette mêlée, il n'avait pas distingué son visage qui n'avait d'ailleurs rien de remarquable; il ne savait donc pas à qui il allait avoir affaire.

— Avec quoi veux-tu te battre? demanda le même boyard, regardant avec curiosité le nouveau champion complètement désarmé.

— Avec quoi? répéta Mitka et il se retourna, cherchant des yeux le joueur de tympanon comme pour lui demander conseil. Mais celui-ci avait changé de place; Mitka avait beau regarder, il ne pouvait le découvrir.

— Eh bien! lui dit le boyard, prends un sabre, revêts une armure et mets-toi en place.

Mitka, troublé, regardait toujours de tous côtés. Cela amusait infiniment le Tzar.

— Qu'on lui donne des armes, ordonna-t-il, nous allons voir comment il va s'en tirer.

On apporta une armure à Mitka, mais il eut beau faire tous ses efforts, il ne put passer son bras dans le brassard et le casque était si petit pour sa tête qu'il ne couvrait que son sommet. Accoutré de cette façon, Mitka, de plus en plus embarrassé, se retournait à droite et à gauche, espérant toujours retrouver son compagnon et lui demander avis.

Le Tzar se mit à éclater de rire. Son exemple fut suivi d'abord, par les opritchniks, puis par tous les spectateurs.

— Qu'avez-vous à vous écorcher la gorge? dit Mitka avec humeur, je n'ai pas besoin de votre bonnet et de cette chemise de fer pour rosser ce drôle. Et il montra du doigt Khomiak, tout en retirant sa cotte de mailles.

Les éclats de rire redoublèrent.

— Mais avec quoi vas-tu donc te battre ? demanda le boyard.

Mitka se gratta la nuque.

— N'auriez vous pas un gourdin ? demanda-t-il d'un ton traînard aux opritchniks.

— Quel est cet imbécile ! lui répartirent-ils. D'où sort-il ? Crois-tu que nous nous battons comme des paysans, avec des bûches ?

Mais la figure de Mitka récréait le Tzar ; il défendit qu'on le renvoyât.

— Qu'on lui donne un gourdin, dit-il, qu'il se batte à sa manière.

Khomiak se fâcha.

— Sire, s'écria-t-il, ne permets pas à un paysan d'insulter ton serviteur. J'ai toujours servi avec honneur ta Majesté comme opritchnik et je ne me suis jamais battu à coups de bâton.

Mais le Tzar était en veine de gaîté.

— Tu te battras avec ton sabre, dit-il, et que le gars se batte à sa manière. Qu'on lui donne un gourdin. Nous allons voir comment un paysan va défendre Morozof.

On apporta plusieurs gourdins. Mitka les examina lentement, les pesa les uns après les autres, puis s'adressant directement au Tzar : — N'y en a-t-il pas de plus solides ? dit-il de sa voix traînante en regardant le Tzar dans le blanc des yeux.

— Apportez-lui un timon, dit le Tzar tout joyeux de l'effet qu'allait produire ce timon.

Quelques instants après, Mitka tournait réellement dans ses mains un énorme timon que les opritchniks avaient détaché d'un charriot qui se trouvait sur la place.

— Eh bien ! celui-là va-t-il ? demanda le Tzar.

— Cela peut aller, répondit Mitka. Et, saisissant le timon par un bout, il le fit pirouetter au-dessus de sa tête avec une telle force qu'il souleva un tourbillon de poussière.

— Quel démon! murmurèrent les opritchniks.

Le Tzar se tourna vers Khomiak :

— Avance, toi, dit-il impérieusement. Nous allons voir, ajouta-t-il avec ironie, comment tu t'en tireras avec ce paysan.

Pendant ce temps, Mitka retroussait ses manches, crachait dans ses deux mains et, saisissant le timon, il le secouait en regardant Khomiak. Sa timidité avait disparu.

— Eh bien ! te mets-tu en garde, oui ou non ? lui criat-il résolument. Je vais t'apprendre à voler les fiancées!

La situation de Khomiak, en face de l'instrument bizarre et de la force herculéenne de Mitka, était des plus critiques. Le peuple sympathisait évidemment avec ce dernier et commençait à railler Khomiak. La perplexité de l'écuyer récréait le Tzar ; il jouissait de ce spectacle comme d'une chasse à l'ours et ordonna de commencer le combat.

Mitka leva son timon et se mit à le faire tournoyer audessus de sa tête, en s'approchant de Khomiak par une série de sauts obliques. C'est en vain que Khomiak s'efforçait de saisir une seconde favorable pour appliquer à Mitka un coup de sabre ; il avait assez à faire pour éviter le terrible timon qui, décrivant de grands cercles autour de Mitka, le rendait invulnérable.

A l'extrême joie des assistants et au grand divertissement du Tzar, Khomiak ne tarda pas à reculer et à ne plus songer qu'à son salut; mais Mitka, pareil à un ours, le poursuivait de ses sauts obliques et ne cessait pas de faire siffler comme un ouragan le timon au-dessus de sa tête.

— Je t'apprendrai à voler les fiancées! répétait-il, de plus en plus animé, cherchant à atteindre Khomiak tantôt à la tête, tantôt aux jambes.

La sympathie des spectateurs pour Mitka commença à se manifester par des exclamations et ne tarda pas à se changer en enthousiasme.

— Oui, oui! criait le peuple, oubliant la présence du Tzar, arrange-le! courage, mon gaillard, venge Morozof et le bon droit!

Mais Mitka ne songeait nullement à Morozof.

— Je t'apprendrai à voler les fiancées! hurlait-il en continuant à faire tournoyer le timon et en poursuivant Khomiak, qui faisait des gambades désespérées pour esquiver l'effrayante massue. Les opritchniks qui gardaient la chaîne étaient souvent obligés, pour l'éviter, de se courber jusqu'à terre.

Soudain un coup sourd retentit et Khomiak, atteint au flanc, fut lancé à quelques sagènes et tomba lourdement à terre, les bras en croix.

Des cris de joie s'élevèrent de toutes parts.

Mitka s'élança sur Khomiak et se mit en devoir de l'étrangler.

— Assez! assez! s'écrièrent les opritchniks.

Maliouta se baissa vivement à l'oreille du Tzar.

— Sire, dit-il d'une voix haletante, arrête ce diable; Khomiak est le meilleur des opritchniks.

— Tirez cet imbécile par les jambes, cria le Tzar, jetez lui des seaux d'eau sur la tête, mais ne lui faites pas de mal!

C'est à grande peine que les opritchniks réussirent à faire lâcher prise à Mitka.

Lorsqu'ils relevèrent Khomiak, il n'était déjà plus en vie. Pendant qu'ils étaient occupés à l'examiner, le joueur de tympanon se glissa à côté de Mitka et le tira par le pan de son habit.

— Suis-moi, brute, lui dit-il dans l'oreille, si tu ne veux pas laisser ici ta tête.

Et tous deux disparurent dans la foule affolée.

CHAPITRE XXXII

LE TALISMAN DE VIAZEMSKI.

Le Tzar fit appeler Morozof.

La place redevint muette ; tous regardaient le Tzar en retenant leur haleine.

— Droujina, dit majestueusement Ivan en se levant, le jugement de Dieu t'a justifié à mes yeux. Dieu a permis qu'en terrassant ton adversaire tu prouves à tous la justice de ta cause ; aussi ma bienveillance ne te fera-t-elle plus défaut. Ne quitte pas la Sloboda sans mon autorisation. Mais ce n'est que la moitié de l'affaire, ajouta-t-il d'une voix lugubre. Qu'on m'amène Viazemski.

Lorsque celui-ci s'avança, le Tzar le dévisagea avec une indéfinissable expression.

— Athanase, lui dit-il enfin, tu sais que je tiens ma parole. J'avais décidé que celui de vous deux qui dans sa personne ou dans celle de son remplaçant serait vaincu en champ-clos, recevrait la mort. Ton remplaçant a été vaincu, Athanase !

— Eh bien ! Sire, répondit résolument le prince, ordonne qu'on me tranche la tête.

Un sourire étrange se dessina sur les lèvres d'Ivan.

— Trancher la tête, dit-il d'une voix où la colère dominait l'ironie, tu t'imagines donc qu'on ne fera que te trancher la tête ? Cela pourrait être si tu n'étais uniquement coupable qu'envers Morozof, mais tu as à me répondre d'autres crimes. Maliouta, donne-moi son sachet.

Et, prenant des mains de Maliouta le sachet que Viazemski avait jeté à terre, Ivan le leva en l'air. — Et ceci, dit-il en jetant un regard terrible sur Viazemski, qu'est-ce que c'est ? — Le prince voulut s'excuser, le Tzar ne lui en laissa pas le temps. — Sujet traître et félon, s'écria-t-il d'une voix qui fit courir le frisson dans les veines de tous les assistants, félon infâme ! je t'ai approché de mon trône, je t'ai élevé, comblé de faveurs. Comment as-tu reconnu tout cela ? Dans la fange de ton cœur, tu as nourri, comme des serpents, des pensées traîtresses contre moi, le Tzar ! Tu as eu recours à des sortiléges et ce n'est que pour atteindre plus sûrement ton but que tu m'as demandé de t'inscrire dans les opritchniks. Car, qu'est-ce que les opritchniks ? continua Ivan en regardant autour de lui et en élevant la voix pour être entendu de tous. Je suis placé par Dieu à la tête du peuple orthodoxe pour le cultiver comme le maître de la vigne. Mes boyards, ma douma, mes okolnitchis ont refusé de m'aider dans cette œuvre, ils ont médité ma perte ; j'ai repris alors ma vigne de leurs mains, je l'ai confiée à d'autres et ces autres sont les opritchniks. J'en fais maintenant juge tout le monde ; que mérite un invité qui arrive au festin sans être revêtu d'habits de fête ? Comment s'expriment à son sujet les Saintes Écritures ? « Après lui avoir lié les mains et les pieds, prenez-le et jetez-le dans les ténèbres où on n'entend que des pleurs et des grincements de dents ! »

Ivan parla ainsi et le peuple écoutait en silence ce nouveau commentaire de la parabole de l'Évangile ; il n'aimait pas Viazemski, mais il était cependant ému de cette chute subite du puissant favori. Pas un opritchnik n'osa venturer une syllabe pour la défense de Viazemski ; la terreur était peinte sur tous les visages. Seul Maliouta paraissait n'éprouver aucune émotion ; ses yeux sanguinaires laissaient voir qu'il était disposé à exécuter sans délai les ordres du Tzar. Il n'y avait que la physionomie de Basmanof qui exprimât une joie féroce, qu'il s'efforçait vainement de masquer par de l'indifférence.

Viazemski jugea inutile de s'excuser. Il connaissait Ivan. Il se prépara à supporter courageusement les tortures qui l'attendaient; il tint à se montrer ferme et digne.

— Emmenez-le, dit le Tzar; je lui ferai infliger le même supplice qu'au brigand qui a osé s'introduire dans ma chambre à coucher et qui attend ma vengeance. Quant au sorcier qu'il fréquentait, qu'on le trouve et qu'on l'amène à la Sloboda. La question lui fera faire des aveux. La fureur du prince de ce monde est grande, — continua Ivan en levant les yeux au ciel, — pareil au lion rugissant, il rôde autour de moi cherchant à me dévorer et il trouve des complices même parmi mes proches. Mais j'ai confiance en Dieu et, avec son aide, je ne permettrai pas à la trahison de s'implanter en Russie.

Ivan descendit de l'estrade, monta à cheval et rentra au palais escorté par une troupe silencieuse d'opritchniks.

Maliouta s'approcha de Viazemski une corde à la main. — Pardonne-moi, prince, lui dit-il avec un méchant sourire en lui liant les mains, nous autres valets, nous ne faisons qu'exécuter les ordres! — Et, assisté de sa garde, il emmena le prince en prison.

Le peuple se dispersa en silence en ne parlant qu'à demi-voix de ce qu'il venait de voir et d'entendre, et la place, naguère si pleine de monde, redevint déserte.

CHAPITRE XXXIII

LE TALISMAN DE BASMANOF.

On appliqua la question à Viazemski, on ne parvint par aucune souffrance à lui arracher une seule parole. Il supporta avec une force de volonté inouïe les atroces tortures au moyen desquelles Maliouta voulait lui faire reconnaître le crime de lèse-majesté. Soit orgueil, soit mépris, soit que la vie lui fût devenue odieuse, il ne chercha même pas à atténuer l'effet de la délation de Basmanof en disant qu'il l'avait rencontré lui-même au moulin.

Par ordre du Tzar, le meunier fut arrêté et secrètement conduit à la Sloboda; on ne le mit pas immédiatement à la question.

Basmanof attribua le résultat de sa dénonciation à la vertu du *tirlitch*, qu'il ne quittait pas, et il doutait d'autant moins de la puissance de cette herbe qu'Ivan ne paraissait avoir sur lui aucun soupçon, le taquinait comme par le passé et continuait à lui témoigner de la bienveillance. Débarrassé de son principal rival, se voyant grandir dans la faveur du Tzar, ignorant l'emprisonnement du meunier, Basmanof devint plus arrogant que jamais. Suivant la recommandation du sorcier, il regardait hardiment le Tzar dans le blanc des yeux, plaisantait librement avec lui et répondait impudemment à ses plaisanteries. Ivan souffrait tout cela patiemment.

Un jour qu'il faisait avec ses favoris (et Basmanof avec son père étaient du nombre) une de ses promenades habituelles dans les monastères, le Tzar, après avoir assisté à la messe, entra chez l'igoumène et daigna s'asseoir à sa table. Il était assis au réfectoire à la place d'honneur, sous les saintes images ; tous ses favoris, sauf Maliouta qui ne faisait pas cette fois partie de la pieuse expédition, étaient adossés le long des murs; l'igoumène apportait, sur la table, avec force inflexions, du miel, diverses confitures, des jattes de lait fumant et des œufs frais. Le Tzar était en bonne veine ; il goûtait de chaque plat, plaisantait avec affabilité, discourait sur les choses sacrées Il était plus familier que jamais avec Basmanof, ce qui ne faisait qu'augmenter la confiance de celui-ci dans la vertu infaillible du *tirlitch*.

Tout à coup on entendit le pas d'un cheval.

— Féodor, dit le Tzar, vois un peu qui nous arrive là ?

Basmanof n'avait pas eu le temps d'atteindre la porte lorsqu'elle s'ouvrit et Maliouta apparut. L'expression de sa figure était mystérieuse ; une joie féroce brillait dans ses yeux.

— Entre, Maliouta, dit amicalement le Tzar, quelle nouvelle nous apportes-tu ?

Maliouta franchit le seuil et, après avoir échangé un coup d'œil avec le Tzar, il se mit à honorer les saintes images.

— D'où viens-tu ? demanda le Tzar, comme s'il ne se fût nullement attendu à le voir.

Mais Maliouta ne se pressait pas de répondre. Il salua le Tzar et s'approcha de l'igoumène. — Ta sainte bénédiction, mon père! lui dit-il en s'inclinant et en jetant en même temps un regard oblique sur Basmanof, qui fut subitement saisi d'un mauvais pressentiment.

— D'où viens-tu ? répéta le Tzar en clignant de l'œil à Maliouta.

— De la prison, Sire, où j'ai fait subir la torture au sorcier.

— Eh bien? demanda le Tzar, en jetant sur Basmanof un regard à la dérobée.

— Il bredouille toujours, il est difficile de le comprendre. Cependant, lorsque nous nous sommes mis à lui briser les articulations, nous avons fini par comprendre ceci : « Viazemski n'était pas le seul qui me visitait ; Féodor Basmanof est venu aussi, il m'a pris une herbe qu'il porte au cou. »

Maliouta lança de nouveau un regard oblique sur Basmanof.

Celui-ci n'avait plus figure humaine. Son arrogance avait complétement disparu.

— Père, dit-il en faisant un suprême effort pour paraître calme, le sorcier me calomnie pour se venger de ce que je l'ai dénoncé à ta Majesté.

— Et lorsque nous avons commencé à lui brûler la plante des pieds, continua Maliouta, il nous a déclaré que cette racine était nécessaire à Basmanof pour jeter un sort sur ta santé.

Ivan fixa sur Basmanof un regard qui le fit chanceler.

— Batiouchka Tzar, lui dit-il, comment peux-tu te fier aux radotages de ce meunier? Si je m'étais concerté avec lui, je ne te l'aurais pas dénoncé.

— Nous allons voir. Déboutonne ton caftan, nous allons voir ce que tu as au cou.

— Que voulez-vous que j'aie, sinon la croix et des médailles? dit Basmanof d'une voix qui avait perdu son assurance.

— Déboutonne ton caftan! répéta Ivan Vasiliévitch.

Basmanof défit convulsivement le haut de son vêtement. Voici, dit-il au Tzar en lui présentant une chaîne avec des images. Mais le Tzar eut le temps de remarquer un cordon de soie passé au cou de Basmanof. — Et qu'est-ce que ceci? dit-il en défaisant lui-même l'agrafe de saphir qui retenait la chemise de Basmanof et en retirant le cordon avec un sachet.

— Ceci, balbutia Basmanof, en faisant un effort désespéré c'est, Sire...; la bénédiction maternelle...

— Voyons la bénédiction maternelle. — Ivan passa le sachet à Griaznoy. — Découds-moi cela, dit-il.

Griaznoy donna au sachet un coup de couteau et répandit quelque chose sur la table.

— Eh bien, qu'est-ce que cela? demanda le Tzar.

Tous se baissèrent avec curiosité sur la table et constatèrent des racines mêlées à des os de grenouilles. L'Igoumène fit un immense signe de croix.

— C'est avec cela que ta mère t'a béni ? demanda Ivan en ricanant.

Basmanof tomba à ses pieds. — Pardonne, sire, à ton esclave, s'écria-t il saisi de frayeur. Ton indifférence me déchirait le cœur ; pour rentrer en faveur auprès de toi, j'ai demandé au meunier cette racine. C'est le *tirlitch*, Sire ! Le meunier me l'a donné pour que tu me rendes tes bonnes grâces, mais, Dieu le sait, je n'ai jamais conspiré contre toi.

Et les os de crapaud ? demanda Ivan, jouissant du désespoir de Basmanof, dont l'impudence l'ennuyait depuis longtemps.

— Je n'en savais rien, Sire, Dieu m'en est témoin !

Ivan Vasiliévitch se tourna vers Maliouta. — Tu dis que le sorcier a avoué que Basmanof venait chez lui pour me jeter un sort ?

— Oui, Sire. — Et Maliouta se tordit la bouche tout rayonnant du malheur de son ancien ennemi.

— Que veux-tu, Fedioucha, continua le Tzar en plaisantant, il faut te confronter avec le sorcier. On lui a déjà appliqué la question ; il faut en goûter à ton tour, car sans cela on dira que le Tzar la fait subir aux paysans et ménage ses opritchniks.

Basmanof se traîna aux pieds d'Ivan. — Mon radieux soleil, s'écria-t-il, en saisissant le bas de la robe du Tzar, ne me perds pas. Souviens-toi comme je t'ai servi, comme je ne me suis refusé à aucun de tes caprices.

Ivan se détourna.

Basmanof au désespoir se précipita vers son père. — Mon père, dit-il à travers ses sanglots, suppliez le Tzar de m'accorder la vie ! Q'on me donne, non plus une robe de femme, mais un vêtement de fou ! Je serai heureux de servir de bouffon à Sa Majesté !

Mais le vieux Basmanof était inaccessible même au sentiment de la paternité. Il craignait, en venant au secours de son fils, de tomber lui-même en disgrâce. — Arrière, dit-il en repoussant son fils, arrière, impur! Celui qui conspire contre le souverain n'est plus mon fils! va où t'envoie Sa Majesté!

— Saint igoumène, hurla Basmanof en se traînant des genoux de son père vers le moine, saint igoumène, intercédez pour moi!

Mais l'igoumène était lui-même plus mort que vif; il tenait ses yeux attachés à la terre et tremblait de tous ses membres.

— N'importune pas le père igoumène, dit froidement Ivan. S'il le faut, il chantera pour toi un *De profundis*.

Basmanof jeta autour de lui un regard suppliant, mais il ne rencontra que des visages hostiles ou terrifiés.

Alors une métamorphose s'opéra dans son cœur. Il comprit qu'il ne pouvait éviter la torture, que celle-ci équivalait à la mort; il comprit qu'il n'avait plus rien à ménager, et cette conviction lui rendit courage. Il se leva, se redressa et, passant sa main dans sa ceinture, il regarda Ivan avec un sourire insolent: Sire, lui dit-il, en secouant ses longs cheveux et en faisant sonner ses boucles d'oreilles, je vais par ton ordre à la torture et à la mort. Laisse-moi te remercier une dernière fois pour toutes tes caresses. Je n'ai rien comploté contre toi, mais tous mes péchés sont les tiens. Lorsqu'on me conduira au supplice, je les raconterai tous au peuple. Et toi, père igoumène, écoute maintenant ma confession...

Les opritchniks, son père, lui-même ne le laissèrent pas continuer; ils l'entraînèrent dans la cour, où Maliouta le garrotta sur un cheval et l'emmena à la Sloboda.

— Tu vois, père, dit Ivan à l'igoumène, combien je suis entouré d'ennemis connus et cachés! Priez Dieu pour moi, indigne, afin qu'il me permette d'achever ce que j'ai commencé, afin que, nonobstant mes nombreux péchés, je puisse extirper la trahison.

Le Tzar se leva et, après avoir fait le signe de la croix devant les images, il demanda à l'igoumène sa bénédiction. L'igoumène et toute la communauté accompagnèrent en tremblant le Tzar jusqu'à la clôture, où ses écuyers tenaient en bride des chevaux richement harnachés ; et, longtemps après que le Tzar et sa suite eurent disparu dans un nuage de poussière et qu'on n'entendait plus le sabot des chevaux, les moines étaient encore à la même place, les yeux baissés, n'osant lever la tête.

XXXIV

LE CAFTAN DU FOU.

Dans le courant de la même matinée, deux stolniks se présentèrent devant Morozof, toujours retenu à la Sloboda, pour l'inviter à la table du Tzar.

Lorsque Droujina Andréevitch arriva au palais, les salles étaient remplies d'opritchniks, les tables étaient garnies et des serviteurs, richement vêtus, préparaient la châle. Le boyard vit qu'il était seul invité et en augura que le Tzar voulait l'honorer particulièrement. Les cloches du palais se mirent en branle, les clairons retentirent, le Tzar entra avec un visage bienveillant et affable, suivi de l'archimandrite de Tchoudovo, de Basile Griaznoy, d'Alexis Basmanof, de Boris Godounof et de Maliouta Skouratof. Après avoir reçu et rendu des saluts, le Tzar prit sa place et chacun prit la sienne selon son grade; il n'en restait plus qu'une vacante, au-dessous de Godounof.

— Assieds-toi, boyard Droujina, lui dit aimablement le Tzar en désignant la place vide.

La figure de Morozof devint pourpre.

— Sire, répondit-il, comme Morosof s'est conduit jusqu'ici, ainsi il se conduira jusqu'à sa mort. Je suis trop vieux pour changer d'habitudes. Disgracie-moi de nouveau, éloigne-moi de toi, mais je ne m'assecirai pas au-dessous de Godounof.

Tout le monde se regarda étonné, mais le Tzar s'attendait à cette réponse. L'expression de sa figure resta calme.

— Boris, dit-il à Godounof, il y aura bientôt deux ans, je t'ai livré Droujina pour une pareille réponse. Il paraît que c'est à moi de changer mes habitudes. Je ne dois plus apparemment gouverner les boyards, mais me laisser gouverner par eux. Je ne suis plus maître dans mon humble demeure. Il faudra que je la quitte piteusement et que je me retire bien loin avec mes gens. Tu verras, Boris, qu'ils me chasseront, moi, pauvre malheureux, de mon logis, comme ils m'ont chassé de Moscou !

— Sire, dit humblement Godounof, désireux de tirer Morozof de ce mauvais pas, — ce n'est pas à nous mais à toi de décider tout ce qui a rapport aux places que chacun doit occuper. Les vieillards tiennent à leurs habitudes ; n'en veux pas à Morozof de ce qu'il tient aux anciennes coutumes ; permets-moi de m'asseoir au-dessous de lui : à ta table, toutes les places sont bonnes.

Et Godounof se levait déjà pour changer de place, lorsqu'un regard d'Ivan le fit se rasseoir. — Le boyard Droujina est en effet très-vieux, dit-il tranquillement.

Cette modération, en face d'une désobéissance flagrante, remplit l'âme des assistants d'une attente inquiète. Tout le monde sentait qu'il se préparait quelque chose d'extraordinaire, personne ne devinait comment éclaterait la colère du Tzar, dont on voyait les signes précurseurs dans un tremblement nerveux qui traversait son visage comme le reflet d'un lointain éclair. Toutes les poitrines étaient oppressées comme à l'approche d'un orage.

— Oui, reprit Ivan, le boyard Droujina est très-vieux mais son esprit est demeuré jeune. Il aime à plaisanter. Moi aussi j'aime à rire et ne suis pas ennemi de la gaieté dans les loisirs que nous laissent les affaires et la prière. Or, depuis que mon fou Notgef est trépassé, personne ne me divertit plus. Ce métier semble plaire à Morozof; comme je lui ai promis ma faveur, je l'élève à la dignité de mon premier fou. Apportez ici le caftan du fou et mettez-le à Morozof.

Le tremblement nerveux se dessina davantage sur la face d'Ivan, mais sa voix resta calme.

Morozof était resté immobile à sa place, comme frappé de la foudre. De pourpre il devint livide, tout son sang afflua au cœur, ses yeux lançaient des éclairs et ses épais sourcils se froncèrent d'une façon si menaçante que la figure du vieux boyard parut encore plus terrible que celle du Tzar. Il n'en croyait pas ses oreilles ; il ne pouvait imaginer que le Tzar voulût le déshonorer publiquement, lui, Morozof, le fier guerrier dont les anciens services et la vaillance étaient connu de tout le monde. Il demeurait silencieux, immobile, comme s'il attendait que le Tzar retirât ses paroles. Mais celui-ci avait mûri cette idée depuis le moment où Basmanof, pour éviter la torture, lui avait proposé de devenir son fou : cette scène était préméditée. A un signe d'Ivan, Basile Griaznoy se leva et s'approcha de Droujina en tenant un vêtement bigarré, mi-partie de brocart et de drap grossier, fait de morceaux rajustés, couvert de grelots et de clochettes.

— Revêts ceci, dit Griasnoy, le grand Tzar t'honore du caftan de son défunt fou Notgef.

— Arrière, s'écria Morozof en repoussant Griaznoy, n'ose pas toucher le boyard Morozof, toi dont les ancêtres ont servi les miens en qualité de valets de chenil !

Et se tournant vers Ivan : — Sire, dit-il, d'une voix tremblante d'indignation, retire tes paroles et fais-moi donner la mort : ma tête t'appartient mais non pas mon honneur !

Ivan regarda les oprichniks. — Vous voyez bien que j'avais raison, il aime à plaisanter. Ne voilà-t-il pas que je ne suis plus libre d'investir quelqu'un d'une dignité !

— Sire, reprit Morozof, je te supplie, au nom du Dieu tout-puissant, de retirer tes paroles. Tu n'étais pas encore au monde lorsque ton défunt père m'honorait déjà. C'était lorsque, avec Khabar Simski, je battis les Tchouvaches et les Tchérémisses sur la Sviaga ; lorsque, avec les princes Odoéfski et Mstislaviski, je chassai de l'Oka le khan de Crimée et préservai Moscou d'une invasion tatare. J'ai versé mon sang au service de ton père et au tien ; je suis criblé de blessures. Je n'ai ménagé ma tête ni sur les champs de bataille, ni dans les conseils ; c'est moi qui t'ai soutenu, toi et ta mère, contre les Chouiski et les Belski. Je n'ai jamais ménagé que mon honneur et je n'ai jamais permis à qui que ce fût au monde d'y porter atteinte. Est-ce bien toi qui viendrais aujourd'hui déshonorer mes cheveux blancs ? Est-ce toi qui voudrais insulter l'ancien et fidèle serviteur de ton père ? Ordonne qu'on me tranche la tête ; j'irai avec joie à l'échafaud comme autrefois j'allais avec joie aux combats !

Tout le monde se taisait, ému par les nobles paroles de Morozof. Au milieu de ce silence général, la voix d'Ivan se fit de nouveau entendre.

— Assez parlé, dit-il sévèrement et sa figure respirait la rage, ton stupide bavardage m'a prouvé que tu seras un excellent fou. Endosse le justeaucorps et plus de raisonnements ! Aidez-le, continua-t-il, en s'adressant aux opritchniks, il a l'habitude d'être servi.

Si Morozof eût cédé ici, s'il se fût jeté humblement aux

pieds du Tzar en le priant de lui faire grâce, il se peut qu'Ivan n'eût pas donné suite à sa terrible plaisanterie. Mais l'attitude de Droujina était fière, sa voix était ferme, son caractère indomptable perçait même dans la prière qu'il venait d'adresser à Ivan et c'est ce que ce dernier ne pouvait supporter. Le Tzar ressentait une haine invincible pour tous les caractères forts; une des causes qui avaient déterminé la disgrâce de Viazemski était précisément son énergie.

En un clin d'œil les opritchniks enlevèrent l'habit de Morozof et le vêtirent de la veste aux grelots. Après les dernières paroles du Tzar, Morozof n'opposa plus aucune résistance. Il se laissa costumer et regarda, sans ouvrir la bouche, les opritchniks qui ajustaient en riant les plis de son vêtement de fou. Il se concentra en lui-même et se recueillit.

— Et le bonnet que vous avez oublié ! s'écria Griaznoy en mettant sur la tête de Morozof une coiffure bariolée. Puis, il fit un pas en arrière et, le saluant profondément, il lui dit : — Droujina Morozof, nous te saluons et te complimentons sur ta nouvelle dignité. Divertis-nous comme nous divertissait ton prédécesseur.

— Morozof souleva la tête et parcourut du regard toute l'assemblée. — C'est bien, dit-il, d'une voix haute et ferme, j'accepte la nouvelle grâce du Tzar. Le boyard Morozof ne pouvait s'asseoir au dessous de Godounof, mais la place du fou du Tzar est entre les Griaznoy et les Basmanof. Place au fou de sa majesté ! laissez passer le fou et écoutez comment il va divertir le Tzar Ivan Vasiliévitch.

Et d'un geste Morozof écarta les opritchniks. Il s'approcha alors de la table du Tzar, s'assit sur un banc en face d'Ivan avec un air de dignité aussi grand que si, au lieu de la veste d'un fou, il eût été revêtu d'un manteau royal.

— Comment donc te divertir, sire? demanda-t-il en appuyant ses coudes sur la table et en regardant le Tzar en face. Ce n'est pas facile, rien ne peut plus t'étonner. Quelles plaisanteries n'ont pas été faites en Russie depuis que tu y règnes ! Tu te divertissais, lorsque encore adolescent, tu écrasais le peuple dans les rues sous les pieds de ton cheval ; tu te divertissais lorsqu'à une chasse tu ordonnais à tes valets de chien d'égorger le prince Chouiski ; tu te divertissais, lorsque les députés de Pskof, étant venus se plaindre de leur namiestnik, tu fis couler sur leurs barbes de la poix bouillante.

Les opritchniks voulurent s'élancer sur Morozof : le Tzar les retint par un signe.

— Tout cela, continua Morozof, n'était que des amusements d'enfants qui t'ennuyèrent bientôt. Tu contraignis les hommes les plus marquants à se faire moines et tu outrageais leurs femmes et leurs filles. Cela ne tarda pas aussi à t'ennuyer. Alors tu choisis tes meilleurs serviteurs et tu les livras aux tortures. Cela fut plus amusant mais ne dura pas non plus longtemps. On ne peut pas toujours insulter le peuple et les boyards. Il fallait insulter l'église du Christ ! tu as appelé à toi la canaille tu l'as costumée en moines, tu t'es affublé toi-même d'un froc et alors aux assassinats de la journée succédait pendant la nuit le chant des psaumes. Couvert de sang, tu chantais, tu sonnais, tu as presque célébré la messe. Ce divertissement est le plus plaisant de tous ceux que tu as inventé jusqu'ici. Que te dire encore, sire ? Comment encore te divertir ? Je te dirai ceci : tandis que tu danses masqué avec les opritchniks, tandis que tu sonnes les matines et que tu t'abreuves de sang, Sigismond se prépare à t'attaquer à l'occident, les Allemands et les Tchoudes vont t'écraser au nord et les Tatares apparaissent à l'orient et au midi. La horde fondra sur Moscou et tu n'auras pas un seul voïévode pour sauver les choses saintes. Les églises brûleront avec les saintes reliques. Les temps de Baty reviendront, et toi, Tzar de toutes les Russies, tu te traîneras aux pieds du Khan et, à genoux, tu baiseras ses étriers.....

Morozof se tut.

Personne n'avait interrompu son discours : il avait ôté à tous la respiration. Le Tzar écoutait le corps penché en avant, blême, les yeux flamboyants, l'écume aux lèvres. Il serrait convulsivement les bras de son fauteuil, il semblait craindre de perdre le moindre mot de Morozof ; il les notait dans sa mémoire pour punir chacun par une torture particulière. Tous les opritchniks étaient pâles ; personne ne se décidait à regarder le Tzar. Les yeux baissés, Godounof n'osait respirer pour ne pas attirer l'attention sur lui. Malioùta lui-même était mal à l'aise.

Soudain Griaznoy saisit un couteau, se précipita vers Ivan et dit, en montrant Morozof :

— Permets-moi, sire, de lui fermer la gueule.

— N'ose pas, dit le Tzar, à peine intelligiblement et étouffant d'émotion, laisse le aller jusqu'au bout.

Morozof promena fièrement son regard.

— Tu veux encore des facéties, sire? Soit ! De tous tes fidèles serviteurs il n'en restait plus qu'un d'antique race ; tu ajournais son supplice soit que tu craignisses la colère divine, soit que tu n'eusses pas trouvé de torture digne lui. Il vivait loin de toi dans la disgrâce ; il semblait que tu pouvais l'oublier, mais tu n'oublies personne. Tu lui envoyas ton maudit Viazemski, pour qu'il brûlât sa maison et lui enlevât sa femme. Lorsqu'il vint te demander de juger Viazemski, tu l'obligeas à se battre espérant bien qu'il serait battu. Mais Dieu ne l'a pas permis, il a montré le bon droit. Qu'as-tu fait alors, sire? Alors, continua Morozof, et sa voix trembla et toutes les sonnettes du caftan se mirent en branle, le vieux boyard ne te parut pas suffisamment insulté et tu résolus de le déshonorer d'une manière qui n'avait pas eu jusqu'ici d'exemple. Alors, s'écria Morozof en se levant et en repoussant la table, tu l'as revêtu de la veste d'un fou et lui as ordonné, à lui, qui a sauvé Toula et Moscou, de te divertir toi et toute cette canaille qui t'entoure !

L'aspect du vieux voïévode était menaçant ; il était debout, les bras étendus, au milieu des opritchniks frappés de stupeur. Le caractère grotesque de ses vêtements avait disparu. La foudre étincelait sous ses sourcils froncés. Sa barbe blanche tombait majestueusement sur sa poitrine qui avait reçu naguère bien des coups de l'ennemi et qui n'était maintenant recouverte que d'une étoffe bigarrée, et dans son regard irrité il y avait tant de dignité, tant de noblesse, qu'à côté de lui Ivan Vasiliévitch paraissait petit.

— Sire, reprit-il en élevant encore la voix, Morozof, ton nouveau fou, est devant toi, écoute sa dernière plaisanterie ! Tant que tu vivras, les lèvres du peuple russe demeureront scellées par la terreur ; mais ton règne sauvage aura un terme, il ne restera plus sur la terre que le souvenir de tes actions, et ton nom sera maudit et exécré, de génération en génération, jusqu'au jour du jugement dernier ! Alors des centaines, des milliers de spectres, hommes, femmes, enfants, vieillards, torturés, égorgés par toi, se présenteront devant Dieu et et se lèveront contre toi, leur bourreau ! En ce jour terrible, moi aussi je serai là, vêtu comme à présent, et je te demanderai l'honneur que tu as ravi à mes cheveux blancs. Alors, tu n'auras plus à côté de toi tous ces gens pour fermer la bouche des malheureux. Le Juge suprême les écoutera et tu seras jeté dans les flammes éternelles !

Morozof se tut et lançant un méprisant regard sur les favoris du Tzar, il leur tourna le dos et s'éloigna lentement. Personne ne songea à l'arrêter. Il traversa majestueusement les rangées de tables et ce ne fut que lorsqu'on n'entendit plus le son de ses clochettes que les opritchniks revinrent à eux. Maliouta se leva le premier et murmura à Ivan Vasiliévitch : — Ordonnes-tu d'en finir tout de suite avec lui ou de l'enfermer, en attendant, en prison ?

— En prison, décida Ivan, respirant à peine. Mais ne t'avise pas de le torturer afin qu'il crève trop tôt ; tu m'en réponds sur ta tête.

Le soir le Tzar eut une conférence particulière avec Maliouta.

Les Kolichef, parents du métropolite destitué Philippe, depuis longtemps sous la main de Maliouta, avaient en partie avoué le crime dont on les accusait ; ils étaient suffisamment convaincus, dans la pensée d'Ivan, de haute trahison par les dépositions de leurs amis et de leurs valets, qui ne purent tous endurer les terribles tortures qu'on leur faisait subir. Bien des personnes furent compromises dans cette affaire, furent arrêtées et torturées soit à Moscou, soit à la Sloboda. Celles-ci en désignaient d'autres ; le chiffre des torturés augmentait chaque jour et s'était déjà élevé à trois cents. Soucieux de l'opinion des puissances étrangères, Ivan résolut d'ajourner, jusqu'au départ des ambassadeurs lithuaniens qui se trouvaient alors à Moscou, l'exécution générale de tous les condamnés et, afin que l'effet de cette exécution fût plus terrible, épouvantât davantage tous les criminels futurs, il voulut qu'elle eût lieu à Moscou en présence de tout le peuple. Le Tzar décida aussi que Viazemski et Basmanof seraient exécutés le même jour. En qualité de sorcier, le meunier devait être brûlé vif ; pour Korchoun, qui avait osé pénétrer dans la chambre à coucher du Tzar et qui, depuis lors, était réservé pour un supplice solennel, Ivan avait imaginé des tortures exceptionnelles comme on n'en avait encore jamais vu et qui seraient également appliquées à Morozof.

Le Tzar discuta les détails de cette exécution générale jusqu'à une heure fort avancée de la nuit ; les coqs avaient déjà chanté deux fois lorsqu'il daigna congédier Maliouta et se retira pieusement dans son oratoire.

CHAPITRE XXXV.

LE SUPPLICE.

Le lendemain du départ des ambassadeurs lithuaniens, les habitants de Moscou virent des préparatifs effrayants.

Une quantité de potences furent élevées sur la grande place du marché au milieu de Kitay-gorod. Çà et là se dressaient quelques billots. Un peu plus loin, une immense chaudière en fer était suspendue à une charpente construite à cet effet. D'un autre côté, on voyait un poteau isolé avec des chaînes rivées ; à son pied, des ouvriers apprêtaient un bûcher. Entre les gibets étaient éparpillés des engins de tortures inconnues, qui éveillaient dans le peuple des hypothèses pleines d'épouvante et serraient d'avance le cœur.

Peu à peu, tous ceux qui étaient venus au bazar pour vendre ou acheter, se dispersèrent terrifiés. Non-seulement la place, mais encore toutes les rues adjacentes devinrent désertes. Les habitants s'enfermèrent dans leurs logis en parlant à demi-voix de l'événement qui se préparait. Le bruit des terribles préparatifs se répandit dans tout Moscou et un silence de mort régna partout. Les boutiques se fermaient, personne ne se montrait dans les rues, on n'y entendait que galoper de temps en temps les courriers du Tzar qui venait de descendre dans son habitation favorite à l'Arbat. Dans le Kitay-gorod, on n'entendait d'autre bruit que celui de la hache des charpentiers et la voix des opritchniks qui dirigeaient leurs travaux. Lorsque vint la nuit, ces bruits cessèrent et la lune, s'élevant au-dessus des murs crénelés du Kitay-gorod, éclaira la place déserte, hérissée de pals et de potences. Pas une fenêtre n'était éclairée, tous les volets étaient hermétiquement clos ; c'est à peine si on distinguait parfois la faible lumière des petites lampes, brûlant devant les images extérieures des églises. Cependant, personne ne ferma l'œil cette nuit : tous priaient en attendant l'aube.

Cette matinée fatale arriva enfin ; elle fut inaugurée par le croassement d'une nuée de corbeaux, qui, pressentant la curée, arrivaient de toutes parts dans le Kitay-gorod, tournoyaient au-dessus de la place, couvraient en bandes noires les croix des églises, les crêtes des toits et les traverses des gibets. Puis, on entendit de loin et se rapprochant de plus en plus des tambourins et des tymbales et on vit les opritchniks à cheval, s'avançant cinq de front. Les musiciens les précédaient pour faire écarter le peuple et faire place au Tzar ; mais cette fois ils avaient beau agiter leurs instruments, on ne voyait nulle part âme qui vive. Derrière les opritchniks venait le Tzar en personne, à cheval, en grand costume, le carquois à la selle, l'arc doré derrière le dos. Son casque était surmonté d'une image représentant le Sauveur, la Mère de Dieu, saint Jean-Baptiste et plusieurs autres saints. La chabraque de sa selle étincelait de pierres précieuses ; au cou de son cheval était pendu, sous forme de talisman, une tête de chien. A ses côtés marchait le Tzarévitch, derrière lui la foule des courtisans, trois par trois, puis 300 individus condamnés à mort : enchaînés, épuisés par les tortures, ils pouvaient à peine se traîner, malgré les bourrades des opritchniks. Un nombreux détachement de cavaliers fermait la marche.

Lorsque le cortége fut entré dans le Kitay-gorod et que toutes les troupes eurent mis pied à terre autour des gibets, Ivan, sans descendre de cheval, parcourut la place du regard et remarqua qu'elle était entièrement vide de spectateurs.

— Qu'on rassemble du monde, dit-il aux opritchniks, que personne ne craigne rien ! Annoncez aux habitants de Moscou que le Tzar supplicie les traîtres, mais qu'il promet sa faveur aux innocents.

Bientôt la place se remplit, les volets s'ouvrirent et aux fenêtres se montrèrent des visages pâles et craintifs.

Entre temps, le bûcher placé près de la chaudière fut allumé et les bourreaux montèrent sur les échafauds.

Ivan ordonna de faire sortir de la foule des condamnés ceux qu'il considérait comme moins coupables. — Votre amitié et vos rapports avec les traîtres, dit-il d'une voix claire et retentissante pour être entendu par tout le peuple, vous ont mérité leur sort, mais, dans la bonté de mon cœur et par pitié pour vos âmes, je vous fais grâce de la vie, afin que vous puissiez par la pénitence racheter vos fautes et prier pour moi, indigne !

Sur un signe du Tzar, ces grâciés furent écartés.

— Peuple de Moscou, dit alors Ivan, vous allez assister à des supplices et des tortures, mais je ne frappe que ceux qui voulaient trahir l'État. C'est en pleurant que je livre leurs corps aux épreuves, mais je suis le juge que Dieu a désigné pour vous juger. Il n'y a pas de partialité dans mes sentences ; comme Abraham qui a levé le couteau sur son propre fils, je sacrifie jusqu'à mes plus proches. Que leur sang retombe sur la tête de mes ennemis !

Alors on fit avancer en premier lieu le boyard Droujina Andréevitch Morozof.

Dans son premier accès de rage, Ivan avait résolu de le faire expirer dans les plus affreuses tortures, mais par suite de la mobilité de son caractère ou parce qu'il savait que Morozof était généralement aimé et estimé à Moscou, il changea de résolution et, la veille de l'exécution, il ordonna que le vieux boyard fût simplement mis a mort.

Un conseiller de la Douma, debout près de l'échafaud, déploya un long parchemin et lut à haute voix :

— Ci-devant boyard Droujina! tu t'es vanté de vouloir troubler l'État, d'appeler en Russie le Khan de Crimée, le roi de Lithuanie Sigismond et toutes sortes de calamités. Tu as insulté, par des paroles méchantes et mordantes, le Tzar lui-même, grand prince de toutes les Russies et excité ses bons sujets à la révolte. Tu as mérité un supplice pire que la mort, mais notre souverain, par souvenir de tes actions d'éclat et par commisération, daigne faire une exception en ta faveur, t'exempter des tortures et t'accorder une prompte mort. Tu auras la tête tranchée et tes biens n'entreront pas dans les apanages de l'État.

Morozof, déjà monté sur l'échafaud, fit le signe de la croix.

— Je me sais innocent devant Dieu et devant le Tzar, répondit-il tranquillement. Je livre mon âme à Notre-Seigneur Jésus-Christ, je ne demande au Tzar qu'une seule grâce : que tout ce que je laisse soit divisé en trois parts, j'en destine la première à l'Église et aux services pour le repos de mon âme, la seconde aux pauvres, la troisième à mes fidèles serviteurs. Je donne la liberté à mes serfs. Je pardonne à ma veuve et la laisse libre de se remarier à son gré.

Après ces paroles, Morozof fit encore le signe de la croix et plaça lui-même sa tête sur le billot. Un coup sec retentit, la tête de Droujina Andréevitch roula et son noble sang couvrit les planches de l'échafaud.

Après cette exécution, les opritchniks amenèrent, à la grande surprise du peuple, le favori du Tzar, le prince Viazemski, Féodor Basmanof et son père Alexis que Féodor avait dénoncé à la question.

— Peuple de Moscou, dit Ivan en les montrant du doigt,

vous voyez mes ennemis et les vôtres ! Ils avaient oublié leurs serments et vous pressuraient, sans souci du jugement dernier ; ils pillaient, massacraient le peuple que j'avais confié à leur garde. Ils vont subir aujourd'hui la peine qu'ils ont méritée.

Viazemski et les deux Basmanof, comme ayant abusé de la confiance du Tzar, devaient être livrés aux plus atroces tortures. Le conseiller leur fit lecture de l'arrêt qui les frappait pour avoir voulu, au moyen de sortiléges, ruiner la santé du Tzar, pour s'être mis en relations avec des ennemis de l'État et avoir pressuré le pauvre peuple au nom d'Ivan. Lorsque les bourreaux saisirent Féodor et le firent monter sur l'échafaud, il se tourna vers la foule et dit d'une voix éclatante : Peuple orthodoxe ! je veux avant de mourir, confesser mes péchés. Je veux que ma confession soit connue de tous. Écoutez, orthodoxes.....

Mais Maliouta, qui était derrière lui, ne lui laissa pas le temps de continuer : d'un coup de sabre il lui trancha la tête au moment où il commençait sa confession.

Son corps ensanglanté tomba sur l'échafaud ; sa tête roula en faisant sonner ses boucles d'oreilles, jusque sous les pieds du cheval d'Ivan qui se cabra en hennissant et en la regardant d'un air effaré. La dernière impudence de Basmanof le délivra des tortures qui l'attendaient.

Son père et Viazemski n'eurent pas cette chance. On les fit monter avec le vieux Korchoun sur un échafaud où étaient préparés d'épouvantables instruments. On attacha en même temps le meunier au bûcher.

Épuisé par les tortures, n'ayant plus la force de se tenir sur ses jambes, soutenu par les valets du bourreau, Viazemski jetait de tous côtés des regards effarés. On ne pouvait lire dans ses yeux ni la peur ni le repentir. En apercevant le meunier enchaîné au poteau et la fumée qui s'élevait du bûcher, le prince se rappela les dernières paroles du vieillard, lorsque celui-ci, après avoir ensorcelé son sabre, était courbé sur le baquet d'eau ; il se souvint aussi de la vision qui lui apparut, une nuit par un beau clair de lune, lorsqu'il cherchait à deviner son avenir sous les roues du moulin, qu'il y vit l'eau devenir couleur de sang, des scies aller et venir, des tenailles s'ouvrir et se fermer..

Le meunier ne remarqua pas Viazemski. Dans sa terreur, il se parlait à lui-même et bondissait d'une manière insensée sur le bûcher en faisant résonner ses chaînes.
— Chikaliou! Chikaliou! marmotait-il, les corbeaux sont arrivés pour un grand festin. La roue tourne, tourne sans cesse! Ce qui était en bas est en haut, ce qui était en haut est descendu. Chagadam, vent du moulin, lève-toi! tourbillonne sur mes ennemis! Koula! Koula! disperse le bûcher! éteins le feu!

En effet, comme obéissant aux exorcismes du meunier, une brise s'éleva sur la place ; mais, au lieu d'éteindre le bûcher, elle enflamma les broussailles sèches et les flammes, s'échappant à travers le bois sec, enveloppèrent le meunier et le cachèrent aux yeux de la foule.

— Chagadam! Koula! Koula! entendait-on à travers un nuage de fumée, et la voix s'éteignait dans le pétillement du bûcher embrasé.

Malgré un long emprisonnement et de cruelles tortures, le vieux Korchoun n'avait pas changé. Sa vigoureuse nature avait résisté aux horreurs de la question, mais l'expression de sa figure n'était plus la même : elle était douce ; ses yeux ne peignaient aucune anxiété. Depuis la nuit où il avait été surpris dans la chambre à coucher du Tzar et jeté au cachot, sa conscience avait cessé de le tourmenter. Il accepta le supplice qui l'attendait comme une expiation de ses crimes ; étendu sur de la paille pourrie, il dormait d'un sommeil paisible.

Le conseiller lut au peuple le crime dont Korchoun était convaincu et la peine qui l'attendait.

Monté sur l'échafaud, Korchoun fit autant de signes de croix qu'il apercevait de clochers d'églises et fit à l'assistance quatre profonds saluts, aux quatre coins de la plate-forme.

— Pardonne-moi, peuple orthodoxe, dit-il, mes péchés, mes brigandages, mes vols et mes assassinats! Pardonne-moi tout ce dont je me suis rendu coupable devant toi. J'ai mérité la peine de mort ; qu'elle rachète mes fautes! — Et, se tournant vers les bourreaux, il leur tendit ses mains, et leur dit presque gaiement, en secouant sa vieille tête chevelue : — Allons, à l'ouvrage! et une syllabe ne sortit plus de ses lèvres.

Alors, sur un signe d'Ivan, le conseiller se tourna vers les condamnés restants et lut l'arrêt qui les accusait d'avoir comploté contre le Tzar, d'avoir voulu livrer Novgorod et Pskof au roi de Lithuanie, d'avoir entretenu des relations criminelles avec le Sultan. On s'apprêta à conduire les uns sur les échafauds, d'autres à la chaudière bouillante et vers les instruments de tortures aussi nombreux que variés, dont la place était garnie.

Le peuple se mit à prier à haute-voix. — Seigneur, entendait-on de toutes parts, aie pitié d'eux! Prends vite leurs âmes! — Quelques uns ajoutaient : Hommes justes, souvenez-vous de nous lorsque vous serez entrés dans le royaume de Dieu!

Pour étouffer cette manifestation, les opritchniks se mirent à hurler : Goyda! Goyda! périssent les ennemis du Tzar!

En cet instant, la foule s'agita, toutes les têtes se tournèrent vers un point et l'on entendit s'écrier : Voilà le *Bienheureux* qui vient!

A l'extrémité de la place apparut un homme d'une quarantaine d'années ; il avait une barbe rare ; il était pâle, pieds nus et n'avait pour tout vêtement qu'une chemise de toile. Son visage était singulièrement affable ; sur ses lèvres se dessinait un sourire étrange, un franc sourire d'enfant.

L'aspect de cet homme, au milieu de tant de visages portant la terreur ou la férocité, produisit une émotion générale et profonde. La place devint muette, les supplices s'arrêtèrent. Tout le monde connaissait le *Bienheureux*, personne ne lui avait vu l'expression qu'il avait ce jour-là. Contrairement à son habitude, ses lèvres étaient convulsivement contractées, comme s'il luttait contre un sentiment pénible. Le corps en avant, faisant résonner les chaînes et les croix de fer dont sa poitrine était couverte, le *Bienheureux* perça la foule en se dirigeant droit vers le Tzar :

— Ivachko ! Ivachko ! lui criait-il de loin en égrenant son chapelet de bois, tu m'as donc oublié !

A sa vue, le Tzar voulut pousser son cheval, mais l'innocent était déjà à ses côtés.

— Regarde-moi donc, dit-il, en arrêtant le cheval par la bride, pourquoi ne me fais-tu pas supplicier aussi ? En quoi Vasia est-il pire que les autres ?

— Que Dieu soit avec toi, dit le Tzar en tirant une poignée d'or d'une riche aumônière suspendue à sa ceinture par une chaînette, prends ceci, va-t'en, prie pour moi.

Le bienheureux présenta ses deux mains, mais il les écarta subitement et les pièces d'or roulèrent par terre.

— Aïe, aïe ! cela brûle, s'écria-t-il, en soufflant sur ses doigts et en les secouant en l'air, pourquoi as-tu chauffé ton argent au feu ? pourquoi l'as-tu chauffé au feu de l'enfer ?

— Va-t'en, répéta impatiemment Ivan, laisse-nous, ta place n'est pas ici.

— Si, ma place est ici avec les martyrs. Donne-moi aussi la couronne des martyrs ! Pourquoi me mets-tu ainsi de côté et me fais-tu tort ? Donne-moi la même couronne que tu distribues aux autres !

— Va-t-en, dit Ivan avec une colère croissante.

— Je ne m'en irai pas, dit obstinément l'innocent, en se cramponnant à la bride du cheval, mais tout à coup il éclata de rire en montrant Ivan du doigt; Voyez, dit-il, qu'a-t-il au front? Qu'as-tu là, Ivachko? tu as des cornes au front, de vraies cornes de bouc et ta tête est devenue semblable à celle d'un chien !

Les yeux d'Ivan lancèrent des éclairs. — Va-t'en, insensé, s'écria-t-il, et, arrachant une lance à un opritchnik, il la leva sur l'innocent. Un cri d'indignation partit de la foule.

— Ne le touche pas, s'écria la foule, ne touche pas au bienheureux ! tu es maître de nos têtes, mais non de celle du bienheureux !

Ce dernier continuait à sourire d'un sourire moitié enfantin, moitié idiot. — Transperce-moi, roi Saül, dit-il en écartant les croix de sa poitrine, pique ici, droit au cœur ! En quoi est-ce que je vaux moins que ces hommes justes ? Envoie-moi aussi au Ciel ! Serais-tu jaloux parce que nous y serons et que tu n'y entreras pas, roi Hérode, roitelet !

La lance frémit dans la main d'Ivan. Encore une seconde et elle s'enfonçait dans la poitrine de l'innocent, mais un nouveau cri du peuple l'arrêta en l'air. Le Tzar fit un violent effort sur lui-même, mais la tempête devait éclater. L'écume à la bouche, les yeux en feu, la lance au poing, il donna de l'éperon à son cheval, fondit sur la phalange des condamnés et transperça le premier qui lui tomba sous la main.

Lorsqu'il revint au pas à sa place, en abaissant la lance ensanglantée, les opritchniks avaient enlevé le bienheureux.

Ivan fit un signe de la main et les bourreaux se mirent à l'ouvrage.

Les couleurs reparurent sur la pâle figure d'Ivan ; ses yeux s'agrandirent, les veines de son front se gonflèrent, ses narines se dilatèrent. . . . .

Enfin, rassasié de meurtres, il retourna son cheval et après avoir fait le tour de la place, il s'éloigna, tout éclaboussé de sang, avec sa suite dont les vêtements présentaient le même aspect. Les corbeaux, qui guettaient sur les croix des églises et les crêtes des toits, battirent alors des ailes l'un après l'autre et commencèrent à s'abattre sur les morceaux de membres déchirés, sur les cadavres qui se balançaient aux potences....

En ce jour, Boris Godounof ne fit pas partie du cortége du Tzar ; il s'était offert pour reconduire les ambassadeurs lithuaniens.

Le lendemain du supplice, la place du marché fut nettoyée ; les cadavres furent enlevés et inhumés dans les fossés du Kremlin. C'est à cet endroit, que les habitants de Moscou élevèrent plus tard quelques églises en bois, *sur les os et sur le sang*, selon l'expression des vieilles chroniques. Bien des années se sont écoulées, le souvenir de cet épouvantable supplice s'est effacé de la mémoire du peuple ; cependant ces modestes églises ont été assez longtemps debout et ceux qui y venaient prier pouvaient entendre des panikhides pour le repos de l'âme de ceux qui ont été torturés et suppliciés par ordre du Tzar et grand prince Ivan Vasiliévitch quatrième du nom.

CHAPITRE XXXVI

LE RETOUR A LA SLOBODA.

Après avoir terrifié Moscou, Ivan voulut paraître bienveillant et magnanime. Sur son ordre, les prisons furent ouvertes et ceux qui y étaient enfermés sans espoir furent relâchés. Ivan envoya même des cadeaux à quelques-uns. Il semblait que la colère qui s'amassait depuis longtemps dans son cœur et qui était arrivée à son paroxysme, eût trouvé une issue dans le dernier supplice et fût sortie de son âme comme un jet de lave d'un volcan. Sa raison se calma pour quelque temps; il cessa de voir partout des trahisons. Ce n'était pas toujours qu'Ivan, après avoir versé le sang innocent, sentait ainsi des remords de conscience. Ils ne dépendaient que de certaines circonstances. Des phénomènes astrologiques, un coup de foudre imprévu, des calamités publiques effrayaient son imagination sensible et l'excitaient parfois à des expiations ostensibles, mais lorsqu'il n'y avait ni météores, ni famines, ni incendies, sa voix intérieure ne lui disait rien et sa conscience sommeillait. Cette fois l'âme d'Ivan n'était donc pas troublée. Il éprouvait après ces massacres une satisfaction semblable à celle qu'éprouve un affamé après avoir satisfait sa faim. Aussi ce fut plutôt par habitude que par un besoin de son âme qu'avant de rentrer à la Sloboda, il fit une halte de quelques jours au monastère de Saint Serge.

Les courriers, qui précédaient toujours le Tzar, jetaient des poignées de monnaie aux pauvres tout le long de la route, et, au moment de quitter Saint-Serge, Ivan laissa à l'archimandrite une forte somme destinée à des prières pour sa santé.

En attendant, il se préparait à la Sloboda un événement fort inattendu.

Délégué pour préparer au Tzar une réception solennelle, Godounof, après avoir pris des dispositions à cet effet, était retiré dans sa chambre. Les coudes appuyés sur une table de chêne, il songeait à ce qui venait de se passer, aux supplices auxquels il avait été assez heureux pour ne pas assister, au caractère énigmatique du terrible Tzar, aux moyens de conserver sa faveur sans participer aux brigandages des opritchniks, lorsqu'un valet lui annonça que le prince Nikita Sérébrany l'attendait sur le perron.

A ce nom, Godounof, fort surpris, se leva.

Sérébrany était en disgrâce, condamné à mort. Il s'était sauvé : toute relation avec lui pouvait coûter la tête à Boris Féodorovitch. D'autre part, refuser au prince l'hospitalité ou le livrer au Tzar, était un acte indigne qui aurait enlevé à Godounof la popularité à laquelle il visait par dessus tout. En ce moment, il se souvint que le Tzar était dans une disposition d'esprit bienveillante, et, en un clin d'œil, il fit son plan.

Il n'alla pas à la rencontre de Sérébrany, il se borna à le faire entrer immédiatement. N'ayant pas de témoins et ayant résolu de ne pas lui fermer sa porte, il tint à lui faire un grand accueil.

— Bonjour, prince, dit-il, en embrassant Nikita Romanovitch, prends place. Comment t'es-tu décidé à revenir à la Sloboda ? Mais d'abord permets-moi de t'offrir un rafraîchissement ; tu dois être fatigué de la route.

Sur l'ordre de Godounof on apporta la châle et quelques cruchons de vin.

— Dis-moi, prince, reprit avec inquiétude Godounof, quelqu'un t'a-t-il vu lorsque tu as monté le perron ?

— J'ignore, répondit tranquillement Sérébrany, il se peut qu'on m'ait vu, je ne me cachais pas, je me suis dirigé droit vers ta demeure, car je sais que tu ne penches pas vers les opritchniks.

Le front de Godounof se rida.

— Boris Féodorovitch, ajouta Sérébrany avec confiance, je ne suis pas d'ailleurs seul : j'ai avec moi deux cents aventuriers de Rézan.

— Qu'as-tu fait, prince ? exclama Godounof

— Ils sont restés à la barrière, continua Sérébrany. Nous apportons tous nos têtes au Tzar ; qu'il nous supplicie ou nous grâcie selon son bon plaisir !

— J'ai appris, prince, comment tu as battu avec eux les

Tatares, mais sais-tu ce qui depuis lors s'est passé à Moscou?

— Je le sais, répondit amèrement Sérébrany. En venant ici, j'espérais que c'en était fini avec les opritchniks et je vois que les affaires sont encore plus tristes qu'auparavant. Que Dieu pardonne au Tzar ! mais n'as-tu pas conscience, Boris, de voir tout cela sans rien dire?

— Ah ! je vois que tu es toujours resté le même ! Que puis-je lui dire ? crois-tu qu'il m'écouterait ?

— Quand même il ne t'écouterait pas, ton devoir est toujours de lui dire la vérité. Qui veux-tu qui la lui dise, si ce n'est toi ?

— Tu t'imagines qu'il ne la connaît donc pas ? tu crois donc qu'il ajoute réellement foi à toutes les dénonciations qui font rouler tant de têtes?

A peine Godounof eut-il laissé échapper ces paroles qu'il se mordit la langue, mais il se souvint qu'il parlait à Sérébrany dont le visage ouvert excluait tout soupçon de perfidie.

— Non, continua-t-il à demi-voix, tu as tort de m'accuser, prince. Le Tzar supplicie ceux contre lesquels il a de la rancune et personne n'a d'influence sur son cœur. Le cœur des rois est entre les mains de Dieu, disent les Écritures. Morozof a essayé de le contredire, qu'en est-il résulté? Morozof a été mis à mort et personne n'en a profité. Il paraît que tu ne tiens pas à ta tête puis que tu es revenu ici, sachant ce qui s'est passé à Moscou ?

Au nom de Morozof, Sérébrany soupira ; il aimait Droujina Andréevitch, quoiqu'il lui eût ravi son bonheur.

— Que veux-tu, Boris Féodorovitch, répliqua-t-il, on ne peut éviter ce qui doit arriver ! A parler franchement, la vie m'est à charge ; elle n'a rien de bien enviable maintenant en Russie.

— Écoute-moi, prince, s'il entre dans ton caractère de ne pas te ménager, Dieu te protége. Tu as eu beau jusqu'à présent friser la potence, tu es resté en vie. Il est écrit apparemment que tu ne dois pas la perdre inutilement. Si tu étais revenu il y a une semaine, je ne sais ce que tu serais devenu, mais actuellement il y a quelque espoir. Seulement, ne te presse pas de te montrer à Ivan Vasiliévitch; laisse-moi le voir auparavant.

— Merci, mais ne t'inquiète pas de moi, tâche seulement de tirer d'affaires mes pauvres aventuriers. Ce sont de tristes gens, mais ils ont bravement racheté leurs fautes.

Godounof le regarda avec surprise. Il ne pouvait s'habituer à la simplicité du prince et cette indifférence pour sa propre existence ne lui parut pas naturelle.

— Tu es donc dégoûté de la vie ? lui demanda-t-il.

— C'est possible, lui répondit Sérébrany. A quoi bon encore vivre ! Le croirais-tu, Boris, le souvenir de Kourbski me revient involontairement à l'esprit ; le vertige me prend lorsque j'y songe ; si les Polonais n'étaient pas nos ennemis, je serais tenté d'aller les trouver et d'abandonner ma patrie.

— C'est cela, prince, nous n'avons plus aujourd'hui que deux routes : s'exiler comme Kourbski, ou bien, comme je le fais, rester auprès du Tzar et tâcher de gagner sa faveur. Toi, tu ne fais ni l'un ni l'autre, tu ne quittes pas le Tzar et tu n'es pas avec lui ; c'est une situation impossible, il faut choisir l'un ou l'autre. Si tu veux rester en Russie, il faut que tu exécutes la volonté du Tzar. S'il finit par te prendre à gré, il est capable de se dégoûter des opritchniks. Si nous étions, par exemple, tous les deux auprès de lui, l'un soutenant l'autre, je lui parlerais aujourd'hui, toi demain ; quelque chose lui en resterait dans l'esprit. On dit bien qu'une goutte d'eau, à force de tomber sur le même endroit d'une pierre, finit par la percer. Par la vive force, prince, tu ne parviendras à rien.

— S'il n'était pas le Tzar, dit Sérébrany d'un air sombre, j'aurais vu ce que j'avais à faire. Dieu défend d'entreprendre quoi que ce soit contre lui, et il m'est impossible, quand je devrais être taillé en pièces, d'agir de concert avec lui, jamais je ne pourrais vivre avec les opritchniks !

— Attends, prince, ne te décourage pas, souviens-toi de ce que je t'ai dit : ne contrarions pas le Tzar, mettons les opritchniks de côté, ils s'entr'égorgeront eux-mêmes. Voilà déjà trois des principaux disparus, les deux Basmanof et Viazemski. Accorde-moi un délai et tu les verras tous disparaître.

— Mais d'ici-là, qu'arrivera-t-il ? demanda Sérébrany.

— Il arrivera, répondit Godounof, renonçant à inculquer du coup l'idée qu'il voulait laisser germer dans l'esprit de Sérébrany, que le Tzar te grâciera, que tu pourras aller de nouveau battre les Tatares et que la besogne ne te manquera pas.

Deux impressions ne se combinaient pas facilement dans la tête de Sérébrany ; l'espoir de combattre les Tatares chassa les pénibles pensées qu'il avait un moment auparavant.

— C'est vrai, dit-il, il ne nous reste qu'à battre les Tatares ; mais, si au lieu de les attendre, on allait leur faire une visite en Crimée et la leur enlever ?

Il sourit à cette pensée.

Godounof se mit à s'entretenir avec lui sur sa délivrance forcée et ce qui l'avait suivi. Il commençait déjà à faire sombre et ils causaient encore la coupe à la main.

Enfin, Sérébrany se leva. — Adieu, boyard, dit-il, il va faire nuit.

— Où vas-tu, Nikita Romanovitch ? passe la nuit chez moi, le Tzar revient demain, je lui parlerai de toi.

— Impossible, Boris Féodorovitch, il est temps que je retrouve mes gens. Je crains qu'ils ne cherchent noise à quelqu'un. Si le Tzar avait été à la Sloboda, nous serions allés droit à lui et il serait arrivé ce que Dieu aurait voulu, mais avec les manants du lieu on ne sait comment s'y prendre. Quoique nous nous soyons arrêtés à l'écart et dans la forêt, nous pouvons toujours être surpris par une ronde quelconque.

— Eh bien ! au revoir, ne tombe pas sous le regard du Tzar, attends que je t'envoie chercher.

— Mais, où va-tu donc, tu te trompes de porte, ajouta Godounof, en voyant Sérébrany se diriger vers la principale entrée et, le prenant par la main, il le conduisit par la porte de derrière.

— Adieu, Nikita Romanovitch, répéta-t-il en l'embrassant, Dieu est miséricordieux, ton affaire s'arrangera peut-être.

Et, après avoir attendu que Sérébrany fût monté à cheval et fût sorti sans bruit, Godounof rentra chez lui, fort satisfait que son hôte eût décliné sa proposition de passer la nuit sous son toit.

Le lendemain, le Tzar fit son entrée triomphante dans la Sloboda, comme s'il avait remporté une éclatante victoire. De la barrière au palais, les opritchniks ne cessèrent de l'acclamer. Il n'y eut que la seule vieille nourrice Onoufriévna qui le reçut en grommelant. — Bête féroce, lui dit-elle, en venant à sa rencontre au perron, comment la terre te supporte-t-elle encore? Tu pues le sang, assassin ! Comment as-tu osé approcher des reliques de Saint-Serge après ce que tu as fait à Moscou? La foudre du Seigneur t'écrasera comme un damné avec toute ta troupe diabolique.

Cette fois, les menaces de la nourrice demeurèrent sans effet. Il n'y avait dans l'air ni foudre ni tempête. Le ciel resplendissait de tout son éclat dans un ciel pur de tout nuage ; il faisait briller les vives couleurs et les dorures du palais et reluire ses coupoles fantastiques. Ivan ne répondit pas un mot à la vieille et entra dans ses appartements intimes.

— Attends ! attends ! continua t-elle en le suivant du regard et en frappant le sol de son bâton, l'orage éclatera sur ton palais et la foudre du Seigneur réduira en cendres toute ton impure Sloboda.

Et la vieille rentra dans sa cellule en marchant péniblement, et en jetant des regards irrités sur les courtisans, qui s'écartaient sur son passage avec une crainte superstitieuse.

Le même jour, après dîner, voyant le Tzar gai et disposé à se reposer contre son habitude, Godounof le suivit dans sa chambre à coucher. La faveur dont il jouissait lui donnait ce droit, surtout lorsqu'il avait à faire au Tzar quelque communication secrète.

Il y avait deux lits dans cette chambre ; un en planche sur lequel Ivan Vasiliévitch s'étendait par mortification dans ses moments de trouble et de repentir ; un second, plus large, était garni de souples peaux de mouton, d'édredons et de coussins de soie. Le Tzar se couchait sur ce dernier lorsque rien ne le tourmentait. Cela arrivait rarement, la plupart du temps ce second lit restait vide.

Il fallait bien connaître Ivan pour ne pas se tromper sur sa disposition réelle d'esprit. Il n'était pas toujours enclin à la bonté lorsqu'il était en proie aux remords de sa conscience. Il les attribuait souvent à Satan, cherchant à la distraire de la poursuite des traîtres et alors, au lieu d'y trouver un motif d'adoucir son cœur, il se livrait, tout en faisant des signes de croix, aux plus atroces cruautés, prétendant par là jouer un mauvais tour à Satan. Le calme qui se peignait sur son visage n'était pas toujours une garantie de sa tranquillité intérieure ; il ne servait souvent qu'à dissimuler un sentiment tout opposé : doué d'une rare perspicacité, d'une étonnante capacité à deviner les pensées d'autrui, le Tzar s'amusait parfois à déjouer les calculs de son interlocuteur et à le terrasser par une terrible explosion de sa colère au moment même où il semblait pouvoir compter sur sa bienveillance. Mais Godounof avait étudié les plus petites nuances du caractère du Tzar: il devinait avec une sagacité incroyable, il se rendait compte des moindres et des plus imperceptibles changements de sa figure.

Après avoir attendu qu'Ivan se fût étendu sur son lit de plumes, ne voyant sur sa figure que l'expression de la fatigue, Boris lui dit sans préambule: — Est-il parvenu à ta connaissance, sire, que ton disgrâcié est retrouvé?

— Lequel? demanda Ivan en bâillant.

— Nikita Sérébrany, qui a sabré ton traître Viazemski et a été jeté en prison.

— Ah! fit Ivan, le moineau a été pris. Et qui est-ce qui l'a arrêté?

— Personne, sire, il est venu de lui-même et a amené avec lui tous les aventuriers avec lesquels il a battu les Tatares près de Rézan. Ils sont venus avec Sérébrany t'apporter leurs têtes.

— Ils sont donc convertis, dit Ivan. Et l'as-tu vu?

— Je l'ai vu, sire, il est venu directement chez moi, croyant que ta Majesté était à la Sloboda et il m'a prié de te parler de lui. J'ai voulu le mettre sous bonne garde mais j'ai pensé que Maliouta m'accuserait de vouloir le supplanter et Sérébrany ne s'en ira pas, puisqu'il est venu lui-même t'apporter sa tête.

Godounof parlait franchement, avec un visage ouvert, sans apparence de trouble, comme s'il n'avait pas l'ombre d'une arrière-pensée et ne prenait aucun intérêt à Sérébrany. Lorsque la veille il l'avait fait passer par une porte de derrière, ce n'était pas pour cacher son arrivée au Tzar, — cela aurait été trop dangereux, — mais uniquement pour que personne ne prît les devants auprès d'Ivan et ne l'indisposât contre lui. Ce n'est sûrement pas sans intention, qu'il avait rappelé au Tzar l'inimitié de Sérébrany contre Viazemski.

Le Tzar bâilla encore une fois, mais ne répondit rien; Godounof, qui suivait attentivement les moindres expressions de sa figure, n'y aperçut aucun symptôme d'irritation manifeste ou cachée. Il lui sembla, au contraire, que cette démarche de Sérébrany lui avait plu. Tout en faisant trembler ses sujets et en versant leur sang, Ivan voulait néanmoins, qu'on le crût juste, voire même clément; ses massacres étaient toujours revêtus d'un simulacre de rigoureuse justice; la confiance en sa clémence lui plaisait d'autant plus qu'elle se manifestait très-rarement.

Après avoir un peu attendu, Godounof se décida à arracher une réponse.

— Qu'ordonnes-tu? sire, faut-il faire venir Maliouta?

Les récentes exécutions avaient rassasié Ivan; quelques têtes de plus ne pouvaient rien ajouter à cette satiété ni réveiller la soif du sang un moment apaisée.

Il regarda attentivement Godounof.

— Crois-tu donc, lui dit-il sévèrement, que je ne puisse vivre sans verser du sang? Autre chose sont les traîtres qui minent l'État et Nikita qui n'a fait que sabrer Viazemki. Quant aux bandits, je verrai qui punir et qui gracier. Qu'ils viennent tous avec Nikita sur la place du palais! Lorsque je sortirai de ma chambre à coucher, je verrai ce que j'en ferai.

Godounof souhaita un bon repos au Tzar et s'éloigna en s'inclinant profondément. Tout dépendait maintenant de la disposition d'esprit dans laquelle Ivan allait se réveiller.

CHAPITRE XXXVII

LE PARDON.

Prévenu par Godounof, Nikita Romanovitch arriva à la cour du palais avec ses aventuriers.

Blessés, meurtris, déguenillés, les uns en caftan, les autres en pelisse, les uns en lapti, les autres pieds nus, plusieurs la tête bandée, tous sans bonnets et sans armes, ils se tenaient silencieux, collés les uns aux autres, attendant le réveil du Tzar.

Ce n'était pas la première fois que ces hardis gaillards voyaient la Sloboda; ils y avaient pénétré plus d'une fois déguisés tantôt en musiciens, tantôt en mendiants et en conducteurs d'ours. Plusieurs avaient participé au dernier incendie, lorsque Persten et Korchoun étaient venus délivrer Sérébrany. Il y avait là bien des figures de notre connaissance, mais plusieurs manquaient à l'appel: un grand nombre d'entre eux étaient tombés sur les champs de Rézan, quelques-uns avaient préféré continuer leur vie aventureuse. Il n'y avait là ni Persten, ni Mitka, ni le chanteur aux cheveux roux, ni le vieux Korchoun. Après son apparition à la Sloboda, le jour du jugement de Dieu entre Viazemski et Morozof, Persten avait disparu avec Mitka; le chanteur aux cheveux roux avait été assommé par Sérébrany; quant au vieux Korchoun, les chiens et les corbeaux se disputaient en ce moment son cadavre sur les murs du Kremlin....

Il y avait déjà deux heures que ces malheureux stationnaient là les yeux baissés, sans se douter que le Tzar les examinait par une lucarne percée au-dessus du perron et cachée par des ornements d'architecture. Personne n'ouvrait la bouche; les aventuriers ne causaient ni entre eux ni avec Sérébrany qui se tenait un peu à l'écart, absorbé par ses pensées, ne faisant aucune attention à la foule qui devenait de plus en plus compacte. Parmi les curieux se trouvait aussi la nourrice du Tzar. Appuyée sur son bâton, elle se tenait au perron, et regardait autour d'elle d'un regard éteint, attendant l'arrivée d'Ivan avec l'intention sans doute de l'empêcher par sa présence de commettre de nouvelles cruautés.

Après avoir contemplé à satiété de sa cachette les aventuriers et avoir souri à l'idée que leurs vies étaient entre ses mains et qu'ils devaient éprouver une affreuse angoisse, il apparut brusquement sur le perron entouré de quelques stolniks. A la vue du Tzar, vêtu de brocart doré, appuyé sur une espèce de crosse, les aventuriers se glissèrent sur leurs genoux et baissèrent leurs têtes.

Ivan garda quelque temps le silence. — Bonjour, vauriens, dit-il enfin, et regardant Sérébrany: et toi, l'apostropha-t-il, qu'es-tu venu faire à la Sloboda? tu t'es ennuyé d'être hors de prison!

— Sire, répondit modestement Sérébrany, je ne me suis pas évadé, ce sont ces gens qui m'ont emmené de force. Ce sont eux aussi qui ont écrasé le mourza Chikhmate, comme ta Majesté ne l'ignore sans doute pas. C'est ensemble que nous avons battu les Tatars, c'est ensemble que nous nous livrons à ton bon plaisir; fais-nous donner la mort ou gracie-nous, comme tu le jugeras dans ta sagesse.

— C'est donc pour le chercher que vous êtes venus naguère à la Sloboda, demanda Ivan aux brigands. D'où le connaissiez-vous?

— Sire, répondirent-ils à demi-voix, il avait sauvé notre ataman lorsqu'il faillit être pendu à Medvedevka. C'est l'ataman qui l'a tiré de prison.

— Ah Medvedevka! fit Ivan en souriant. Cela devait

être lorsque tu as si bien fustigé Khomiak. Je me souviens de cette affaire. Je t'ai pardonné cette fois, mais tu as été en prison pour une récidive lorsque tu as de nouveau attaqué mes gens chez Morozof. Que réponds-tu à cela ?

Sérébrany voulut s'excuser, mais la nourrice le prévint. — Cesse d'énumérer ses fautes, dit-elle avec colère à Ivan. Au lieu de le récompenser de ce qu'il a refoulé les mécréants, de ce qu'il a défendu l'Église du Christ, tu t'ingénies à le trouver en défaut. Loup insatiable, tu n'as donc pas assez fait couler le sang à Moscou !

— Tais-toi, vieille, dit sévèrement Ivan, il ne t'appartient pas de me sermonner.

Tout en s'impatientant contre Onoufriévna, il tenait à ne pas l'exaspérer; il se détourna de Sérébrany et dit aux brigands, toujours agenouillés.

— Où est votre ataman ? gibier de potence, qu'il avance ! Sérébrany se chargea de répondre pour eux. — Leur ataman n'est pas ici, sire ; il est parti immédiatement après la bataille de Rézan. Je lui ai proposé de venir, mais il s'y est refusé.

— Il s'y est refusé ! répéta Ivan. Ne serait-ce pas ce même aveugle qui a pénétré dans ma chambre à coucher avec un vieillard ? Écoutez, vauriens ! je ferai chercher votre ataman et le ferai empaler.

— C'est toi, grommela la nourrice, que les diables empaleront dans l'autre monde !

Le Tzar fit semblant de ne pas entendre et continua en s'adressant aux brigands : Quant à vous, puisque vous vous êtes livrés à ma volonté, je vous fais grâce. Qu'on leur distribue cinq tonneaux d'hydromel. Eh bien ! vieille bête, es-tu satisfaite ?

La nourrice se mit à remuer les lèvres.

— Vive le Tzar ! crièrent les brigands. Nous te servirons fidèlement, notre sang rachètera nos fautes.

— Qu'on leur donne à chacun, reprit Ivan, un bon caftan et une grivna. Je les enrôlerai comme opritchniks. Voulez-vous, gibier de potence, me servir comme opritchniks?

Quelques-uns hésitèrent, la majorité s'écria : Nous serons heureux de servir ta Majesté comme elle l'entendra !

— Qu'en penses-tu ? dit Ivan d'un air satisfait à Sérébrany, feront-ils de bons soldats ?

— Ils feront de bons soldats, Sire, seulement ne les enrôle pas dans les opritchniks.

Le Tzar crut que Sérébrany ne les jugeait pas dignes d'un tel honneur. — Lorsque je grâcie, dit-il solennellement, je ne le fais pas à demi.

— Mais ce n'est pas grâcier cela ! repartit Nikita malgré lui.

Ivan le regarda avec étonnement.

— Sire, continua-t-il non sans quelque embarras, ils ont fait une bonne action ; sans eux, les Tatars allaient peut-être s'emparer de Rézan.

— Mais alors pourquoi ne pas en faire des opritchniks? demanda le Tzar en fixant sur le prince son regard perçant.

— Parce que, balbutia Sérébrany, cherchant vainement quelques expressions qui pussent atténuer sa pensée, parce que, quelque tristes gens qu'ils soient, ils valent cependant mieux que tes mercenaires.

Cette hardiesse spontanée confondit Ivan. Il se souvint que ce n'était pas la première fois que Sérébrany lui parlait avec cette grande et surprenante franchise. Cependant, le prince, condamné à mort, était revenu de son plein gré à la Sloboda se livrer complètement à la merci du Tzar. On ne pouvait l'accuser d'insubordination ; le Tzar ne savait plus comment interpréter cette insolente sortie lorsqu'un nouveau personnage attira son attention.

Un homme d'une soixantaine d'années, vêtu très-proprement, venait de se glisser dans les rangs des aventuriers et s'efforçait d'attirer l'attention de Sérébrany sans se faire remarquer du Tzar. Plusieurs fois, il avait furtivement allongé sa main pour saisir le pan de l'habit du prince, mais il n'y était pas parvenu.

— Quel est ce rat? demanda le Tzar en désignant l'inconnu.

Mais il avait déjà réussi à se perdre dans la foule.

— Écartez-vous, dit Ivan, attrapez-moi ce gaillard qui se cache derrière vous.

Quelques opritchniks se jetèrent dans la foule et tirèrent le coupable.

— Qui es-tu? demanda Ivan avec un regard soupçonneux.

— C'est mon écuyer, s'empressa de dire Sérébrany en reconnaissant son vieux Michée, il ne m'a pas vu depuis...

— Oui, oui, Sire, affirma Michée en bredouillant de crainte et de joie, sa Seigneurie dit la pure vérité... Je ne l'ai pas vu depuis le jour où il a été pris. Laissez-moi, Sire, contempler mon boyard. Bonté divine, Nikita Romanovitch, je désespérais de te revoir.

— Qu'avais-tu donc à lui dire? demanda le Tzar en continuant à regarder Michée avec défiance, pourquoi te cachais-tu?

— Je craignais tes opritchniks, tu sais toi-même ce que c'est que ces gens...

Michée se mordit la langue.

— Quels gens sont-ce donc? demanda Ivan en cherchant à donner à ses traits une expression bienveillante, parle sans crainte, vieillard, quels gens sont mes opritchniks?

Michée regarda le Tzar et se rassura.

— Mais des gens comme nous n'en avons jamais vus avant la campagne de Lithuanie. Sire, dit-il tout-à-coup entièrement rassuré par l'expression bienveillante du Tzar, soit dit sans les offenser, ce sont des gens peu sûrs.

Le Tzar regarda attentivement Michée, n'en revenant pas de rencontrer autant de franchise chez l'écuyer que chez le maître.

— Qu'as-tu donc à le regarder avec des yeux qui sortent de leur orbite? dit la nourrice. Voudrais-tu, par hasard, le dévorer? Ne dit-il pas la vérité? A-t-on jamais vu auparavant en Russie de pareils bandits?

Michée se réjouit de cet auxiliaire. — Oui, ma bonne femme, dit-il, c'est d'eux que provient tout le mal. Ce sont eux qui ont calomnié mon maître. Ne les crois pas, Sire, ne les crois pas. Ils ont des têtes de chiens sur leur armure et ils aboyent comme des chiens. Mon maître t'a fidèlement servi ; Viazemski et Khomiak l'ont calomnié. Cette brave femme dit la pure vérité : jamais on n'a vu de pareils vauriens en Russie !

Et, jetant un coup d'œil sur les opritchniks qui l'entouraient, il se rapprocha de Sérébrany en murmurant : Vous avez beau être des loups, vous ne m'avalerez pas maintenant.

En apparaissant sur le perron, le Tzar s'était déjà décidé à grâcier les brigands ; il voulait seulement les laisser un moment dans l'incertitude. Les observations de la nourrice étaient venues mal à propos et avaient failli l'agacer, mais par bonheur il était en humeur libérale ; il eut l'idée de se moquer d'Onouvriéfna, de l'abaisser vis-à-vis des courtisans tout en jouant un mauvais tour à l'écuyer de Sérébrany.

— Tu n'aimes donc pas les opritchniks? lui dit-il d'un air bienveillant.

— Qui est-ce qui peut les aimer? Depuis le jour de notre retour de Lithuanie ils n'ont causé qu'une série d'infortunes à mon maître. Si ces maudits vauriens n'existaient pas, mon maître aurait continué à jouir de ta faveur.

Ici Michée jeta de nouveau un regard furtif sur la garde particulière du Tzar, tout en se disant : c'est égal, j'y perdrai peut-être ma tête, mais je justifierai mon maître aux yeux du Tzar.

— Tu as de braves écuyers, dit celui-ci à Sérébrany. Je voudrais avoir de tels serviteurs ! Y a-t-il longtemps qu'il est auprès de toi ?

— Depuis son enfance, s'empressa de répondre Michée, de plus en plus rassuré. J'ai servi son père, mon père a servi son grand-père et, si j'avais des enfants, ils serviraient ses enfants.

— Tu n'as donc pas d'enfants, mon bon vieux, demanda Ivan avec une affabilité croissante.

— J'avais deux fils, Sire, mais Dieu me les a pris. Tous deux ont été tués à la bataille de Polotsk, lorsque mon maître dégagea cette ville avec le prince Pronski. Mon aîné a eu la tête fendue d'un coup de sabre polonais ; le cadet a reçu une balle en pleine poitrine, là un peu au-dessus du sein gauche.

Et Michée indiqua du doigt sur sa poitrine la place où son fils avait été frappé.

Ivan fit semblant de prendre un vif intérêt à Michée. — Que veux-tu, mon vieux, lui dit-il, Dieu t'a pris ceux-là, il faut en avoir d'autres.

— Et où veux-tu que j'en prenne ? Ma femme est morte depuis longtemps.

— Eh bien ! dit le Tzar, comme en cherchant à consoler le vieil écuyer, avec l'aide de Dieu, tu peux en trouver une autre.

Michée éprouvait un vif plaisir à causer avec le Tzar. — Je sais bien, lui répondit-il en souriant, que cette marchandise ne manque pas, mais je deviens vieux et ce n'est plus mon affaire.

— Il y a femme et femme, fit observer Ivan.

Et saisissant Onoufriévna par sa houppelande : Voici une ménagère pour toi, dit-il en la poussant en avant ; épouselà, vivez en bonne intelligence et ayez une nombreuse postérité.

Comprenant la plaisanterie du Tzar, les opritchniks éclatèrent de rire tandis que Michée épouvanté regardait le Tzar pour savoir s'il parlait sérieusement. Or, Ivan ne riait plus.

Les yeux éteints de la nourrice s'enflammèrent d'indignation. — Impudent, impie ! s'écria-t-elle en menaçant le Tzar. Je t'apprendrai à te moquer de moi, homme sans cœur, maudit hérétique !

Dans sa fureur, la vieille frappait de son bâton les dalles du perron ; ses lèvres, tremblaient plus encore que de coutume, son nez devint bleu.

— Ne fais donc pas tant de façons, ma bonne, dit le Tzar ; je te donne-là un excellent mari ; il te fera des cadeaux, te rendra sage et raisonnable. Nous allons vous marier, ce soir, après vêpres.

— Eh bien ! mon vieux, que dis-tu de ta nouvelle ménagère ?

— Aie pitié de moi, seigneur, s'écria Michée hors de lui !

— Comment ? elle ne serait pas de ton goût ?

— Oh non ! s'écria le pauvre écuyer en reculant.

— A force de vivre ensemble, vous finirez par vous aimer ; je lui constituerai une belle dot.

Michée considéra avec terreur la vieille nourrice que le Tzar retenait toujours par sa houppelande.

— Seigneur Tzar, s'écria-t-il tout-à-coup en tombant à genoux, fais-moi supplicier, mais ne m'impose pas une pareille honte ! Plutôt le billot que ce mariage !

Pendant quelque temps, Ivan se tut, puis il partit d'un éclat de rire prolongé. Il lâcha la nourrice, qui s'empressa de fuir en débitant des injures et en crachant de tous les côtés.

— Que voulez-vous, dit enfin le Tzar, j'ai pensé faire votre bonheur à tous deux, mais je ne prétends pas vous marier malgré vous. Continue, comme par le passé, à servir ton maître. Et toi, Nikita, approche ici. Je te pardonne ta seconde faute comme je t'ai remis la première. Quant à ces déguenillés, je n'en ferai pas des opritchniks ; ceux-ci pourraient s'en formaliser. Qu'ils aillent à Izdra s'incorporer dans les troupes de frontières. Puisqu'ils sont amateurs de Tatars, ils en trouveront là. Pour toi, continua le Tzar, d'un ton singulièrement bienveillant, sans aucune teinte d'ironie et en posant sa main sur l'épaule de Sérébrany, reste auprès de moi ; je te réconcilierai avec les opritchniks. Lorsque tu nous connaîtras mieux, tu cesseras de nous fuir. C'est une bonne chose que de battre les Tatars, mais j'ai des ennemis pires qu'eux. C'est ceux-ci qu'il faut que tu t'habitues à mordre et à balayer.

Et le Tzar frappa familièrement sur l'épaule de Sérébrany.

Nikita, ajouta-t-il avec bienveillance et en tenant toujours sa main sur l'épaule du prince, ton cœur est droit, ton langage est franc : j'ai besoin de serviteurs comme toi. Inscris-toi dans les opritchniks, je te donnerai le poste qu'occupait Viazemski. J'ai foi en toi, tu ne me trahiras pas.

Tous les opritchniks regardèrent Sérébrany avec jalousie ; ils voyaient en lui un nouvel astre levant ; ceux qui se tenaient un peu loin du Tzar commençaient déjà à chuchotter, à témoigner leur mécontentement de ce que le Tzar, sans faire attention à leurs services, mettait au-dessus d'eux un disgrâcié, un boyard de vieille roche, un descendant d'une antique race princière.

Mais le cœur de Sérébrany était serré par les paroles d'Ivan. Faisant un violent effort sur lui, il lui dit : Sire, je te remercie de ta faveur, mais permets-moi aussi de rejoindre les troupes des frontières. Je n'ai rien à faire ici, je ne suis pas fait aux mœurs de la Sloboda, tandis que là je puis te servir avec fruit.

Ah ! dit Ivan en retirant sa main de l'épaule de Sérébrany, cela signifie que nous ne convenons pas à son Excellence. Il est apparemment plus honorable de rester avec des voleurs que d'être le capitaine de mes gardes ! Eh bien ! continua-t-il ironiquement, je ne force l'amitié de personne et ne veux retenir personne malgré lui. Puisque vous vous êtes habitués les uns aux autres, servez ensemble. Bon voyage, ataman de Brigands !

Et, jetant un méprisant regard sur Sérébrany, le Tzar lui tourna le dos et rentra dans le palais.

CHAPITRE XXXVIII

LE DÉPART DE LA SLOBODA.

Godounof proposa à Sérébany de demeurer chez lui jusqu'à son entrée en campagne. Cette fois l'invitation était sincère, car Boris, auquel aucune parole ni aucun mouvement du Tzar n'échappait, s'était convaincu qu'il n'y avait aucun orage dans l'horizon et qu'Ivan se bornerait à de la froideur vis-à-vis de Sérébrany.

Fidèle à la promesse qu'il avait faite à Maxime, Sérébrany se rendit, en quittant le palais, chez la mère de son frère d'adoption et lui remit sa croix. Maliouta était absent, la bonne vieille avait déjà appris la mort de son fils ; elle accueillit Sérébrany comme un parent ; elle n'osa pourtant pas le retenir, redoutant le retour de son mari ; elle le reconduisit jusqu'au perron et lui donna sa bénédiction comme s'il eût été son propre fils.

Le soir, lorsque Godounof eût conduit son hôte dans sa

chambre et lui eut souhaité une bonne nuit, Michée s'abandonna à la joie d'avoir retrouvé son maître.

— Enfin, boyard, dit-il, le soleil a lui pour moi après bien des jours de ténèbres ! Depuis que tu as été arrêté, il me semble n'avoir pas vu la lumière du bon Dieu. Je n'ai fait qu'aller et venir entre Moscou et la Sloboda dans l'espoir d'avoir de tes nouvelles. Lorsque j'appris ce matin que tu étais de retour avec ces aventuriers, je me suis mis à courir vers la place du palais aussi vite que mes vieilles jambes me le permettaient, mais le Tzar était déjà sur le perron. Je suis parvenu à fendre la foule, j'allais toucher le pan de ton habit lorsque le Tzar m'a aperçu. Ai-je eu peur, mon Dieu ! De ma vie je ne l'oublierai jamais ! Je ferai dire demain deux *Te Deum*, l'un pour la conservation de ta santé, l'autre pour remercier Dieu de m'avoir préservé de cette vieille sorcière, de n'avoir pas permis qu'une telle infamie s'accomplît.

Et Michée se mit à raconter longuement tout ce qui lui était arrivé depuis le pillage de la maison de Morozof; comment il avait été trouver Persten ; comment, de retour au moulin, il y avait rencontré Hélène Dmitrievna et s'était chargé de la conduire dans la propriété de son époux.

Les nombreuses digressions de Michée agaçaient Sérébrany.

— Je ne suis pas aveugle, Nikita Romanovitch, disait le vieillard, je me tais, mais je sais tout. J'avoue que tes visites chez Droujina Andréevitch me déplaisaient souverainement. « Il n'en résultera rien de bon, » me disais-je à moi-même. J'avais honte pour toi de te voir assis à la même table que lui, en vous voyant boire à la même coupe. Tu me comprends, n'est-ce pas ? Je n'ignore pas que ce n'est pas ta faute ; on ne sait pas comment ces sortes de choses vous empoignent, mais c'était un péché vis-à-vis de Morozof. Maintenant, c'est autre chose; elle n'a plus à répondre de ses actions devant son mari, dont le bon Dieu a l'âme. Puis, elle est trop jeune, la colombe, pour rester veuve.

— Cesse tes reproches, Michée, dit Sérébrany avec humeur, dis-moi vite où elle est et ce qui lui est arrivé.

— Attends, Batiouchka, laisse-moi t'informer de tout cela avec ordre. Vois-tu, lorsque revenant de chez le brigand, je retournai au moulin, le meunier me dit : « L'oiseau féerique est tombé dans ma cage, porte-le au Tzar de Dalmatie ! » Je ne compris pas d'abord de quel oiseau et de quelle Dalmatie il voulait parler, mais lorsqu'il me montra la boyarine, je devinai que c'était d'elle qu'il s'agissait. Nous voilà en route avec elle pour le domaine de Droujina Andréevitch. Tout d'abord, elle n'avait ni bouche ni yeux ; elle se décida pourtant à me demander des nouvelles de son mari, puis des tiennes, comme si cela avait été par hasard. Rêveries de femmes, que tout cela ! Je lui dis tout ce que je savais ; cela la rendit toute triste, la pauvre chère dame ; elle ne dit plus un seul mot durant le reste du trajet. Je remarquai qu'en approchant de la terre de Morozof, elle s'inquiétait. « Qu'as-tu donc ? » lui demandai-je. Cette question la fit fondre en larmes. J'essayai de la consoler. « Ne te chagrine pas, lui dis-je, Morozof se porte bien. » Au nom de Morozof, elle se mit à pleurer encore davantage. Je la regardai et ne sus plus que lui dire. « Le prince Nikita est, il est vrai, en prison, continuai-je, mais probablement il se porte aussi très-bien. » Je sentais que je parlais à tort et à travers, mais il fallait bien dire quelque chose. Lorsque j'eus prononcé ton nom, elle arrêta brusquement son cheval. « Non, dit-elle, je ne puis aller dans la propriété de mon mari. — Mais où veux-tu donc aller ? lui demandai-je. — Vois-tu ces croix dorées briller au-dessus de la forêt ? — Oui, je les vois. — C'est un monastère de femmes, dit-elle, je le connais, menez-y moi. » Je fis tout mon possible pour la détourner de son projet, mais elle ne voulut pas en démordre. « J'y resterai une huitaine de jours, j'y prierai Dieu, j'en informerai Droujina Andréevitch, il m'enverra chercher. » Toute résistance était inutile ; je la conduisis au monastère et je l'y ai laissée entre les mains de l'abbesse.

— Combien y a-t-il d'ici à ce monastère ? demanda Sérébrany.

— Il est à une quarantaine de verstes du moulin ; de Moscou, cela doit être un peu plus loin. Du reste, c'est presque sur notre chemin en allant à Jizdra.

— Michée, dit Sérébrany, rends-moi un service. Je ne puis quitter la Sloboda avant demain matin ; mes hommes doivent prêter serment au Tzar, mais toi, tu peux partir cette nuit ; va trouver la boyarine, raconte-lui tout, demande-lui de me recevoir, insiste surtout pour qu'elle ne se décide à rien avant de m'avoir vu.

— J'entends, Batiouchka, mais de quoi as-tu peur ? qu'elle prenne le voile ? cela n'arrivera pas. Un an s'écoulera, elle pleurera, c'est naturel, c'est indispensable, comment ne pas pleurer Droujina Andréevitch, que Dieu ait son âme ! puis au bout d'un an, nous fêterons votre mariage : on ne peut pas pleurer un siècle.

Cette même nuit, Michée partit pour le monastère et dès l'aube Sérébrany alla prendre congé de Godounof. Boris était déjà rentré des matines, auxquelles il assistait régulièrement avec le Tzar.

— Comment, te voilà déjà debout ? prince, lui dit-il. C'est bon pour nous autres hermites, mais après la journée d'hier tu aurais pu te reposer. Aurais-tu été mal chez moi ?

Et le fin regard de Godounof laissait comprendre qu'il devinait la cause de l'insomnie du prince.

L'aménité de Boris, le sincère intérêt qu'il lui avait montré, les services qu'il lui avait rendus, surtout sa dissemblance avec les autres courtisans attiraient vers lui Nikita Romanovitch. Il s'ouvrit avec lui touchant Hélène.

— Je sais tout cela depuis longtemps, dit en souriant Boris ; j'ai deviné tout cela à ta façon de regarder Viazemski. Et lorsque je faisais tomber la conversation sur Morozof, tu n'en parlais qu'à contre-cœur, quoique vous fussiez fort liés. Tu ne sais pas dissimuler, prince ; tout ce que tu penses se reflète immédiatement sur ton visage. Ta parole est aussi par trop franche ; permets-moi de te le faire observer. J'ai tremblé pour toi lorsque hier tu as si formellement refusé au Tzar d'entrer dans les opritchniks

— Et que pouvais-je lui répondre ?

— Il fallait le remercier et accepter cette faveur.

— Tu plaisantes, Boris Féodorovith ! Comment le remercier pour une pareille proposition ? toi-même fais-tu partie des opritchniks ?

— Pour moi, c'est autre chose, prince ; je sais ce que je fais ; je ne m'oppose jamais à la volonté du Tzar, mais je me suis posé sur un tel pied, qu'il ne me proposera jamais de m'enrôler dans les opritchniks. En acceptant le poste de Viazemski, en devenant le capitaine des gardes du Tzar et en même temps son favori, tu aurais rendu un immense service au pays tout entier. Nous aurions réuni nos efforts, nous aurions fini par faire licencier les opritchniks.

— Jamais je n'y serais parvenu, Boris ; tu dis toi-même que toutes mes pensées se lisent sur ma figure.

— C'est parce que tu ne veux pas te contraindre, prince. Si tu avais pu faire violence à ta franchise et entrer dans les opritchniks, ne fût-ce que pour la forme, que n'aurions-nous pas accompli tous deux ! Au lieu de cela qu'arrive-t-il ? je demeure seul à me heurter contre les obstacles, comme un brochet contre la glace ; je suis obligé d'épier tout le monde, de peser chacune de mes paroles. Il y a des moments où j'en perds la tête, tandis que si nous étions deux auprès du Tzar, notre force serait doublée. Des hommes comme toi ne se rencontrent pas souvent, prince. Je te l'avoue franchement, j'avais jeté mes vues sur toi dès notre première entrevue.

— Je ne vaux rien pour une pareille entreprise, Boris; toutes les fois que j'ai essayé de me conformer aux habitudes d'autrui, il n'en est rien résulté de bon. Pour toi, c'est autre chose, tu es fort dans cette partie. J'avoue que cela me déplaisait au commencement de t'entendre dire tout le contraire de ce que tu pensais ; mais maintenant je conçois ta tactique et je l'excuse. Mais, si je voulais en faire autant, je ne le pourrais pas ; Dieu ne m'a pas donné cette faculté, il n'y a plus du reste à parler de tout cela ; tu sais que je vais à la frontière.

— Cela ne fait rien, prince, tu battras de nouveau les Tatars, le Tzar t'appellera de nouveau auprès de lui. Tu ne peux plus être son capitaine des gardes, mais tu pourrais toujours te laisser inscrire dans les opritchniks. Quand même tu n'aurais pas l'occasion de battre les Tatars, il faut bien que tu retournes à Moscou, lorsque le temps du veuvage d'Hélène sera passé. Ne crains pas qu'elle prenne le voile, laisse-lui le temps de sécher ses larmes et, si tu le veux, je serai ton garçon d'honneur.

— Merci, Boris, merci. J'ai vraiment honte de tout ce que tu as fait pour moi sans que je puisse le reconnaître. Je n'hésiterais pas un moment à te sacrifier ma vie, s'il le fallait, mais ne me propose pas de devenir opritchnik ou favori du Tzar. Il faut pour cela ou n'avoir pas de conscience, ou avoir ton habileté, et moi je n'aurais qu'inutilement tordu mon âme. A chacun Dieu a tracé sa voie : le vol du faucon n'est pas le même que celui du cygne, mais cela importe peu, pourvu que chacun serve la vérité et la justice.

— Alors, tu ne me reproches plus, prince, d'avoir préféré le chemin de traverse à la grande route ?

— C'eût été de ma part un grand péché que de t'adresser un pareil reproche. Sans me compter, que de bien tu as fait à d'autres ! Sans toi, il en aurait cuit à mes pauvres gens ! Aussi le peuple t'aime ; tous mettent en toi leur confiance, tout le pays commence à fixer les yeux sur toi.

Un léger incarnat colora le teint basané de Godounof et un éclair de joie brilla dans ses yeux. Ce n'était pas pour lui un mince triomphe que d'avoir l'approbation d'un homme comme Sérébrany ; les éloges qu'il venait de recevoir lui donnaient la mesure de l'influence qu'il avait acquise

— A mon tour, prince, je te remercie. Je ne te demande plus qu'une chose : puisque tu es décidé à ne pas m'aider, du moins, lorsque tu entendras mal parler de moi, n'y ajoute pas foi et relève les calomniateurs.

— Sois tranquille, Boris, je ne permettrai à personne de parler mal de toi. Mes aventuriers prient déjà Dieu pour la conservation de ta santé et, lorsqu'ils rentreront chez eux, ils enjoindront à tous les leurs de prier pour toi. Mais Dieu veuille que tu ne perdes pas la tête au milieu de ce chaos !

— Dieu protége ceux qui n'ont pas de méchants desseins, dit Godounof en baissant modestement les yeux. Tout est d'ailleurs entre ses mains. Au revoir, prince, à bientôt ; n'oublie pas que tu m'as promis de m'inviter à tes noces.

Ils s'embrassèrent cordialement et Sérébrany sortit tout joyeux. Il avait une haute idée de la perspicacité de Godounof; ses craintes au sujet d'Hélène se dissipèrent. Bientôt après il quittait la Sloboda à la tête de sa bande ; mais, dès qu'il eut franchi les barrières survint un incident qui, d'après les idées du temps, devait être considéré comme un mauvais augure.

La bande fut arrêtée près d'une église par une foule compacte de mendiants qui, se pressant devant le porche, attendaient sans doute quelques abondantes aumônes de hauts personnages qui allaient sortir de l'église. En avançant lentement, Sérébrany entendit les chants de la messe des morts et voulut savoir qui l'avait ordonnée. On lui répondit que c'était Maliouta qui faisait célébrer un service pour le repos de l'âme de son fils Maxime, tué par les Tatars. Au même instant retentit un grand cri et l'on vit quelques personnes emportant une vieille dame évanouie ; sa figure pâle était inondée de larmes, ses cheveux gris s'échappaient en désordre d'un petit bonnet de velours. C'était la mère de Maxime. Derrière elle sortit Maliouta, vêtu d'habits de deuil ; son regard se croisa avec celui de Sérébrany, mais les yeux de Maliouta n'avaient plus leur expression habituelle de férocité : ils étaient fixes et mornes. Après avoir fait déposer sa femme sur le portique, il rentra dans l'église pour assister à la fin de la messe, pendant que Sérébrany et ses gens passaient, nu-têtes et faisant le signe de la croix, devant la grande porte de l'église à travers laquelle arrivèrent jusqu'à eux les notes lugubres du De profundis.

Ces tristes chants, le souvenir de Maxime impressionnèrent vivement Sérébrany ; mais il se rappela les paroles consolantes de Godounof et l'émotion produite par la messe des morts s'effaça bientôt de son esprit. Arrivé à l'angle que décrivait la route en s'enfonçant dans la forêt, il se retourna du côté de la Sloboda et, lorsque les coupoles dorées du palais d'Ivan disparurent derrière les arbres, il se sentit soulagé d'un poids énorme. La matinée était fraîche, le soleil éclatant. Bien vêtus, bien armés, les ci-devant brigands marchaient d'un pas résolu derrière Sérébrany, escorté par quelques cavaliers. Une obscurité verdâtre les enveloppait de tous côtés. Plein d'une impatiente ardeur, le cheval de Sérébrany arrachait en passant les feuilles des arbres à sa portée et Bouïan, qui ne quittait plus le prince depuis la mort de Maxime, ouvrait la marche, levant de temps à autre son museau pour aspirer l'air et dressant ses oreilles chaque fois qu'un son lointain retentissait dans la forêt.

CHAPITRE XXXIX

UNE DERNIÈRE ENTREVUE.

La bande de Sérébrany avait déjà fait plusieurs journées. Un soir, elle s'arrêta pour passer la nuit, au carrefour d'où partait la route conduisant au monastère ; le prince quitta ses gens et s'achemina seul à la rencontre de Michée, qui lui avait promis de lui apporter des nouvelles d'Hélène. Il marcha toute la nuit sans s'arrêter ; au point du jour, il se trouva à un nouveau carrefour où il vit un brasier à moitié éteint et Michée assis à côté. Deux chevaux tout sellés paissaient tout auprès.

En entendant le pas d'un cheval, Michée se redressa vivement. — C'est toi, mon seigneur, s'écria-t-il en reconnaissant son maître, ne va pas plus loin, retourne sur tes pas ; il n'y a plus rien à faire !

— Qu'est-il arrivé ? demanda Sérébrany plein d'angoisse.

— Tout est fini, seigneur, Dieu n'a pas voulu nous donner le bonheur.

Sérébrany sauta à bas de son cheval. Parle, dit-il, qu'est-il arrivé à Hélène ?

Le vieillard se taisait. Mais qu'est-il donc arrivé ? reprit Sérébrany, pâle de terreur.

— Il n'y a plus d'Hélène, dit tristement Michée, il y a la sœur Eudoxie.

Sérébrany chancela et s'appuya sur un arbre pour ne pas tomber. Michée le regardait d'un air sombre et désespéré.

— Il n'y a plus rien à faire, la volonté de Dieu s'est accomplie ! Il paraît que nous ne sommes pas nés sous une heureuse étoile.

— Raconte-moi tout, dit Sérébrany, en se raidissant contre son malheur, ne me ménage pas. Quand a-t-elle pris le voile ?

— Lorsqu'elle a reçu la nouvelle du supplice de Morozof, lorsqu'on a reçu au couvent la liste des suppliciés pour lesquels le Tzar exigeait des prières, la veille enfin du jour où je suis arrivé auprès d'elle.

— L'as-tu vue ?

— Oui.

Sérébrany voulut parler, mais les paroles expirèrent sur ses lèvres.

— Je ne l'ai vue qu'une seconde, ajouta Michée; elle avait d'abord refusé de me voir.

— Que t'a-t-elle chargé de me dire ? fit Sérébrany avec effort.

— De prier pour elle.

— Et puis ?

— Et puis, rien.

Michée, dit le prince, après un court silence, mène-moi au couvent; je veux lui dire adieu.

Le vieillard secoua la tête. Pourquoi la voir, Batiouchka, ne la trouble plus davantage ; elle est maintenant une chose sacrée. Retournons plutôt et marchons droit sur Jizdza.

— Je ne puis, dit Sérébrany.

Michée secoua de nouveau la tête et lui amena un de ses chevaux.

— Prends celui-ci, dit-il, le tien est tout couvert d'écume.

Et ils prirent en silence le chemin du monastère. La route suivait la forêt. Les cavaliers entendirent bientôt le bruit de l'eau et aperçurent un ruisseau qui se frayait un chemin à travers les roseaux.

— Reconnais-tu cet endroit? demanda tristement Michée.

Sérébrany leva la tête et vit les traces d'un récent incendie. Çà et là, la terre venait d'être profondément remuée : des restes de maison, une roue brisée indiquaient qu'un moulin avait dû exister à cette place.

— Lorsqu'ils ont arrêté le sorcier, dit Michée, ils ont détruit sa tanière. Ils espéraient y découvrir un trésor.

Sérébrany jeta un regard indifférent sur ces ruines et tout deux poursuivirent leur route en silence. Au bout de quelques heures de marche, la forêt devint plus claire. Une enceinte blanche se montra à travers les arbres et le monastère apparut au milieu d'une prairie. A l'encontre des bâtiments de ce genre, il n'était pas bâti sur une éminence. De ses fenêtres étroites et grillées, on n'apercevait pas de vastes dépendances : le regard ne rencontrait partout que des troncs de sapins et leur sombre verdure enlaçait les murs de la maison ; les environs étaient tristes et déserts, la communauté semblait pauvre.

Les deux cavaliers descendirent de cheval et frappèrent à la porte. Au bout de quelques minutes, on entendit le bruit d'un trousseau de clefs.

— Gloire à Notre-Seigneur Jésus-Christ ! dit Michée à voix basse.

— Dans tous les siècles des siècles, répondit la sœur portière en ouvrant un judas. Que demandez-vous ?

— La sœur Eudoxie, dit à demi-voix Michée qui craignait de raviver les douleurs de son maître en prononçant trop distinctement ce nom. Tu me connais, car j'ai été ici il n'y a pas longtemps.

— Je ne puis te connaître, répondit la sœur, car je ne suis chargée que de ce matin de la porte où était auparavant sœur Agnès... Et la nonne considérait avec crainte les arrivants.

— Cela ne fait rien, continua Michée, laisse-nous entrer. Informe l'abbesse que le prince Nikita Romanovitch Sérébrany est arrivé.

La portière jeta un regard craintif sur Sérébrany, fit un pas en arrière et ferma brusquement le judas. On l'entendit s'éloigner précipitamment en murmurant : Seigneur Jésus-Christ, aie pitié de nous!

— Que signifie cela ? pensa l'écuyer. Pourquoi a-t-elle peur de mon maître ?

Il regarda le prince et comprit que son armure couverte de poussière, son habit déchiré par les ronces, ses yeux inquiets et hagards avaient pu effrayer la religieuse. L'expression de la figure de Nikita avait tellement changé que Michée lui-même n'aurait pas reconnu son maître s'il n'était arrivé avec lui.

Au bout de quelque temps, on entendit de nouveau pas de la portière.

— Veuillez ne pas nous en vouloir, dit-elle en tremblant à travers la porte, notre abbesse ne peut pas vous recevoir maintenant ; venez plutôt demain après matines.

— Je ne puis attendre ! s'écria Sérébrany, et d'un coup de pied, il enfonça la clôture et entra dans la cour. Il se trouva en face de l'abbesse presqu'aussi pâle que lui-même.

— Au nom du Christ notre Sauveur, dit-elle d'une voix tremblante, arrête-toi... je sais pourquoi tu es venu... mais Dieu punit ceux qui perdent les âmes et le sang innocent retombera sur ta tête !

— Révérende mère, répondit Sérébrany, ne comprenant rien à cette terreur, mais trop ému pour être surpris de quelque chose, laisse-moi voir la sœur Eudoxie. Quand ce ne serait que pour un instant, pour lui faire mes adieux.

— Lui faire tes adieux ! répéta l'abbesse. Tu ne veux réellement que lui faire tes adieux ?

— Laisse-moi lui faire mes adieux, révérende mère, et je donnerai toute ma fortune à ton monastère.

L'abbesse le regarda avec défiance.

— Tu as pénétré ici de force, dit-elle, tu t'intitules prince et Dieu sait qui tu es, dans quel but tu es venu..... Je sais que les opritchniks parcourent maintenant les monastères et exterminent les épouses et les sœurs des hommes justes qu'on a récemment suppliciés à Moscou... La sœur Eudoxie est veuve d'un boyard supplicié.....

— Je ne suis pas un opritchnik, s'écria Sérébrany, j'aurais donné tout mon sang pour Morozof. Laisse-moi voir la boyarine !

Les traits de Sérébrany réflétaient la loyauté et la franchise. L'abbesse se rassura et le regarda avec sympathie.

— Je suis coupable à ton égard, dit-elle. Grâce à Jésus-Christ et à sa Mère Immaculée, je vois maintenant que je me suis trompée ; tu n'es pas un opritchnik. La portière m'a effrayée, je ne songeais qu'à gagner du temps et à cacher sœur Eudoxie. Les temps sont difficiles ; ceux qui sont tombés en disgrâce auprès du Tzar ne peuvent même pas trouver un refuge dans les monastères. Mais, grâce à Dieu, je me suis trompée. Si tu es un ami ou un parent de Morozof, je te conduirai auprès de sa veuve. Suis-moi, sa cellule est là derrière.

L'abbesse conduisit Sérébrany à travers le jardin vers une cellule isolée, cachée derrière une touffe d'églantiers et de chèvre-feuilles. Vêtue de noir, couverte d'un voile, Hélène était assise sur un banc devant la porte. Les rayons du soleil couchant l'éclairaient à travers d'épais érables et doraient au-dessus de sa tête les feuilles jaunissantes. L'été tirait à sa fin ; les dernières fleurs des églantiers s'effeuillaient ; la robe noire de la recluse était couverte de leurs pétales vermeilles. Hélène contemplait mélancoliquement la chute lente et monotone des feuilles d'érable jaunies ; c'est à peine si elle entendit le bruit des pas qui approchaient.

Levant la tête, elle vit l'abbesse et fit un pas à sa rencontre ; mais, en reconnaissant tout à coup Sérébrany, elle poussa un cri, appuya les mains sur son cœur et retomba épuisée sur le banc.

— N'aie pas peur, mon enfant, dit l'abbesse d'un ton caressant ; c'est quelqu'un que tu connais, un ami de ton défunt époux qui est venu exprès pour prendre congé de toi.

Hélène ne put répondre. Elle tremblait et regardait avec frayeur le prince. Tous deux demeurèrent longtemps silencieux.

— C'est ainsi, dit enfin Sérébrany, que nous étions destinés à nous revoir !

— Nous ne pouvions nous revoir autrement, dit à peine intelligiblement Hélène.

— Pourquoi ne m'as-tu pas attendu, Hélène Dmitriévna ?

— Si je t'avais attendu, murmura-t-elle, je n'aurais pas eu assez de force... tu ne m'aurais pas laissée... j'en ai bien assez comme cela à me reprocher...

Nouveau silence. Le cœur de Sérébrany battait violemment. — Hélène Dmitriévna, dit-il d'une voix entrecoupée par l'émotion, je viens te faire un éternel adieu. Laisse-moi voir une dernière fois tes yeux, lève ton voile.

Hélène souleva de sa main amaigrie le voile noir qui couvrait le haut de son visage et le prince revit ses yeux calmes mais rougis par les larmes, voilés par l'insomnie et la souffrance.

— Adieu, Hélène, s'écria-t-il, adieu pour toujours ! Dieu veuille me faire oublier que nous aurions pu être heureux !

Non, Nikita Romanovitch, dit tristement Hélène, le bonheur n'a pas été fait pour nous. Le sang de Droujina Andréevitch nous en sépare. Je suis cause qu'il est tombé en disgrâce, qu'il est mort. Jamais nous n'aurions pu être heureux. Et qui est-ce qui peut l'être maintenant ?

— Oui, répéta Sérébrany, qui est-ce qui peut être heureux

maintenant ? Dieu n'est pas clément aujourd'hui pour la sainte Russie. Cependant, jamais je n'aurais pensé que, vivants, nous pussions ainsi nous séparer pour toujours !

— Pas pour toujours, reprit Hélène avec un triste sourire, mais seulement ici-bas, pour cette vie. Cela devait être ainsi. Il ne nous convenait pas d'avoir une seule joie lorsque le pays tout entier est aussi malheureux.

— Pourquoi, dit Sérébrany d'un air sombre, n'ai-je pas été tué par les Tatars ? pourquoi le Tzar ne m'a-t-il pas fait trancher la tête lorsque je la lui ai apportée ? Que me reste-t-il donc à faire dans ce monde ?

— A porter ta croix, Nikita, comme je porte la mienne. Ton lot est plus léger que le mien. Tu peux défendre la patrie, je ne puis que prier pour toi et pleurer mes fautes.

— La patrie, s'écria Sérébrany, où est-elle cette patrie et contre qui la défendre ? Ce ne sont pas les Tatars, mais le Tzar qui la perd. Mes idées se brouillent, Hélène Dmitriévna ; toi seule tu soutenais encore ma raison ; maintenant tout est ténèbres autour de moi, je ne distingue plus la vérité du mensonge. Tout ce qui est bon périt, tout ce qui est méchant triomphe. Bien des fois Kourbski me vient à l'esprit. Tant que j'avais un but dans la vie, je chassais loin de moi ces coupables pensées ; maintenant, je n'ai plus de but, je n'ai plus de forces, ma raison s'obscurcit...

— Dieu t'éclairera, Nikita Romanovitch ; si ton bonheur est perdu, ce n'est pas une raison pour trahir ou abandonner ton pays. Dieu nous envoie cette épreuve afin que nous puissions nous retrouver dans un monde meilleur. Ne te démens pas.

Sérébrany baissa la tête. Son indignation fit place au sentiment du devoir dans lequel il avait été élevé et qu'il maintenait pur dans son cœur, lors même que la force lui manquait pour s'y soumettre.

— Porte ta croix, reprit Hélène, va où le Tzar t'envoie. Tu as refusé d'entrer dans les opritchniks, ta conscience doit donc être tranquille. Va combattre les ennemis de la Russie; je ne cesserai de prier pour toi jusqu'à ma dernière heure.

— Adieu donc, Hélène, adieu ma sœur !

Le regard d'Hélène resta calme en face des terribles émotions de Nikita. — Adieu, répéta-t-elle, et, baissant son voile, elle se retira précipitamment dans sa cellule.

Les vêpres sonnèrent. Sérébrany resta longtemps les yeux fixés sur l'endroit où avait disparu Hélène. Il n'entendit pas ce que lui disait l'abbesse, il ne sentit pas qu'elle le prit par le bras et l'emmena jusqu'à la porte d'entrée. Il monta silencieusement à cheval et reprit, en compagnie de Michée, la route de la forêt. La cloche du monastère le fit enfin sortir de cet engourdissement moral. Il comprit toute la profondeur de son malheur. Ce tintement déchirait son cœur, mais il l'écoutait avec bonheur comme s'il lui apportait les adieux d'Hélène; et lorsque ces sons cadencés, ne formant plus à distance qu'un bruit vague, expirèrent dans l'air du soir, il lui sembla qu'on venait de lui arracher l'âme et il fut saisi par le sentiment de son irrémédiable isolement.....

Le lendemain, le détachement de Sérébrany s'enfonçait de plus en plus dans la forêt de Briansk ; le prince marchait à sa tête ; Michée le suivait de loin, n'osant pas interrompre son silence.

Sérébrany avait la tête baissée; cependant, au milieu de ses sombres pensées, un sentiment consolant lui apparaissait à l'horizon. C'était la conviction qu'il avait toujours rempli son devoir dans la mesure de ses forces, qu'il avait toujours suivi le droit chemin sans en avoir jamais intentionnellement dévié. C'est là un sentiment précieux qui, au milieu des peines et des tristesses de cette vie, se cache comme un trésor inviolable dans le cœur de l'honnête homme et en comparaison duquel tous les biens de ce monde, tout ce qui constitue le but des ambitions humaines n'est que poussière et néant.

Cette profonde conviction d'avoir accompli son devoir soutenait Sérébrany. En repassant les moindres détails de ses adieux avec Hélène, en se rappelant chacune de ses paroles, il trouvait une triste consolation dans cette pensée qu'il eût été honteux pour lui d'être seul heureux à l'époque épouvantable qu'on traversait, qu'il valait mieux qu'il portât avec tous ses frères sa part dans l'infortune générale. Les paroles de Godounof lui revinrent à l'esprit, il sourit avec amertume au souvenir de l'assurance avec laquelle son ami lui avait parlé de sa connaissance du cœur humain. « Il paraît, pensa-t-il, que Boris ne peut pas tout deviner. Les affaires de l'État, le cœur du Tzar lui sont connus ; il sait d'avance ce que dira Maliouta, ce que fera tel ou tel opritchnik, mais le cœur, le sentiment de ceux qui sont désintéressés ne sont pour lui que ténèbres. » Et involontairement il se souvint aussi de Maxime et songea que son frère adoptif lui aurait autrement parlé. Il ne lui aurait pas dit : « Elle t'attendra » ; mais « presse-toi, tue ton cheval, arrête-la pendant qu'il en est encore temps. » Au souvenir de Maxime, son isolement lui parut encore plus cruel, car il savait que personne ne pouvait, comme Maxime, sympathiser avec lui, combler par une tendre amitié le vide de son âme, lui expliquer bien des choses qu'il ne comprenait que vaguement et que, dans les préoccupations de la vie, il ne savait pas envisager d'une manière nette et résolue...

Sérébrany marchait la tête baissée, les rênes sur le cou de son cheval, à travers la forêt aussi sombre que ses pensées. Le silence n'était troublé que par le pas cadencé des brigands. Les sauvages habitants du lieu, peu habitués à redouter l'homme dans ces endroits inhabités, ne se cachaient point à la vue de la troupe ; ils grimpaient lestement sur les hautes branches et la regardaient passer avec curiosité ; des oiseaux aux couleurs variées se cramponnaient à l'écorce rugueuse des arbres, tournaient leurs têtes rouges du côté des brigands et recommençaient à frapper de leurs becs contre le bois sec.

Frappé de la majesté de cette solitude, un bandit entonna à demi-voix une chanson traînante ; ses camarades l'accompagnèrent ; bientôt toutes les voix s'unirent en un chœur dont les sonores mélodies se répercutaient au loin sous la sombre voûte des arbres.

On pourrait terminer ici ce lamentable récit, mais il reste à dire ce qui est advenu des autres personnages qui ont peut-être partagé avec Sérébrany l'intérêt du lecteur. Nous entendrons encore parler de Nikita à la fin de ce drame ; mais pour cela il faut sauter par dessus dix-sept lourdes années et nous transporter, d'un bond, à Moscou à l'époque glorieuse de la conquête de la Sibérie.

CHAPITRE XL

L'AMBASSADE D'IERMAK.

Il était déjà loin le jour où Sérébrany sortait de la Sloboda avec ses aventuriers graciés. Depuis cette époque, bien des changements étaient survenus en Russie ; il n'y avait qu'Ivan qui n'avait pas changé : tantôt entraîné par ses soupçons, il faisait supplicier les meilleurs et les plus illustres citoyens, tantôt il semblait s'amender, avouer publiquement ses fautes, envoyait aux monastères de riches dons avec la liste des suppliciés en ordonnant des prières pour le repos de leurs âmes. Il n'existait plus un seul de ses anciens familiers : le dernier, Maliouta, qui n'était jamais tombé en disgrâce, avait été tué au siége de Weissenstem en Livonie et, en son honneur, Ivan fit brûler sur un seul immense bûcher tous les prisonniers allemands et suédois. Exaspérés par ce terrible régime, n'ayant plus aucun espoir en des temps meilleurs, des milliers de Russes émigraient par bandes en Lithuanie et en Pologne.

Un seul événement heureux se produisit dans ce long espace de temps : Ivan comprit toute l'inutilité de diviser la nation russe en deux catégories dont la plus petite pressurait et torturait la plus nombreuse ; sur les instances de Godounof il abolit les odieux opritchniks, revint résider à Moscou et le terrible palais de la Sloboda d'Alexandrof devint pour toujours désert.

Entre temps, bien des misères fondirent sur le pays. La famine et la peste dépeuplaient les villes et les villages. Les Tatars firent plusieurs incursions en Russie et, dans l'une de ces campagnes, ils brûlèrent même les faubourgs de Moscou et une grande partie de la capitale elle-même. Les Suédois firent une attaque du côté du Nord; Etienne Batory, élu par la diète après la mort de Sigismond, renouvela la guerre de Lithuanie et, malgré le courage des troupes russes, il les vainquit par son habileté et enleva à la Russie toutes les provinces occidentales. Le tzarévitch Jean qui prenait part aux atrocités que commettait son père, comprit néanmoins, cette fois, l'abaissement de l'État, et demanda au Tzar la permission de conduire des troupes contre Batory. Ivan crut voir dans cette demande l'intention de le détrôner et le Tzarévitch, sauvé autrefois par Sérébrany à la mare maudite, ne put échapper, cette fois, à une mort terrible. Dans un accès de rage, son père le tua d'un coup de son bâton ferré. On raconte que Godounof, qui s'était jeté entre eux, fut cruellement blessé par le Tzar et ne dut la vie qu'aux soins et à l'habileté médicale de Strogonof, négociant de Perm.

Après ce meurtre, Ivan, saisi d'un sombre désespoir, convoqua la *Douma*, déclara qu'il voulait entrer dans un monastère et ordonna d'élire un nouveau Tzar. Il céda néanmoins aux supplications des boyards et consentit à rester sur le trône, en se contentant de se confesser et d'envoyer de riches présents aux monastères. Mais peu de temps après, les supplices recommencèrent. Odesborn affirme dans ses écrits que Ivan condamna à mort, d'un seul coup, 2,300 personnes pour les punir d'avoir, soi-disant, livré plusieurs forteresses à l'ennemi, quoique Batory lui-même eût admiré leur courage.

Perdant ses provinces l'une après l'autre, serré de tous côtés par l'ennemi, voyant la désorganisation intérieure de l'État, Ivan fut cruellement frappé dans son orgueil ; son extérieur s'en ressentit. Il se négligea dans sa tenue, sa haute taille s'affaissa, ses yeux devinrent ternes ; sa mâchoire inférieure pendait comme chez un octogénaire et ce n'était qu'en présence d'étrangers qu'il faisait des efforts pour paraître tel qu'il était auparavant : il se redressait alors fièrement et jetait un regard soupçonneux sur son entourage pour savoir si l'on s'apercevait de sa décadence. Il était dans ces instants plus effrayant encore que dans sa pleine vigueur. Jamais Moscou n'avait éprouvé une pression aussi inexorable, une terreur aussi grande.

Au milieu de cette affliction générale, il arriva de l'extrême Orient une nouvelle inattendue qui ranima le courage des cœurs chancelants et changea en joie la douleur de la nation.

Des rives lointaines de la Kama arrivèrent à Moscou les notables commerçants Strogonof, parents de ce même marchand qui avait guéri Godounof. Ils avaient reçu en don du Tzar les terres inhabitées de la province de Perm et y demeuraient en seigneurs indépendants des lieutenants du lieu, ayant leur administration et leurs propres troupes, à l'unique condition de défendre la frontière contre les incursions des peuplades sauvages de la Sibérie, tributaires nouveaux et peu sûrs de la Russie. Inquiétés dans leurs redoutes en bois par le Khan Koutchoum, les Strogonof résolurent de franchir les monts Oural et d'attaquer l'ennemi chez lui. Pour donner à cette entreprise les meilleures garanties de succès, ils eurent recours à quelques chefs d'aventuriers qui ravageaient les rives du Volga et du Don. Ces principaux chefs étaient pour lors Iermak Timoiéef et Ivan Koltzo ; ce dernier avait été jadis condamné à mort et s'était évadé des prisons du Tzar.

Ayant reçu une invitation, accompagnée de présents, des Strogonof, Iermak et Koltzo firent de nombreuses recrues sur les bords du Volga et se présentèrent devant les Strogonof. Quarante barques furent chargées de munitions en tout genre.

Ce petit détachement, après avoir fait dire des prières, s'embarqua sur la *Tchousovaia* et remonta avec de joyeuses chansons jusqu'aux sauvages montagnes de l'Oural. Battant partout les peuplades ennemies, transportant leurs barques d'une rivière à l'autre, les aventuriers parvinrent jusqu'à l'Irtich, où ils battirent et firent prisonnier le principal chef sibérien Mametkoul, et s'emparèrent de la ville de Sibérie, située sur les rives escarpées de l'Irtich. Ne se contentant pas de ce triomphe, Iermak poussa en avant, conquit tout le pays jusqu'à l'Oby et fit jurer, sur son sabre ensanglanté, aux peuplades conquises, fidélité au Tzar de toutes les Russies, Ivan Vasiliévitch. Ce fut alors seulement qu'il fit part de ses exploits aux Strogonof et qu'il envoya en même temps à Moscou Koltzo pour saluer en son nom le Tzar et lui offrir un nouveau royaume. Les Strogonof s'empressèrent d'aller porter cette bonne nouvelle au Tzar, et quelque temps après arriva l'ambassade d'Iermak.

Grande fut la joie à Moscou. Des *Te Deum* furent chantés

dans toutes les églises, les cloches sonnèrent à toutes volées comme la nuit de Pâques.

Après avoir manifesté toute sa satisfaction aux Strogonof, le Tzar fixa le jour de la réception solennelle de l'envoyé d'Iermak.

Dans la grande salle du Kremlin, entouré de tout l'éclat de la majesté royale, Ivan Vasiliévitch était assis sur le trône, coiffé du bonnet de Monomaque, couvert de vêtements d'or, ornés de saintes images et de pierres précieuses. A sa droite se tenait le Tzarévitch Théodore, à sa gauche Boris Godounof. Autour du trône se tenaient les écuyers vêtus de caftans en satins blancs, bordés d'argent, avec des haches sur l'épaule. La salle était pleine de princes et de boyards.

Remonté par les bonnes nouvelles des Strogonof, Ivan avait un air moins sombre ; on pouvait même surprendre un sourire sur ses lèvres lorsqu'il faisait quelques observations à Godounof, mais il avait bien vieilli ; ses rides s'étaient accentuées davantage, son crâne était presque dénudé, son menton complétement dégarni.

En ces dernières années, Boris Godounof était rapidement monté au faîte des honneurs. Il avait marié sa sœur Irène au Tzarévitch Théodore et portait actuellement le rang de grand écuyer. On racontait que le Tzar, voulant montrer combien il affectionnait sa bru et Godounof, leva un jour trois de ses doigts et dit en les désignant l'un après l'autre : « Voici Théodore, voici Irène et voici Boris ; je souffrirais autant si l'on me coupait un de ces trois doigts que si je perdais un de mes trois enfants chéris. »

Une si extraordinaire faveur ne provoqua dans Boris ni orgueil, ni arrogance. Il était modeste comme par le passé, affable envers tous, sobre de discours; son port devint seulement un peu plus grave et prit une dignité conforme à sa situation élevée. Ce ne fut cependant pas sans quelques atteintes à la morale que Godounof acquit l'influence qu'il exerçait et les honneurs dont il était comblé. Son caractère simple l'entraîna plus d'une fois à des actes que sa conscience réprouvait. Ainsi, voyant dans Maliouta un rival trop puissant, ayant perdu tout espoir de le supplanter, il se lia avec lui et alla jusqu'à épouser sa fille. Vingt années passées près du trône d'un Tzar comme *le Terrible* devaient fatalement avoir exercé une influence funeste sur Boris; il subissait déjà les atteintes de la triste révolution qui s'était opérée en lui et qui, au dire des contemporains, avait transformé en criminel un homme doué des plus hautes qualités.

Lorsqu'on regardait le Tzarévitch Théodore, on était frappé de la nullité de celui qui devait tenir les rênes de l'État après la mort d'Ivan. Aucun symptôme de force morale n'apparaissait sur sa figure, dépourvue d'expression. Marié depuis deux ans, il avait conservé un visage enfantin. Il était petit, rachitique, pâle et en même temps boursouflé. Il souriait constamment et jetait autour de lui des regards effarés. On assurait que le Tzar regrettait vivement son fils aîné et répétait à celui-ci : « Tu aurais dû, Fédia, naître sacristain et non Tzarévitch. »

« Dieu est miséricordieux, disait le peuple, peu importe que le Tzarévitch soit chétif, pourvu qu'il ne marche pas sur les traces de son père et de son frère; puis Godounof est là pour l'aider; celui-là saura bien gouverner l'État ! »

Les chuchotements des courtisans furent soudain interrompus par le son des trompettes et des cloches. Précédés de six officiers du palais, les ambassadeurs d'Iermak entrèrent dans la salle, suivis de Maxime, de Nikita et de Simon Strogonof. Derrière eux, on portait de riches pelleteries, des vases de forme étrange et des armes complétement inconnues. Ivan Koltzo, qui marchait à la tête de l'ambassade, était un homme d'une cinquantaine d'années, de taille moyenne, à larges épaules, avec des yeux vifs et perçants, une barbe noire et courte, légèrement grisonnante.

— Grand monarque, dit-il, en s'approchant des marches du trône, ton ataman Iermak Timoféief, à la tête des Kosaques du Volga, auxquels tu as fait naguère grâce de la vie, a tâché de se faire pardonner ses anciennes fautes : il te salue aujourd'hui en t'apportant un nouveau royaume. Aux royaumes de Kazan et d'Astrakhan que tu as conquis, ajoute celui de Sibérie pour tout le temps que Dieu fera durer ce monde.

Après avoir prononcé ces paroles, Koltzo et ses compagnons se prosternèrent devant le Tzar et touchèrent la terre avec leurs fronts.

— Relevez-vous, mes bons serviteurs, dit Ivan. Celui qui garde un mauvais souvenir de ce qui est passé doit perdre la vue, dit le proverbe ; mon ancienne disgrâce se change en faveur. Approche, Ivan Koltzo. — Et le Tzar lui tendit la main.

Pour ne pas maculer le tapis écarlate du trône, Koltzo y jeta son bonnet de poil de mouton, mit son pied dessus et, s'inclinant profondément, il approcha ses lèvres de la main d'Ivan qui le baisa au front.

— Je remercie la très-sainte et très-haute Trinité, dit Ivan en levant les yeux au Ciel. Il est évident que la miséricorde divine s'étend sur moi, car c'est au moment où je suis le plus entouré d'ennemis et que j'ai à lutter même contre mes proches, que Dieu me donne le dessus sur les païens et me permet d'agrandir glorieusement mes États.

— Et, jetant un regard triomphant sur les boyards, il ajouta d'un air menaçant : Lorsque Dieu est avec nous, personne ne peut rien contre nous. Que ceux qui ont des oreilles entendent !

Mais, songeant aussitôt qu'il était inutile de troubler la joie universelle, il revint à Koltzo d'un air bienveillant :

— Comment te plaît Moscou? as-tu vu quelque part d'aussi beaux palais, d'aussi splendides églises? mais peut-être n'est-ce pas la première fois que tu es ici?

Un sourire malicieux erra sur les lèvres de Koltzo et ses dents blanches éclairèrent sa figure basanée.

— Où veux-tu que nous autres, petites gens, nous ayons vu de pareilles merveilles? répondit-il en haussant les épaules, même en rêve nous n'avons rien entrevu de semblable. Nous vivons comme des paysans au Volga, nous ne connaissons Moscou que par oui-dire et nous n'y sommes jamais venus.

— Reste alors quelque temps avec nous, dit Ivan avec bienveillance, j'ordonnerai qu'on ait soin de toi. Quant à la missive d'Iermak, nous en avons pris lecture et nous avons déjà prescrit au prince Boïkhowski et à Ivan Gloukhof d'aller à votre aide avec 500 Streltzi...

— Nous te sommes bien reconnaissants, dit Koltzo en saluant profondément, seulement ce chiffre sera-t-il suffisant?

Ivan s'étonna de la hardiesse de Koltzo. — Tu es bien vif, lui répondit-il sévèrement. Ne voudrais-tu pas que je coure en personne à votre secours? Tu t'imagines donc que je n'ai pas d'autre occupation que votre Sibérie? J'ai besoin de mes hommes pour combattre les Tatars et les Lithuaniens. Contente-toi de ce que je te donne et arrête ce que tu pourras trouver sur ton chemin. Il y a passablement de gens sans aveu en Russie. Au lieu de passer leur temps à ne rien faire, ne vaut-il pas mieux qu'ils aillent occuper les nouvelles terres? J'ai aussi écrit à l'archevêque de Vologda de vous envoyer dix popes pour dire la messe et remplir tous les devoirs religieux.

— Nous en sommes bien reconnaissants à ta Majesté, répondit Koltzo en s'inclinant de nouveau, mais tu nous obligerais en nous donnant, outre des popes, des armes et surtout de la poudre.

— Vous n'en manquerez pas, sois tranquille. Bolkhowski a déjà un oukase de moi à ce sujet.

— Nous avons aussi pas mal usé nos vêtements, continua Koltzo avec un sourire insinuant et en remuant les épaules.

— C'est que vous n'avez trouvé personne à dévaliser sur la route de Sibérie, dit Ivan mécontent de l'insistance de l'ataman. Je vois que tu n'oublies rien de ce dont vous avez besoin, mais notre faible esprit y a également pourvu. Les vêtements vous seront fournis par les Strogonof, et moi j'ai fixé des traitements pour les chefs et les soldats. Et afin que toi, qui conseilles si bien, tu ne manques de rien, je te gratifie d'une pelisse de ma propre garde-robe.

A un signe du Tzar, deux stolniks apportèrent une riche pelisse, couverte d'un brocart d'or et en revêtirent l'ataman.

— Je vois que ta langue est bien aiguisée, mais as-tu, dit Ivan, un sabre qui le soit aussi ?

— J'en avais un, Sire, qui n'était pas mauvais, mais je l'ai quelque peu ébréché sur les crânes des Sibériens.

— Prends dans ma salle d'armes le plus beau sabre que tu pourras trouver, ne te gêne pas, choisis-en un à ton gré; je crois, du reste, que je n'ai pas besoin de te recommander de ne pas te gêner.

Les yeux de l'ataman brillèrent de joie. — Père, s'écria-t-il, de toutes les faveurs celle-ci est la plus grande ! Ce serait un péché de se faire prier lorsqu'il s'agit d'un pareil don. Je te promets de prendre le plus beau de tes sabres.

— Mais, Sire, ajouta Koltzo après un moment de réflexion, du moment que tu fais le sacrifice du meilleur sabre, permets-moi de le porter de ta part à Iermak.

— Ne t'inquiète pas de lui, je ne l'oublierai pas. Mais si tu crains que je ne sache pas le contenter, choisis deux sabres, l'un pour toi, l'autre pour Iermak.

— Que Dieu te prête longue vie ! s'écria Koltzo enthousiasmé. Sois sûr que ces deux sabres travailleront pour toi.

— Mais les sabres ne suffisent pas, reprit Ivan, il faut encore de bonnes armures. Je saurai bien en trouver de ta taille ; mais, n'ayant pas vu Iermak, je pourrais me tromper. De quelle taille est-il ?

— Mais à peu près de la mienne, seulement il a les épaules plus larges. Tiens, il est à peu près de la taille de ce gars, dit Koltzo, en désignant un de ses compagnons, solide gaillard qui, après avoir apporté une masse d'armes et l'avoir jetée par terre, se tenait derrière cet amas de ferrailles, bouche béante, en extase devant le costume du Tzar et celui des courtisans qui environnaient le trône. Il avait même essayé d'entrer en conversation avec l'un d'eux pour savoir s'ils n'étaient pas tous des Tzarévitchs, mais le courtisan le regarda d'un air tellement rébarbatif qu'il n'osa pas lui renouveler sa question.

— Qu'on m'apporte la grande armure, ordonna le Tzar, celle qui est surmontée d'un aigle et se trouve à la place d'honneur ; nous allons l'essayer sur ce lourdaud.

On apporta une lourde cotte de mailles avec une garniture de cuivre autour du cou, des manches et des pans, ornée d'une aigle dorée à deux têtes, sur la poitrine et sur le dos. La cotte était forgée en perfection et provoqua un murmure d'admiration dans l'assemblée. — Essaie-la, marsouin, dit le Tzar.

Le gars obéit, mais, malgré tous ses efforts, il ne put y entrer : ses bras ne parvinrent qu'à la moitié des manches.

A cette vue, un vague souvenir se réveille dans la mémoire d'Ivan.

— Assez, dit Koltzo qui suivait d'un œil attentif les efforts de son compagnon, tu vas, satané ours, faire crever la cotte de mailles du Tzar.

Et se tournant vers celui-ci, il lui dit : Sire, l'armure est excellente et ira comme un gant à Iermak ; si ce gaillard ne peut y entrer, c'est qu'il a les poings trop forts ; il n'y a que lui pour avoir des poings pareils.

— Montre-moi tes poings, dit Ivan, en l'examinant avec curiosité.

Le gaillard regarda le Tzar d'un air indécis, comme s'il ne comprenait pas ce qu'on lui demandait.

— Entends-tu, imbécile, répéta Koltzo, montre ton poing au Tzar.

— Et s'il me fait couper la tête pour cela? répondit le gars d'une voix traînante, avec un visage exprimant une terreur idiote.

Le Tzar se mit à rire et tous les assistants eurent de la peine à n'en pas faire autant.

— Imbécile ! dit Koltzo avec dépit, tu es né sot et tu mourras sot.

— Et, l'ayant débarrassé de la cotte de mailles, il le traîna jusqu'au pied du trône et montra au Tzar sa grosse main qui ressemblait plus à la patte d'un ours qu'à un membre humain.

— Ne lui en veux pas, Sire, il est bête en paroles et bon à l'action. C'est lui qui a fait prisonnier le Tzarévitch Mametkoul.

— Comment t'appelles-tu, demanda Ivan en regardant avec une attention redoublée le compagnon de Koltzo.

— Je m'appelle Mitka, répondit-il naïvement.

— C'est bien cela, s'écria Ivan, en reconnaissant enfin le gros gaillard ; c'est toi qui t'es battu à la Sloboda pour Morozof et qui as tué Khomiak d'un coup de timon.

Mitka sourit bêtement.

— Je ne te remettais pas au premier moment, mais maintenant je te reconnais parfaitement.

— Eh bien ! moi je t'ai reconnu tout de suite, répondit Mitka d'un air enchanté ; tu étais alors assis sur une estrade qui touchait au champ-clos.

A cette naïveté tous les assistants partirent d'un éclat de rire.

— Je suis fort sensible à ce souvenir, repartit Ivan, mais dis-moi comment t'es-tu pris pour faire prisonnier Mametkoul?

— Je me suis étalé sur lui, répondit Mitka, ne concevant pas pourquoi tout le monde se remettait à rire.

— Oui, dit Ivan en regardant Mitka, lorsqu'un pareil ours se couche sur quelqu'un, il ne doit pas être aisé de s'en dégager. Je me souviens comment il a écrasé Khomiak. Mais, dis-moi, comment as-tu quitté alors si brusquement la Sloboda et es-tu parvenu en Sibérie?

L'ataman poussa Mitka du coude pour l'engager à la prudence, mais celui-ci interpréta ce signe dans un sens tout opposé.

— C'est lui qui m'a emmené, dit-il, en montrant l'ataman du doigt.

— Ah! c'est lui qui t'a emmené! répéta Ivan en se tournant avec étonnement du côté de Koltzo. Comment cela se fait-il donc? tu viens de m'assurer que tu n'as jamais été dans ces parages! mais, Dieu me pardonne; il me semble aussi que nous sommes d'anciennes connaissances. N'est-ce pas toi qui m'as raconté la *Légende des pigeons!* c'est bien cela, je te remets parfaitement. C'est aussi toi qui as enlevé Sérébrany de la prison. Dis-moi donc, homme de Dieu, comment as tu vécu depuis? quels pèlerinages as-tu fait? devant quelles reliques t'es-tu agenouillé?

Jouissant de l'embarras de Koltzo, le Tzar dardait sur lui son regard investigateur et perçant.

Koltzo avait les yeux attachés à terre.

— Ce qui est fait est fait, dit enfin le Tzar, ce qui est passé est couvert par l'herbe qui a poussé dessus. Dis-moi seulement pourquoi n'es-tu pas venu à la Sloboda avec les autres brigands après la bataille de Rézan?

— Sire, répondit Koltzo en appelant tout son courage à son secours, à ce moment je n'avais pas encore mérité la mence. J'avais honte de me présenter devant toi. Lorsque le prince Nikita t'amena mes compagnons, je retournai retrouver Iermak au Volga dans l'espoir de t'être un jour utile.

— Et en attendant tu t'es amusé à piller les barques qui transportaient mon trésor et à arrêter les ambassadeurs de Kizilbek qui venaient à Moscou.

L'expression de la figure d'Ivan était plutôt moqueuse que sévère. Depuis l'insolente tentative de Persten ou de Koltzo, dix-sept années s'étaient écoulées ; la rancune du Tzar ne durait pas si longtemps lorsqu'elle n'était pas tenue en éveil par son amour-propre. Koltzo lut sur sa figure le désir de se récréer de son embarras ; il baissa la tête, se gratta la nuque, retenant sur ses lèvres un sourire involontaire et répondit à demi-voix : Il y a du vrai dans tout cela, Sire, je suis bien coupable devant toi.

— C'est bien, dit Ivan, Iermak et toi vous avez racheté vos fautes et je veux les oublier ; mais, si je t'avais tenu alors, tu aurais passé un mauvais quart d'heure...

Koltzo ne répondit rien ; il se contenta de dire en lui-même : « c'est précisément pour cela que je me suis dispensé de me présenter devant toi, grand monarque. »

— Mais voyons, dit Ivan, ton ancien ami doit être ici ? Dites-donc, continua-t-il en s'adressant aux courtisans, est-il ici ce chef d'aventuriers ? j'ai déjà oublié son nom... ah ! oui, Nikita Sérébrany.

Un murmure parcourut la foule, il se fit un mouvement mais personne ne sortit des rangs.

— Vous entendez, répéta Ivan en haussant la voix, je demande s'il est ici ce Nikita Sérébrany qui m'avait demandé d'aller à Jizdza avec les voleurs?

A cette seconde question du Tzar s'avança un vieux boyard qui avait été autrefois voïévode de Kalouga.

— Sire, dit-il avec un profond salut, celui que tu demandes n'est pas ici. Il a été tué par les Tatars avec tout son détachement l'année même qu'il est allé à Sozdra.

— Vraiment ? fit Ivan, je l'ignorais. Et moi qui voulais vous présenter l'un à l'autre, continua-t-il en s'adressant à Koltzo, pour voir comment vous vous seriez embrassés !

Une profonde tristesse se peignit sur la figure expressive de l'ataman.

— Tu regrettes ton confrère, dit Ivan en ricanant.

— Oui, sire, je le regrette vivement, répondit Koltzo, sans se soucier de l'impression que cette réponse pouvait produire sur le Tzar.

— C'est juste, dit Ivan avec dédain, cela ne pouvait être autrement : qui se ressemble, s'assemble.

Il eût été difficile de dire si Ivan ignorait réellement la mort de Sérébrany ou s'il en faisait semblant, afin de prouver à quel point il se préoccupait peu de ceux qui ne recherchaient pas ses faveurs ; toujours est-il qu'il ne manifesta aucun signe de regret en apprenant cette nouvelle : son visage resta impassible et indifférent.

— Reste quelque temps avec nous, dit-il à Koltzo ; lorsque le prince Bolkhovski sera prêt, vous partirez ensemble pour la Sibérie. Mais j'oublie que Bolkhovski prétend descendre de Rurik. Il n'est pas facile d'en venir à bout avec tous ces princes ; ils finiront par prétendre se mesurer avec moi en généalogie ! Tout le monde ne ressemble pas à Nikita qui a sollicité le titre d'aventurier. Aussi, afin que Bolkhovski ne se sente pas humilié de servir sous les ordres d'un ataman de Kosaques, j'élève dès aujourd'hui Iermak à la dignité de prince de Sibérie. Chichelkalof, dit le Tzar en s'adressant à un conseiller qui se tenait près du trône, prépare le rescrit qui investit Iermak du commandement suprême de toute la Sibérie, et quant à Mametkoul, qu'on l'amène à Moscou sous bonne escorte. Tu prépareras aussi les rescrits par lesquels j'octroie aux Strogonof pour leurs bons et utiles services : à Simon, les grandes et petites salines du Volga, à Nikita et à Maxime, le monopole et la franchise du commerce dans toutes les frontières et dans toutes les villes du royaume nouvellement conquis.

Les Strogonof saluèrent profondément le Tzar.

— Qui de vous, leur demanda-t-il, a guéri Boris du coup de bâton ferré que j'ai daigné lui appliquer ?

— C'était mon frère aîné, Grégoire Anikine, répondit Simon ; Dieu l'a appelé à lui l'an dernier.

— Pas Anikine, mais Anikiévitch, dit Ivan en appuyant sur la dernière syllabe ; j'avais ordonné alors qu'il fut élevé d'un rang au dessus du commerçant et qu'il portât la syllabe patrimoniale complète. Je vous octroie à tous le droit d'ajouter le *vitch* à votre nom patrimonial et vous enjoins de ne plus vous regarder comme des marchands, mais comme des gens de bonne maison.

Le Tzar passa l'inspection des pelleteries et autres présents envoyés par Iermak, puis il congédia Koltzo, après l'avoir encore plaisanté d'une manière très-bienveillante. Et peu à peu l'assemblée se dispersa.

Le même jour Koltzo dînait avec tous les Strogonof en brillante et nombreuse compagnie. Après avoir vidé des coupes à la santé du Tzar, du Tzarévitch, de toute la famille régnante et du métropolite, Godounof leva sa coupe d'or et proposa un toast à Iermak et à ses vaillants compagnons.

— Qu'ils vivent longtemps pour la gloire de la Russie ! s'écrièrent tous les convives en se levant et en saluant Ivan Koltzo.

— Nous te saluons au nom du monde chrétien, dit Godounof avec un profond salut, et en ta personne nous saluons Iermak au nom de tous les princes et boyards, au nom de tous les commerçants, au nom de la Russie tout entière ! Recevez l'expression de la reconnaissance de toute la nation russe pour l'éminent service que vous lui avez rendu.

— Que vos noms traversent les siècles ! s'écrièrent les assistants, qu'ils vivent glorieux et admirés dans la mémoire de nos fils et de toute notre descendance, comme un exemple de l'amour de la patrie !

L'ataman se leva pour remercier de l'honneur qu'on lui faisait, mais sa physionomie expressive éprouva un changement subit. Son émotion était telle que ses lèvres tremblaient et, pour la première fois peut-être de sa vie, ses yeux hardis et brillants se voilèrent de larmes.

— Vive la nation russe ! dit-il à demi-voix.

Et, après avoir salué toute l'assistance, il se rassit silencieux à sa place.

Godounof pria l'ataman de faire le récit de ses aventures en Sibérie. Koltzo, omettant de parler de lui-même, se mit à raconter avec une grande animation les traits de bravoure inouïs d'Iermak, en faisant valoir sa grande justice et sa bonté toute chrétienne envers ses ennemis vaincus.

C'est avec sa bonté, conclut Koltzo, plus qu'avec son sabre qu'Iermak a triomphé. Lorsqu'une forteresse ou une ville tombait en notre pouvoir, il traitait ses habitants avec une grande bienveillance et leur faisait des cadeaux. Lorsque nous fîmes prisonnier Mametkoul, il ne savait comment honorer le jeune prince ; il ôta sa pelisse et l'en revêtit. Aussi le bruit courut dans tout le pays qu'il était doux de se livrer à Iermak. Plusieurs princes sibériens vinrent spontanément se remettre entre nos mains en nous apportant leurs tributs. Nous vivions joyeusement, une seule chose me chagrinait : c'est que le prince Nikita Sérébrany n'était pas avec nous. Cela lui aurait convenu et sa présence nous aurait bien encouragés. Si je ne me trompe, tu étais son ami, Boris Féodérovitch, permets-moi de boire à sa mémoire !

— Que Dieu ait son âme ! dit en soupirant Godounof, je pense souvent à lui.

— A sa mémoire ! au repos de son âme ! dit Koltzo en vidant sa coupe et, baissant la tête, il s'absorba dans ses souvenirs.

La conversation dura longtemps encore ; lorsque le repas fut terminé, Godounof ne voulut pas laisser partir ses hôtes, il insista pour qu'ils se reposassent et achevassent chez lui la journée. Le festin recommença, les conversations devinrent de plus en plus animées ; ce ne fut que fort tard dans la soirée, lorsque le guet eut déjà passé plus d'une fois en invitant à éteindre les feux, que les convives se séparèrent, fascinés par la cordialité de Boris Godounof.

Plus de trois siècles se sont écoulés depuis l'époque que nous venons de rappeler, et la Russie n'en garde qu'un vague souvenir. Quelques légendes subsistent encore qui peignent la gloire, le luxe, la cruauté du *Terrible* ; on fredonne encore çà et là des chansons sur la condamnation du Tzarévitch, sur l'invasion tatare, sur la conquête de la Sibérie par Iermak, dont on peut voir le portrait, sans doute peu ressemblant, dans toutes les izbas sibériennes ; mais dans toutes ces légendes et ces chansons la vérité est mêlée à l'invention, ce qui contribue à n'imprimer aux événements qu'une forme indécise : on ne les aperçoit plus qu'à travers un brouillard qui permet à l'imagination de les reconstituer à sa guise.

Ce qui rappelle d'une manière plus précise le caractère réel de ce règne, ce sont les édifices qui datent de cette époque, comme par exemple, l'église de Vasili Blajénoy dont les coupoles multicolores et les saillies ciselées donnent une idée de l'architecture capricieuse du palais d'Ivan dans la Sloboda d'Alexandrof, ou bien l'église de saint Trifon, construite par le fauconnier Trifon, en exécution de son vœu, où l'on voit encore un image de ce Saint représenté sur un cheval blanc, un faucon au poing.

Après le départ du Tzar de la Sloboda d'Alexandrof, cette résidence resta abandonnée comme un sombre souvenir de sa piété féroce. Elle ne se ranima qu'une seule fois, et pour un très court espace de temps, lorsque, à l'époque troublée des faux Dmitri, Skopine-Chouisky, assisté du général suédois de la Gardie, y concentra son armée pour forcer le voïévode polonais Sapieha de lever le siége du monastère de saint Serge. La légende raconte que quelque temps après, durant un rude hiver, en plein janvier, un nuage noir s'abaissa, à l'extrême frayeur des habitants, sur le palais, éclata en foudre et réduisit toute la Sloboda en cendres. Et depuis lors, il ne reste aucun vestige du luxe et de la dépravation, des meurtres et des sacriléges dont ce lieu fut si longtemps le théâtre....

Que Dieu nous aide à effacer aussi de nos cœurs les dernières traces de cette effroyable époque, dont l'influence, comme une maladie héréditaire, a trop longtemps persisté dans nos mœurs à travers plusieurs générations ! Pardonnons à l'ombre pécheresse du tzar Ivan, car la responsabilité de son règne ne doit pas peser sur lui seul : ce ne fut pas lui seul qui engendra l'arbitraire, les tortures, les supplices et la délation, devenus obligatoires et passés en habitude. Ces phénomènes révoltants avaient été préparés par les époques antérieures ; ce fut la nation, tombée assez bas pour les supporter sans indignation, qui créa et perfectionna elle-même Ivan, de même que les Romains serviles, au temps de la décadence, avaient créé les Tibère, les Néron et les Caligula.

Parfois des figures comme celles de Morozof, de Sérébrany

apparaissent comme des étoiles brillantes dans le ciel sombre de notre nuit russe ; mais tout comme les plus éclatantes étoiles, elles étaient impuissantes à dissiper ses ténèbres, car elles brillaient isolées, ne recevant aucune impulsion d'un centre. Pardonnons donc à l'ombre pécheresse d'Ivan IV, soyons en même temps reconnaissants envers ceux qui, dépendants de lui, se maintinrent dans le droit chemin, car il est difficile de ne pas tomber à une époque où toutes les idées sont viciées, où la bassesse s'intitule vertu, où la délation est prescrite par la loi, où l'honneur et la dignité de l'homme sont considérés comme des infractions au devoir ! Que vos âmes reposent en paix, hommes droits et intègres ! Payant votre tribut aux opinions du siècle, vous voyiez dans Ivan l'expression de la colère divine, vous le supportiez avec résignation ; mais vous ne déviiez pas de la droite route, ne redoutant ni la disgrâce ni la mort ; aussi votre existence n'a-t-elle pas passé en vain, car rien ne se perd dans ce monde : chaque action, chaque parole, chaque pensée pousse et grandit comme un arbre et bien des choses, bonnes et mauvaises, qui comme autant d'énigmes subsistent dans les mœurs russes, cachent leurs racines dans les profonds et sombres abîmes du passé.

FIN

TABLE DES MATIÈRES

	Pages.
INTRODUCTION	1 5
DÉDICACE	7
PRÉFACE DE L'AUTEUR	9

Chapitres.

I.	Les Opritchniks	21
II.	Les nouveaux compagnons	34
III.	Sorcellerie	39
IV.	Droujina Morozof et sa femme	45
V.	La rencontre	55
VI.	La réception	63
VII.	La Sloboda d'Alexandrof	77
VIII.	Le banquet	86
IX.	Le jugement	101
X.	Le père et le fils	113
XI.	Procession nocturne	119
XII.	Calomnie	129
XIII.	Vaniouka Persten et ses compagnons	137
XIV.	Le soufflet	147
XV.	La cérémonie du baiser	161
XVI.	L'enlèvement	173
XVII.	La plaie charmée	180
XVIII.	Une vieille connaissance	192

XIX. —	Le russe n'oublie jamais un bienfait.	198
XX. —	Les joyeux compères.	206
XXI. —	Le conte.	225
XXII. —	Le monastère	242
XXIII. —	La route.	249
XXIV. —	Révolte des brigands.	257
XXV. —	Les préparatifs du combat.	271
XXVI. —	Fraternisation.	276
XXVII. —	Basmanof.	285
XXVIII. —	La séparation	295
XXIX. —	La confrontation	299
XXX. —	L'ensorcellement du fer.	308
XXXI. —	Le jugement de Dieu	315
XXXII. —	Le talisman de Viazemski	329
XXXIII. —	Le talisman de Basmanof	331
XXXIV. —	Le caftan du fou	337
XXXV. —	Le supplice.	346
XXXVI. —	Le retour à la Sloboda	355
XXXVII. —	Le pardon	365
XXXVIII. —	Le départ de la Sloboda	372
XXXIX. —	Une dernière entrevue	381
XL. —	L'ambassade d'Iermak	391

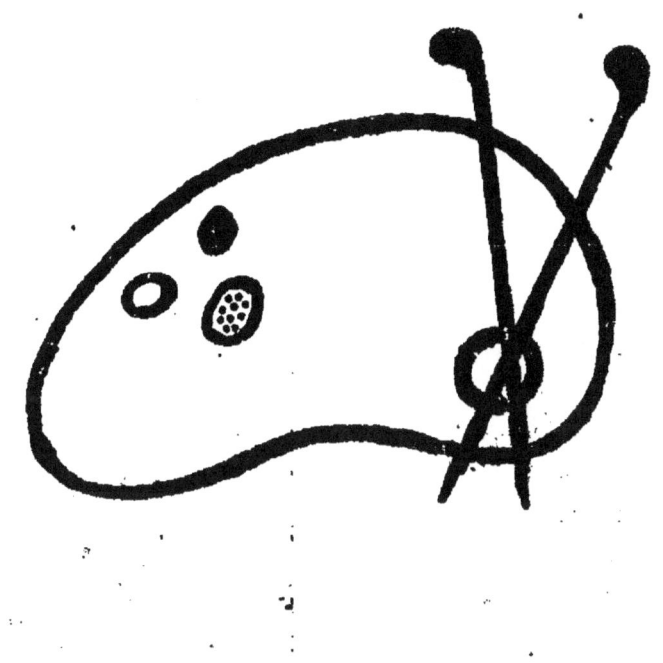

Original en couleur
NF Z 43-120-B.